千村故事

名人名流卷（上）

浙江省农业和农村工作办公室
浙江农林大学中国农民发展研究中心
浙江省农民发展研究中心
中国名村变迁与农民发展协同创新中心

本卷主编　王长金　彭庭松

中国社会科学出版社

图书在版编目(CIP)数据

千村故事·名人名流卷：全二册 / 王长金，彭庭松主编. —北京：中国社会科学出版社，2018.5
ISBN 978-7-5203-2270-6

Ⅰ.①千… Ⅱ.①王…②彭… Ⅲ.①村落文化-介绍-中国②名人-生平事迹-中国 Ⅳ.①K928.5②K82

中国版本图书馆CIP数据核字(2018)第059643号

出 版 人	赵剑英
责任编辑	宫京蕾
责任校对	秦 婵
责任印制	李寡寡

出　　版	中国社会科学出版社
社　　址	北京鼓楼西大街甲158号
邮　　编	100720
网　　址	http://www.csspw.cn
发 行 部	010-84083685
门 市 部	010-84029450
经　　销	新华书店及其他书店

印刷装订	北京君升印刷有限公司
版　　次	2018年5月第1版
印　　次	2018年5月第1次印刷

开　　本	710×1000　1/16
印　　张	41.5
插　　页	2
字　　数	680千字
定　　价	158.00元（全二册）

凡购买中国社会科学出版社图书，如有质量问题请与本社营销中心联系调换
电话：010-84083683
版权所有　侵权必究

浙江省历史文化村落《千村故事》丛书编委会

编委会主任

王辉忠　黄旭明

编委会副主任

章文彪　张才方　蒋珍贵　宣　勇　周国模
严　杰　金佩华　王景新

编委会成员

王长金　王旭烽　王思明　车裕斌　包志毅
沈月琴　陈华文　何秀荣　宋洪远　余振波
张梦新　李勇华　李建斌　邵晨曲　郑有贵
林爱梅　赵兴泉　顾益康　葛永明　温　锐
樊志民

编辑室

胥　亮　李琳琳　吴一鸣　朱　强

前　言
"千村故事"书写中国美丽乡村建设浙江新篇章

一　缘起

寻乡愁，
祖宗兴村族规修。
劝农劝学基业定，
礼仪道德孝中求。
生态人居子孙旺，
民风民俗村史留。

寻乡愁，
千村故事话风流。
清廉大义万古传，
名人名流胜封侯。
手技手艺代际承，
特产特品我村优。

寻乡愁，
美丽乡村历史悠。
民族振兴中国梦，
村域发展是重头。
自在安然农民心，
共同富裕写春秋。

一首婉转悠扬的"千村故事"之"一碟影像"主题歌，唱出了浙江人民保护历史文化村落、寻访传统故事、定格乡土印象、回味乡愁记忆的诗意情怀，抒发了浙江人民践行自由平等、建设美丽乡村、奔向共同富裕的壮志豪情。

"《千村故事》'五个一'行动计划"（以下简称"千村故事"）缘起于浙江历史文化村落保护利用工作。"做好历史文化村落的保护利用工作，是彰显美丽乡村地方特色的需要。"（李强，2012）[①] 浙江历史文化村落保护利用工作的启动，标志着浙江以"千村示范、万村整治"为载体的美丽乡村建设跃升到新阶段。这一阶段，是浙江社会主义新农村建设的"美丽成果"转化为农村经济社会发展"资源优势"的重要阶段，是"生产发展、生活宽裕、乡风文明、村容整洁、管理民主"的社会主义新农村建设目标的实现阶段，也是浙江"推动信息化和工业化深度融合、工业化和城镇化良性互动、城镇化和农业现代化相互协调，促进工业化、信息化、城镇化、农业现代化同步发展"和"城乡一体化发展"大融合阶段。

浙江美丽乡村建设始于2003年。是年6月，时任浙江省委书记习近平启动了浙江"千村示范、万村整治"工程，揭开了中国美丽乡村建设的时代篇章。2005年10月，中国共产党十六届五中全会提出了"建设社会主义新农村"的重大历史任务，将浙江"千村示范、万村整治"融入中国社会主义新农村建设大潮。至2007年，浙江省完成了10303个建制村的初步整治，其中1181个建制村建成"全面小康建设示范村"。2008年，浙江省安吉县提出"中国美丽乡村"计划。2009年9月，一批国内古建筑和文物保护专家聚集浙江省建德市新叶村，发表了《新叶共识》，希望政府"把遗产保护和民生工程建设结合起来……倡导全社会关注抢救正在日渐消失的中国乡土建筑"。2010年，浙江省制订了《美丽乡村建设行动计划（2011—2015年）》，同时，浙江省农业和农村工作办公室（以下简称"浙江省农办"）、财政厅、住建厅、文化厅、林业厅、省文物局六部门联合开展历史文化村落普查。2012年4月，浙江省贯彻习近平总书记关于"优秀传统文化是一个国家、一个民族传承和发展的根本，如果丢掉了，就割断了历史命脉"的讲话精神，出台了《关于加强历史文化村落保护利用的若干意见》，把修复、保护、传承和永续利用历史文化村落作为美丽乡村建设的重要内容。2012年11月，党的十八大报告提

---

① 李强（时任浙江省人民政府省长）：《在全省历史文化村落保护利用工作现场推进会上的讲话一》（2012年5月9日）。

出了"努力建设美丽中国，实现中华民族永续发展"的要求。习近平总书记指出："中国要强，农业必须强；中国要美，农村必须美；中国要富，农民必须富。"建设美丽中国，重点和难点都在农村，美丽乡村建设理所当然地成为当今中国的时代潮流。

"千村故事"在浙江美丽乡村建设跃升阶段应运而生。2014年5月20日，浙江省委副书记王辉忠、副秘书长张才方等一行到浙江农林大学调研，在听取了中国农民发展研究中心关于"中国名村变迁与农民发展协同创新中心"的工作汇报后，表示要支持协同创新中心开展历史文化村落保护、利用研究，浙江农林大学随即向省委办公厅呈送了书面报告，王辉忠副书记做了批示。2014年11月，浙江省美丽乡村建设现场会和2015年1月浙江省农村工作会议，先后做出了"挖掘和传承好古村落古民居背后的故事"的部署。2015年3月2日，浙江省农业和农村工作办公室根据上述两次会议部署和省领导的指示精神，委派相关负责人到中国农民发展研究中心，共同商讨、制订了"千村故事"行动计划，并于3月24日呈送浙江省委、省政府。夏宝龙书记、李强省长、王辉忠副书记、黄旭明副省长分别对此做了重要指示：要把这件大事办好，全力创作"精品"。

浙江省委、省政府四位领导批示后，省农办相关负责人多次到浙江农林大学指导、对接和协调，讨论"千村故事"实施方案，部署和推进这项工作。浙江农林大学主要领导要求举全校之力抓好《千村故事》"五个一"行动计划，金佩华和王景新作为总负责和总主编。浙江农林大学中国农民发展研究中心按照上述要求，联络"中国名村变迁与农民发展协同创新中心"及省内外专家，成立了"千村故事"专家委员会，组建了"千村故事"研究团队和工作室，启动了"五个一"行动计划。

二 任务

浙江省提出的"历史文化村落"概念，涵盖了浙江省域内的中国历史文化名村、中国传统村落和古建筑村落、自然生态村落与民俗风情村落。中国历史文化名村是指保存文物特别丰富且具有重大历史价值或纪念意义的，能较完整地反映一些历史时期传统风貌和地方民族特色的村，由住建部和国家文物局共同组织评选。2003年10月至2014年3月，分六批公布了276个历史文化名村，其中浙江28个，占总数的10.1%。中国传统村落过去称"古村落",2012年,住建部、文化部、国家文物局、财政部联合组成了"传统村落保护和发展专家委员会",此后用"传统村落"替代了"古村落"概念。传统村落是指1911年辛亥革命以前建村,保留了较多传统建筑环境、建筑风貌,村落选址未有大的变动,具有独特民俗民风,虽年代久远,但至今仍为人们服务的村落。2012年至2014年12月,该委员会分三批公布了"中国传统村落"2555个,浙江入选176个,占总数的6.9%。2012年,浙委办[2012]38号文件界定:"历史文化村落包括古建筑村落、自然生态村落和民俗风情村落等。"这份文件把现存古建筑等历史文化实物和非物质文化遗产比较丰富的村落,建筑与自然生态相和谐、历史建筑保护较好的村落,传统民俗风情等非物质文化遗产丰富、民俗文化延续至今、活动频繁的村落,都纳入了"历史文化村落"范畴。

"千村故事"主要针对纳入《浙江省历史文化村落保有数量和名单库》(以下简称"库内村")的1237个村,开展"寻访传统故事——编撰一套丛书,触摸历史脉搏——形成一个成果,定格乡土印象——摄制一碟影像,回味乡愁记忆——推出一馆展示,构建精神家园——培育一批基地"活动。

"编撰一套丛书",共9卷,其中,《古村概览卷》是为"库内村"立档。《千村故事:礼仪道德卷》收集和编撰"库内村"在仁义、慈爱、孝道、勤俭、和睦、善行、清白、诚信、情谊(包括兄弟邻里情谊及民族和谐等)方面的典故。《千村故事:清廉大义卷》收集和编撰"库内村"宗族督导其入仕子孙为官清正廉洁、热爱国家、坚守民族大义的典故。《千村故事:生态人居卷》收集和编撰"库内村"经典的堪舆布局,合理的聚落结构,巧妙的给排水系统,精致的建筑园林,优美的自然景观及其传承、保护等方面的故事。《千村故事·劝农劝学卷》收集和编撰"库内村"戒子戒规、劝农劝学、耕读传家的那人、那事、那典范,弘扬勤奋苦读、乐于农耕,崇勤倡简、勤俭持家,以及自强不息、勤勉坚韧、艰苦奋斗的乡土文化。《千村故事:名人名流卷》收集和编撰"库内村"学而优则仕、则商,学而不优则耕读传家等名仕、名商、名师、名学、名绅的故事,弘扬干一行、爱一行,行行出状元,造福乡梓的优秀文化。《千村故事:民风民俗卷》收集和编撰"库内村"祭祀、婚嫁、丧葬、节庆、季节与农耕、族规乡约、邻里互助等方面的经典故事,弘扬村落民风、民俗、民习，以及村落秩序与基层治理的优秀文化。《千村故事：手技手艺卷》收集和编撰"库内村"独特的工匠技术，石雕、砖雕、木雕、竹雕、竹编、绘画、书法、剪纸、刺绣、女红、戏曲、民歌、武术等乡土非物质文化遗产及其传人的故事，传承乡土手艺、技术和民间艺术。《千村故事：特产特品卷》收集和编撰"库内村"著名农产品、林果蔬产品、畜产品、"老字号"手工产品和特产、名吃及其背后的故事。

"形成一个成果"，就是利用"编撰一套丛书"的调查资料和数据，研究和总结江南历史文化村落变迁（兴衰更替或持续发展）的历史脉络、发展条件、阶段性特征和一般规律，以及文化遗产保护、传承、利用的浙江特色、中国经验。出版《浙江历史文化村落社会经济变迁研究》（专著），提出"浙江历史文化村落保护利用现状和持续发展调研报告"及其"政策建议"，编制"浙江省2016—2020年历史文化村落保护利用规划"。

"摄制一碟影像"，其目的在于用影像手段记忆乡愁，记录"库内村"保护利用现状，收集和保存"库内村"原有影像资料，宣传千村故事。任务包括：一是收集、整理"库内村"以往的纪录片、宣传片、新闻片，储备"千村故事"之"一馆展示"的馆藏影像资料；二是拍摄"库内村"的人居环境，记录"库内村"民居、宗祠、廊桥等历史建筑修复、保护、利用现状，复活"库内村"民风民俗、手技手艺等非物质文化遗产；三是按照"千村故事"一套丛书的8卷分类，挑选经典、精彩的故事，组织亲历者、传承人和典型代表人物讲述本村、本家和自己的故事，编辑成8集宣传性故事片。

"推出一馆展示"，是以浙江农林大学"浙江名村博物馆"建设为载体，设立浙江历史文化村落变迁展示馆。展示内容包括：一是农耕生产工具、手工业器具、传统生活用具、民间艺术作品等方面的实物；二是历史文化村落的村史、村志、名士、名人、名流传记和作品，档案及散落民间的契约文书等文献资料；三是村庄布局及其变迁的历史图片、碑刻拓片和影像资料；四是农村发展的对比材料，如村落景观变化对比、村域自然环境变化对比、农民居住条件对比、农户经济收入对比、生活质量和公共服务水平提升对比等，采集历史文化村落有记载的历史数据、图片、统计年报、记账农户资料、老照片、村集体经济组织所受的表彰及荣誉称号证件等数据、资料和图片。最终形成浙江历史文化村落数据库。

"培育一批基地"，是结合"库内村"保护利用重点村项目的实施，分"乡土历史文化保护传承示范村""时代印记文化保护传承示范村"两种类型，培育"看得见山、望得见水、记得住乡愁"的示范基地。

上述任务是一个整体，其中，编撰一套丛书既是形成一个成果的资料源泉、摄制一碟影像的脚本、推出一馆展示的脉络和线条，又是培育一批基地的重要依据。一套丛书、一个成果、一碟影像、一馆展示和一批基地相互支撑，共同托起浙江历史文化村落物质和非物质文化遗存保护利用的历史殿堂。

三 价 值

"千村故事"是浙江省在历史文化村落物质文化遗存修复、保护和利用的基础上，对非物质文化遗产抢救性挖掘、整理、记忆和传承的乡土文化建设的重大任务。"千村故事"将为千秋万代留下一份诗意情怀的传统村落变迁史料，将为现代农业中如何继承中华传统农业精华发挥启迪作用，将为世界留下一份悠扬的，具有人文底蕴的中国江南鱼米之乡的乡愁记忆。

中国农村变迁发展以村庄为载体。农村变迁史本质上是村庄变迁史。历史文化村落是中国乡土文化遗产的博物馆，是乡愁记忆的百科全书，也是中国国学的思想宝库。历史文化村落镌刻着古代中国农业、农村和农民发展的历史印记，承载着近现代中国共产党领导新民主主义革命、社会主义革命和建设、改革开放和社会主义现代化建设的伟大功勋，展示着中国农业、农村和农民现代化的巨大业绩，凝结着无数农民精英的历史贡献。我们从历史文化村落走过，仿佛走进了中国农耕文明、乡土文化及国学精髓的博物馆，走进了中国共产党领导农民革命和社会主义建设的纪念馆，走进了农业、农村和农民现代化的业绩馆，走进了祖宗先辈、农民精英和名人名流的传记馆。但是，"快速发展的工业文明正在疯狂地吞噬着农耕文明，乡村社会正在成片地急剧消失，作为整个人类摇篮的、绵延了数千年的带有中古韵味的原始村落正一个个地被五光十色的现代建筑群所取代"[①]。中国历史文化村落保护时不我待，中国历史文化村落社会经济变迁研究时不我待，中国历史文化村落影像资料摄制和农耕文明博物馆建设时不我待！

---

① 王先明：《从东方杂志看近代乡村社会变迁——近代中国乡村史研究的视角及其他》，《史学研究》2004年第12期。

浙江省历来高度重视历史文化村落的保护、利用工作，一直将其作为农村经济社会发展的重要支撑，作为美丽乡村建设的重要内容。2003年浙江省启动"千村示范、万村整治"工程时，时任省委书记习近平就强调："要正确处理保护历史文化与村庄建设的关系，对有价值的古村落、古民居和山水风光进行保护、整治和科学合理地开发利用。"[①] 2012年，浙江省开全国传统村落保护、利用之先河，在一个省级区域内，有组织、有计划、大规模地展开历史文化村落保护、利用工作。自2012年始，浙江省委、省政府每年召开一次"全省历史文化村落保护利用工作推进会"，每年投入近10亿元资金[②]，连续三年（三批）对全省历史文化村落"库内村"中的130个重点村、649个一般村开展了修缮和保护工作。浙江省各级党委、政府做了许许多多的好事、善事，提供了许许多多的新做法、新经验，功在当代，惠及子孙，得到了浙江农村干部和广大农民的肯定、赞扬和积极响应。而今浙委办〔2012〕38号文件提出的关于"……到2015年，全省历史文化村落保有集中县规划全覆盖，历史文化村落得到基本修复和保护……的总目标"已经基本实现。

四 方法

"千村故事"是浙江省"政、学、研、民"合作、大规模调研、大团队协同调研的有益尝试。按照上级要求，"千村故事"由浙江省农办组织协调，省财政厅保障相关经费，浙江农林大学联合"中国名村变迁与农民发展协同创新中心"的力量组织实施。

浙江省农办与浙江农林大学研究团队密切合作，将"千村故事"的研究对象、故事收集撰写方法、要求与范本、工作进度等，通过省农办文件形式传达到各地。2015年，省农办为"千村故事"发文、发函就有《关于组织开展"〈千村故事〉'五个一'行动计划"的通知》（浙村整建办〔2015〕11号）、《关于核对和完善"千村故事"千个历史文化村落名单的通知》（浙村整建办〔2015〕14号）、《关于组织开展〈千村故事〉

---

① 转引自吴坚《箫鼓牵情古风淳——浙江历史文化村落保护利用工作纪实》，《今日浙江》2014年第16期。

② 2013年，浙江省、市、县三级共投入资金9.29亿元，其中省级下拨2.3亿元。参见王辉忠（浙江省委副书记）《在全省历史文化村落保护利用工作现场会上的讲话》（2014年7月1日）。

丛书基础材料收集、整理编撰工作的通知》（浙村整建办［2015］18号）等。这些文件成为协同各方的重要依据。省农办要求：历史文化村落保有量大、入选"库内村"数量多的县（市、区）也要成立相应的指导委员会。要从县（市、区）文化局（文化馆）、方志办和档案馆等单位抽调专业人员，组成专门工作班子，负责有关乡镇（街道）、村的组织协调以及基础材料、经典故事、影像图片等的收集、整理、撰写、审读、修改和报送等工作。

定点定村是"千村故事"研究和编撰工作展开的基础。省农办以2012年六部门联合普查确定的历史文化村落"库内村"（971村）为基础，按照"有价值、有形态、有文脉、有故事、有人脉"的标准，对各地历史文化村落的保有数量和名单进行核实、退出或补充。截至2015年年末，全省普查纳入历史文化村落"库内村"1237个[①]。

浙江农林大学研究团队于2015年4月上旬召开"千村故事"培训会，统一研究思路、方法，随即组织农村经济、建筑、规划、历史、文化、旅游、民俗等方面的专家，两次深入"库内村"开展预调研。其目的为：一是通过预调研拟定"一套丛书"总框架，以及《古村概览》和8卷故事的章、节和故事范本，方便基层参与者在收集、整理、编撰千村故事基础材料时参照；二是摸索"政、学、研、民"合作联动的方法，以及研究团队联合攻关机制。至2015年6月下旬，上述目标全部达成，并形成了关于"千村故事"一套丛书编撰总要求、体例和方法等方面的共识。

第一，编撰总要求。一套丛书编撰要按照省政府领导批准的"千村故事"行动计划所列框架破题，展现历史文化村落"那村、那人、那故事"，最终形成一部故事与史志结合的系列编著。一套丛书编撰要坚持三性并重原则：故事挖掘、整理和编撰要具有史实性，是历史文化村落里事实存在、广为流传的故事；要体现知识性，可读、可藏、可传；要发挥教育性，弘扬和传承历史文化村落的优秀文化。

第二，编撰对象。"千村故事"研究和编撰对象为浙江历史文化村落"库内村"，非"库内村"但确有经典故事的，亦可选编，但数量要严格控制。凡以人物为中心的故事，必须遵循"生不立传，顺应时代与表现'正

---

① 浙江历史文化村落"库内村"数量不断调整，三个阶段的数据分别为971个、1123个和1237个，因此，在"千村故事"研究过程中，不同时段撰写的研究成果中，其"库内村"数量不同，特予说明。

能量',大人物写小事、小人物写大事"等基本原则,如果几个村落撰写同一个人物的故事,要合并为一个故事,但要体现这个人物在多个村庄的活动印记。以人物为中心的故事,不能异化为个人传记而见人不见村。

2015年6月25日,省农办根据上述共识,下发《关于组织开展〈千村故事〉基础材料收集、整理编撰工作的通知》,要求各县(市、区)农办会同文化、广电、史志、档案等部门,抽调相关专业人员,组成专门工作班子,按照上述要求扎实做好基础材料、影像图片等的收集、整理、编撰、审读、上报工作,于2015年8月1日前,分别上报省农办社会发展处与浙江农林大学"千村故事"工作室。

7月8日,浙江省农办社会发展处牵头,项目研究团队协助,召开了省、市、县农办分管领导和"千村故事"基础材料编撰业务骨干培训会(400余人参加)。一套丛书各卷主编,以及一个成果、一碟影像、一馆展示的主持人,分别宣讲各卷和各项目的主旨、框架、要求、范本、方法及注意事项,省农办分管领导、浙江农林大学分管副校长先后提出要求。省培训会议后,各地用不同方式逐级传达落实。一时间,"千村故事"讲述、编撰、求证等,在浙江历史文化村落里蔚成风气,家喻户晓。

2015年暑假期间,浙江农林大学研究团队组织11个联络组带领百名大学生分赴浙江省11个地级市"寻访千村故事"[①]、调查研究和巡回指导。其具体任务包括:一是选择典型村落,配合各地开展调查研究,寻访历史故事;二是接受邀请,为收集、编撰故事有困难的特别需要帮助的村落提供援助;三是在编撰一套丛书的同时,收集一个成果、一碟影像、一馆展示和一批基地的资料和实物。

截至2015年8月25日,"千村故事"工作室共收到"历史文化村落信息采集表"1244份,其中有效信息1158个村;故事基础材料1227篇,其中《礼仪道德卷》136篇,《清廉大义卷》130篇,《生态人居卷》287篇,《劝农劝学卷》84篇,《名人名流卷》228篇,《民风民俗卷》179篇,《手技手艺卷》99篇,《特产特品卷》84篇。8月26日,浙江农林大学研究团队举行了"千村故事"暑期调研汇报交流会,进一步讨论了历史文化村落保护、利用现状及对策,部署各组统计分析历史文化村落本底

---

① 浙江农林大学"寻访千村故事"暑期社会实践团,获中宣部、中央文明办、教育部、共青团中央、全国学联组织开展的"2015年全国大中专学生志愿者暑期'三下乡'社会实践活动优秀团队"荣誉称号。

数据，阅读筛选故事基础材料并提出修改意见。

"千村故事"研究团队调研和巡回指导村落，覆盖全省11个地级市、57个县（市、区）、163个村落，协助各（地）市修改或重写的故事达259篇。2015年年末和2016年年初，8卷故事初稿基本完成。2016年春节（寒假）前后，浙江农林大学研究团队再次进村入户调研，进一步修改、补充和完善历史文化村落的历史故事。2016年4月8—10日，浙江农林大学研究团队在湖州市南浔区荻港村召开了"千村故事"统稿会，"千村故事"专家委员会部分成员，中国社会科学出版社领导和相关编辑人员，以及"千村故事"一套丛书各卷主编和其他"四个一"的项目负责人齐聚一堂，审读一套丛书初稿，统一编撰要求，按照"表述精准、真正达到了史实性、知识性和教育性的作品，同时突出重点村，反映浙江区域特色"的原则，遴选《〈千村故事〉精选》（卷一、卷二、卷三）三卷样稿。至此"千村故事"一套丛书调研和编撰工作基本完成。接下来，"一套丛书"交由中国社会科学出版社进入辛苦而繁复的出版程序。

五　梗概

《古村概览卷》厘清了浙江历史文化村落物质文明遗存及其保护利用现状。据历史文化村落基础信息有效采集的1158个村统计数据显示，浙江历史文化村落主要集中在浙西、浙南、浙中的山区、丘陵地区，而杭嘉湖平原、宁绍平原地区、海岛地区相对较少，其中丽水市228个村、台州市170个村、衢州市159个村、温州市150个村。浙江传统村落历史悠久，唐代及以前始建的村落160个，占13.82%，其中舟山市定海区马岙村被誉为"海上河姆渡"[①]、"海岛第一村"，嘉兴平湖市曹桥街办马厩村至迟在春秋齐景公时期（前547—前489）便有村落；嵊州市华堂村金庭王氏始迁祖王羲之东晋永和十一年（355）三月称病弃官，"携子操之由无锡徙居金庭"[②]；宋代始建的村落居多，共有367个村，占总数的31.69%，元代始建的103个村，占8.89%，明代始建的297个村，占25.65%，清代始建的149个村，占12.87%，民国及以后始建的82个村，占7.08%。村落中所有古建筑等物质文化遗存中，有文物保护级别的共

---

① 1973年，发现于浙江余姚河姆渡。它主要分布在杭州湾南岸的宁绍平原及舟山岛，经测定，它的年代为公元前5000—前3300年，是新石器时代母系氏族公社时期的氏族村落遗址。

② 参见华堂村《金庭王氏族谱》。

有4357处，其中国家级文物有375处，省级文物有699处，市级文物有400处，县级文物有2877处，216个村文物保护单位是古建筑群。各类古建筑数量主要统计各村的古民宅、古祠堂、古戏台、古牌坊、古桥、古道、古渠、古堰坝、古井泉、古街巷、古城墙、古塔、古寺庙、古墓十四类信息，汇总其数量达3.6万多处，其中最多的是古民宅，共23071处，古祠堂1624处，古城墙91处，古塔69处。有1022个村保存族谱，占"库内村"总数的82.15%，一村多部族谱也是常见现象，本次调查统计大约有4505部族谱。有295个村落保存有古书、名人手稿、字画等文物资源。906个村有古树名木，占村总数的73%，有的村拥有古树名木群。据不完全统计，这些村落中1000年以上的古树有135棵，如丽水莲都区路湾村有1600年的香樟，建德石泉村有1400多年的樟树7棵，建德乌祥村有1500多年树龄的古香榧，余杭山沟沟村汤坑汤氏宗祠前有1200多年树龄的红豆杉和银杏，景宁畲族自治县大漈乡西一村有1500多年树龄的柳杉王……在村落的非物质文化遗产中，国家级有89个，省级有187个，市级有172个，县级有237个。浙江省重视历史文化村落保护和利用，2012年至今，先后三期批准历史文化村落保护、利用重点建设村和一般村达到779个，占"库内村"总数的62.6%。

《礼仪道德卷》述说浙江历史文化村落的价值追求。浙江历史文化村落里的人们，对礼仪道德的重视主要展现在三个方面：第一，有形载体众多，农村礼仪道德故事并不仅仅停留在村民的口耳相传之中，往往化身为物质载体，承载着村民的共同记忆。第二，注重传承，许多农村礼仪道德故事对于村民而言并不仅仅是一个传说，而是化身为族规家训，通过教育在子孙后代中传承。第三，影响深远，农村礼仪道德故事对于村民而言并非遥远的往事，而是真实地存在于村民的生活之中，影响着其中的每一个人。浙江历史文化村落礼仪道德故事中，以下几个方面显得尤为丰富：一是慈爱孝悌。浙江历史文化村落有大量父慈子孝的故事，许多村庄将"孝"作为立村之本。慈孝故事可分为严父慈母的故事、寸草春晖的故事、慈孝传家的故事、节孝流芳的故事四类。慈孝故事在传统农村社会最为丰富，影响也最为深远，对民风的端正起到了极大的作用。二是贵和尚中。浙江历史文化村落里的和谐故事大致可分三类：第一类为家和事兴；第二类为乌鹊通巢；第三类为民族和睦。三是见利思义。浙江历史文化村落的见利思义的故事也可分三类：第一类为勤俭诚信的故事；第二类为公而忘私的故事;第三类为积善得报的故事。四是乐善好施。乐善好施是浙江历史文化村落美德故事的重大主题,总体可分为三类:第一类为回报桑梓的故事;第二类为扶危济困的故事;第三类为造福一方的故事。中国传统农村社会典型地体现了对礼仪道德的注重,这些传统美德与农村社会生活密切相连,它们是农民创造的宝贵精神财富,是农村社会持续发展的不竭精神动力。

《清廉大义卷》传颂浙江"忠义廉正、光昭史策"的如林贤哲。忠诚爱国,廉洁奉公,心系天下是他们为官从政的基本价值取向,也是他们为官做宰的基本要求。他们在其位谋其政,勤于政事,为民请命,爱民如子,以民众和国家利益为先;他们志行修洁,清廉刚正,讲求以身任天下,把个人的安身立命与天下兴亡、百姓福祉联系在一起,得志时则兼济天下,不得志时则独善其身。在一乡则有益于一乡,在一邑则有益于一邑,在天下则有益于天下。每当国家兴盛时,士大夫多以廉洁自重,刻意砥砺德行;每当社稷衰颓之时,正是"义夫愤叹之日,烈士忘身之秋"(《晋书·慕容德载记》),竭忠效命、临难捐躯者指不胜屈。这充分显示:"腐败"乃是贯穿历史败亡的一条基线。故事主人公们在道德实践上主要依靠内省、自律去克制欲望,抵制诱惑,诉诸的是主体向内用力的道德自觉,而不完全依靠外在他律的规范和约束,养廉多于治廉。他们的政治实践则主要体现在:责君之过,以正君臣;律己之行,以严公私;爱民如子,以和官民;进思尽忠,退思补过;先忧后乐,用舍皆行;等等。他们的政治诉求则是一个"天—君—民"三位一体的政治架构,在这个传统的政治架构中,臣民可忠于君主,也可忠于社稷天下。忠于君主者,以君主利益为第一位,唯君主马首是瞻;忠于社稷天下者,以民众和国家利益为先。在官与民、权与理、君与国的矛盾前面,站在民、理、国这方面,"苟利国家生死以,岂因祸福避趋之"。而伴随着近代"国家""民族"概念的传入,政统与道统、君主与国家区分更为明显。杀身成仁,舍生取义,近代以来,浙江无数的仁人志士为了革命理想信仰、为了救亡图存、为了至高无上的道义精神,他们大义凛然,慷慨就义。

《生态人居卷》集萃浙江先民人居环境建设的智慧。"人居环境的灵魂即在于它能够调动人们的心灵",各村落因地形地貌、水土植被、经济发展程度的不同,形成富具地域特色的个性。浙江历史文化村落大多是有着宗族体系的血缘村落,宗族伦理观念强烈地影响着村落的空间布局和建筑形态，村落布局形态讲究道德伦理关系，重视等级制度和长幼之分。出现了以宗祠为核心，以主要商业街、道路或河流为发展轴，根据地形因地制宜的布局模式。浙中地区特别讲究形成山水环抱、聚气藏风的"风水"格局，甚至不惜人力、物力改造风水，比较典型的如武义郭洞村。浙江历史文化村落的历史建筑营造匠心独具，除建筑艺术精美之外，还体现了浓郁的人文理念。建筑群体组合往往有着严谨的秩序，祠堂大多设置在传统村落的中心位置，而亭、廊、桥等风景建筑则体现"天人合一"与"文以载道"的思想观念，巧妙结合地形地貌，承载伦理道德和美好的愿望。浙江水系众多，形成了清新、淡雅、古朴的历史文化村落风貌，村落中合理科学的水系规划，不仅调节了小气候，满足了日常饮用、灌溉、排污、消防等功能，同时又形成了优美的人居环境。浙江历史文化村落大多是望得见山、看得见水的"山水田园村落"，植根于周围山水自然环境，因地制宜进行家园建设，并辅以恰当的人文景观，形成质朴自然而又如诗如画的乡村风景园林。浙江自古以来人文鼎盛，历史文化村落中多有诗词歌咏、楹联题刻、文化典故等人文景观。在这些人文景观中，有的记录村落发展的重要历史事件，有的记录传说故事或歌颂风景名胜，彰显着村落的人文内涵之美。

《劝农劝学卷》夯实浙江历史文化村落兴村根基。耕读传统是浙江历史文化的重要传统之一，它的产生是与古代中国"劝农劝学"观念的内在要求和政策制度相契合的。浙江耕读传统产生于农本经济（物质基础）、科举入仕（制度保障）、兴家旺族（直接动力）、隐逸文化（思想渊源）、人口迁徙（促成因素）五大基石，其中农本经济、科举入仕和兴家旺族是浙江耕读传统产生的一般要素，隐逸文化和人口迁徙则是浙江耕读传统产生的特殊要素。在中国农业社会的历史长河中，耕读并重作为农民的生活模式，是一种可保进退自如的持家方略，二者相辅相成、相得益彰。源于此，"耕读传家"作为宗法制的历史文化村落根深蒂固的生活理想，是宗族（家庭）事务的头等大事，每个宗族都期望自己的族人可以中举中进士，入朝为官，光耀门楣。因此，族规家训都极为强调耕读之首要性；士绅乡贤则扮演着文化教育的继承者和推动者的双重角色；而庙祠牌坊既是族人对其丰功伟绩的一种铭记，也是对族中后人的一种鞭策；兴教办学则是文脉传承背后的助推力。耕读传统使得浙江地区人才辈出，尤显家族代传性特征。如温州瑞安曹村自南宋高宗绍兴二十七年（1157）

至明成祖永乐二年（1404），200多年一共出了82名进士，是全国闻名的"中华进士第一村"；永嘉屿北村的"一门三进士，父子两尚书"；江山广渡村的"四代十登科，六子七进士"；绍兴州山村的"父子两尚书""祖孙四进士""十八进士"等。近代以来，则有"状元村"之美誉的宁海梅枝田村和"博士村"之美誉的缙云姓潘村。劝农劝学观念的化身则是耕读传统在中国农耕社会中形成、发展和行将消亡的思想轨迹，鲜明地揭示了封建社会中富裕农家和仕宦之家对于家族（家庭）文化教育前景的企求实态，它表明，耕读传家观念不仅源远流长，而且深远地影响了农业中国的乡村社会。

《名人名流卷》镶嵌着浙江历史文化村落一颗颗璀璨明珠。浙江历史文化村落名人故事丰富多彩，所述人物故事涉及名儒名臣、名贾名商、诗画艺人、乡贤民硕、侠客义士等。名人故事都寄托了村民的情感，反映了时代心理，有一定史料研究意义。浙江历史文化村落的名人名流，明代到近现代的居多。这与浙江省历史文化名村形成的历史相适应。从时代变迁看，中国文化经济重心不断南移，与浙江名人辈出是顺向同步的。浙江由于地处东南，战争较少，经济和文化得到长足发展。南宋定都临安，给浙江带来前所未有的发展机遇，从而使浙江成为全国举足轻重的经济和文化重镇，造就了一批批优秀儿女，其中不乏从这些历史文化村落走出的。地理对文化、对名人名流分布的影响显著。从地理类型上看，浙江历史文化村落名人名流的分布大致代表了西南山地文化、浙北平原文化、海洋文化三种类型。山区名人名流的特点是崇文尚武、武术医家、义士将军等；平原地区多半为鱼米之乡，交通发达，文化基础本身较好，多出巧匠、商人、科学家、文艺人士等；沿海名人名流具有开放冒险、抵御外侮、漂洋经商的生活经历。浙江人祖先多半是中原移民，经过几次大规模南迁运动，很多北方家族南下，到浙江重新聚居，形成历史文化村落。新移民将北方的文明与本地特色结合，将优秀的中原文化传统延续下来，而传统意义上的吴越土著文化实际上自秦灭越之后特点不突出，浙江文化与中原汉文化实现了自然接轨。如朱熹与郭村、包山书院，陆羽与余杭、吴兴、长兴等，赵孟頫与下昂村等，他们的活动丰富了历史文化内涵。

《民风民俗卷》延续浙江历史文化村落鲜活历史。浙江历史文化村落保留的民俗不仅多种多样，而且具有深厚的人文底蕴和独特的地域色彩。比如，素有"鱼米之乡""丝绸之府"之称的杭嘉湖地区，流传于该地区的蚕桑文化民俗即将民间喜闻乐见的范蠡与西施的传说融合在内，使原本单纯的生产习俗增加了浓郁的人文色彩。浙江地域面积不大，但依山濒海，江河纵流，自然环境复杂，地形地貌丰富。因此坐落于不同地区村落的村民，生产、生活习俗也各异，又都与其所生活的区域自然环境息息相关。浙西多山，山地村落流行的生产、生活风俗，即与村民千百年所依赖的山地环境关系密切，如流传于衢州洋坑村的"喝山节"——喝山祈福习俗即为典型一例。浙北多平原水乡，流行的民俗不少即与水上活动有关，如嘉兴地区民主村的水上庙会习俗。浙东南濒海、多岛屿，因此生活在滨海地区和离岛上的村落居民，其民俗就带有浓厚的海洋气息，如浙南洞头县东沙村祭祀妈祖（海神）习俗。浙江是畲族的主要聚居地区，景宁是中国第一个也是唯一一个畲族自治县，有"中国畲乡"之称，在景宁及周边的几个畲族分布的县域村落内，流传着畲族独有的生产、生活风俗，成为浙江历史文化村落民俗中极具鲜明地域风格的代表。浙江历史文化村落的民俗大体归为：一是传统的岁时节令类；二是人生历程中的婚嫁、生育、寿庆、丧葬类；三是反映家族文化的祭祖、修谱、族规类；四是农事生产类；五是乡村美食与风物特产（指手工制作的，与自然生产的不同）类。此外，还有一些涉及居住建筑、传统体育、游戏娱乐和口头文学等。民俗是过去生活的记忆与缩影，也是村居民落在千百年的生产、生活中积淀的文化遗产，随着社会经济的高速发展和城镇化的快速推进，不少良风美俗也都面临着湮没之危。我们希望"千村故事"能够让这些乡村记忆传之久远。

《手技手艺卷》展示浙江历史文化村落里百姓与"这方水土"相互厮守的故事。浙江省历史文化村落手技手艺体现于生产、生活的方方面面，比如，将传统的绘画与雕刻工艺应用于传统建筑与装潢，竹编或草编则在保持手工艺品基本特征的基础上，使其成为乡村旅游的一个品牌；剪纸、陶艺依然维系着一方水土的温馨记忆。浙江省的手技手艺是"一方水土"的百姓与这片山、这片水相互厮守的故事。从远古走来的浙江人民世世代代与这片土地同呼吸、共命运，并由此衍生了具有浓厚区域色彩的手技、手艺，这些手技、手艺曾经是普通百姓的重要经济手段，尤其是在农耕社会时期，生产力水平不发达，交通闭塞，对一个家庭乃至一个家族而言，一门手艺的掌握将给他们带来相对稳定的收入，由此贴补家用，贴补再生产，当然也贴补愿望。由于区域的相通性，即使有多达上千的历史文化村落，手技、手艺在许多村落间都是共通的，同时也展现出地域乡土性。传统技艺存在于生活之中，只要有适宜的环境，手工艺就会得到传承。比如，木作、雕琢、烧造、冶炼、纺织、印染、编织、彩扎、装潢、造纸、制笔、烹饪、酿造、印刷等，在当代社会的现实生活中仍然有着广阔的生存空间。费孝通先生曾说过，非物质文化遗产"之所以传下来就因为它们能满足当前人们的生活需要。既然能满足当前人的生活需要，它们也就是当前生活的一部分，它们就还是活着。这也等于说一个器物一种行为方式，之所以成为今日文化中的传统，是在它还发生'功能'，能满足当前的人们的需要"。

《特产特品卷》印制浙江历史文化村落亮丽的名片。浙江历史文化村落的特产特品文化深厚，各地的每一种特产，都不是简单的自然馈赠品，而是各地居民在千百年的生产、生活中积淀下来的文化遗产，每一种产品都有其独特的种养、加工技巧和工艺流程，许多产品还有一套与其生产过程相配套的地方习俗和文化故事。浙江历史文化村落农特产品具有鲜明的地域差异性。比如，浙北杭嘉湖平原地区是种、养、加特产集中区，农特产品主要以种植产品、淡水养殖品及加工制品为主；传统种植产品以蚕桑种植最具特色，现代种植产品则主要以瓜果蔬菜为特色，如槜李、湖菱、大头菜、莼菜、雪藕等特色果蔬在区域内均有一定的分布；浙中金衢盆地地区是瓜果、药材、粮油肉加工产品集中区，如兰溪杨梅和枇杷、常山胡柚，磐安元胡、玄参和白芍等，金华火腿、金华两头乌猪、龙游乌猪、衢江三元猪，金华酥饼、龙游发糕、江山铜锣糕、常山山茶油等；浙西丘陵山地地区则是茶叶、竹木产品集中区；浙南山地地区是林木、山石产品集中区；浙东丘陵地区是特产多样性地区；浙东沿海平原地区则是蔬果、海产集中区；东南滨海岛屿地区则是海洋捕捞产品集中区，陆地特产相对较为贫乏。浙江历史文化村落的特产特品注入了深刻的文化印记，其中许多农特产品从一个村落发源，经过历代村民精心呵护与反复打磨，已经走出村落、走向世界，成为历史文化村落的名片。

（执笔：王景新，浙江农林大学中国农民发展研究中心暨浙江省农民发展研究中心常务副主任，中国名村变迁与农民发展协同创新中心首席专家；文中"梗概"由各卷主编撰写）

总目录

江南财赋地，江浙人文薮 …………………………………………（1）

上　篇

第一章　名臣风采 …………………………………………………（3）
第二章　名将风度 …………………………………………………（71）
第三章　商贾风姿 …………………………………………………（102）
第四章　仙踪风韵 …………………………………………………（135）
第五章　乡贤风流 …………………………………………………（193）
第六章　志士风骨 …………………………………………………（275）

下　篇

第一章　曲家风雅 …………………………………………………（331）
第二章　师道风范 …………………………………………………（363）
第三章　名儒风标 …………………………………………………（436）
第四章　仁医风华 …………………………………………………（520）
第五章　诗画风神 …………………………………………………（546）
后记 …………………………………………………………………（631）

目　录

江南财赋地，江浙人文薮 ·· (1)

上　篇

第一章　名臣风采 ·· (3)
桐庐翙岗村：刘基翙岗结义士 ·· (3)
桐庐深澳村：申屠氏族品才高 ·· (8)
临海岭根村："香山九老"王世芳 ······································ (12)
丽水莲都曳岭脚村：蔡仲龙擢升状元 ································· (16)
缙云旸村：守正通变的卢勋 ·· (19)
丽水龙泉下樟村：管氏兄弟各风流 ···································· (23)
丽水龙泉章府会村：明朝开国重臣章溢 ······························ (27)
湖州吴兴菰城村：战国春申君黄歇 ···································· (30)
江山凤里村：江山高士周文兴 ··· (34)
常山溪上村：大明开国元勋徐恢 ······································ (37)
衢州柯城北二村：祖孙遭贬的"蓝田玉" ····························· (39)
余姚袁马村："青词宰相"袁炜 ·· (43)
永康枫林村：任成高智留官银 ··· (45)
兰溪垾坦村：垾坦唐宋两忠臣 ··· (48)
文成九都村：屈杀狱中的刘璟 ··· (51)
温州龙湾普门村：清廉内阁首辅张璁 ································· (54)
云和村头村：王氏"一门三进士" ···································· (58)
德清白彪村：车宸英仗义乡里 ··· (61)
庆元杨楼村：翁二公进宝遭陷害 ······································ (64)
新昌上下宅：杨信民誓保京师 ··· (67)

第二章　名将风度 ·· (71)
庆元黄坞村：朱元璋御封"生茂林" ································· (71)
开化富楼村：朱元璋点化糠虾 ··· (75)
开化苏庄村：朱元璋惊马栽银杏 ······································ (77)

金华金东中三村：朱元璋火烧龙盘寺 …………………………（78）
开化古田村：朱元璋亲栽"茶树王" …………………………（80）
开化富户村：红巾军与"狗肉炊粉" …………………………（82）
温岭朝阳村：曾铣蒙冤终昭雪 …………………………………（84）
衢州柯城上瓦铺村：黄巢大战"营盘山" ……………………（87）
建德孙家村：智勇兼备的孙韶 …………………………………（89）
开化真子坑村：开化有座钱王冢 ………………………………（93）
临海前塘村：朱胜非智平苗刘 …………………………………（96）
开化张村：平叛功臣张自勉 ……………………………………（100）

第三章　商贾风姿 …………………………………………（102）

松阳呈回村：汤有祯七代经商 …………………………………（102）
绍兴五车堰村：钱业世家胡小松 ………………………………（105）
嵊州楼家村：晚清浙商楼映斋 …………………………………（108）
松阳梨树下村："盘香"大王张美献 …………………………（111）
绍兴柯桥陈村：黄燕山意外获财 ………………………………（115）
庆元曹岭村：曹岭码头刘朝熙 …………………………………（118）
苍南碗窑村：朱氏巫氏争碗窑 …………………………………（121）
苍南矴步头村：谢传职经商逸事 ………………………………（125）
松阳雅溪口村：徐广一经商善助 ………………………………（129）
绍兴柯桥紫洪山村：爱乡侨领章传信 …………………………（132）

第四章　仙踪风韵 …………………………………………（135）

苍南五亩畲族村：李法新作法求雨 ……………………………（135）
景宁东垟村：积德行善陈七公 …………………………………（138）
兰溪洪塘里村：蒋兴俦东渡曹洞宗 ……………………………（141）
杭州富阳上臧村：臧洪宇观棋烂柯 ……………………………（143）
湖州南浔朱家坝：顺治出家当和尚 ……………………………（145）
景宁东塘村：何璘斗法作七堰 …………………………………（149）
龙游张家埠村：天台祖师释传灯 ………………………………（151）
平阳南雁村："仙姑派"创始人朱婵媛 ………………………（154）
平阳仙口村：林景熙冒死葬帝骨 ………………………………（156）
建德溪口村：麻楂与"六门金锁拳" …………………………（160）
天台寒岩村：寒山拾得隐天台 …………………………………（164）

永嘉黄一村：静权重振黄皮寺 …………………………………… (167)
金华柯城下坦村：八仙想建金銮殿 ………………………………… (169)
永康方岩：黄大仙寻药救山民 ……………………………………… (172)
杭州余杭四岭村：陆羽种制兰花茶 ………………………………… (174)
台州椒江陈宅村：章安讲经退海盗 ………………………………… (177)
武义白革村：堪舆学名家朱黻 ……………………………………… (180)
庆元龙岩村：菇民财神吴三公 ……………………………………… (183)
浦江县冷坞村：马大娘巧制木"作马" ……………………………… (186)
庆元洋背村：仙翁点金试人心 ……………………………………… (190)

第五章 乡贤风流 …………………………………………………… (193)

建德上吴方村：耿仂答卷完美却不中 ……………………………… (193)
建德新叶村：急公好义的叶燮臣 …………………………………… (195)
桐庐瑶溪村：陈氏兄弟手足情深 …………………………………… (198)
温州瓯海上潘村：潘元昌乐为民办事 ……………………………… (200)
宁波北仑民丰村：丁宗璇智判公涂案 ……………………………… (203)
金华金东曹宅村：曹太公力大如牛 ………………………………… (206)
舟山大鹏岛：守海人杨希栋 ………………………………………… (209)
新昌回山村：彩烟杨氏创家业 ……………………………………… (212)
奉化岩头村：岩头"民国第一村" …………………………………… (215)
衢州衢江车塘村：荣隆尚义四世兴 ………………………………… (219)
苍南金星村：聪明过人的顾老敏 …………………………………… (221)
奉化西坞街道：邬元会智迎大员 …………………………………… (223)
永嘉花坦村："布衣文王"朱梅瞿 …………………………………… (226)
衢州衢江楼山后村：孝贞皇后王钟英 ……………………………… (230)
临海岙底罗村：李氏父子均有功名 ………………………………… (234)
温州鹿城驿头：程奕义举受旌表 …………………………………… (237)
景宁茗源村：厚朴公自罚立禁令 …………………………………… (242)
文成上石庄村：林氏家族重人文 …………………………………… (245)
绍兴越城上港村：绍兴师爷骆照 …………………………………… (248)
开化桃源村：范氏后裔尚武德 ……………………………………… (252)
江山勤俭村：姜汝旺与"哲学三姐妹" ……………………………… (255)
庆元崔家田村：沈朝森一状保天竺 ………………………………… (259)

临安杨川村：善行仗义的帅家 …………………………………（261）

庆元大济村：重义轻利的吴崇煦 ………………………………（264）

泰顺西溪村：周氏族人故事多 ……………………………………（267）

衢州衢江涧峰村：徐树槐受赐"七叶衍祥" ……………………（270）

永康象珠四村：徐寅生的风筝姻缘 ………………………………（273）

第六章 志士风骨 ………………………………………………（275）

淳安王家源村：方腊起义有石刻 …………………………………（275）

台州椒江胜利村：风云际会大陈岛 ………………………………（277）

金华金东方山村："五四"学联主席方豪 ……………………（280）

浦江古塘村：陈肇英关爱家乡公益 ………………………………（283）

建德乌祥村：《浙江潮》主编蒋治烈士 ………………………（287）

杭州临安罗家村：罗霞天郜岭抗击日寇 …………………………（290）

天台灵溪村：灵溪"四奚"尽风流 ……………………………（292）

洞头垄头村鱼岙：周鸣岐怒斥日寇遇难 …………………………（295）

庆元濛淤村：粟裕抗日血战濛淤 …………………………………（298）

武义上坦村：潘漠华智斗土豪 ……………………………………（301）

金华金东东叶村：施复亮参加一大筹备 …………………………（303）

岱山司基村：顾我领导盐民运动 …………………………………（306）

青田罗溪村：红军师长郑秖烈士 …………………………………（309）

临海西洋庄村：远征军团长朱茂臻 ………………………………（311）

三门祁家村：辛亥革命志士祁文豹 ………………………………（314）

青田罗溪村：林三渔旅日70年不改国籍 ………………………（317）

洞头外垟头村：东海前哨外垟头 …………………………………（320）

泰顺下排村：肃反队长吴明抱 ……………………………………（324）

桐庐石舍村：游击队长洲反击战 …………………………………（326）

江南财赋地，江浙人文薮
——从历史文化名村看浙江名人名流特点

浙江，祖国东南的一颗璀璨明珠。早在宋代，人们就以"江南财赋地，江浙人文薮"来赞誉这方热土。本课题组经过调查研究，《名人名流卷》篇共采集到200多个名人故事，上篇分"名臣风采、名将风度、商贾风姿、仙踪风韵、乡贤风流、志士风骨"六章，下篇分"曲家风雅、师道风范、名儒风标、仁医风华、诗画风神"五章，现将名人分布特点和规律概述于下。

一 浙江大地俊杰辈出

1. 从数量看，人物故事丰富多彩

浙江历史上，文化昌盛，俊杰辈出。《二十四史》列传中记载了6000多人，其中明确籍贯的有5769人，据统计，浙江籍人物在两汉居第十二位，隋唐居第九位，北宋居第八位，南宋至明清居第一位。在《全唐诗》中，浙江籍诗人近50人，形成浙东、浙西两条"唐诗之路"。据唐圭璋先生《宋词四考》统计，两宋词人共867人，其中浙江籍词人216人，占总数的近四分之一。万斌教授在《浙江文化名人传记》系列丛书序言中指出，元明清三代，浙江一省的文学家皆占全国总数的五分之一。据陈正祥《中国文化地理》统计，明洪武四年到万历十四年的245年间，科举及第244人，其中浙江籍有48人。清代科举及第共342人，浙江籍有81人，居全国第二位。据《中国文学家辞典》《中国科学家辞典》的统计，浙江籍人物均排在前三位。浙江人口最少，若按人口比例统计，浙江居首位。从这些数据可以窥见，唐宋以后浙江人才兴旺之况，深厚的文化土壤，提供了丰富的名人故事。

这次采集的历史人物大部分未显于正史，大多涉及民俗传说、商贾侠客、民间艺人、乡贤义士等，这些故事都寄托了历史文化村落的情感，反映了一定的时代心理，具有一定的史料研究意义。

2. 从时间看，南宋以来的名人居多

中国历史上有两次大规模的南迁运动，第一次是南北朝时期，由于北方战乱频仍，很多名门望族举家南迁，到浙江重新聚居，形成了今天的历史文化村落。第二次是南宋时期，开封沦陷，建都杭州，大批北宋遗民南迁。两次南迁使中原文化与吴越文化相互融合，实现了南北交流。

本次采集的名人，大部分是宋代以后的。如陈亮、叶适、赵孟頫等。这与浙江省历史文化名村形成是相关的，因为大多古村落都形成于南宋以后。浙江由于地处东南，战争较少，经济和文化得到长足进步。特别是南宋定都杭州，中国文化重心自然南移，浙江名人辈出，给浙江带来前所未有的发展机遇，使浙江成为全国举足轻重的经济和文化重镇。分布在浙江各地的古村落就成了孕育人才的丰厚土壤。

3. 从地域看，体现浓郁浙江地理特色

浙江素有"七山一水二分田"之称。浙江的地理文化分为浙西南山地文化、浙北水乡文化、浙东海洋文化三种类型。山区崇山峻岭，植被丰富，人口稀少，交通不便，所以山区名人的特点是崇文尚德、耕读传家、热爱自然；平原地区多半为鱼米之乡，交通发达，文化基础本身较好，多出巧匠、商人、科学家、文人雅士；浙东地区，海岸线长，居民和岛民要向大海讨生活，沿海名人具有开放冒险、抵御外侮、漂洋经商的生活经历。

许多古村落都与历史名人有密切的关系。如朱熹与武义郭村包山书院，陆羽与余杭径山茶，赵孟頫与南浔下昂村，方腊与淳安王家源村等。历史名人与名村的结合，丰富了历史文化的内涵。

4. 从职业看，人物身份多元

这些历史人物，分布在各行各业，有官员、革命家、学者、医学家、僧道、实业家、科学家、经济学家、商人、诗人、书画家、教育家等，形成"海阔凭鱼跃，天高任鸟飞"的盛况。

佛教自东汉末年传入浙江，南朝时代就有寺院200多所。禅宗五支派中，曹洞宗创始人良价、云门宗创始人文偃、法眼宗创始人文益，都是浙江高僧。南宋评定的江南"五山十刹"，绝大多数在浙江省境。日本、高丽僧人前来参学者数以百计。近代以来，社会变动频繁，佛教受到各种冲击，仍有印光、幻人、寻源、敏曦、祖印、谛闲、柏亭、月霞、弘一等弘法于浙江。

道教创立于东汉末期，唐末五代著名道人杜光庭（浙江缙云人）评定洞天福地，十大洞天中浙江有其三，三十六小洞天中浙江有其十，七十二福地中浙江有其十六。宋时临海人张伯端在台州创立道教南宗，温州人林灵素开创道教灵霄派，明清以后，浙江有道教宫观数百处。

二　浙江文化刚健创新

1. 尊道德，经世致用

自六朝以来，江北来到浙江的诗书之家，高门大族，以及江南的本地士族，都重视对子弟的教养，他们兴办学校，延请名师，将读书的种子遍撒浙江大地。在很多村落中，至今还有保存完好的书院。浙江还是传统的刊书藏书重地，正如王国维所说："自古刊版之盛，未有如吾浙者。"甚至在偏僻的大山小村，都出现了藏书楼和藏书家。藏书读书风气之盛，使明清的科举考试中，浙江进士名列前茅。浙江名人主张经世致用，实事求是，与时俱进，使得浙人不抱残守缺，能很快与新思想和现代化接轨。浙人也非常重视道德操守，在重实利的同时，能践行以义为先。在所收集到的名人故事中，有的忠孝传家，有的为官清廉，有的乐善好施，有的急公好义，有的散财兴学等，留下了许多感人的故事。

2. 有抱负，勇于开拓

浙江商人、金融家和实业家，白手起家进军上海，经过努力奋斗后，将上海做成了自己事业的舞台。由于浙人的成功，吸引了更多的人来到上海，使得这座城市真正成了冒险家的乐园。

积极荐引乡贤，提携后生。比如民国时期，蔡元培带动了一批文化名人；在辛亥浙江志士的影响下，带出了浙江帮民国将领。浙江人勤勉肯钻研，他们用精明的头脑和灵巧的双手，像做手艺一样，将"工匠"精神发挥到极致。从名村名人名流职业分布情况看，浙江人在那些专业性较强的领域内表现突出，如永康小五金、义乌货郎担，突出的是职业家族化积累，从而形成了具有深厚的商业文化意蕴和传承。出现了不少读书世家、官宦世家、经商世家，甚至还有像吴蕴古那样的三代治水世家。

3. 明大义，爱国爱乡

浙江名人亦刚亦柔，受先秦吴越刚烈文化影响，浙江出现了一系列军事上有所作为的将领，在一些山区至今也有尚武的习俗。例如在明代抗倭斗争中就出现了一些抗击外侮、宁死不屈的民族英雄。在近现代，出现了不少革命英烈、辛亥志士和抗日将领。另外，受江南的地理环境和风俗等文化基因的影响，浙江更多的名人是读书人和文艺人士、科学家，他们体现了浙江文化中细腻精巧、聪慧灵光、文雅重情的一面，是他们打造了一个典型的文化江南。

三 村落文化传承与创新

通过本次历史文化名村的调查和初步研究,我们也发现了一些存在的问题。对名人在村落中的遗存保护还做得不够,宣传也不到位,乃至许多本村人都不知本村曾经出过名人。有鉴于此,我们建议:

1. 历史文化名村要重视对本村历史的研究。充分利用村中谱牒资源,结合方志和史书记载,组织专家对名人进行真伪辨别、事迹考辨、辑佚补充等工作,真实地呈现历史,传承后人。

2. 充分发挥名人名流资源的优势,使之在传承历史、教育后代、保存史料、开发利用等方面发挥其价值。应利用各种媒体和平台,加强宣传对名人故居、活动遗迹的保护,使之成为重要的精神养育基地。

我们期待着,借着千村故事整理的契机,历史文化名村能进一步唤醒那些沉睡的记忆,让传统鲜活起来,在现代彰显其价值。以此进一步强化保护意识、敬畏意识和责任意识,真正加大保护力度,将举措落到实处。通过我们的不懈努力,古老的村落文化一定会焕发新的活力。

王长金

2017 年 11 月 18 日

第一章　名臣风采

桐庐翙岗村

刘基翙岗结义士

桐庐县翙岗村是一个纷杂着无数传说的古村落。随便进入哪条街巷，沿街而居的那些白发苍苍的阿奶或者闲坐在石条上的老爷爷便会告诉你关于翙岗的历史人物故事。

翙岗村从东汉时期开始就已经有了村落。据考证，在村南狮架山腹地，曾经发现过规模不小的东汉至三国的墓葬群；在村东万国山的巉岩上，还留有摩崖石刻；香泉山华林寺始建于五代十国。当地有一句顺口溜："先出王胡郑，后出吕俞方。"说的是翙岗村落的形成与姓氏迁入的早晚。北宋末年抗金名将李纲后裔迪功郎李仰菴，于绍熙三年（1193）从新登带着族人迁入翙岗，后渐成大姓。翙岗村也慢慢成为贤人云集的文化重镇。

刘基广交翙岗隐士

元末明初，社会动荡，中国的隐逸文化在这个时期达到鼎盛。翙岗李氏在这个时期出了一大批通晓古今、博览群书、德才兼备的儒士。这个名门望族，在两百多年的时间里，秉承着"耕读传家"的祖训，他们不愿意为官，形成了一个隐居群体，时人称之"处士"。他们的家境一般都比较殷实，那个时候的桐庐县形成了一个以翙岗为中心的隐逸文化圈。

刘基因不满元朝的统治，辞官后一路游学，见翙岗风水甚好，于是寓居于此，设馆授学，待了三年时间。他结交了许多李氏名人及文化名士，融入了这个文人骚客的隐逸圈，并留下许多诗篇。

根据《桐南凤岗李氏族谱》和《桐庐县志》记载，那个时期几乎每个李氏儒士跟刘伯温都曾对诗和韵。李仲骧，生于元大德三年（1299），卒于洪武七年（1374），号南华老人，按辈分是李近山的族兄长，是李康的族叔父。《桐南凤岗李氏族谱》留有《南华百拙稿诗集》六十九篇，其中《和刘伯温来韵》："自爱山中隐者家，杖藜随分踏江沙。岁时野老频分席，朝夕山僧共煮茶。旅雁随阳寒有信，轻霜点燃菊垂花。青山翠岫半秋色，清簟疏簾落照斜。"诗中描写宾主纵情于大自然，徜徉在山水间，过着无拘无束的生活。野趣横生，淡雅清新。

李仲骧生有两个儿子，大儿子名翔字鹏飞，号"云林隐者"，从小学问广博，器量宏深，但对于仕途"不干谒，不竞奔"。小儿子名翰字鹏举，从小博览群书，广收古帙。李仲骧仰慕子陵羊裘（即严光），与寓居于翙岗村的刘伯温谈古论今，交往密切，感情深厚。他们在一起"或着屐以登山，或乘槎而问水"。后刘伯温进京做官，多次邀他为朝廷效力，他都推辞不就，唯放怀世外，潜迹山林，刘伯温送他"云邱老人"的雅号。

李鹏飞也生了两个儿子，大儿子名善字孟元，继承了父亲的志向，也归隐村野，号称"南陵耕者"，著有《南陵集》。小儿子名远字孟修，号"憩牧"，从小在刘伯温设立的私塾读书。因识卓才高，非比寻常，深得先生器重。后被朝廷征辟入仕，授江西铅山令，为官清廉，百姓啧啧称赞。

另一个著名的处士，号为"闲所处士"，名李近山。元大德年间，朝廷曾招李近山进集贤院，但李近山最终还是回到故乡。因其家境富庶，性格豪迈，乐施好善，"饮酒赋诗殆无虚日"，家里天天高朋满座，刘基、许立夫、宋濂、杨铁崖等一大批当时的文化名人都是常客。他以诗文自娱，巉巉子山《题李近山林泉读书图》："深林飒飒无人到，却是秋风落叶声。抛卷出门聊倚杖，且看山下白云生。"刘伯温《次前韵》："茅屋秋风黄叶里，隔溪听得读书声。松萝掩阴无行处，更有晴云满路生。"刘伯温还在多个场合赞扬："近山老人逸且愚，一生朽散性无拘。"对他"无求名利，嗜读诗书，近山而居，临水而渔"的处士生活深表羡慕。

李近山去世后，其子到应天府向刘基报丧，其时刘基已官拜御史中丞兼太史令，接到讣告后悲恸大哭，作《追悼李君近山》诗，在小序中写道："桐庐李君近山，儒士旷达者也。与仆为知心友，契阔十余年，风尘颓洞，音问杳绝。忽其子来京师，始知李君亡矣，悲感成诗，聊以写其情耳！"沉痛地表达了对故人去世的惋惜与哀悼之情。

刘基与翔岗李氏隐逸文人中交游甚密的还有李康（1311—1358）。李康，字宁之，号梅月主人。李康工诗文，博及琴弈书画，多次拒绝元朝聘用，以古学自鸣，雅号清高，居所四周遍植梅花，自题斋号"梅月斋"。刘基写给李康许多诗，其中《题梅月斋宁之先生读书处》和《留别李君宁之》，从诗中可以清晰地看到，刘基在隐居翔岗那几年和当地文人一起赏花吟诗、醉酒当歌的深情厚谊和不问世事的洒脱之情。

至元十八年（1358），李康因病去世，"高阳许瑗、青田刘基临其丧作诗以诔"。由此可见刘基与李康的关系非同一般，体现了翔岗村在刘基人生道路中的特殊地位和分量。

刘基暗察李员外

刘基在《赠桐江临溪西庄华氏宗谱序》开篇说："予为中原不靖，遨游海内，寄迹于桐江翔岗李氏之家。"据翔岗村的民间传说，这个李氏名叫李阿禹。

元至正元年（1341），刘基看到元朝气数将尽，遂从江西辞官一路游历至桐庐。一边游山玩水，一边暗寻明主。途经翔岗村时发现村址所在位置三峰南峙，天子东立，西面一马平川，北面松梅万顷，香泉山狮象把门，大源小源两条溪流双龙交汇于村东，婉转流向富春江。刘基是个闻名于世的风水大师，一看就觉得这是个潜龙栖凤的好地方，说不定自己寻访的真命天子就在这里。于是刘基悠悠荡荡来到翔岗街上，迎面走来一个人，只见他天庭饱满，地阁周正，两手过膝，双耳垂肩，完全是相书上说的帝王之相，心中不由暗暗吃惊，莫非他就是自己一直要找的明主。一打听，知道他是翔岗村里的一位大财主，名叫李阿禹，人称李员外。

李员外家道殷富，门前千亩良田皆为其所有。刘基一路跟随李员外到了一个偌大的晒谷场，晒谷场上有李员外的一千张晒稻谷的竹篾簟。李员外走着走着大概累了，就在晒谷场边祠堂门口的阴凉处坐下打起了瞌睡。刘基想趁机试探一下这位有着帝王之相的李员外，就朝手心吐了一口吐沫，变了一千只麻雀去吃竹篾上的稻谷。正在此时，李员外的耳旁飞来了一只苍蝇嗡嗡直叫，睡得迷迷糊糊的李员外随手一甩，赶走了苍蝇，却把试探他的一千只麻雀也赶跑了。

刘基心想，当皇帝需要养千军万马，眼前这人心眼这么细小，这一千只麻雀还没有开始吃稻谷，就被他赶走了，以后怎么能成大事。这时候，李员外醒了，见晒谷场边站着一个陌生人，就跟他交谈了起来。李员外其实为人十分豪爽，也有儒学功底。两人交谈甚欢，十分投机。李员外见刘基谈吐不凡，学识渊博，而他正想为本族弟子筹办一个学馆，虽然本族人中学识渊博的人比比皆是，但是他想找一位不是本族的先生来授课，更能提高弟子们的学识和胆略，于是便邀请刘基留下来到学馆做先生。刘基看这个李员外也确实有帝王之相，怎么办？于是他决定留下来，彻底摸清楚这个李员外的底细。

过了两三个月，刘基基本上了解了李阿禹的底细。原来翙岗村的李氏先人是著名的抗金民族英雄、南宋丞相忠定公李纲。李纲的一生对朝廷忠心耿耿，却没有得到重用。他在靖康、建炎两朝都被奸人所伤，丞相做了75天就被罢相，后又一再被贬，最终郁郁而终。李纲的后人也被迫四处迁徙，其中一支辗转来到了翙岗。所以李氏后人对于仕途有一种发自内心的抵触，觉得官场险恶，虽一时得计，而朝荣夕殒，最终名败节丧，还不如做一名处士，逍遥自在，徜徉于山水之间，求得内心的安逸，以至于后来刘基推荐李氏族人去仕途官场求取功名都被婉拒。

转眼到了农历十月十一，这天正是翙岗一年一度的秋季庙会，俗称"迎神节"。村民在大街上抬着各路神仙，感谢诸神一年来对村民的庇护，祈求保佑来年风调雨顺。李员外对刘基说，想在大祠堂挂个匾，请刘基题字。刘基也不细想，大笔一挥写下四个大字"凤翙高岗"，这字写得笔势雄奇，风姿翩翩，人人叫好。

翙岗原名"晦冈"。传说东吴大帝孙权的祖母去世时，风水先生为孙家挑选了能出"万代诸侯"的风水眼翙岗村的香泉山（现华林寺），等到棺柩抬到香泉山后，孙家又问风水先生有没有比这个更好的风水位置，风水先生告诉孙家，此处往东十里有一处山岗，名叫白鹤岭，葬在此地可得一朝天子。于是孙家决定放弃香泉山，转葬白鹤岭，之后第三代孙权还真成了三国的东吴大帝，从此白鹤岭也改名为天子岗。因刘基为晦冈李氏题写了"凤翙高岗"匾额，晦冈便改称为翙岗，读音没有变。

刘基题写的"凤翙高岗"，取自于《诗经·大雅》中的"凤凰于飞，翙翙其羽"之意，本意是祝福夫妻和好恩爱，其中也寄寓着刘基对翙岗村百姓美好的祝愿。随着刘基跟随朱元璋创立明朝大业，"凤翙高岗"之名也从此名声大震，可惜这块珍贵的匾额毁于"文革"。

刘伯温在翙岗寓居数年，其间不仅留下许多动人传说，还指导村民修建了大量的水利设施，直到今天这些水利工程还在发挥着作用。

(吴小明　吴军龙)

古井（吴小明　吴军龙供）

桐庐深澳村

申屠氏族品才高

桐庐深澳村,是中国历史文化名村,也是申屠氏聚居地。申屠氏,历史悠久,源远流长,据史学家考证,申屠复姓出自姜姓,为炎帝裔孙四岳的后代。夏朝时,有四岳之后封于申,为侯爵,世称申侯。西周末年,周幽王娶申侯之女,生太子宜臼,后为周平王。申侯的支子,受封居安定之屠源(现甘肃泾川县)。爵封居地相合,遂为复姓申屠。由此计算起来,申屠氏已有两千七百多年历史了。

刚毅守节　为官清廉

申屠氏,在中国百家姓中排起来,是小姓。然而,申屠氏在桐庐是大姓,据2006年桐庐县居民户籍统计,全县480个姓,申屠氏排在第11位。历史上申屠氏出了不少贤人,西汉文帝时的丞相申屠嘉就是其中一个。《前汉书》里说:"嘉为人廉直,门不受私谒。"用现代话说,他为官廉洁耿直,不准别人到他那里走后门、谋私利。申屠嘉丞相对拍马屁的佞臣特别痛恨,时任大中大夫邓通,是个无德无才之徒,唯一的技能就是谄媚文帝刘恒。文帝竟赐邓通这个马屁精"蜀严道铜山得自铸钱",故邓氏钱布天下,成了全国首富。邓通自恃有皇帝撑腰,不把大臣放在眼里,对申屠丞相也不礼貌。申屠丞相为维护朝廷礼节,严肃纲纪,要以大不敬罪斩邓通,吓得这个马屁精连连叩头求饶,额角叩出了血。后由文帝派人保了回去,虽然小命保住了,可他的威风已丧尽,自此马屁功夫也大为收敛。申屠丞相一生为人刚毅守节,故殁后,谥"节侯"。

申屠刚是申屠丞相的七世孙,任东汉刘秀王朝的尚书令。申屠刚是深澳村申屠氏始祖,《后汉书》说他"质性方直"。当时正值王莽篡权,他不肯谄媚,避地隐居。相传,他在今深澳黄山之阴也隐居过,后这座山更名为申屠山,今称图山。

申屠刚曾避地河西,转入巴蜀往来二十余年。当时占据陇右的地方首领隗嚣，欲劝他一起背汉归附割据四川的公孙述。申屠刚则坚定地回答"这是上负忠孝，下愧当世的事"。至王莽被灭，刘秀建立了东汉王朝，申屠刚官拜尚书令。他始终怀着方直之性，对国事民事敢说敢当。东汉王朝初年，内外群臣多由光武帝自选定举，在选举中只重功臣，不重能臣。对此群臣不敢言，唯申屠刚多次上谏，要光武帝在重用功臣的同时多选用能臣。后来国势渐盛，刘秀认为天下从此太平了，想外出玩乐，申屠刚又出来阻止，上疏光武帝说："陇蜀未平，不宜宴安逸豫。"就是说天下未太平，还不是享受安乐的时候。光武帝听不进去，申屠刚就用自己的头顶住刘秀出行的车轮，终于感动刘秀，放弃了外游。

申屠蟠是申屠刚的八世孙，是才高八斗、不愿做官的贤人。《后汉书》中赞美其"琛宝怀贞"，意思就是道德高尚。他九岁丧父，不进酒肉十年。当时独霸朝廷的大将军何进数次征召他出仕做官，他知道朝廷黑暗，何进也不是良臣，坚决拒绝奉召。何进为得到申屠蟠，见公召不行，就请申屠蟠的同郡好友黄忠两次去书劝蟠出仕，蟠仍然拒绝。黄忠对蟠的结论是："窃论先生高节有余，于时则未也。"其实，申屠蟠并非不想出仕，只是他知道在当时豺狼当道的黑暗朝廷里，出仕做官不可能为国为民做好事，只能受独裁者、野心家的摆布，使自己失去人格。

后何进被杀，董卓独揽朝廷大权。董为了笼络地方名士，公车征召申屠蟠、孔融、陈纪等十余人进京。别人都去了，唯蟠又不赴召，坚持"隐居精舍，传学地方"。时隔不久，董卓胁迫这批名士随大驾西迁，被召者皆遭妻离子散之苦，唯蟠独免。由此，申屠蟠的高节名声远布神州大地。

申屠一斋，是清朝乾隆元年（1736）丙辰科举人，深澳人叫他元林阿太，他才高八斗，名闻京师。早在雍正七年（1729），朝廷创建"咸安宫"官学，以教育八旗子弟，按规定这个贵族学校的教习官要从翰林中挑选。由于元林阿太的文才实在高，他在未中举人前，朝廷就破格让他担任这座官学的教习官。后人传说他担任过皇帝的老师，其实没有，是说他有当皇帝老师的才华。对元林阿太的为人，《志书》上是这样说的："他性安淡泊，不喜夤缘要津。故留京十余年，仅授仁和县教谕终于仕。"这段记载说明，元林阿太也是个不好名利、不喜攀附权贵、不凭借关系搞投机钻营的人。所以尽管他才华出众，在京干了十多年，最后只当了个教育官员。

抗击日寇　敢为人先

深澳村以申屠姓为多，继之周、应、朱等诸姓。深澳申屠氏，于北宋崇宁三年（1104），申屠理（字远通，号松筠）从富春屠山入赘荻浦范家，为桐南申屠氏始祖，世称三一府君。南宋淳熙年间（1180—1184），申屠理五世孙奇璧（字赵完，号雪城）落户深澳，为深澳申屠氏始祖。元泰定年间（1324—1327），北宋哲学家周敦颐后裔周圭，从富春桐江迁徙深澳，为深澳周家始祖。明万历年间（1573—1619），诸暨应店街应氏二十四世孙应梗，因仗义把仗势欺压百姓、打死两名无辜村民的皂役（盐警）打死了，为避难身背着祖宗画像，暗地奔至深澳落户，为深澳应家始祖。多姓的聚集，使深澳村成为九百年历史的古老名村。

1940年10月12日，日军第二十二土桥师团的千余鬼子，沿富阳壶源溪南犯桐庐，在富阳与桐庐交界的景山岭，遭国民党七十九师二三五团的堵截。深澳乡人自动组织了1000余名青壮年协助抗日将士作战，战斗十分激烈，日机在空中投炸弹，深澳乡人冒着枪林弹雨，勇敢地为部队做向导、抬伤员、运弹药、送饭送水。黄程庙里住满了伤员，村里老百姓纷纷将家里好吃的东西，送到庙里给受伤官兵吃。深澳乡人这一勇敢的抗日行动大大鼓舞了抗日将士的杀敌勇气，在与鬼子的肉搏战中"碧血白刃，交相飞舞，前赴后继，视死如归"。战斗打了三天三夜，日寇死伤累累，最后只得夹着尾巴往诸暨方向逃窜。

1999年10月29日至30日，中央电视台在"天涯共此时"栏目里向海内外介绍了深澳人英勇抗日的事迹。

深澳村坐落在天子岗麓，前对旋山，后拥狮子岩，两溪分流，风景佳胜，也是商务中心，为一邑之冠，在县内外小有名气。深澳小有名气，是靠一代一代深澳人努力创造出来的。笔者粗略排了一下，深澳受人仰慕之处有很多，最突出的还是曾在桐庐县创立过四个第一：

其一，深澳人，自第一代老祖宗于南宋年间到此落脚生根以后，经过子子孙孙的勤劳创业，繁衍生息，现已发展成千户大村。深澳堪称桐庐县第一大自然村。

其二，深澳人，素有务农的经验，也有经商的头脑，早在20世纪30年代，深澳的商业经济空前发展。外乡、外县、外省经商之人，源源不断云集深澳，时称深澳为"小上海"，是桐庐县第一个商业发达、经济繁荣的村，当时在浙江省也名列前茅。

其三，深澳人，改革开放后，率先兴办乡村工业。1998年深澳村工业产值达1.12亿元，成为桐庐县第一批实现工业产值超亿元的村。

其四，深澳人，经过几代人的精心营建，精心保护，留下了一大批艺术精湛、风格别致的明清建筑，是桐庐县民间古建筑第一多的村。2006年6月，浙江省人民政府批准公布深澳为第三批省级历史文化名村。2007年7月，国家建设部、文物局，命名深澳村为第三批国家级历史文化名村。

（桐庐县农办）

申屠氏宗祠（县农办供）

临海岭根村

"香山九老"王世芳

在临海市东塍镇岭根村，山皇溪与里庄溪交汇处的唐宋古驿道边，耸立着一座双台门马头墙的三合院古民居。民居的主人是乾隆皇帝恩宠的旷世寿星、曾任遂昌县训导的王世芳。

王世芳（1659—1798），字徽德、芝圃，号南亭。96岁任遂昌县训导，在任15年，政绩斐然，乾隆皇帝赐六品承德郎顶戴加国子监司业衔。王世芳在任期间，兴学重教、建文昌阁、造魁星楼，并为地方治水造桥、修城撰谱，深得百姓爱戴。

王世芳历经顺治、康熙、雍正、乾隆、嘉庆五朝盛世，七代同堂，寿终140岁，成为清代旷世寿星。

王世芳幼年曾习武，康熙十五年（1676），以弱冠之年从父乞兵300人，隶属大帅贝子麾下，奋勇夜袭血战，平定台城耿逆之乱。中年弃武习文，49岁中秀才，80岁选贡生。其间，王世芳曾以卖药为

140岁旷世寿星 王世芳画像

（方永敏供）

生，一日路过林桥，闻村中有人缢死，即奔赴解救，以人工呼吸并揉按百方，将人救活后悄然离去。又一次路过松山拾遗百金，即原地坐守至失主寻来归还。他平时济人厄难，奋不顾身，广行慈善济世之德。

乾隆二十年（1755），96岁的王世芳离开岭根上任遂昌县训导兼教

谕，任上为遂昌县教育和地方文化的发展，不顾自己年高，事事亲历亲为，扩修学馆，延聘良师主管教务，并为地方修宗谱、兴水利、造路桥、建乡贤祠，名声传到了时任内阁学士兼礼部侍郎的齐召南那里。

乾隆二十六年（1761），王世芳六年任期届满，是年，得到齐召南举荐，乾隆皇帝下旨"引见奏对"，考察后龙颜大喜，召升五级，奉旨留京为皇太后七十大寿隆庆恭拜。皇帝引唐朝九老会典故，把王世芳选召为"香山九老"之一，是年102岁，是九老班中官职最小，年龄最大的一位。太后见了大喜，赐予名贵的珍珠和绮罗。寿庆后，乾隆下旨在岭根村老街上赐建"香山九老"木牌坊，以昭"升平人瑞"。乾隆三十年（1765）春，圣驾南巡，召王世芳于杭州觐见，奏对免跪，恩赐"簧席期颐"匾额。三十五年（1770），乾隆皇帝甲子寿年，下旨引见王世芳来京祝寿，钦赐御编诗集，恩宠有加。三十六年（1771），乾隆皇帝谕旨，再召三班九老进京，逢隆庆皇太后八十大寿，王世芳接旨赋诗十首恭进，皇上龙颜大悦，回赐《百有十二岁老人诗》，并加国子监司业衔，旨意"在籍食俸"，并赐国宴于太和殿，绘王世芳星像于养心殿。寿庆后，太后亲赐碧玉朝珠，大缎荷包，并谆谆叮嘱："时值天寒，宜早南回。"王世芳为官15年，直至112岁退休归田，成为史上传奇。

晚年，王世芳以赋诗、礼佛、撰碑、游历打发时光，日子过得如神仙般安逸和潇洒。107岁时撰刻临海城南"昌国寺碑"，110岁时作《述怀诗》四首，112岁时作《恭祝皇太后寿诗》十首、《岭根十景诗》十首，115岁撰刻临海城东"重兴三峰寺碑记"，116岁时撰刻章安摄静寺"重整五祖讲台碑"。嘉庆三年（1798），王世芳去世，寿终140岁，生前有人问他长寿秘诀，答曰："吾唯知屏气息，节饥饱，顺天和而已。"传说纪晓岚曾为王世芳撰寿联："花甲重逢又增三七岁月，古稀双庆更添一度春秋。"

到了清末民初，岭根村名人名流如雨后春笋破土而出，有一位省长、八位将军，他们是：

王文庆（1882—1925），学名军，谱名仁存，字焕宗，号文庆、文钦。1900年东渡日本，先后毕业于东京帝国法政大学、日本士官学校，是光复会、同盟会会员，辛亥革命知名志士。他终生追随孙中山，成为得力助手。先后参与指挥光复沪杭、攻克金陵、反袁护法、开创共和等活动，曾任南京临时政府参议院议员、浙江省长、省参议会议长、浙江省民政厅长、援闽浙军少将副司令等职。在沪病逝后，章太炎主持追悼会并亲致悼词。

王萼（1884—1941），原名仁在，字绍宗，号载卿、醉卿、再卿。毕业于保定军校，与蒋介石为同班学友，蒋鼎文是他的学生。辛亥革命时任浙军少将团长、外海警察厅厅长等职，率兵参加指挥光复沪杭和金陵的战斗。先后任黄埔军校军械处处长、长洲要塞司令部参谋长（司令为蒋介石）、虎门要塞司令、镇海要塞司令、江宁（南京）要塞中将司令等职。

王仪斋（1889—1937），先后毕业于日本东京大学和保定军校，参加了辛亥革命，后任少将旅长。

辛亥革命志士 浙江省长王文庆像

（方永敏供）

王纶（1892—1935），字剑外。先后毕业于保定军校和陆军大学，参加了辛亥革命，后历任国民革命军第一军参谋长、陆海空军总部参谋处长、第一集团军参谋长、参谋本部高参、第一厅中将厅长兼参谋团副团长，驻北平时任北平军分会委员长何应钦的副参谋长，参与指挥长城抗战。

王维（1895—1966），又名剑鸣、吉美，毕业于浙江医学专科学校。1925年孙中山在北京病危时曾担任救治专家组成员，历任重庆陆军第五医院院长、联勤总部第八医院少将院长等职。抗日战争中在救治伤兵工作中作出了积极贡献。

王辅臣（1903—1966），又名加坦，毕业于黄埔军校四期。历任第一战区独立第四旅旅长兼洛阳警备司令、新编第三师师长、国防部中将督察专员、浙江省第六行政区督察专员兼海门要塞司令官等职，抗日战争中作出积极贡献。

王大钧（1907—?），又名加钧，毕业于中央军校八期与陆军大学十五期，抗战时任驻印军空运处处长，参与指挥驼峰航运补给线，后任青年军中将副军长、三十七军副军长、上海市副秘书长等职。

　　王吉祥（1919—2009），毕业于中央军校十二期，历任陆军少将旅长、师长等职。

　　岭根村民国时期将军荟集，加上以民国空军总司令周至柔为代表的8位女婿将军，故又有"将军村"之称。

　　岭根村虽不算繁华和发达之地，但山清水秀，确实是个养人宜居之所。正如明代礼部尚书秦鸣雷所撰《王氏宅居记》中说："上通四明，下达椒江，东南越海，各三十里，于是人才出焉，诗书家焉……英雄才俊之缠踞，诗人逸士之出闲，而非列都之觇望也，夫何远之有？"此等描述，就像是预言似的耐人寻味。

（方永敏）

丽水莲都曳岭脚村

蔡仲龙擢升状元

曳岭，位于丽水城西北方向34公里处，古属丽水县，明景泰三年（1452）析丽水应和乡、宣慈乡及懿德乡之半置宣平县，曳岭属宣平县。1958年撤宣平县，划归丽水县。据清光绪《处州府志》卷三载："曳岭相传有仙曳履过此，故名。"曳岭脚村因在曳岭山麓而得名。该村有蔡、吴、祝等姓氏，人口有1301人，其中蔡姓有500多人，是莲都区境内最大的蔡姓村。

曳岭脚村蔡氏，源于蔡侯叔度。蔡侯为周初三监之一，周武王之弟，封于蔡，以国为姓。五代吴越时，蔡抱自闽迁居处州城通惠门。蔡抱生二子，长子蔡咸熙、次子蔡咸谑，兄弟二人迁曳岭脚村，在此繁衍生息，成为丽水一大望族。因曳岭脚蔡氏有两房子孙，所以蔡咸熙一房为"上蔡"，蔡咸谑一房为"下蔡"。宋代状元蔡仲龙就是上蔡氏，明洪武五年（1372），御史中丞、处州乡贤刘基曾为曳岭脚《蔡氏宗谱》作序："吾栝（指处州）世族，名阀非一姓，而莫盛于蔡。"

蔡氏兄弟迁居曳岭脚后，非常重视教化，求学之风蔚然，英才辈出，尤其是宋代。自宋皇祐五年（1053）到咸淳元年（1265）212年间，出了14名进士，其中北宋3人，南宋11人，另外还有举人12人，征辟7人，大多是父子、叔侄、兄弟相继登科，是名副其实的"进士村"。特别是宋淳熙十四年（1187），蔡浩登丁未科进士；嘉定十六年（1223），蔡仲龙登进士及第，第二名榜眼，后擢升状元，成为处州唯一的文状元；宋咸淳元年（1265），蔡梦龙登乙丑科进士。蔡仲龙、蔡梦龙是兄弟，与蔡浩是叔侄关系，被誉为"一家双桂""一门三人同扣龙门"。在14名进士中，最为出名的当属蔡仲龙。蔡仲龙为上蔡房，重建于明景泰年间的蔡氏宗祠内，至今还保存着《重建蔡氏祠堂记》和《上蔡氏坟山记》碑刻。碑刻记载了蔡氏祠堂被陶得二矿工起义军焚毁后重建祠堂的经过和蔡仲龙一族历代先人坟茔所在。

蔡仲龙，生卒年不详，字子奇，曳岭脚（今丽水市莲都区老竹镇曳岭脚村）人，为蔡咸熙之六世孙。

宋宁宗嘉定十六年（1223）初秋，蔡仲龙奔赴都城临安参加科举考试，进士及第，高中榜眼（殿试第二），因状元蒋重珍母病故，回乡丁忧，宋宁宗赵扩下诏，颁发《赐升状元蔡仲龙敕》，擢升榜眼蔡仲龙为状元。好友魏了翁得悉后复函祝贺，题为《回蔡榜眼仲龙》。

宋宁宗御笔题诗：

联魁金玉龙头选，诏下今朝遇己知。
上国风光初晓日，御阶恩渥暮春时。
内庭考最称文异，胪唱宣名奖意奇。
故里仙才若相同，一年攀折两重枝。

宁宗皇帝高度赞扬了这位学子的文才，表达了对他的赏识之情。同时从字里行间，我们会发现赵扩还是一位颇有才华的君王。

蔡仲龙兴奋之余，忙叩拜宋宁宗，并赋《仲龙谢恩诗》云：

圣朝兴运自天开，又值临轩策草来。
廷对自愧无宿构，胪传何意冠群魁。
幸瞻北阙承殊宠，忍负南山咏有台。
稽首君恩难报称，誓殚忠赤赞规恢。

方岳（1199—1262），字巨山，号秋崖，祁门（今属安徽）人，与蔡仲龙友善，曾知袁州、抚州，与贾似道相忤。蔡仲龙出京，方岳作赠《送蔡子奇节推之官庐陵》：

春不多寒风已柔，数君到日正红稠。
庵藏澹叟诗成集，山护醉翁书满楼。
岸柳欲眠维鹢首，幕莲俱起看鳌头。
无忘晓殿三千字，一洗公孙富贵羞。

蔡仲龙为人做事非常平实，不喜欢高谈阔论。郡守打算将州治迁移，蔡仲龙劝说郡守："苟无大故，不必变置。"（道光《丽水县志》）郡守非常佩服他，认为他有见识。宋理宗端平二年（1235），授秘书丞，迁著作郎、太常博士、屯田郎官等职。曾以大理少卿的身份出知信州（今四川省万县东），后升授端明殿学士。宋理宗淳祐三年（1243）六月，由于理宗无子，又在宫中设立内小学，以待皇子诞生或宗子过继。大理少卿蔡仲龙力请理宗收养宗子入内小学，称"须早为权宜之计，以系天下之心"。不久，又上言："本朝用刑平恕，而未享继嗣之庆，意宦官太多。仁宗嘉祐中，诏内臣权罢进养子，宜取法行之。"

蔡仲龙博览群书，时人评价他："以经明行修立于朝，如玉在山。"可见人品高尚。

丽水城内建有"状元"石牌坊，记载蔡仲龙的显赫功名。清光绪《处州府志》卷六坊表一门载："处州府丽水县：状元，为蔡仲龙。"

蔡仲龙死后，葬官桥（今莲都区联城镇官桥村）。

蔡仲龙"一年攀折两重枝"，以榜眼升为状元一事，可谓千古奇谈。如清《宣平县志》卷十选举志和卷十一人物志载："蔡仲龙，字子奇，嘉定癸未登科，仲龙榜第二，蒋重珍故，升仲龙为状元，与弟梦龙同科，官大理少卿出知信州。"

蒋重珍（1188—1249），常州无锡人，字良贵，号一梅。宋宁宗嘉定十六年（1223）癸未科状元，签判建康军。时因母亲病逝，归乡丁忧。服丧期满，改任昭庆军签判，因与部属意见相左，遂请求回乡祭母。历任宝章阁直学士、秘书郎兼庄文府教授、崇政殿说书、集英殿修撰、安吉知州、权刑部侍郎等职。蒋重珍病逝后，宋理宗赠蒋重珍为朝请大夫，赐谥"忠文"，史见《宋史·蒋重珍传》。

其实，宋朝状元有时不必专指殿试第一名，很多时候是指一甲的前三名。宋朝的第一甲，与明清时期不同，不只有三人，往往有几十人乃至数百人不等。淳化三年（990），大廷唱名，当时宫中正好诞生了皇子，宋太宗很高兴，乃至有些得意忘形。他对大臣们说："第一甲可以多放几名。"于是，放了300人。梅圣俞的《喜谢师厚及第》诗题自注："一甲二十八人，君名在二十三。"（《宛陵集》卷二十七）可见宋朝第一甲人数之多。

据蔡松亭介绍，相传蔡仲龙高中状元后，朝廷下旨在曳岭脚修建了状元厅。状元厅有围墙、正厅、天井，还有钟鼓楼，雕梁画栋，规模不大，但是非常精致。后来，历经沧桑的状元厅毁于一场大火，只剩下一堵残墙。

（吴志华）

缙云旸村

守正通变的卢勋

旸村，是缙云县壶镇的一个行政村，地处缙云县东北角，与永康、磐安毗邻，距缙云县城 50 公里，旸村以卢姓为主。

旸村有座精美的石质牌坊，由于"文革"的破坏，只剩下半座。石牌坊上，有鲤鱼跃龙门、麒麟腾祥云、双狮戏绣球等精美镂雕，两米八的抱鼓石，依然显示了明朝时期的精湛艺术。门厅上双狮抢绣球的镂雕、须弥座的柱子，同样透着它昔日的辉煌。直径达 1 米的木柱子、雀替、梁架、柱磉，都透着近五百年的轩昂高大。原有三进只剩下二进的高厅大屋，昭示着当年它主人的显赫威仪。这就是旸村卢勋的"尚书房"和"尚书坊"。据村民介绍，"尚书坊"前还有一座"进士坊"，"文革"期间被拆除，旧址上现在建着村委办公楼。"尚书房"是当年卢尚书归隐后之府第，原建筑面积 1000 多平方米，1994 年列为缙云县政府重点文物保护单位。

与它相距仅 5 里的上东岸村，曾经有过卢勋恢宏的墓葬、牌坊、碑亭、石像、石翁仲。

在山沟沟里，有这样气势恢宏、艺术精湛的古建筑，与缙云籍进士、刑部尚书卢勋有关，他在明嘉靖朝担任过监修显陵的工部侍郎。

卢勋（1493—1573），字希周，又字汝立，号后屏，缙云县壶镇（原白竹乡）旸村人。相传卢勋自幼聪慧，才思敏捷，十来岁时就寄居外祖父家读书，先生一点拨，他就能弄懂记熟；先生布置作业，他很快就做好，而其他同学还在埋头苦干。他闲着无事，便借故"内急"，溜出去玩耍，时常如此，不免引起先生怀疑。一日，卢勋真的要小便，要求外出时，却被先生阻止，说要大家一起下课时方可出去。卢勋无可奈何，但小便越来越急，只好在书房墙角上撒尿。先生发现了训斥他乱来，卢勋申辩说："饥不择食，寒不择衣，便急，慌不择地，请先生宽恕。"先生听了也觉得有一点道理，乃出一上联，要卢勋对下联，说："对好了，可以免予处罚。"于是先生出上联："小子撒尿，画枯松于粉壁。"此时先生恰好放了一个响屁，卢勋灵机一动，随口对出下联："大人放屁，响爆竹在华堂。"先生口中虽说对得不雅，心中却暗暗称赞他才思敏捷，对仗工巧，出口成章。

到了年关，卢勋该回家过年，与父母团聚了。外祖父家生活比较富裕，外祖父母疼爱外甥，因此卢勋很留恋外祖父家。外祖父看出他不想回家，在整理书房时，张挂了一幅山水画，为了测试卢勋的才智，就出一上联："新年挂古画，手托万里江山。"说如果下联对得好，就可留下。卢勋思索了一阵，一时对不上来，只好快快地起身回家。外祖父派了一个仆人送他回去，时已薄暮，过一条小溪时，卢勋见满天星星倒映在水中，触景生情，立刻有了下联，就与仆人返回。外祖父一见他回来就知他有了下联，忙问下联怎样。卢勋立即说："黑夜过清溪，脚踏满天星斗。"大家连连称好，他终于可以留在外祖父家过年了。

嘉靖元年（1522），卢勋30岁中举人，嘉靖十一年（1532），卢勋40岁考中进士，次年即列朝官，此后为官三十载，任职无数，屡建功勋。初任太常寺博士，不久升任礼科给事中，旋调兵科给事中，又升为礼科左给事中，再升为吏科都给事中。明制分设吏、户、礼、兵、刑、工六科给事中，辅助皇帝处理奏章，稽察驳正六部之过失错误，章奏必经其手，官职不高，权势却甚重，与各道监察御史合称科道，有向皇帝建言和进谏之责。卢勋任给事中时，曾上疏弹劾权贵奸臣，受到朝野赞扬，有"真给事"之称。

嘉靖二十九年（1550），卢勋任右佥都御史，提督巡抚南、赣、汀、漳军务，清除盗匪，治安颇见功效。他在主持地方科举考试时，秉公选拔人才，受人赞扬。

嘉靖三十年（1551），卢勋任南京都察院右佥都御史时，反盗窃和禁食盐走私政绩尤为突出，令国帑进而民得安。

嘉靖三十三年（1554），卢勋负责督修显陵时，革除弊端，严防贪污，为朝廷节省建陵费用百万两白银，获得朝廷嘉奖。显陵是明朝恭睿献皇帝朱祐杬与章圣皇太后蒋氏的合葬墓，始建于1519年，至今已有近五百年的历史了，1988年被国务院列为"国家级重点文物保护单位"。2000年年底，显陵申报"世界文化遗产"获得成功，被录入联合国《世界遗产名录》，成为全世界的共同财富。至今，明显陵原始建筑和环境风貌保存完好，建筑规模宏大，陵寝结构独特，文化内涵丰厚，堪称中国帝陵的璀璨明珠。

卢勋历任右佥都御史、大理寺卿、刑部右侍郎、工部右侍郎、右佥都御史、工部左侍郎、工部右侍郎兼署通政司事、右都御史、刑部尚书。晚年，辞官归隐，杜门谢客，不与地方官员交结，严格约束子女，不许仗势欺人，极受乡里称誉。

嘉靖帝赞其"学蕴深纯，器怀端亮。有通达之才，而守之以正；有精敏之识，而用之以宽"。

隆庆六年（1572）六月，明神宗万历皇帝即位，卢勋八十寿辰，朝廷"遣使存问，赐阶一品，崇祀乡贤"。如今，旸村卢勋的"尚书房"中厅上挂有"天恩存问"额匾，系万历皇帝所赐。

卢勋后期可谓位高权重，从太仆寺卿，升到刑部尚书，这些官衔都是四品、三品到二品的大员，每一个官衔都足以让人敬佩、景仰。卢勋的官职，本该让家乡人大书特书，但是《缙云县志》和《处州府志》却是语焉不详，寥寥百字，相当简洁。官场上，历来是有的人贪图名气，有的人贪图利益，更多的人是授人著书立传，意图名利双收。

明嘉靖皇帝后期昏庸，奸臣严嵩父子擅权专政。俗话说"宁得罪君子，不得罪小人"，卢勋当然深谙此理。卢勋想要为百姓做事，想要有所作为，虽然不愿刻意趋附严嵩父子，但也不敢明着得罪奸臣，而是处处小心行事，不居功自傲，避免招惹杀身之祸。传说，卢勋为了能够尽心尽职，做出成绩，不得不与奸臣严嵩来往。严嵩结党营私，要求其党羽都要签名效忠，卢勋心中不愿，又不得不签。冥思苦想，想到一个既不得罪权奸日后又不会留下骂名的良策。数年后，严嵩倒台，清理奸党，唯独没有卢勋的名字。原来，卢勋磨墨用水掺入盐卤，日子一久，盐卤墨迹就霉烂掉了。

清乾隆年间，缙云知县令狐亦岱在《缙云县志·宦迹》中记载："卢勋，字汝立，由进士历司谏，尝劾权奸，朝廷嘉之，有真给事之赏。修显陵，革侵渔，省百万之费。抚南、赣、汀、漳，谳典北棘，嘉祐持平，升刑部尚书，引年致仕家居。杜门谢客，克言庭训，荫二子。年八十，神宗谴使存问，赐阶一品，崇祀乡贤。"

寥寥百字，彰显卢勋其人"通达精敏、奉公守法、忠于职守、不畏权奸、纠举弹劾、珍惜民力、任劳任怨、临机应变、适时引退、进退得

御赐碑（李根溪供）

宜"的为官处世之道。

自宋至明几百年间，卢氏家族中功名卓著者近30人，其中名列朝班者18人，未入仕而蒙朝廷恩授"义民""乡贤"称号者众，一族赐建牌坊九处，族中历传"处野勤耕好学，居官冰雪其清"祖训。明万历三十六年（1608），缙云县衙撰集《卢氏家法12条》传世，诸如"扶持正真""惩治盗贼""敦崇孝悌""完纳官粮""周济老孤""节制奢华"之类，以规族里。

（李根溪）

丽水龙泉下樟村

管氏兄弟各风流

　　下樟村位于龙泉市西北部近郊，距市区约七公里，四周均为山地丘陵，村庄四面环山，绿树成荫，云雾缭绕。有一小溪自北向南穿村而过，流经村南水口崖壁倾泻而下，形成百米瀑布，蔚为壮观，被人称作"小龙湫"。

　　村子里有一古庙，称"白云古庙"，该建筑为明清时所建，石基坚固，小青瓦，白粉墙，牛腿翘檐，香烟依依，透出一股氤氲的书卷禅学之意。据说，这里就是宋代隐士管师复的隐居之地。

　　据下樟村老人相传，宋时，龙泉管师仁、管师复兄弟俩，为人聪明，勤奋好学，家庭富裕。他们的父母指望儿子能读书成才、光宗耀祖，就尽力培养他俩求学，以图将来出将入相，出人头地。

　　一天，有一位相命人来到他家测字看相。相命人见师仁和师复俩兄弟天庭饱满、眉清目秀，就对他们的父母说："两位令郎天庭生得宽，地角又丰满，虎鼻守中央，日后定做官。他俩面相好，正如两盏红灯，光华照人。但读书须择静处，供他俩修身养志，若不是这样，有误他俩前程。"

　　为此他们的父母就依照相命人的话去做了，在离城十五里的白云岩上建造学堂，供他兄弟俩读书。学堂离家较远，每日往返不方便，就让他俩住宿在学堂里，每隔十天回家一次，以便检查他俩学习情况。每逢儿子回家的那天，母亲都挂着心，早早上楼，盼望孩子的归来。但每当兄弟俩到家时，天都已黑了。母亲望着远处两盏明亮的灯，照着她两个孩子回家的路，心里就非常高兴。日复一日，两盏明灯如同两颗闪亮的星星，在夜空中升起。后来兄弟俩饱读诗书，才高八斗，管师仁高中进士，官拜正二品；管师复为隐士。

　　据管氏宗谱记载，约在公元904年，管家先祖从南京迁居到龙泉县石马白云岩一带，到宋熙宁年间（1073），管师仁官至当朝宰相，管师复隐居下樟村白云岩山。管师复师从著名哲学家胡安定，宋仁宗闻其名，召至御前，欲委以重任，管师复坚辞不受。帝问："卿诗所得如何？"管师复答曰："满坞白云耕不破，一潭明月钓无痕，臣所得也。"帝惊其才，又感其心志，准其回归故里，人称"卧云先生"。

而管师复之兄长管师仁，博览群书，一展抱负，二十八岁考中进士。初任沧州教授（正七品），以经术行义教导生员，深受学子爱戴。不久，因德才兼备，召为皇族子弟学校教授。几年后，出任邵武军，后任陕西沣周通判，后知建昌军（江西境内），任内管师仁大力推行道德文化教育，颁行一系列惠民政策，深得民心。《江西通志》为其立传，称"人戴其德，为立生祠"。

因管师仁政绩卓著，朝廷考核屡获第一，被召为右进言，右进言是谏官。管师仁品性忠耿，深知朝廷委以此任之重，不可负社稷百姓，入朝奏对时，将自己路过河北滨州、隶州时所见灾况，将大量流民四处逃荒、土地荒芜、租赋照旧未减、百姓匮乏、军士饥寒等情状如实禀报，并奏请朝廷减免河北租赋。皇帝采纳管师仁之言，于是河北一带灾民渐次归农，史称"一方赖其赐"。履任右进言职后，又奏请朝廷削减在京冗员，节省费用。徽宗接受管师仁意见，下诏："在京滥员并裁。"后转任左司谏，敢于直陈时弊、弹劾赃官，使朝中一些权要人物惧怕、忌恨。

宋徽宗对管师仁甚为赏识，先提升为起居郎，其职责是侍从皇帝、记录皇帝言行，提供给编修院编纂《实录》。未久，又升任中书舍人、给事中（正四品），分管文书，起草皇帝诏令。朝廷事有违失或授官不当，有权驳回，权力极大。给事中一职，备皇帝顾问应对，参议政事，稽查六部各司政事，为朝廷要职。

其时，吏部负责选拔人才的官员有贪赃枉法的，朝廷命管师仁暂主吏部政事。他受命后，严惩贪赃官员，官僚大受震慑，士论则大为赞赏。又命管师仁任吏部侍郎（尚书副职），不久又升为刑部尚书。崇仁三年（1104），徽宗召师仁兼任神宗玉牒（皇家族谱）修纂及审定工作。

大观初年（1107），管师仁升任枢密院直学士（正三品），兼任河南邓州知州兼京西南路安抚使，掌管一方军政大权，有"帅司"之称。不久又调任扬州知府兼淮南东路兵马钤辖。管师仁辞行时，徽宗向他征询边防之策，管师仁详细条陈己见，并献上《定边策》。

大观三年（1109）四月十五日，升管师仁为同知枢密院事（正二品，职同副宰相）。朝廷在授职制（任命书）中赞管师仁："智周事物，学洞古今，有猷有为，允文允武，甲兵不试，边境以宁。"但任职才两月，管师仁即以病请求辞职。《宋史》认为管师仁拜辞的原因是当时蔡京为相，奸党掌权，管师仁不愿受制于奸党，以身体有病，主动辞职，管师仁的明举值得赞赏。

大观三年（1109）六月病卒，终年六十四岁。

当时，在世人的眼里，兄弟两人，一个金榜题名、高官厚禄、光宗耀祖，实为荣耀；另一个是才高八斗，却不受皇上龙恩，不慕荣华富贵，在俗人的眼里确实是令人费解的。其实从管师复的生活背景及从师古灵四先生精研五经的求学经历考察，尤其是在白云岩长期隐居的经历，就不难找到答案。管师复自幼聪慧，悟性极高，在白云缭绕、碧潭明月的幽景中，心静如水，加之长期隐居修炼，自然使他的心灵得到升华，达到了灵空无物的极高境界，故唯有他能领悟："做到心静无欲，遥远星辰只是咫尺，宇宙之大也不过如此。"他耕读养心，穿梭在白云之间，白天与蓝天为伍，晚上与月色相伴，在读书中自得其乐，修身养性，参悟着人生的空灵和淡泊，写出了"入寺层层百级梯，野堂更与白云齐。平观碧落星辰近，俯见红尘世界低"的禅韵诗句。

有了管师复，才有了下樟村，才有了下樟的古村民居。后来，附近有吴氏等山民迁入，明末清初郑成功后裔郑承恩也从福建迁到下樟，形成村落。后因村南水口处有一古樟独树成林，改名为下樟村。村内明清建筑群

云坞书院（江圣明供）

与民国时期乡土建筑群连成一片，村内通行道路和村里巷弄均为鹅卵石铺就，建筑风格古朴典雅，有着闽越文化的简洁和乡村古意，体现了浙西南山区古建筑风貌。

除了沉淀已久的人文景观，下樟村还有得天独厚的自然美景，如白云飞瀑、七星潭、古樟树等，会让你在品味名人兄弟的故事时得到更多的解读和思考。

（江圣明）

丽水龙泉章府会村

明朝开国重臣章溢

　　章府会村原名横溪村，位于龙泉市八都镇西北，离八都镇两公里，沿丽浦路驱车五公里就是闻名遐迩的上垟青瓷小镇，从村中心往里行走一公里就是竹垟乡章府会村。村庄自然环境优美，文化底蕴深厚，是明代开国重臣章溢的故里。吴姓是村中大姓，根据《吴氏宗谱》记载，吴氏祖先在六百多年前从广东古梅州迁来落户，同时还有章、杨等姓氏。

　　村名与章氏家族息息相关，据相关资料考证，章氏祖籍福建浦城县。大约在元朝中期，太公章公杰，是元朝都官郎中。有一天他率领随从骑马来到龙泉西宁乡横溪村打猎，发觉这里秀山丽水，风景宜人，翠竹满山，地形似大象蹲在溪边，象头侧面是峭壁，细看又如一顶乌纱帽，有八都大坦溪、竹垟盖竹溪在此汇合。溪水环绕着一座倒锅般的孤山，孤山如日字形，溪水环绕孤山如紫金腰带围着。站在孤山前，他举目远眺，又是一片平坦的开阔地，郁郁葱葱，四周古木参天，盘根错节，很难分辨哪里是进出口。见此地形，章公被迷住了，这正是一块风水宝地，不禁脱口大叫："此乃天赐我建府之胜地也！"返回后立即计划迁移定居事宜。章府人氏定居此地后，果然一代代人财两旺，家业越来越发达，章溢是章氏迁居龙泉横溪后的第四代。章府人氏在此地家财巨大，权势显赫，从此章氏人自然而然便将此地称作了章府会，该地名一直流传至今。

　　章溢（1314—1369），字三益，号匡山居士，别号损斋，元末明初著名政治家、文学家，明朝开国元勋，官居御史中丞兼赞善大夫，著有《龙渊集》。其人其事在《明史·卷一百二十八·列传第十六》有记载。

　　章溢出生那夜，传说其父章遇周梦见雄性花豹来势汹汹闯进他卧室，对他狂叫不止，此时恰逢妻子陈氏临产，次子章溢嗷嗷出世，其父联想起刚做的噩梦，疑是妖孽化身，为不祥之物，遂将他抛入横溪丢溺。叔父章遇孙发现后将其救起并抚养成人。二十岁时，与胡深一起拜王毅为师。王毅教授经义，听者大多感悟。章溢跟随他到处游历，有志于圣贤之学。游至金华，元宪使秃坚不花对他以礼相待，秃坚不花调任秦中，要章溢与他同行，至虎林时，章溢心中动摇，告辞回乡。回乡八日后父亲去世，尚未殓葬，灵堂发生火灾。章溢拍着额头吁求上天，果然大火烧至放置棺材之处时熄灭。

元至正十八年（1358），蕲、黄地区的贼寇侵犯龙泉，章溢的侄子章存仁被捉，章溢挺身而出，对贼寇说道："我哥哥只有这么一个儿子，不可使我哥哥断后，我愿意代替他。"贼寇都听说过章溢的名声，想招降他，便将他绑在柱子上。章溢毫不屈服，到夜间哄骗守贼，脱身逃走，召集同乡百姓组成义兵，击败贼寇。府官随即率军而来，要杀尽所有牵连者，章溢前去劝说石抹宜孙说："贫苦百姓是迫于饥寒，为什么要处死他们呢？"石抹宜孙觉得他的话有理，便下令止兵，并将章溢留在幕下。

章溢随军平定庆元、浦城盗贼，被授为龙泉主簿，章溢推辞不受，返回故乡。

石抹宜孙驻守台州时，被贼寇包围。章溢率领乡兵前往救援，击退贼寇。不久，贼寇攻陷龙泉，监县宝忽丁逃跑，章溢与其老师王毅率领壮士击走贼寇。宝忽丁返回后，心怀鬼胎，杀死王毅而谋反。当时章溢正在石抹宜孙幕府，获悉此事，迅速赶回，偕同胡深捉杀首恶，并趁机引兵平定松阳、丽水诸寇。寇兵进攻婺州，听说章溢军至，撤兵离去。论功之时，章溢被授为浙东都元帅府佥事，章溢却说："我所率都是故乡子弟，他们肝脑涂地，而我却独取功名，我不忍心啊。"因此坚辞不受。章溢将义兵交托其子章存道，自己退隐匡山。刘基、宋濂都曾前往匡山造访，讨论诗文，商谈国事，写了《苦斋记》《匡山看松庵记》。

明军攻克处州，明太祖朱元璋诚心聘请，章溢与刘基、叶琛、宋濂一同来到应天。明太祖慰问刘基等说："为了天下，委屈四位先生了，如今天下纷乱，何时才能平定呢？"章溢回答说："天道无常，只有恩德方能辅助成功，只有不嗜杀人者才能一统天下。"朱元璋觉得他的话颇有远见，任命他为佥营田司事。章溢巡行江东、两淮田地，根据户籍确定税额，这对百姓十分有利。章溢因久病休假，朱元璋知道他想念家母，便给予厚赐，让他回乡，而将其子章存厚留在京城。

浙东设提刑按察使时，朱元璋命章溢为佥事。胡深出师温州，章溢受命驻守处州，供应粮饷，而百姓不觉烦劳。

洪武元年（1368），章溢与刘基同时被授予御史中丞兼赞善大夫。当时廷臣窥探皇帝的意图，办事大多严厉苛刻，唯独章溢能持大体。有人因此劝说他，章溢却说："宪台为百司的仪表，应当教人懂得廉耻，岂能以相互攻讦抨击为能事呢？"朱元璋亲自去祭祀社稷，却遇上了大风雨，回来之后坐在外朝，怒说礼仪不合，以致变天。章溢委婉说明自己无罪，明太祖才宽恕了他。

李文忠征伐福建，章存道率所部乡兵一万五千人随往，福建平定后，明太祖下诏命章存道率所部从海路北征。章溢认为不可，他说："乡兵都是农民，曾允诺让他们在福建平定后回乡务农，现在又调去北征，这是不讲信用啊。"明太祖听后不高兴。章溢不久又奏道："已经进入福建的乡兵，让他们返回故乡。而对那些过去曾是叛逆的百姓，应当征召为兵，命其北上，这样便可一举两得，恩威并显。"明太祖高兴地说："谁说儒者迂腐而不切实际呢？没有先生一行，便无人能办此事。"章溢行至处州时，恰逢母亲去世，请求回乡居丧守孝，明太祖不准。乡兵聚集之后，章存道受命由永嘉出发，由海路北上，章溢再次奏请回乡守丧，明太祖下诏答应其请求。章溢悲戚过度，殓葬时又亲自背运土石，跌倒横溪，最终染病去世，时年五十六岁。朱元璋悲痛哀悼，亲自撰写悼词，到章溢家中祭奠。宋濂撰写《章公神道碑铭》，朝廷将其厚葬于横溪桥头。

洪武三年（1370），其长子章存道随徐达西征，后随汤和出塞征阳和，战死断头山。

133年后，章溢墓被盗掘，明廷又给予续葬。

同治年间的一场大火，章溢故居没有留下一墙一垣、一砖一瓦，其墓址也无处可寻。沦为平民的章氏后人生老病死，流离失所，各谋其生。时至今日，唯一姓章的老妇人也死于前几年，章府会村已无章姓后人。

（金少芬）

章府会村村标（金少芬供）

湖州吴兴菰城村

战国春申君黄歇

在湖州吴兴道场乡菰城村，有一处2200多年历史的国家级文物保护单位——下菰城遗址。早在春秋战国时期，春申君黄歇就在此筑菰城，开湖州之城池，叙历史之滥觞。如今，已然成为湖州人的寻根之地。

站在下菰城的城墙下，环顾连绵青山，从那黄泥夯筑的断壁残垣中，我们依然能想象出在那个群雄逐鹿、烽火四起的年代里，这座城池的宏伟壮丽。

据文献记载，黄歇（前314—前238），楚国江夏人，原籍楚国的属国黄国（今河南省潢川县）。黄歇年轻的时候曾四处拜师游学，见识广博，以辩才出众深得楚考烈王的赏识，被封为春申君，与魏国信陵君魏无忌、赵国平原君赵胜、齐国孟尝君田文并称为"战国四公子"。

与秦国智结盟好

公元前298年，秦国大举出兵攻打楚国，夺下巫郡（今重庆东部）、黔中郡（今湖南、重庆、贵州交界地区）两郡，并于前278年攻下楚国都城鄢郢（今湖北江陵），向东直打到竟陵（今湖北潜江），楚顷襄王被迫把都城向东迁往陈县（今河南淮阳）。楚顷襄王急于向秦国求和，于是派遣机智善辩的黄歇出使秦国。

当时秦昭王派遣白起进攻韩国和魏国的联军，秦国完胜，擒获魏国将领芒卯，韩国和魏国只好向秦国臣服。秦昭王已命令白起同韩国、魏国一起进攻楚国，正准备出发。黄歇立即赶到秦国，听到秦国这个计划，黄歇立刻上书劝秦昭王说，秦国和楚国是最强大的两个国家，如果秦国欲攻打楚国，必然会导致两败俱伤，很容易使韩、赵、魏、齐等国家得渔翁之利，还不如让秦国和楚国结盟，然后联合起来一起对付其他国家。秦昭王被黄歇成功说服，于是停止出兵楚国，并派使臣给楚国送去厚礼，与楚国缔结友好盟约。黄歇接受盟约后回到楚国，楚顷襄王派黄歇和太子熊完作为人质去到秦国，秦昭王将他们扣留了十年。

公元前263年，楚顷襄王病重，秦国却不同意放熊完回楚国，黄歇知道秦国丞相范雎和熊完关系很好，于是试图说服范雎。黄歇指出楚顷襄王可能会一病不起，如果秦国能让熊完回去，熊完即位后必然会感激秦国，努力维护两国的关系；如果不放熊完回去，而是利用熊完要挟楚国，楚国必然会另立太子以对付秦国，秦和楚的关系就会破裂，而被秦国扣押的太子熊完也就变成了一个没有价值的人。范雎将黄歇的意思转达给秦昭王，秦昭王让熊完的师傅回去探问一下楚顷襄王的病情，回来后再作打算。此时的黄歇为太子熊完深深担忧，替熊完谋划说："秦国扣留太子的目的，是要借此索取好处。现在太子要使秦国得到好处是无能为力的，我忧虑得很。而阳文君的两个儿子在国内，如大王不幸辞世，太子又不在楚国，阳文君的儿子必定被立为后继人，太子就不能接掌国家了。你不如逃离秦国，请让我留下来，以死来担当责任。"

于是，黄歇让熊完换了衣服扮成楚国使臣的车夫得以出关，而他自己却在住所留守，并以熊完生病为借口谢绝访客。等熊完走远了，秦国没办法再追到时，黄歇才向秦昭王说出实情。秦昭王大怒，想令黄歇自尽。范雎劝道：熊完即位后，必定会重用黄歇，不如让黄歇回去，以表示秦国的亲善。秦昭王听从了范雎的意见，将黄歇送回了楚国。

在湖州筑造菰城

黄歇回到楚国三个月后，楚顷襄王去世，熊完即位，称为楚考烈王。

公元前262年，黄歇被楚考烈王任命为楚国令尹，封为春申君，赐给淮北十二县的封地。

十五年后，由于与齐国相邻的淮北经常发生战事，黄歇向楚王进言道："淮北地区靠近齐国，那里情势紧急，请把这个地区划为郡治理更为方便。"并同时献出淮北十二个县，请求封到江东去，考烈王答应了他的请求，于是春申君就在江东建立他的领地统治。

公元前247年，黄歇在今湖州下菰城一带筑造城垣，建造房舍，设置了菰城县。清同治《湖州府志》记载："青楼连延十里，城内又有小城……重城屹然，略不溃毁，则知当时工役之兴不苟矣！"菰城城垣有上、中、下三处，上、中二城今已荡然无存，只剩下菰，故得其名。

据菰城村89岁高龄的非遗传承人沈金清介绍，战国时期，春申君黄歇在当地夯筑的城墙皆呈圆略带三角形，分内外两圈。城墙均以土石夯筑而成，城基宽约 30 米，高约 9 米，外墙面积约 20 万平方米，应是文献记载中的"重城"，即外城。内圈位于外圈东南隅，面积约 8 万平方米，应是文献记载中的"子城"，即内城。下菰城遗址是我国东南各省古城遗址中，年代最早、保存最为完整的一处遗址。

春申君命丧棘门

公元前 238 年，楚考烈王病重，黄歇的门客朱英对黄歇说："世上有不期而至的福，也有不期而至的祸。如今您处在生死无常的世上，侍奉喜怒无常的君主，又怎能料到没有不期而至的人呢？"黄歇问道："什么叫不期而至的福？"朱英回答说："您任楚国宰相二十多年了，虽然名义上是宰相，实际上就是楚王。现在楚王病重，命在旦夕，您辅佐年幼的国君，因而代他掌握国政，如同伊尹、周公一样，等君王长大再把大权交给他，不就是您南面称王而据有楚国？这就是所说的不期而至的福。"黄歇又问道："什么叫不期而至的祸？"朱英回答道："李园不执掌国政便是您的仇人，他不管兵事却豢养刺客已久了，楚王一下世，李园必定抢先入宫夺权并要杀掉您灭口。这就是所说的不期而至的祸。"黄歇接着问道："什么叫不期而至的人？"朱英回答说："您安排我做郎中，楚王一下世，李园必定抢先入宫，我替您杀掉李园。这就是所说的不期而至的人。"黄歇听了后说："您要放弃这种打算。李园是个软弱的人，我对他很好，怎么可能到这种地步！"朱英知道自己的进言不被采用，恐怕祸患殃及自身，就逃离了。

十七天后，楚考烈王去世，李园果然抢先入宫，并在棘门埋伏下刺客。春申君进入棘门，李园豢养的刺客从两侧夹攻刺杀了黄歇，斩下他的头，扔到棘门外边。李园同时又派官兵把春申君家满门抄斩。李园的妹妹原先受春申君宠幸怀了孕，又入宫得宠于楚考烈王，后所生的那个儿子便立为楚王，这就是楚幽王。

千百年来，不少文人墨客来此凭吊怀古，缅怀春申君，抒发幽情，曾留下很多诗文。如明代郑明选《游下菰城记》就写道："城四面累土，周遭如山，其内松树千章，或偃如车盖，或擢拏如虬龙，山风乍起，声如浙江之涛"。如明代诗人张羽赋有《下菰长烟》中诗曰："陂陀废垒青山侧，至今传是春申宅，三千剑履化为尘，蔓草苍烟但萧瑟。"这些诗作不仅抒发了怀古之幽思，也形象地描述了当年荒凉的景观。2002年9月，上海申博成功的欢庆晚会上，高唱的第一首歌就是《告慰春申君》。2003年湖州市创作了音乐短剧《菰兮城兮》，重现了春申君黄歇英勇善战的不朽功勋。2014年又创作了《菰城村歌》，唱响了菰城之美。岁月如梭，弹指而逝，历史从这里开始，也将在这里延续。

（唐海根）

下菰城遗址碑（唐海根供）

江山凤里村

江山高士周文兴

2008年1月，凤里村由原凤林二村、凤林三村合并而成，地处凤林镇中心，205国道自东而西贯穿而过，村道水泥路面宽敞，古民居和新楼房毗邻而立，古戏台、暗瀛、古塔、宗祠和牌坊点缀其间，青山绿水，空气清新，交通便利，让这个总面积约3.2平方公里、人口2500多人的村庄成为宜居之地。

凤里村的姜氏宗祠建于1499年，由明朝进士、河间知府姜瓒主建，占地3000多平方米，大门前有齐人高石鼓二面，祠堂内三进二厅，两侧为二层厢房，整个祠堂由140根柱子支撑，其中24根四方石柱有近十米高。梁上雕龙画凤、飞檐翘角，布局合理、气势恢宏，是凤里村祭祀和表演活动的重要场所。还有位于凤里老街东端的进士牌坊，是后人为赞颂姜瓒功绩而建，面宽3.05米，高6.8米，正中书刻"姜瓒"二字，明楼和边楼均设鱼龙吻脊，柱头置有石头拱，小额枋两面浮雕麒麟对舞，夹柱石下端浮雕祥云，它就如同一个战士，默默地守护着这方土地。

凤里村有史以来最有名气之人，当属周文兴。他是唐初三衢刺史周美的后人，字用宾，生于1479年，因其官至鸿胪寺正卿，故乡人称其为周鸿胪。

周文兴这个人很有意思，乡间关于他的传说很多。他六七岁时在外公家玩，因为调皮捣蛋，惹得正在替他娘舅盖进士厅的木匠师傅非常头疼。于是在上梁的前一天下午，木匠师傅故意叮嘱小文兴第二天早上早点来抢"抛梁"的花生、干果等零食，晚上却偷偷用木头削了四五个小人，涂上人血，画上符咒，放在周文兴必经的三岔路口，原以为木头小人会变成厉鬼吓跑小文兴，可是第二天周文兴居然若无其事地早早来抢抛梁的零食了。木匠师傅因此断定周文兴前途不可限量，认他作了义子，供他读书求取功名。

周文兴先到江郎书院求学。江郎书院"南倚郎峰，北峙砖塔，左右壑深千仞，人迹罕至"，因为它的孤高突兀和偏僻宁静，给学子们以清幽的环境和不竭的灵感，所以培养出了众多人才。经过几年的书院学习和生活，得益于名山胜景、光风霁月的朝夕熏陶，周文兴学业大进，也对朝夕相处的江郎山产生了深厚的感情。他29岁赴杭州参加丁卯科乡试，第二场的考题是《宋以颜（回）孟（轲）配享孔子拟二姓子孙谢表》，周文兴胸有成竹，一气呵成，整篇文章用词得体，言简意赅，音调铿锵，对仗工整。主考官不禁击节赞叹，本想录取他为解元（第一名），听说该考生淡泊名利、不羡官场，就在考卷上批示："文品名贵，识力超凡。此子有山林气象，无台阁规模。"把周文兴降为第四名。

次年春闱，他又参加戊辰科会试和殿试，荣登二甲，赐进士出身。当金榜题名的进士们都喜气洋洋地在京城等候朝廷封官晋职时，周文兴却称病而归，回到江郎山，在祝东山故址上筑室读书，并赋诗云："先生先我到此游，我后先生来归休。相闻相慕非相识，亦步亦趋共风流。筑室先生遗址上，门前更对先生丘。墓古碑残名益重，知君此外更无求。"直到1513年，在吏部檄促之下，才勉强出任刑部主事。此后屡起屡退，常常想辞职回归故里，但皇帝非常欣赏他的才华，据说嘉靖初年，满朝文武拟出的登基典礼奏折均被皇帝否决，只有周文兴呈上的登基大典方案，皇上看了高兴得跳起来。后周文兴官至鸿胪寺正卿，主管朝祭礼仪，接待外宾。

凤林村的名称也是由周文兴而来。凤林原来因为鸟多而得名"鸟村"，后来皇上问周文兴家乡何处，周文兴觉得"江山鸟村"太难听，就回皇上说是江山凤林，皇上听后龙颜大悦，封周文兴为"高士"，告老还乡日还赐匾"凤栖梧林"，鸟村从此有了"凤林"这个雅致的名字。

周文兴平易近人，不拘小节，高谈纵论，豁达潇洒。他对道家"辟谷"之法研究颇深，夙讲理学而兼通摄养，对养生之道非常精通，能够百日不食，以木椎击颅骨，也不觉得痛。他在嘉靖十六年（1537）再次上疏辞官，开始隐居于杭州吴山紫极宫之侧，吏部屡征不就。督府胡宗宪敬其节行，题其居为"高士坊"。但周文兴对江郎山情有独钟，晚年仍回江郎故庐隐居。他在江郎山留下种种传说，长期被人们津津乐道。

江郎山三面峭壁如削，耸入云端。东侧郎峰最高，有310米。相传绝顶有池，产碧莲金鲫。每当月白风清之夜，就有仙人骑着白鹤，翩翩而来聚会。各种各样的神话传说，诱发了结庐山中之周文兴的好奇心，他不惜工本，雇工沿郎峰峭壁构筑脚手架，层层直上，想借此登上绝顶，一睹这人间仙境。结果旷年累月，也不知搭了多少层脚手架，始终不能到顶，周文兴为此遗憾终生。

后世也传他上郎峰是想成仙。当他爬上脚手架时，吕洞宾和铁拐李想试探他成仙的决心，先放下一根用烂稻草搓成的绳子，周文兴怕断掉，没敢接；第二次放下一根生锈的铁链，铁锈都已片片掉落，他又没敢接；第三次，铁拐李把他的烂脚伸下来，叫周文兴抱牢他的脚拉上去。周文兴一看这只脚上生满了恶疮，脓血恶臭，哪里敢抱？铁拐李摇头叹息，周文兴在山脚搭了三年的脚手架"轰隆"一下全塌了。

周文兴活了82岁，墓葬江郎山下。后人以江郎山为鸿胪公归隐修行之地，特地在其隐居的故庐中立了他的肖像祭拜，随着时光流逝，故庐湮没在荒草藤蔓之中，而周文兴传奇故事，却代代相传至今。

"春深稚笋成翠竹，青山绿水共悠悠。田间蛙鸣聊风月，山野乡邻闲趣多。"回望凤里村的秀丽景色，那古韵盎然的村庄，有淡淡的炊烟袅袅升起，它就像一杯越喝越醇的酒，一支越唱越清亮的歌。此情此景，让人理解了周文兴的归乡情结，比起尔虞我诈的官场、伴君如伴虎的危机，这单纯美丽的乡村才是人生百年的归属。

（江山市农办）

周氏宗祠（市农办供）

常山溪上村

大明开国元勋徐恢

溪上村已有近560年历史。

徐梦龙为徐氏常山始祖，元至元二十年（1283）被授衢州路教授，其长子徐恢为明朝开国功臣之一，诰封户部尚书。徐恢第七子徐朝卿为明朝袭封朝议大夫，迁居上村湖山，徐朝卿曾孙徐鄢自上村湖山迁居至溪上村。徐鄢为不忘故里，以先祖世居地"左溪"（今青石镇天井头）和"上村湖山"各取一字命名居地为"溪上"。

溪上村以徐姓为主，约占全村总人口的80%，数百年来，徐氏族人与其他姓氏族人和睦相处，共同谱写了溪上村悠久的文明史。

徐恢（1298—1387），《明史》写作徐辉，字伯宏，常山县招贤镇溪上村人。元末登进士，授永新尹（元代州、县长官）。当红巾军正在艰苦斗争的时候，朱元璋独树一帜，冯国胜、李善长、常遇春、胡大海都来投奔他。至正十六年（1356），朱元璋占领建康，取得了江南半壁江山。

朱元璋恩赐"开国元勋"

《常山县志》记载，至正二十三年（1363），汉王陈友谅大举发兵进攻江西南昌，双方在鄱阳湖发生鏖战。当时陈友谅率数百艘大楼船，兵力非常强大，因将士离心，却连攻三月不克。徐恢料知陈友谅必败，便带着大量军粮归附朱元璋。刚好朱元璋率兵来援，闻知大喜，就在军中拜徐恢为都御史。朱元璋借用了孔明火烧连营之计，大获全胜，陈友谅也中流矢而死。这一仗是争夺江南的关键一战，由于徐恢在此战中出了很大的力，明朝建立后，朱元璋敕赐徐恢为"开国元勋"。

此后的徐恢仕途一直不错，到了洪武十四年（1381），已升任主管全国赋税钱粮的户部尚书。

受胡惟庸案牵连

洪武十四年（1381）年底，徐恢因罪下狱，不久被放回故乡。

关于徐恢为什么被革职，地方志记载不详。朱元璋为维护明王朝的统治，将政权移交到皇孙朱允炆（建文帝）的手中，多次兴起大狱，大肆屠杀功臣名将。此前一年，左宰相胡惟庸因涉嫌谋反被诛杀，史称胡惟庸案（简称"胡狱"或"胡党之狱"，是明初四大案之一）。

洪武十三年（1380），朱元璋以"谋不轨"罪诛胡惟庸九族，同时诛杀了御史大夫陈宁、中丞涂节等数人。洪武二十三年（1390），朱元璋颁布《昭示奸党录》，以伙同胡惟庸谋不轨罪，处死韩国公李善长、列侯陆仲亨等开国功臣。后又以胡惟庸通倭、通元（北元），究其党羽，前后共诛杀三万余人。估计徐恢也是受此案牵连才丢官，相对被屈杀的功臣，这个结果还算是好的。

作《忤旨退休》诗言志

徐恢原籍鄱阳，初居杭州六卿坊，后迁常山左坑居住。徐恢以《忤旨退休》为题作诗云："射策当年上帝京，文章最喜耀群英。丹墀独对三千字，黄榜高标第八名。幸执干戈平海岳，期随冕服整朝廷。岂知今日龙颜怒，独到箕山路万程。"诗中叙述了当年殿试，获得进士第八名，文章盖世，多么荣耀。朱元璋率领红巾军战胜陈友谅，建立大明王朝，本来期待自己身穿朝服头戴官帽加入朝臣的行列，岂知龙颜大怒，落罪除名险些丢了性命，如此惶恐终日，不如早日退休归隐山林。

夫妇合葬砚瓦山

徐恢夫妇合葬墓坐落在常山县青石镇砚瓦山村猪肝山。

墓志曰："徐恢，字伯宏，元末登进士第，授永新尹，为汉王陈友谅攻南昌。明太祖引兵来援；公知友谅必败，以军粮来归，明太祖大喜，即军中拜为都御史，约日会战鄱阳，大败友谅兵，灭之，公与有力焉，累官户部尚书。"

此墓系徐恢夫妇合葬墓，墓身高2米，宽4.5米，墓道长6米，墓前有5步青石台阶，墓碑顶刻隶书"开国元勋"四个大字。墓碑1947年2月更换过，原碑已残，放置在墓前地上。

该墓保存基本完好，未被盗过，颇有保护价值。

（常山县农办）

衢州柯城北二村

祖孙遭贬的"蓝田玉"

北二村位于衢城西部16公里处，曾与北一村合称北淤村，此是常山港洪水冲下泥沙淤积而成的，因在古河道之北，故得村名。

明朝时，蓝瑭良出生于北淤村，从小就泡在畲族山歌里，十岁吟唱《高皇歌》，唱得有情有韵还不错一字。明成化二十年（1484），蓝瑭良考中进士，他是蓝氏家族中第一位当官的人，为了纪念这一刻，有人专门画了一张蓝瑭良考中进士的画，画面是他侧身骑在一匹白马上，两位送旨官员一前一后跟着，后面还有两位随从抬着箱子。

蓝瑭良先任婺源、潜山县令，后来又成为贵州道监察御史。没有人告诉蓝瑭良进入官场后应该怎么做，什么人不能得罪、什么话不能乱说。他循规蹈矩，按照书本上学来的知识，做着自己认为应该做的事情。

明武宗时有个太监叫刘瑾，操纵朝政，人称"立地皇帝"。群臣对他可是小心翼翼，生怕不小心得罪了，而时任都察院左佥都御史的蓝瑭良却敢公开指责他，据说蓝瑭良曾拿着笏板敲打过刘瑾，把笏板都敲碎了，后来他的笏板上镶了一条金边。

得罪刘瑾的后果果然很严重，蓝瑭良入狱了，直到刘瑾被凌迟处死，他才被重新起用，出任陕西巡抚，最后做到刑部右侍郎。

蓝瑭良在去陕西的路上，身后跟着位年轻英俊的少年，他是蓝瑭良的大儿子蓝田。

蓝瑭良的三个儿子蓝田、蓝困、蓝因，都继承父亲的优点，在文学上各有建树，被称作"蓝氏三凤"。

蓝田7岁就能日诵千言，善对诗律，8岁随着父亲进京，父亲的好友翰林孙珪考他，他不假思索地说出答案，而且用字准确、对仗工整。到了9岁，侍郎程敏政以《梅花赋》为题考对，蓝田略加思索，挥笔而就，程侍郎叹曰："吾举神童时，不能过也！"

16岁那年，蓝田中举，此消息不仅让家乡人难以置信，就连当时的提学沈钟也很怀疑，这么小的孩子怎能有如此成就呢？再三复试后，沈钟不胜感叹："不期衢州之乡，而产蓝田之玉。"从此，蓝田名扬江南，被荐到京师太学，师从礼部尚书兼文渊阁大学士李东阳、杨一清。和他一起进入太学的还有杨慎、张凤翰等人，其中蓝田最为出色，琴棋书画无不精通。

只是，少年成名的蓝田，仕途多舛，连续10次科举落榜。因为蓝田畅所欲言、汪洋恣肆的文风，恃才傲物的秉性，很难适应科举考试，所以不管他的文章写得多美，依然难入主考官的法眼。

不仅如此，蓝田从小就喜欢跟着他父亲四处行走，父亲到哪做官他就跟去哪里。蓝瑭良在当时很有威望，身边的朋友也非等闲之辈，在这过程中蓝田有幸认识了很多名师，使他的见识越来越广，心态也逐渐傲慢，他更追求散漫自由的生活。

当现实与自己的价值观相悖，固执的蓝田选择了抗衡，当经历十次落榜的惨痛教训，眼看着跟他一起的同学都已在官场上驰骋时，无奈之下，蓝田妥协了。他只好委曲求全、改变文风，终于在第11次考中进士，这一年他已经47岁了。

好不容易进朝为官，偏偏又遇上史上最刻薄的嘉靖皇帝。父皇是明武宗，明武宗无儿子，他死后由大侄子朱厚熜继承皇位。

皇位传承制度森严，想让朱厚熜黄袍加身，必须得先"转正"，要认明武宗为亲爹。那一年，朱厚熜15岁，让他当皇帝他愿意，但让他认亲爹坚决不干。折腾了半天，群臣只好乱了规矩，好歹让他先坐上龙椅。但嘉靖皇帝继位后，不但不认明武宗为亲爹，还要将自己的亲生父母加封为"太上皇"，这可就太不合规矩了。

一帮子老臣轮番跟他讲孔孟之道，固执的嘉靖就是不听。群臣一看，实在没办法了，只能集体出动，在1524年7月份的一天早朝后，208位官员齐刷刷跪倒在紫禁城门前，边号啕大哭边一遍遍喊着嘉靖皇帝的爷爷明孝宗的名字，这里面就有蓝田，他当时的身份是监察御史。

此前他已经连续七次上疏，劝说嘉靖皇帝，但都石沉大海，这次他也参加了这场史上规模最大的"哭谏"。

结果是四品以上的官员被夺去薪水，五品以下的官员挨了廷杖。在这次"哭谏"中，总共有134位文官被廷杖，其中16位被当场打死。蓝田也被廷杖了，差点毙命，在家躺了一个多月才恢复过来。

蓝田后来对这件事进行了反思，觉得这是人家皇帝自己家的事情，当时怎么会那么冲动呢？但在其位谋其政，当时他是言官，这就是职责所在。

蓝田的伤还没彻底好利索，又继续履行自己的职责了，他为遭到弹劾的几位官员鸣不平，接连上书弹劾几位图谋不轨的大臣。

被廷杖后的第二年，蓝田被派到陕西当巡按。或许这就是蓝家跟陕西的缘分吧，蓝瑭良曾经在陕西干了四年的巡抚，这次儿子又来了，蓝田到任后，"平乱安民，奏所当兴革者十数事"。当地人赞曰："一按一抚，一子一父，虏不犯边，民得安堵。"

只可惜，蓝田也被奸人陷害入狱，朋友奔走相救，才保住性命回到衢州，再也没有出仕。蓝田考了11次才中进士，却只做了三年官。其实后来有很多人为他写推荐书，希望他能出山，但那时的他对整个朝廷已经心灰意冷，自嘲"我数十年老妇，何可与红颜争艳"。于是在嘉靖十四年（1535），同好友冯裕、刘澄甫等在青州北郭禅林成立"海岱会"诗社，创作了大量传世之作。

蓝瑭良可以说是蓝氏家族明清交替时期的"中兴之祖"，之后蓝氏家族人才辈出，有几十人中举入仕，刚心而清廉。

蓝再茂，12岁时，崂山华楼宫道士纠集徒众，霸占了蓝氏华阳书院的家产，蓝再茂挺身而出与之辩论，惊动了莱州府，道台亲临惩处了华楼宫的道士，保护了华阳书院地产。1628年，他被选为贡生赴南皮县（河北省东南部）任知县，几年后便发生了吴桥之变，南皮县被叛军包围得水泄不通，这时蓝再茂单身入军营，晓之以情动之以理，竟然说动对方撤兵，保护了南皮县。

只是这次事件后，蓝再茂也被奸人所害，辞官回家。蓝再茂虽然在政治上没有取得更高的官位，却培养了两个好儿子，尤其是二儿子蓝润，在清朝顺治皇帝第一次科举中便中了进士。任江南上江督学使时，"务拔寒峻，绝请托，士风文体为之一变"，顺治皇帝曾经赞扬："居官如蓝润，可法也。"蓝润后来官至湖广布政使，因被奸人所害辞官归家。

为追思祖先功德，激励后生继往开来，明崇祯十五年（1642）建造北淤蓝氏家祠，徽式砖木结构，三开间，三进二明堂二天井。

每年农历九月九日，举行祭祖大典，全族人聚集到祖祠内，大门紧闭，四下派人守护，不准异族窥视、闯入。参加祭祖时要穿民族服装，由本族长辈讲述祖先功绩、家族家范，教导族人向善。子孙跪于地上，同拜"祖图"，族长宣读祭文，高唱《高皇歌》，十分庄严隆重。供品除全鸡、全鸭、猪头、年糕、发粿外，还有一样十分奇特的供品，即用香蕉肉搅拌成泥，压成圆柱体，放在石槽内，置于祭品中央。祭祖开始，先放神铳三响，鞭炮连声，锣鼓喧天，祭案上摆供茶酒三牲。凡本族祠后裔当年结婚者、生男孩子者、老翁做寿者，均要送"两日制"龙烛一对，焚香叩头。祭祖这一天，全族舞龙、舞狮、摆宴席、演大戏，热闹非凡。

（衢州市农办）

大宗祠（市农办供）

余姚袁马村

"青词宰相"袁炜

袁炜（1507—1565），字懋中，号元峰，浙江余姚袁马人。嘉靖十七年（1538）中进士第三名，授翰林院编修，擢礼部尚书，改户部兼武英殿大学士，入阁典参务。嘉靖四十一年（1562），万寿宫建成，袁炜又升为少保，两年后又晋少傅兼太子太傅、建极殿大学士。1565年，因病致仕，请归。行至途中去世，享年58岁，赠少师，谥"文荣"，余姚明朝三阁老之一。

青词宰相

袁炜有神童之誉，自幼聪明，才思敏捷，文采出众，他五岁时便能作对子，且多有奇特之语，少年成名。从10岁开始研习八股文，读书过目成诵。父亲以教书为业，难以养家糊口，袁炜便从小每天上山砍柴以济家用，而他又十分好学，每晚坐在油灯之下勤奋苦读，17岁补县学生，熟读经史，以博雅称冠一时。进士及第后，久值西苑，靠给明世宗撰写"青词"得宠，历任侍读学士、礼部侍郎。六年之中，进尚书，诏入内阁。明世宗常于夜半传出片纸，命阁臣们撰写青词。每当此时，袁炜举笔立就，而且最为工巧，最称上意。遇有朝野上下进献珍奇之物，也是袁炜的赞词写得最美。著有《袁文荣公集》等，与李春芳、严讷、郭朴等人有"青词宰相"的美誉。

阁老精神

袁炜17岁时，县考成了秀才，29岁中乡试第一。京都大比之年，要上京赶考，但囊中羞涩，难以启程。村里有位乡绅怀义伯，平时常接济袁炜家，得知他正为盘缠发愁，送来了许多银两，并亲送他上路。袁炜在京做官期间，仍不忘怀义伯的大恩大德，奏本万岁欲送一匾以表恩情，嘉靖皇帝欣然下旨赐匾。袁炜立刻写了"世恩第"三个饱墨浓情的大字，皇帝看后立刻命人制匾，袁炜奉旨送到恩人家中，悬挂于中堂。"世恩第"得颜体精髓，此匾现还挂于袁马村民门头。

他体恤、关爱当地老百姓，做了不少善事。据记载，袁炜看到家乡没有埠头，来往客商，上下百姓，发货装物，常出事故，便想在江边建造几个埠头。经皇上恩准，慈溪、余姚、绍兴三县一年免交皇粮，以作建造慈溪至绍兴二十八个埠头的费用。皇上对袁炜人品官品十分赞赏，下旨要袁炜造阁老府，拨下皇粮和银子万两。这时，家乡正遭饥荒，袁阁老得知此事，奏明圣上，求旨赈济灾民。奸佞严嵩不服，奏道："哪有三年不雨，山田旱荒之理，要知人也有汗水流出的时候，这是袁炜谎奏，万岁莫信。"皇上信了谗言，撤回赈济圣旨。民众纷纷向阁老上告，阁老深知家乡灾荒是实情，将皇上拨给他造阁老府的皇粮、白银赈济灾民，并派了部下高仕亲临督办，家乡人民无不为之感动。

袁炜考取功名后，一直在皇帝身边做京官，忠君爱民，勤勉敬业。嘉靖三十五年（1556），倭寇在浙东一带沿海抢掠，百姓惨甚，袁炜为民请命，修建慈溪城墙，并作《建城记》载入县志。

（余姚市农办）

嘉靖皇帝赐匾（市农办供）

永康枫林村

任成高智留官银

　　枫林村位于永康市石临公路麻车店站往南一华里，地处公堂山西麓，坐东向西。公堂山左有形似景阳钟的殿山，右有形似龙凤鼓的文山，左右护卫，错落有致，俨然一座古代办案的公堂，巍峨雄伟，庄严肃穆。

　　据载，枫林村始建于元朝泰定年间（1325），村民为李、周、任三姓。李法绍、周伟、任应显是三姓之始祖。相传1200年前枫林地界建有"大同寺"，1325年，枫林李姓始祖李法绍，每天都要把牛放养到"塔塘底"。有一天，放养的牛跑过了"善塘岭蔡"，进入枫林地界。那一片嫩绿的青草吸引了灵性的黄牛群，牛儿对这些嫩绿青草爱不释口，久久不愿离去。后来，牛儿就干脆不听主人的再三催赶，赖着不肯回牛棚了。李姓祖宗看看没人过来干扰，为了自己的牛更加膘肥健壮，就索性搭几间草房住了下来，久而久之李姓就在此地世代繁衍。当时村口有一排枫树林，就借树取名为枫林。

　　枫林村民居多为明清和民国时所建，枫林村历代也出了不少名人，后人为纪念他们，修了宗祠。李氏宗祠建于1515年，距今500多年。任氏宗祠建于清咸丰四年（1853），是永康牛经岭上著名的古建公祠，是市级文保单位。周氏宗祠建于民国时期，距今也有100多年。任氏宗祠坐东北朝西南，占地805平方米，三进二天井，中轴线上依次建有门厅、正厅、后寝三进，左右设厢房，砖木结构，硬山顶，五花马头墙。第一进门厅面宽三开间，明间设石库门，并设为戏台。梁架为穿抬混合结构，三柱七檩，后檐牛腿承托挑檐檩。第二进正厅面宽三开间，明间梁架抬梁式，为五架梁带前后单步用四柱，前檐牛腿挑檐，前檐檩下雕刻花草、鱼等图案，檩间施鸥鱼形构件；次间山面梁架穿斗抬梁混合结构，前后单步分心用五柱。第三进后寝面宽五间带二弄，明、次间梁架抬梁式，五架梁带前后单步用四柱，前檐金柱间施格扇门，左右厢房二层，均七间，天井石板铺筑。任氏公祠格局规整，保存较好，正厅用材粗大，牛腿、雀替等构件雕刻精美，具有较高的文物价值。

任成高是个敢作敢为、疾恶如仇、一心为民的人。民间流传着一个不平凡的故事，咸丰四年（1853）的某一天，任成高在县衙当差，接到上司指令，他带着一行数人，根据线人报料，拦截了一伙抢劫官银的强盗。经过一番战斗，强盗虽有不甘，但力不能敌，只能丢下官银落荒而逃。任成高押解这些官银送回官府，不料县官想私下把官银侵吞。任成高气愤不过，又设计截下官银，准备押解进府衙。他从温州出发，一路风餐露宿，往北面的府衙而去，路上还得提防贼人抢劫。

一日，见路牌所写，知道进入永康地界。任成高这才忽然想起，自从那年学成求官，已有五六个年头没有回过家乡了。经过罐头村时，正值黄昏，任成高思亲之念顿起，心想机会难得，可顺便回枫林村老家看望父母兄弟。但身负押解重任，不可轻易离开官银，怎么办？公差私事，二者孰轻孰重，他自然清楚，权衡再三，他决定冒险一次，让所有的押解人员随官银到枫林村歇脚，住宿一晚，这是两全其美之策，可公私兼顾。任成高心想，天意让我有这次机会回家，料不会出事，于是当即决定随官银一起回枫林村老家。

家人一见任成高回来，自然欢喜，就吩咐做饭做菜款待。虽不敢声张，却也忙了大半宿才安睡下来。真是天有不测风云，后半夜一阵雷声滚过，暴雨横行，河水猛涨，冲毁了许多民房。任成高家虽在高处，但狂风暴雨，非人力可挡，况且赶了一整天的路，人马早就困乏至极，对暴雨哪有防备，因此大部分随行人员和官银被大水冲走，无处可寻。任成高被暴雨惊醒，一看这景象，也吓得呆了，真是叫天天不应，喊地地不灵，一时不知所措。因为官银丢失，赔偿事小，问罪事大，而且这是在自己回家时候丢失的，问罪下来，如何应答？任成高站在风雨中，辗转徘徊，一筹莫展。

忽然，聪明的任成高灵机一动，何不说押解途中劳累，经过并不认识的罐头村住宿时，官银被突然而至的大水冲走了，自己只身逃出。只要做好保密工作，也没有人知道罐头村所发生的一切，再说这些官银是自己率人拼了老命从盗贼手里抢回来的，贪官污吏想据为己有，也是自己出于职业的良知，奋力转移出来的。何况皇帝远在天边，也不一定清楚。干脆一不做二不休，留下大部分官银给父老乡亲派用，自己回去交差，也算是为家乡做点善事，不枉为官一场。

主意已定，任成高留下嘱咐，说这次他是受祖宗保佑才逃过此劫的，要用此官银建造公祠以示尊宗敬祖，供后人敬奉。于是分工下去，买来建筑材料，按照当时的设计建造起来，没几日便告完工。

任成高此后还在多地为官，常体恤百姓疾苦，痛恨豪强欺压百姓，对强买强卖行为尤为愤恨。自己总是节俭朴素，钱物常常施舍百姓。他常说百姓是我们的衣食根本，为官更要为民考虑，多为民造福。

（王朝阳）

兰溪坝坦村

坝坦唐宋两忠臣

兰溪市坝坦村位于女埠白露山之东麓，村临坦达源，以水为名，故称坦达，清嘉庆年间改称坝坦。唐朝宰相舒元舆出生于此，南宋大理寺少卿周三畏隐居该地。现全村535户，人口1677人，其中周姓1200余人，系周三畏后裔，少数舒姓为舒元舆后裔。

坝坦村四面环山，随势坐落，西高东低，小桥流水。村口周氏家庙气势雄伟，视野平旷，风水口古樟参天，村口矗立着明代万历年间建造的仁寿塔、兰源殿。村周八座萧山，山峦起伏，青翠欲滴，雨水汇集村中小溪，呈"山列八卦，水曲九宫"之象，村庄俨如一方"八卦砚台"，故清代嘉庆年间，村里一位进士将村名改称坝坦。"坝"是砚的通假字，"坦"是坦然、心里安定之意，其寓意即人要安定读书、宁静致远、承继祖辈、胸怀大志。

舒元舆（791—835），字升远，先祖合肥人。齐梁大宝元年（550），高祖舒景思任东阳郡守，卜居兰溪坝坦万罗山。父敬之，娶薛氏，孕满，至坝坦村大厅分娩，因是长子，取名元舆。元舆自幼警悟过人，15岁通经儒，曾就读武义书台山义塾。元和八年（813）中进士，被宰相裴度荐为兴元书记，历任监察御史、刑部员外郎。弹劾官吏，不避权贵，查处刺史汪浰贪污一案，秉公执法。其《疾世诗》云："奈何贪狼心，润屋沉脂膏。攫搏如猛虎，吞噬若狂獒。山秃逾高采，水穷益深捞。龟鱼既绝迹，鹿兔无遗毛。"愤恨之情，溢于行间。

舒元舆自负其才，锐意进取。大和五年（831），上疏自荐，反复八万言，出入古今，指陈得失，获文宗李昂嘉许。宰相李宗谓其浮躁诞肆，不能重用，改任著作郎，分司东郡（洛阳）。在东郡结识白居易，两人因病相知，过往甚密。九年（835）七月，升御史中丞，兼刑、兵两部侍郎、同平章事。时宦官仇士良集团专权干政，十一月，宰相李训、王涯、舒元舆与凤翔节度使郑注等，密谋内外协势，铲除宦官势力。以左金吾卫石榴树上夜有甘露为名，本想诱使仇士良等前往观看，相机诛杀。因所伏兵甲败露，反为仇士良神策军生擒，舒元舆等被腰斩于柳下，史称"甘露之变"。弟元褒、元肱、元迥皆进士，除元褒早卒，余全被诛族。开成元年（836），收葬于京兆府后，大中八年（854）昭雪，敕建乘仙祠。大中九年（855），其从孙锡归复，还葬于白露山麓（现为浙江省风景名胜区）。

舒元舆以文学名于时，所著《牡丹赋》时称其工。唐文宗绕栏微吟，为之泣下。著有《养狸述》，刻画禽性，惟妙惟肖。《王筋篆》被《容斋随笔》批注为"有不可名言之妙"。存有《舒元舆集》，其诗入《全唐诗》6首，《旧唐书》卷一六九、《新唐书》卷一七九有传。可谓博学多才，正直廉洁，深受百姓爱戴，白露山南麓为其建有惠安寺（乘仙殿）。

也许是周三畏对舒元舆的敬慕，绍兴十一年（1141），岳飞大胜金兵，反蒙冤下狱，秦桧令周三畏审讯诬陷岳飞，三畏不从出逃，隐居垅坦村。

周三畏，字正仲，原籍汴梁（今开封），北宋文学家、理学家周敦颐第三代孙，时任南宋大理寺少卿。周三畏不从秦桧，怫然回答："枉法以害忠良，博好官而甘唾骂，吾忍为乎哉！"乘夜悬冠不辞而别，遗书秦桧，书曰："飞忠义可兴日月，精忠可泣鬼神，威命难为，而人言可畏，功名易弃，而清漏难欺，思之再三，志不可夺。"遂从临安金门而出，溯钱江上游，由富春江直至女埠垅坦村隐居，躬耕陇亩。生三子，世代绵延，遂为垅坦周氏始祖。

周三畏辞官逃至兰溪垅坦之后，秦桧派兵到处搜查，他只得躲在白露山的白露庵里。这白露庵门口，有口大塘，塘里水藻、螺蛳甚多，家人常摸螺蛳作菜肴。一日，已剪掉屁股的螺蛳一大碗将要下锅时，忽闻秦桧派兵搜山，周三畏即命家人躲进神龛避险。家人忽觉案上尚有螺蛳一碗，周三畏心里清楚，如果这碗没屁股的螺蛳被追兵发现，就晓得庵里有人，那么，一家人性命就难保了。周三畏急忙捧起那碗螺蛳，"哗啦"一声倒入门口塘里，回头躲了起来。秦桧兵一无所得便走了，周三畏一家就这样保全了性命。今"忠隐庵"前的水塘中，仍有没屁股的螺蛳在繁殖，当地人称"平屁股螺蛳"，而其他地方都为尖屁股螺蛳，这是忠良不灭的象征。

垅坦村建村已有1224年的历史，系千古风流之地，文化积淀深厚。

留存的历史建筑遗产颇多，如北宋古井，明代的仁寿塔、进士牌坊，周三畏隐居的忠隐庵，周三畏陵墓，兰源殿，孙氏堂楼，民居有十厅二祠堂、七十二间花厅。村内尤其拥有颇多的古代石拱桥，如永庆桥、跌马桥、兰源桥、庆宁桥、永丰桥、永年桥、紫亭桥、兴柱桥及斧头桥等，记载着历史的变迁和世事沧桑。

　　村庄布局，随势坐落，以水定面，南启北合，堪舆文化凸显。村中小溪自北而南，蜿蜒潺潺，古民居沿小溪鳞次栉比，与古石桥、古樟、兰彩亭、听琴亭构成一幅清丽、恬静、高雅的山水画，美妙动人的历史掌故又为村庄平添了美奂绝伦的神奇。

（王秦乔）

百世瞻依（王秦乔供）

文成九都村

屈杀狱中的刘璟

南田镇九都村距文成县城33公里，位于文成县西北部海拔650米的高山台地上，是七十二福地之第六福地，也是明朝开国元勋刘伯温的故里。九都村现有19处明代古建筑，顺华盖山东南麓坡势而建，前有良田千亩，附近有一处独特的210亩红沙岗。村落内现有刘基庙、刘府旧居、华阳小筑和西山挹秀等古建筑。刘基庙于2001年被列入全国第五批重点文物保护单位，九都太公祭（春秋二祭）被列为第三批国家级非物质文化遗产名录。九都盘谷亭有25株黄檀、江南油杉等古树名木。自古以来，九都村人杰地灵，人才辈出，他们为当地留下了丰富的文化遗产。

刘璟（1350—1402），字孟光，刘基次子，璟出生时有"月蚀复光"的异象。刘璟少年好学，通诸经传，推究韬略。

《明史·卷一百二十八·列传第十六》：

璟，字仲璟，基次子，弱冠通诸经。太祖念基，每岁召璟同章溢子允载、叶琛子永道、胡深子伯机，入见便殿，燕语如家人。洪武二十三年，命袭父爵。璟言有长兄子廌在。帝大喜，命廌袭封，以璟为阁门使，且谕之曰："考宋制，阁门使即仪礼司。朕欲汝日夕左右，以宣达为职，不特礼仪也。"帝临朝，出侍班，百官奏事有阙遗者，随时纠正。都御史袁泰奏车牛事失实，帝宥之，泰忘引谢。璟纠之，服罪。帝因谕璟："凡似此者，即面纠，朕虽不之罪，要令知朝廷纲纪。"已，复令同法司录狱囚冤滞。谷王就封，擢为左长史。

璟论说英侃，喜谈兵。初，温州贼叶丁香叛，延安侯唐胜宗讨之，决策于璟。破贼还，称璟才略。帝喜曰："璟真伯温儿矣。"尝与成祖弈，成祖曰："卿不少让耶？"璟正色曰："可让处则让，不可让者不敢让也。"成祖默然。靖难兵起，璟随谷王归京师，献十六策，不听。令参李景隆军事。景隆败，璟夜渡卢沟河，冰裂马陷，冒雪行三十里。子貊自大同赴难，遇之良乡，与俱归。上《闻见录》，不省，遂归里。成祖即位，召璟，称疾不至。逮入京，犹称殿下。且云："殿下百世后，逃不得一'篡'字。"下狱，自经死。法官希旨，缘坐其家。成祖以基故，不许。宣德二年，授貊刑部照磨。

刘璟为了保全自己刚毅忠诚的气节，用辫发自经狱中，年仅53岁。刘璟撰有《易斋集》一卷，编入《四库总目》。刘璟为家乡写了八景诗：《鸡山晓色》《双涧秋潭》《三峦夜月》《松矶钓石》《龟峰春意》《北坞松涛》《西岗稼浪》《竹径书斋》，从中可以在九都盘谷零星地找到些许踪迹。

刘鹰，刘璟侄子，字士端、号约斋，又号闲闲子。鹰自幼勤学，为人慷慨有大节，知书达理。洪武十二年（1379），父亲卒于官，噩耗传来，哀痛欲绝，赴京扶柩归葬，丧祭如礼，三年服阕。明洪武二十三年十月（1390），同叔刘璟赴京，上谕鹰叔（刘璟）袭爵，刘璟对曰：臣兄有子，与臣俱来，以世裔侄。上喜曰："如此功爵，辄让人有所不为，其介可知。"即日封鹰"诚意伯"，赐金锈衣服、鞍马、南门房屋。并封刘鹰为特进光禄大夫，职官正一品，妣常民封夫人（正二品）。

鹰之祖父、父亲均被胡惟庸迫害，时朝中奸臣掌权，鹰深知官场肮脏，人心险恶，无心宦海仕途，以奉亲守墓力辞，归隐故里盘谷（南田新宅村），筑室于里第之鸡山脚下，名曰"盘谷第"。有诗云："愧我辞官盘谷中，凿井开田甘老农。"

刘鹰还写下了900字的《游西陵绝顶歌》，叹曰："人生在世不满百，如此游玩能几焉？林泉放浪尽欢乐，真个人人解却名利缠！"

刘貊（1378—1449），刘璟长子，字士行。自幼聪慧，勤奋好学，温和善良，孝敬父母，居官清廉，由考功监（正六品）任行在刑部照磨金事（正五品）。建文四年（1402），朱棣篡位，父亲刘璟被朱棣逮入狱，以辫发自经殉节，刘貊听到父亲殉节的消息后，悲痛欲绝，亲自扶着父亲的灵柩归葬，并在墓边建了一座小屋，独自一人居此守孝三年。三年满后，对父亲仍然非常思念，就在自己屋边建造祠堂，每天早晨、傍晚到祠内烧香点烛、瞻仰、跪拜，以致孝思。后人为称颂其孝道，匾其祠曰"忠孝祠"。正统年间过世，享年七十一岁，葬三源无为观后山，坟名孝子坟。

刘耀东（1877—1951），字祝群，刘伯温第二十世裔孙。光绪二十三年（1897），从师于瑞安晚清经学大师、甲骨文祖师，得名师传授，学业大进。光绪二十八年（1902），与瑞安许养颐东渡日本，入东京私立政法大学学习，时任留日同乡会总干事，负责接待浙江赴日留学之士。光绪三十二年（1906）毕业归国，授中书科中书，先后受聘为温州府学校讲习。宣统元年（1909）夏当选为浙江咨议局常驻议员、资政院候补委员。民国时任松阳、鄞县、宜兴等县知事，后调任江苏镇江海关道任统捐局局长，1950年当选为文成县首届人民代表。刘耀东与缙云赵明止、龙泉吴梓培、松阳吴冠甫被誉为"括苍四皓"，著有《南田山志》。

刘兆祥（1906—1998），字友忠。清光绪三十二年（1906）9月18日生，系明朝开国元勋刘基二十世孙。1929年，毕业于上海公学大学政治经济系，赴日本内务省警察讲习所（现改为警察大学）第一期学习。后任军事委员会特检处南京特等所少校组长、长沙办事处中校主任、特检处中校股长、特检处浙江省上校所长、第三战区司令长官部上校咨议、军事委员会邮航检查处上海特等所上校所长、内政部警察总署刑事科科长、江西省警保处人事室主任、兼任江西省保安司令部人事科上校科长、内政部警察总署简任督导兼人事室主任、内政部简任视察、总统府资料组简任专门委员兼任第二科科长、干部训练班训练委员、政治作战学校教授等职。1951年去台湾。

相传，九都刘氏后裔人才辈出，跟祖上刘基流传下来的忠厚气节、勤奋读书的家训有关，刘氏后裔以先祖的遗训时刻勉励自己，现在刘基后裔遍布全国各地，涉及各个领域，但无论身在何处，祖先刘基的家训都铭记心上。

（包芳芳）

刘氏祖先画像（包芳芳供）

温州龙湾普门村

清廉内阁首辅张璁

普门村是龙湾区永中街道张姓聚居的一个小村落，其得名于张姓六世祖张璁始设的"普门堂"。

张璁（1475—1539），字秉用，号罗峰，因与明世宗嘉靖朱厚熜同音，世宗为其改名孚敬，赐字茂恭，永嘉永强（今温州市龙湾区普门村）人。官至内阁首辅，明朝大改革的开启者，民间亲切称之为"张阁老"。

张璁在兄弟四人中排行最小，他少时聪慧，曾与年龄相仿的两个外甥王澈、王激同学于塾。少怀大志，十三岁时赋诗以卧龙自许："有个卧龙人，平生尚高洁。手持白羽扇，耀耀光如雪。动时生清风，静时悬明月。清风明月只在动静间，肯使天下苍生苦炎热？"十五岁那年拜从表兄、进士李阶为师，学习时文诗赋，学业大进。二十岁考取秀才，二十五岁中了举人，一路顺风畅意。但考进士时，十九年间七次赴考皆铩羽而归，于是心灰意冷，退而在瑶溪创办罗峰书院，率徒讲学、著书。似乎至此人生不会再起波澜，前途也不会再有念想。不料，御史萧鸣凤的一席话又唤醒了张璁那颗业已沉寂而又不甘平庸的心。"以此三载成进士，又三载当骤贵"，位极人臣，与世无比。

历史的机遇往往垂青有准备的人。一场"大礼仪"风云际会为张璁提供了施展抱负的大舞台。他提出"礼从人情""统嗣有别"的观点振聋发聩，在朝野间引起"大地震"。嘉靖皇帝闻奏龙颜大悦："此论一出，我父子获全了。"朝中以杨廷和为首的实力派原想一手遮天把持朝政，做自己的"春秋大梦"，搞"一言堂"，容不得一丝半点"异端邪说"，所以对张璁软硬兼施。一方面，对亲信面授机宜，仿前朝马顺故事，一旦进京就乱棍打死。另一方面，又寄语中书舍人张天保对张璁说："你如不应南宫，第静处之，无复为大礼说难我也。"但张璁就是不为所动。

杨廷和失算了。他不懂与时俱进，还躺在拥戴新皇的"功劳簿"上翻着"老皇历"，以全体朝臣的名义胁迫新皇就范，弄得嘉靖很不开心，以致勃然大怒："朕是来做皇帝的，不是来过继给别人做儿子的！"君权与相权出现了严重冲突，关系裂缝至此无法弥补，终于导致"左顺门事件"。嘉靖皇帝大肆镇压，下狱者一百四十二人，被廷杖的一百八十余人，其中十七人当场被活活打死，其余充军的充军、削职的削职，纷扰了三年多的"议礼"之争终于告一段落。

"议礼"险胜，张璁得到嘉靖的器重和信赖，从此平步青云、大权在握，最后官至内阁首辅，位极人臣。也许正因为他升迁神速，难免遭人横议，竟遭"翰苑一厄"之讥，以身犯众怒，致使弹劾不断，宦海几经沉浮。

张璁在掌管全国政务的八年中，三召四挫，暗潮汹涌，始终处在风口浪尖。他挟雷霆之威势，撤镇守内官、清勋戚庄田、反腐败除积弊，以安江山社稷，大手笔作大文章，改革力度不可谓不大。

明代中叶，正处社会转型时期，贫富差距加剧，土地兼并严重，社会矛盾凸显，农民暴动接踵而起，大明政权岌岌可危。自仁宗建立皇庄（皇宫、王府、勋戚等私有庄田），正德九年（1514）仅畿内皇庄就占地37594顷，其严重程度已到了天下额田减半、民怨沸腾的地步。嘉靖即位后，为革此弊政，曾两次清理庄田，并由畿辅扩大到各省。至嘉靖九年（1530），查勘京畿勋戚庄田528处，计57400余顷，其中26000顷归还失地农民，成效显著。

张璁虽官居首辅，权倾朝野，但清正廉明，绝不徇私。他对子侄戚友要求甚严，家风整肃。同乡项乔在《瓯东私录》中曾记载了这样一件事："予十七岁在张罗峰家读书，其家一处住三五百人，俱戴毡帽，只有张某一个戴纶丝帽，众便指其浇浮。其家亦无一人有棋盘双陆者，吃酒无有行酒令者。"堂堂一品大员竟俭朴如此，"今乃人人侈用而一变至此，诚不可不反正还淳也"。

万历《温州府志》卷五《贡赋》记载的"罢贡"——"如石首鱼诸品，所值几何，用以输止，则费用千百于此者，张文忠当国奏罢之。"即嘉靖六年（1527）十月，张阁老请除温郡鲜贡。明初，温州就额有鲜贡：石首鱼、龙头鱼、鲈鱼、黄鱼、鲻鱼、鳗鱼、虾米、龟脚、水母等。除进贡海鲜外，树果还有乳柑、金橘，每年进贡费用不赀。景泰以后，事属镇守内臣，百姓受剥肤之苦，地方被累百有余年。张阁老柄政后，体察民情，知所贡之物俱非荐朝之用，因上密议革镇守内臣并力清除，凭着与嘉靖皇帝的亲密信任关系，为地方百姓做了一件大快人心的好事。

嘉靖《永嘉县志》记载的"拆违"——"按旧《志》载府治外原有子城，城四面有壕，壕上下岸各有街。彼时一渠两街，河边并无民居。宋绍兴间，下岸街许民告佃，自是稍架浮层，岁久居民侵塞，舟楫难通，火患罔备。嘉靖十年间，有司以少师张公旨欲尽拆沿街桥棚，众皆称便。"即嘉靖十一年（1531）冬，佐永嘉知县整治县城河道，拆除新河、前街、百里坊三处桥棚，以防火患。

嘉靖《温州府志》卷一《风俗》记载的"变俗"——"治丧不用浮屠，不饮酒。"注云："自元以来，俗信浮屠诳诱，张少师（张璁）力变之。"其他如造桥修路则力行之。而张璁致仕返乡时，家中仅有祖遗薄田三十亩，老屋六七间，因而仍居住在瑶溪贞义书院中。潘夫人日侍汤药，官府、亲旧之间的交往，几乎屏绝。他曾自述病状称"获命生还，病实垂死，四肢浮肿，行步莫能"，"到家常喘咳不宁"，"未几，病复加，精力益衰，须发尽白，齿落殆尽"，"今春（嘉靖十五年）病少减，行步尚艰"。十五年（1536）七月，嘉靖知其病好转，差官到山中问疾，召复任，命星夜以行。君命不可违，张璁无奈，只得抱病赴京。行抵处州，"痰火复作，毒暑内伤，肚腹疼痛"，"寝卧不安，饮食减少"，只得折回山中。不久，召命又至，勉强走到金华，又病倒了。自此，遂在家养疴不出，挨到嘉靖十八年（1539）二月初六日，便与世长辞，终年六十五岁。

嘉靖皇帝得知张璁去世噩耗，悲痛不已，宣布辍朝三日以示哀悼。时礼官请示为张璁加何谥号，嘉靖皇帝取甘冒危险恭奉皇上的意思，特为他加谥号"文忠"，追赠为"太师"。万历进士、礼部侍郎杨道宾称赞道："自来相业之炳烂，未有如公者，宠遇之优渥亦未有公者，公诚中兴贤相也哉。"

如今，沿着三都普门那条笔直的太师路步行，不一会儿就到了张璁一品家庙门前，望着"阀阅名家"的匾额和"三朝宠命"的牌坊，令人心中不由产生"昔人已乘黄鹤去"的感叹。

沧海桑田，悠悠五百年过去了，普门村民至今还是那么亲切、饶有兴味地传说着张阁老的故事。在人走茶凉的世俗社会里，张阁老始终顽强地活在人们心中，不能不说是一个传奇。

张阁老的胸襟气度，非常人所比。13岁时就有"肯使天下苍生苦炎热"的匡世济民的志向。张阁老有一次夜游瑶溪，站在"水石同踪"之上，眼望瑶湖作《川上吟》："脚踏满天星斗，手擎万里江山。"可见其雄心壮志。张阁老在"议大礼"中初试锋芒，其间处处闪烁着他的真知灼见，终使嘉靖皇帝腹心相托，从此君臣鱼水。民间传言，嘉靖有一次问张阁老，张爱卿家乡永嘉有哪些寺院？可否一一说与朕听？阁老说内有嘉福天宁，外有护国太平，巧言释之。内修嘉福，天下自然安宁；外有护国，江山永保太平。又有一次君臣弈棋，因张璁棋艺较之高明，故意让步只剩一炮一马一车。嘉靖自然高兴了："半局残棋，炮无烟，马无鞍，车无轮。"阁老转眼一看壁上古画，随口答曰："一张古画，鸟不叫，树不摇，人不笑。"君臣相视，会心一笑。

凡此种种，无不感知张阁老的机敏和善辩。这位达则兼济天下，穷则独善其身的大学士，一句"溪石皆玉色"，就使瑶溪传颂至今，一座报恩坊，足见滴水之恩涌泉以报之传统美德。十九年间七次科考，书生寂寞，老百姓内心怜之，又杜撰"水獭精伴读"之佳话。"天络瓜花配老酒"足见阁老待人之诚，君子之交淡如水。

"张阁老做官带携一省"，成为久久矗立人们心底的一座伟大的人格丰碑。

（潘伟光）

张璁画像石碑（潘伟光供）

云和村头村

王氏"一门三进士"

云和县村头村建村于1028年,历史悠久,文化底蕴深厚。宋时人口密集,经济繁华,曾是云和的政治经济中心。村中名人辈出,曾出过三名进士,分别为王元、王抱、王孔愚,是远近闻名的文化村。

王元(957—1052),享年96岁,北宋祥符年间进士,初任福建南平县令,因政绩突出,被任命为御史,并派往辽国,在辽国参政二十五年。天圣四年(1026),70岁的王元被封为朝散大夫,71岁时兼任处州刺史。

王元出生于江西南昌石磕村,自幼聪明过人,勤学好问,熟读《四书》《五经》,考取进士后,在今福建南平担任县令,为人正直忠义,忧国忧民,施行诸多惠民政策,受到当地百姓的拥护和爱戴,因功绩显赫,北宋宋仁宗年间被任命为御史。

当时北宋与辽国正发生连年战争,北部地区人心惶惶。皇帝见王元为人忠恳,处事沉稳而不失灵活,便派王元去辽国和谈。王元在辽国一任职就是二十五年,为辽宋和谈起到了关键作用。和谈成功回国后,于天圣四年(1026)因功被朝廷提拔为朝散大夫,相当于五品。那时王元已70虚岁,想到自己年岁已高,便想回江南,告老还乡,颐养天年。皇帝见王元年岁虽高,但仍然神清气爽,卓越睿智,便于次年任他为处州刺史。

王元一生为人谦和,才多识广,在京多年,结识了当时众多的文人政客。王元赴江南处州就职,众朋纷纷前来送行,大家饮酒叙旧,作诗话别,情深义重,道不尽的依依惜别之情。

不觉间晓月西沉,晨风徐起,离别在际,王元感慨万分,挥泪作别范仲淹、欧阳修众友,写下别离诗《出守括苍酬范希文欧阳永叔饯别作》:

> 晨风吹洛水,飘然离帝乡。
> 君恩一何厚,分符守括苍。
> 苍山隔千里,道路阻且长。

宾朋互骈集，饮饯倾壶觞。
我生已衰迈，鬓发披如霜。
努力事圣君，欢会不可常。
遥望春波绿，碧草凄以芳。
挥手一长叹，垂涕沾衣裳。

王元到处州后，见处州到处青山绿水，古木参天，胜似人间仙境，十分满意，又因心系民生，常于各地考察。

某日，王元梦见处州府门前的树上缠着一条龙，龙有三头，便叫来解梦先生解梦。解梦先生闭目掐指，说那是因为府中三贵子想分家了，卜居之地，村名中最好带有"头"字。王元听后便派下人与风水先生在处州各地打听踩点，最后决定以龙泉西街头、松阳西坑头、云和村头为三子卜居之地，并于三地各购置土地50亩作为其成家立业基础。

王元来到村头村后，见此地群山环抱，奇峰林立，古木丛生，实为风水宝地，便决定跟随二儿子惟孝在此定居，后将村头改名为"柘野"。

在王氏先人的勤耕苦读、艰苦奋斗下，村头逐渐发展，人丁兴旺，街市繁华，又因王元德高望重，且官至朝散大夫，各路文武官员路过此地，均下轿拜谒，以此表示对王元的尊重与崇拜。

清康熙年间《云和县志》记载：王元，字常侍，原江西石磕溪人。北宋祥符年间，登进士，授延平县令，奉使辽北，归擢处州刺史。参知政事范仲淹、学士欧阳修，咸以诗荣之。莅官忠义，有惠政及民。后谢政，卜居柘野，遂占籍本县以终其身。《王氏族谱》记载与《云和县志》记载基本相同。

王抱（1093—1165），王元之孙，字素袍。某日王抱之母梦见一霓衣神女抱着一个孩子，不久便产下一男婴，故给孩子取名"王抱"。王抱家教严明，从小勤奋苦读，精通各类史书、经书。大观四年（1110），考取进士，去乌程县（今湖州）从政。因秉公廉政，刚正严明，很快被提拔为大理寺评事，相当于今最高法院审判员。

乾道元年（1165）王抱谢世后与其妻合葬于柘野溪旁，今垟背村。他一生刚正不阿，鞠躬尽瘁。其墓地草木兴盛，繁花似锦，被称为"百鸟投林"之地。

同治《云和县志》记载，王抱，字素袍，处州刺史王元之孙，大观四年以春秋释褐授乌程主簿，旋擢大理寺评事。勤敏莅政，廉洁律己。尝曰：食君之禄，当秉赤心群吏，咸相劝比，谢政宦官，肃然子孙以清白世其家。《王氏族谱》除记载了王抱的生平，同时更详细地记载了抱公的生卒、墓志及墓地的具体地址。

王孔愚，字若拙，王氏第六世。有关王孔愚的史料记载很少，《王氏族谱》只有寥寥数十字。同治《云和县志》与族谱记载基本一致，让王孔愚的生平和身世披上了一层神秘的面纱。

现今村中仍保存有"王家门楼"，传建于北宋天圣年间，南北向四柱三楼歇山顶，青砖建筑。通面宽7.6米，高约5.9米。四柱用青砖横砌而成，四柱下面设有方形柱础。大门为石库门，石雕斗拱承托屋面。大门北面正门上方有阳刻"培玉里"三字，两旁有鱼凤雕刻图案，次间有牛羊动物等精美雕刻。大门南面正上方有阳刻"庆龙琅琊"四字。小青瓦屋面，两头起翘，门楼保存基本完整，造型优美，雕刻精美，文物价值较高。

此门楼是否为当年王氏家族繁华一世的门楼，有待于进一步考证。然而村头村历史上的三进士，却为村头村深厚的文化底蕴增添了辉煌的一笔。

（陈兆燕）

德清白彪村

车宸英仗义乡里

白彪村分两个自然村，分别叫西村、东村，也称东西高田头，是车氏家族的聚居地。自元以来，车氏家族中，先后中进士9人：车君乘、车文麟、车二圣、车尔熔、车际亨、车宸英、车玉阶、车福衢、车模；中举2人：车轩、车复；中秀才12人：车遄轩、车静卿、车遴甫、车小园、车文龙、车文彪、车都甫、车宝林、车文襄、车大录、车小录、车知保。

车氏始祖叫车克强，为西汉"车丞相"之后裔，山东济阳郡人，耕读传家。元代至正十一年（1351），刘福通反元起义，淮河两岸、山东西部烽火漫天，战争频繁，尸骨遍野，车克强遂携妻带子向南逃难。路经徐州见气势雄伟，意识到其为兵家必争之地，不安全；又往南至金陵，为虎踞龙盘之都，亦觉不安全；再往南达湖州，见山明水秀，物阜民殷，遂定居，在德清县城东永宁乡高田头安家落户，后分东西二村。

车克强有一个儿子叫车昭，字叔明，康熙《德清县志》记载："少有至行，不事生产，性唯嗜书，结流置书数千卷，名《清流集》，日检阅其中，无问寒暑。明洪武三年，本县辟为训导，昭以能诗名，擅扬古选，著述惜多失传，今白彪高田头者，皆其后裔。"可知车昭是一个读书人，被选拔为"训导"。

车宸英（1781—1854），出生于西村一户书香世家，父亲车树仁，母亲冯氏，祖父车际亨，清雍正八年进士。车宸英聪明智慧，在父亲谆谆教育下，博古通今，还旁及岐黄之术，其名喻皇廷英才之意。

因车家并不富裕，在亲戚蔡从义介绍下，十八岁的车宸英到仁和县南山村钱云龙老爷家做了家庭老师。钱云龙做过几任知县，因体弱多病告老还乡。今见前来教书的车宸英如此年轻，便想见机考考车宸英。数天后，钱云龙到车宸英寓所，叫他写副对联，车宸英知道钱云龙想考他，题笔草书："知止不殆，知盈不辱；顺时多逸，顺昊多昌。"（暗指钱云龙辞官归家，顺时听天）钱云龙连声赞之。又考车宸英绘画，车宸英挥毫绘竹，不多时，五竿修竹在宣纸上参差摇曳，并题诗一首："君子欹崎在何处，南山竟有绿荫沉。湘妃莫洒千颗泪，蜀子应为七绝吟。未出尘前先实节，上凌云后尚虚心。谁将素骨移瑶岛，幸得青鸾送好音。"钱云龙哈哈大笑，曰："少年英才，名不虚传。"自此，车宸英在仁和一带声名鹊起。

车宸英在做家庭教师时考中秀才，三年后又考中举人，24岁考取嘉庆十年（1805）乙丑科进士，在朝为官15年，任翰林院编修等职。后以"供养老病双亲"为由辞官归家，从此隐居终生。曾赋诗喻辞官之意："五湖泛棹有前人，彭泽辞归轻利名。月殿嫦娥寒广袖，蓝桥再伴旧云英。"

有一次邻村建寺庙，请车宸英写门联，他书："曲猾奸才，入庙烧香无所益；公平正直，见神不拜有何妨。"此联曾经轰动一时。某村建圣堂，内塑孔夫子、关夫子二像，车宸英上联曰"孔夫子、关夫子，两尊夫子"，下联曰"著春秋，读春秋，一部春秋"，看似简单，却有深意。

车宸英很有正义感，有一次他到杭州去访友，见一老农死在路边，老妇在旁痛哭。车宸英上前询问，知是一位将军骑马冲过，将老农冲撞而亡。车宸英又向临近店铺探听，原来那将军是浙江巡抚衙门新上任的皇室贵族，目无法纪，欺凌汉人，视民如草芥，上任不久，天天骑马在闹市中取乐，已踏死多人。车宸英决心管一管，就写了一张死者证书，请老妇人画押，又捐钱给老妇叫她收尸归家，并写了诉状，具名德清县翰林学士头衔，告到浙江巡抚衙门。车宸英在诉状中首先提出孔孟之道、治国平天下的大道理，强调民贵民本之理，并且提醒浙江巡抚，当年乾隆皇帝两访山东，三下江南，爱民如子，今日一个小小将军，接连冲撞致多人丧命，自古皇子犯法与庶民同罪，敬请巡抚大人为大清社稷、为两浙之安危，秉公处理，以平民愤云云。浙江巡抚只好撤了将军之职，抚恤了死者，从此车宸英扬名杭城。

在新市镇，一位老农不慎踏断一根秤杆，店主揪住老农要其赔偿。老农见车宸英，向他求救，车宸英机智地问店主，踏断秤杆要赔钱？店主见车宸英向着自己，忙泡茶让座。车宸英又问老农，你到柜台上做啥？老农说：我去买东西，秤杆放在地上没看见。车宸英便说：地上要走路，皇家土地人人好走，踏断秤杆无须赔偿。老农拔脚就跑，店主只好作罢。

农闲时，白彪村人利用多余劳力，出外贩运货物，营商谋利。斯时上海尚未开埠，嘉兴、台浦一带商业繁盛，成为商品集散地。一次车宸英到嘉兴访友，就搭乘本村商船同行。当时白彪村共开出四只大船，将德清县所产竹木器、山货与水乡特产运至嘉兴出售，再将海产品、工艺品、纺织品贩至德清销售。至嘉兴后卸完山货，因天已晚，只能第二天再购货。车宸英正在船上吃饭，几个船夫惊慌失色地上船告诉他，今天夜里嘉兴府派出差役要临时征用商船，为官府载运货物至苏州、镇江，十天半月难回家了，而且港口已有差役把守，逃也来不及了。

车宸英说我到嘉兴府衙走一走，于是拿了二册书，面见嘉兴知府张某。这张某与车宸英旧时在京城有交往，惊问其垂暮而来为何事。车宸英回答，乘船来秀州游览，本想在舟中夜读，无奈风大，今借灯笼四只。张知府命衙役借于他，车宸英将灯笼悬于船首，后差役前来征船，见白彪村四只大船的灯笼上有"嘉兴府正堂"五个大字，知是知府友人，不敢造次。

车宸英的晚年极其荣华，他的两个儿子车天锡、车天荣均为举人，道光年间在山东为县官；其女车天英出嫁菱湖大族卞氏，女婿后来为光禄大夫。车宸英七十大寿时，嘉兴府、湖州府、杭州府府台等官员均到场，一时轰动杭嘉湖官场。

（韦秀程）

庆元杨楼村

翁二公进宝遭陷害

杨楼村又名杨家楼,位于庆元县东部,距县城28公里,离五大堡乡政府16公里。杨楼村东西两面为崇山峻岭,松源河支流——杨楼溪南面而来,在这里冲出了一片小盆地,村庄就在盆地的边缘依山面水而建,村内粉墙黛瓦,村外阡陌纵横,俨然一幅世外桃源图景。

传说早年间,杨家楼出了个进士,名叫翁二公,在朝中做监食大夫,专管皇帝的膳食,是皇帝老子的近臣。朝中有个奸臣叫作范宗茂,他明明晓得翁二公是个清官,家里很穷,便故意向皇帝起奏本:"现在天下太平,应该叫当朝文武百官都向皇上献三件家乡的宝贝。"皇帝一听很高兴,马上下旨要当朝文武百官献宝。一道圣旨,可忙坏了满朝文武百官,大家领旨分头承办。只有翁二公无半点办法,他晓得,杨家楼这地方虽然山清水秀,可老百姓是十分穷苦的,没有什么宝可献。

限期到了,文武百官趁这个机会,从民间搜刮了大批金银宝贝献给皇上,当皇上大收贡宝时,一看没有翁二公的,范宗茂便趁机说了翁二公一堆坏话,皇上认为翁二公有意抗旨,大怒,便叫二公来当面盘问,翁二公一本正经地讲:"我已贡上了,第一件,叶针般粗,杆桶般大;第二件,叶掌般大,杆筷般粗;第三件更奇特,藤像线般粗,根像拳般大。"

皇帝一听,很高兴,要亲自去鉴宝。

翁二公一听,吓了一大跳。心想糟了,皇帝出巡,不但帮不了百姓,反而要踏平田地,害苦百姓。再说,那几件宝,其实是平常得不能再平常的草木,到时候给皇帝晓得了,可吃不消。

翁二公想了想说:"皇上,你亲自去鉴宝,实在不便。"

"为啥?"皇帝问。

"皇上不晓得,臣家乡不好去呀!有句俗话说:杨家楼,杨家楼,有天无日头,有碓无水流,上岭草割额,下岭岩碰头,那里又高又险,皇上万万不可去哪!"

皇帝一听，吓个半死。便说："好，还是你去拿吧！"

翁二公谢了恩，便上路回家了。走了半个多月才到家乡。村里晓得这么回事，都说二公是个好人。大家都晓得这三件宝，是满山都可以找到的松树、箬叶和金线吊葫芦，若没有这些"宝"，山里人可怎么活啊！

翁二公拿了这三件宝，起身回京，又走了半个月。到了京里，那松树和金线吊葫芦有点干了，倒也没变样，可那箬叶给日头一晒，早就缩作一卷。当他把这三件宝献上时，皇帝倒也笑眯眯地连说奇怪，确实是三件宝。谁晓得范宗茂又心生一计，出班奏道："皇上，这三件宝确实可笑，金线吊葫芦、松树还说得过去，这叶像掌般大、杆像筷般粗实在是骗人的东西。翁大夫是有意欺君！"一番话讲得皇上连连点头，马上把箬叶丢到水池里，下旨把翁二公推出斩头。可怜翁二公来不及辩白，就被拉出午门，做了刀下之鬼。

第二日，大家在池边看见那池中箬叶被水浸湿仰展开来，真是象掌般大，一点也不错，很多朝臣都为翁二公抱不平，认为他的三件宝确实与原说无误。皇帝听了，也觉得昨日斩了翁二公过于草率，便下旨铸了个金头合在翁二公身上，运回乡里入土。

传说翁二公死后，在他入土的山脉上，生长出了一种奇怪的树，这种树长出一种圆形的、满身是长刺的果实，一棵树能长很多，果实成熟后会自己掉到地上，人根本不能在地上行走，以至于没人能接近翁二公墓。直到清朝年间，村民才发现这种果实可以食用，被农民称为"铁杆庄稼"。现在我们称之为"锥栗"，其果实锥形，果皮红褐色，外形美观，果肉酥脆可口，糯而香甜，其营养成分和风味均优于板栗。

锥栗蛋白质含量在 7.6% 以上，脂肪含量在 2.0% 以下，水溶性总糖含量在 13.1% 以上，含有人体需要的多种氨基酸和微量元素，营养丰富，健胃补肾。产区百姓习惯用锥栗粉代米给儿童食用，是老少皆宜的天然木本粮食。锥栗的营养价值有：1. 锥栗富含丰富不饱和脂肪酸、钙铁等矿物质及维生素 B 族，对老年的高血压、冠心病、动脉硬化、骨质疏松有很好的预防作用；2. 锥栗内的核黄素成分对我们常见的口腔溃疡有很好的疗效；3. 锥栗含有大量的碳水化合物，能促进人体内脂肪的代谢，给人体提供热量，抵御冬季寒风，有健脾养胃的功效；4. 锥栗含有丰富的维生素 C，是现代女性美容滋补佳品；5. 锥栗的主要成分是淀粉，能提高人体的免疫力，但多吃易胖。

此外，据《本草纲目》记载，锥栗是男士补肾的佳品，在古代，锥栗是给皇帝进贡的贡品，寻常百姓家是吃不起的，可见我国自古就有食锥栗的历史。锥栗有很好的健脾养胃的功效，这是大家都熟知的，同时，能舒经活络，对腰膝酸软、尿频有很好的辅助治疗作用，腰的酸疼主要源于肾虚所致，所以说锥栗是补肾的佳品，故锥栗被称为肾之果。

杨家楼的百姓为了纪念翁二公，便在村头砌了一个庙，每年正月十五大做馒头，用箬叶作垫蒸熟米粉，祭奠二公，全村人都来抢米粉粿。据说，谁抢得最多，谁便算是最虔诚的。神殿建设结构为门内八外八排列，门匾上写着"翁公圣殿"四个字，正殿上下幢，进深十七点五米，宽三开间十七米，通高十二米，总面积两百多平方米。重叠式悬山顶，风火山墙，上下幢三级台阶，左右天井。上幢为拜庭，有双龙绕柱，花槛柱基，共30柱。抬梁木架结构，只驼椁，爪驼峰，穿斗混合结构。檐廊梁架塑绘，脊设双龙抢珠，屋顶翘角卷棚歇山顶，民间用瓦，地面花岗岩铺设。

(庆元县农办)

杨楼村景（县农办供）

新昌上下宅

杨信民誓保京师

杨信民（1390—1450），原名诚，明新昌下宅（今属双彩乡上下宅）人。明成祖永乐十八年（1420）中进士，历任工科给事中、刑科给事中、广东左参议、右都御史等职。他从政30年，清操绝俗，刚正不阿，平乱有功，安民有方，忠孝两全，深受士民追念。

宣宗宣德五年（1430），杨信民受工科给事中职，不久，其母病亡，返乡守墓尽孝，为母营葬之土石必亲抬数百步，话云："坟内葬的是我的亲娘，我自己不出力，光叫别人干，我心能安吗？"

后在其母坟前，当着族人亲友的面大声宣誓说："母亲大人在上，儿杨信民将谨遵母训，定要做一个顶天立地的男子、光明正大的君子、清正廉洁的好官，一辈子为国为民。"他是这样说的，也是这样做的。

话说杨信民在老家下宅为老母守孝三年满后，奉诏到京赴任，结识了于谦（浙江钱塘人），两人同是永乐年间进士，一见如故，说起治国安邦、忠孝节义的见解又十分投机，故而渐成莫逆。

一日，于谦家人从钱塘寄来活青蟹数只、苋菜梗一瓮，于谦特意差人邀请杨信民过府共享。杨信民闻邀则喜，欣然来到于府。两人临窗而坐，品尝着家乡的绍兴老酒和钱塘蟹，一时兴起，提议各以"螃蟹"为名，和唱七绝。

杨信民平时不太饮酒，一杯下肚后脸上便露出红晕。他站了起来，左手举蟹脚，右手把酒杯，右脚高抬踩在凳子上，左脚落地，作出个金鸡独立的姿态，吟诗云：

八脚抓地奴欺主，
双目朝天气若丝。
丢盔弃甲盘中餐，
吞肉吐渣于君府。

于谦听罢拍手称绝，和诗云：

横行霸道钱江上，
举爷伤人忒猖狂。
潮汐落时泥中藏，
顺手拈入金丝框。

吟毕，杨信民自取文房四宝，自录诗句。还用筷子同击盘碗，踏步吟唱"螃蟹诗"，唱完后又大笑一阵，把近日来郁结于胸的愤怒发泄一空。

吃罢青蟹，喝足美酒，厨房呈上白米饭，奉上苋菜梗。于谦对杨信民说："白米饭香，苋菜梗香，双香入口，畅快，吃罢应当要给个说法。"

不多时，酒已足了，饭也饱了。于谦笑问："苋菜梗为什么这么香？"

杨信民不假思索，顺口即答："苋菜梗在我家乡新昌家家户户都会做，因为做时加进石灰，所以才这么香。"

于谦笑着说："真让你说对了。现在我们两人再以'石灰'为题，各吟石灰诗一首如何？"

有道是"酒逢知己千杯少，话不投机半句多"，杨信民双手高举过头，说："好，请你先来！"

于谦不加推辞，开口吟出了一首即兴诗。诗云：

千锤万凿出深山，
烈火焚烧若等闲。
粉身碎骨浑不怕，
要留清白在人间。

杨信民紧接于谦石灰吟的诗尾，吟出了一首自己的石灰吟。诗云：

铁骨铮铮土内埋，
相貌平平进窑内。
投身水中气冲天，
肝脑涂地全是白。

对吟至此，已是三更时分，杨信民起身告别回家，趔趔趄趄地往外走，来到天井抬头观天，但见满天星斗，簇拥着一弯月牙，徐徐向西移动。杨信民见那弯月光华皎洁，突然心血来潮，信口又吟出了一诗。诗云：

　　一叶银舟天作海，
　　玉兔司棹迎香来。
　　何来灿烂满天光？
　　只因通体抹石灰。

于谦听到杨信民所咏的月亮诗，也吟出一首。诗云：

　　嫦娥怕羞半遮面，
　　红尘污垢怎入眼。
　　尽洒石灰有何用？
　　唯有鸣镐扫狼烟。

吟罢，于谦走上几步扶住杨信民，抚摸着他的背脊，感知他一身清骨突兀，引起一种莫名的伤感，轻轻地说："杨兄，你要保重啊！"

杨信民意味深长地说："骨瘦如钢，能扛千斤，死不了！"

于谦伸出一只手，掩掩杨信民的口说："就此打住，各自珍重！"

说罢，两人相互作揖，依依分别。

于谦、杨信民在诗中所说的都是有所比喻的，实指当朝权臣、宦官王振。当时英宗皇帝对他言听计从，导致朝政纷乱、贪赃成风，终酿成"土木堡之变"。

事变后，面对外患内忧，文武百官多求自保。于谦和杨信民商定联名上书孙太后。侍讲徐有贞最是胆小，战栗出班奏本："前番想我京师精兵猛将都已随皇出征，尚且大败而归。今留下的人马不足五万，且多是老弱残兵，如何能与瓦剌交战？不如避其锋芒，暂时迁都建康，依长江天堑而守，进可以收复失地，退可以保半壁江山。"

杨信民见此状，出班跪奏："往事是师，今日可鉴。南宋赵构欲与金邦划江而治，虽也偏安数年，但结果不是仍旧亡国吗？故迁都南京，万万不可。"

太后听杨信民讲得颇有道理，点头说："杨卿所奏，正合哀家之意，但不知如何抵御瓦剌呢？"

兵部侍郎于谦与杨信民有约在先，见太后动问对策，出列启奏："试想京师为天下根本，京师异动，军心民心定然涣散，故唯有速诏各地勤王兵马，誓死固守北京。"

杨信民再补上一句："臣杨信民愿粉身碎骨，誓守京师，与瓦剌决战到底。"

吏部尚书王直等也随即附奏："臣等愿献身社稷，誓守京城。"

徐有贞见于谦、杨信民等言辞铿锵，态度坚决，也不好再说。

朝议既定，当即宣诏，命于谦为兵部尚书统率天下勤王兵马，命杨信民率兵坚守白羊口，与北京互为犄角，遥相呼应。

也正是于谦和杨信民的坚持，才使得大明江山暂时得以保全。

后杨信民奉命调任广东巡抚，平息广东黄萧养民变。杨信民到任后，发告示，昭民众，开仓济民，并多方招抚，予以恩信，所聚之众逐步归降。后不幸病死任上，军民闻讯痛哭，全城缟素服丧。

朝廷闻杨信民讣讯，特遣官使御赐葬祭，并恩准其子杨玖为国子生。广东民众追怀杨信民之德，专门赴京奏请建祠奉祀，朝廷许之，赐谥号"恭惠"，并依从百姓愿请，命岁以其忌日祭祀。

（新昌县农办）

杨信民画像（县农办供）

第二章　名将风度

庆元黄坞村

朱元璋御封"生茂林"

相传在元朝末年，庆元县黄田镇黄坞村至西边村一带曾是十分繁华的集市，俗称"五里上洋街"。可惜它毁于与明太祖朱元璋相关的一场战火。

相传朱元璋起义不久，战事正紧，可偏偏在这个时候，军师刘伯温家中（浙江青田）来报，老母病故。于是刘伯温向朱元璋告假祭母，朱元璋想眼下正是用人之时，故未准其回乡，直至前方取胜才准其回乡。刘伯温走后，朱元璋回想起来深感内疚，想亲自前往青田祭奠刘夫人，再说刘伯温也去了很长时间了，军中不能没有军师出谋划策。于是朱元璋只带十余亲兵化装成商人，说是祭拜，实则是催促刘伯温早日归队。岂料朱元璋在途中被元兵识破，一场惨烈的遭遇战后，十余名亲兵死的死、伤的伤，只有朱元璋一人抄小路一路逃到了上洋街。

到了上洋街（也就是现在的黄坞村附近）时，又遇元兵。朱元璋正愁无处藏身，忽见前面有一小桥，桥下杂草丛生，正是藏身的好去处，于是他跳进了桥下的草丛中。说来也奇，正在这危急的时候，桥上出现了一只大蜘蛛，它马上在桥两边织了一张大网。元兵追至小桥，看桥洞两边的蛛网尚在，料想朱元璋也不会在这里藏身，就一直往前追去了。后人把这座桥称为"保皇桥"，桥下的小山坑（小河）也因此被称为"璋下坑"。有人要问，这里的蜘蛛为什么会有如此灵性呢，据上辈的老人说，这与朱元璋当年做和尚的经历有关。当时朱元璋曾是庙里的一个扫地僧，他扫地时从不伤及蜘蛛的性命，可能蜘蛛精报恩来了。

元兵过后，朱元璋终于松了一口气，但又不敢轻举妄动，怕元兵还未走远。只得忍着饥寒，在桥下一直躲到二更天，才慢慢起身向上洋街走去。谁知精神一放松，他立马感到全身酸痛，日夜逃命的劳累也一齐涌上了心头，竟一头晕倒在一家药铺的门口。说来也巧，这家药铺就是当时上洋街有名的药铺，店号"济民堂"，老板姓刘，是当地有名的中医，人称刘白鹤。

刘白鹤起早开门，发现一人昏倒在自家门前，发现鼻息尚存，马上抬回家里施救。谁料昏迷中的朱元璋大叫"渴煞本国公也，还不茶水伺候"。刘白鹤一惊，知道此人来头不小，自然不敢怠慢，便精心调制了祖传秘方"六味祛寒糖"给朱元璋服下。这"六味祛寒糖"乃用糯米经特殊工艺发酵后熬成糖，并在其中加入生姜、玉桂、陈皮、紫苏等六味中药材制成，是颇为神奇的治风寒良药。后来"六味祛寒糖"因医治过朱元璋而被后人称为"璋糖"，二十世纪五十年代在西边、黄坞、小梅一带仍有出售。因糖中有生姜，年代久了"璋糖"渐渐也被称为"姜糖"。言归正传，这"六味祛寒糖"甜里带辣、温中理气，朱元璋倒也爱吃，经过几天的调养，朱元璋的病情很快好转。

俗话说"天下没有不透风的墙"，朱元璋仍在上洋街的消息很快被元兵细作探知，元兵半夜里前往上洋街搜查。刘白鹤听到街上狗叫声此起彼伏，意识到情况不妙，赶快叫朱元璋躲进一只药筐内，和老伴一起用井绳把药筐吊入井中，再挪过一只浸满中药的大药缸压住井口，把朱元璋藏好。

元兵挨家挨户搜到了"济民堂"，这时其中一名元兵用棍子搅了一下药缸。刘白鹤一惊，生怕被看出破绽，急中生智，马上跑到自己的猪栏，把老母猪放了出来，并狠狠地在猪屁股上踹了一脚，老母猪痛得狂奔而去。刘白鹤放开嗓门大喊："快来人啊，老猪跑了。"元兵在黑夜中隐隐约约看见一黑影狂奔，又听到"老猪"跑了，以为是朱元璋跑了，一起追了上去。追到一看原来是只老母猪，知道自己上当受骗了，气急败坏地跑回来，不由分说一刀杀了刘白鹤，一代名医就这样惨死了。

元兵搜遍了上洋街，仍然不见朱元璋。只听气急败坏的元兵头领一声令下："找不着就烧死他！"元兵四处纵火，上洋街顿时成了一片火海，哭喊声、火焰声、倒塌声响作一片，村民死伤无数。大火烧了三天三夜，昔日繁华付之一炬。朱元璋因躲在井中，又被药缸盖住了井口，终于躲过一劫。

话分两头，当时与朱元璋一起出来的一个亲兵与朱元璋失散，因找不着朱元璋就直接赶回营地搬救兵。朱元璋部将赵将军立即率五千精兵，日夜兼程，直奔上洋街而来。可是到了上洋街后，元兵已去，上洋街也成了一片灰烬，幸好朱元璋安然无恙。君臣相见，悲喜交加。赵将军劝朱元璋："此地不宜久留，请主公速回。"朱元璋劫后余生，心存感激，说道："我等需暂留此地，平定战乱，安抚百姓，以报民恩。刘白鹤救主有功，应造一庙供奉。"

赵将军依令屯兵黄坞村后的树林中，朱元璋看着生灵涂炭的上洋街，心生感慨，说道："此林就叫生茂林吧，以期我民愈挫弥坚、众生繁茂。"朱元璋当场叫笔墨伺候，挥毫书就"生茂林"三个遒劲大字。可惜年代久远，当年朱元璋所赐之字下落不明。因皇家曾在此林屯兵，并得到过明太祖亲笔御批，历代黄坞村民都将"生茂林"视为禁林，也就是俗称的风水林。久而久之，这里也就留下了今天仍然能见到的无数参天大树。

为了防止元兵来袭，赵将军在黄坞村中的高地和西边村修筑了两个烽火台，用于观察和传报敌情。黄坞村烽火台旧址现被称为"天灯"，西边村烽火台的旧址现被修成了凉亭，名为"天灯亭"，这两处烽火台遥相呼应，控制着整个上洋街地面。刘白鹤因救主有功，赵将军在黄坞村后的山上造了一座白鹤庙，让上洋街民众世代祭祀。这处小庙曾经香火极旺，求医问药者络绎不绝，据上年纪的老人说，当年庙墙上还有一首诗："杏林良医去，仙坛白鹤来。莫道此神小，龙曰真贤才。"

上洋街被烧后，朱元璋四处抚慰百姓自不在话下。赵将军的五千精兵还兵分两路攻打西边山的西边寨和半山丘的天罗寨。山寨草寇哪里经得起精兵攻打？不下半日，两寨皆破。两山寨掠夺百姓多年积蓄颇丰，赵将军将缴获的部分财物分给了百姓，百姓不胜感激。据说当时收缴的金银颇多，因行军不便，还有部分未被带走，埋在了村后的"生茂林"中。具体藏宝地点至今无人知晓，只留下三句密语："中心路，八角井，八字中间是黄金。"

朱元璋仁义之师的名声大振，青壮年纷纷参加义军。由于投军的人多了，赵将军就在枫树桥村的一空旷地上设了个选将台，让民间习武百姓前来比武，选拔了不少人才。这比武之地，现名叫赛坪。上洋街并无马匹，黄坞村却有一山湾叫马坞（马壶），据说那是当年朱元璋的驻兵养马的地方。

赵将军率部在"生茂林"驻了十余天，朱元璋心中挂念军师刘伯温，急于赶往青田。百姓知道朱元璋要走，纷纷出来拦道挽留，请求朱元璋留下部分士兵保护上洋街安全。朱元璋告诉百姓，前方战事正紧，更需要士兵打仗，太平日子很快就要到了，请大家不要担心。百姓最终还是没有把部队留下，当年挽留部队的地方，后被称为"留将坪"。

因上洋街刚遭火劫，百姓确实在拿不出东西来，只杀了几头猪和羊，做了大量的米粿犒劳军士。米粿实是稀奇，系用粳米所做，在没有防腐剂的年代竟能放上半年不坏，不仅便于携带，而且火烤即可食用，十分适宜用作行军干粮。自朱元璋当上皇帝后，这里的百姓就将这种米粿称之为"皇粿"。每逢过年，百姓都会做大量的米粿，一是纪念朱元璋，二是因为这米粿的确也是一道美食。

赵将军走后，黄坞村民感激赵将军平定了山寨，得以过上安稳的日子，便在村内建了一庙供奉赵将军，以保平安。该庙就是现在村里的元帅公庙。

（李国梅）

> 开化富楼村

朱元璋点化糠虾

富楼溪糠虾多，相传是朱元璋开了"金口"的缘故。传说当年朱元璋在鄱阳湖打了败仗，就顺信安江而上，来到源头开化苏庄一带休整，军队就驻扎在当时叫毛塘坞口即现在的富楼村。军队进村时，将士们疲病交加，面黄肌瘦，但不久就个个变得身强体壮，走路虎虎有声。朱元璋感到奇怪，问是什么原因。将士们回答，他们天天到小溪里捞糠虾，吃了后身体很快就恢复了。朱元璋不信，亲往视察，果然看到溪里糠虾很多。朱元璋很高兴，顺口说了句："这真是一条金溪啊！"从此这条小溪就叫富楼金溪，溪里盛产糠虾，世世代代，千古不绝。

起义军在富楼村驻扎，军纪严明，秋毫无犯，因此得到了村民的爱戴。当得知来者是反抗暴元的红巾军英雄朱元璋时，村民连忙牵出一头牛来，准备宰杀犒劳部队。朱元璋从小当过牧童，对牛很有感情，况且耕牛是农家之宝，绝不能杀，于是上前阻止。村民解释说："这头牛只吃不干活，是个废物，而且模样生得丑怪，杀了不可惜。"朱元璋仔细端详起怪兽来，此物确实生得怪模怪样，牛头马面，似牛非牛，似马非马，但此兽身高八尺，长丈余，鬃毛油光闪闪，四肢匀称，强健有力。朱元璋心想：兽与人一样，不可以貌定优劣，它那雄赳赳的气概和腾飞欲奔的神态，不像是无用之物。

说来也怪，那怪物见了朱元璋，似曾相识，摇首摆尾，作嘶鸣欲语之状。朱元璋牵过怪物，一跃而上，这兽倏地甩开四蹄飞奔起来，疾行如飞，一口气在村边绕了三个圈子，顷刻又回到原地。朱元璋跳下兽背，一边抚摩着怪兽，一边不停地称赞："宝驹！宝驹！真是宝驹！"村民们见朱元璋喜欢，就把这头怪兽献给了他。朱元璋大喜过望，当即给它取名为"五爪龙驹"，意思是比一般的四蹄宝马高出一等。从此以后，这头怪兽伴随朱元璋南征北战，为建立大明江山立下卓著功勋。

朱元璋当了皇帝之后，不忘毛塘坞口村民献宝驹之功，于大明洪武六年（1373）正月十六日亲下诏书封赠。诏书说：朕自濠梁起义，除暴戡残，汗马亲披。解悬苏困，徽饶既下，衢严未平。岁值壬寅，命将东征，月逢无射，单骑南狩。予疲劳，因山径崎岖，夜宿村坊。遇天时之雨霁，地献良骝，敌崩厥角。四海悉宁，宜当封赏；九州咸服，奖励功勋。钦敕富楼，御书联句，遣臣赍赐。御联云：百世安居金溪富楼胜地，千年远派越国传裔名家。并派中书舍人叶琛前往封赠。

从此，毛塘坞口改叫富楼村。富楼村至今还流传着一首民谣："莫谓弹丸地，曾经圣主封。英才连袂引，山岳灵气钟。"

（开化县农办）

开化苏庄村

朱元璋惊马栽银杏

传说朱元璋在云台（苏庄）养兵息马，一天，阳光明媚，他与军师刘伯温一起，散马漫游，来到古田山观赏山色美景，只见奇花异草遍山冈，看了古木看瀑布，看了瀑布看龙潭，一处比一处秀丽，乐而忘返。刘伯温惊喜地发现山坡上有棵小银杏苗，他知道朱元璋喜欢树木，忙指给朱元璋看，朱元璋见此小银杏树非常喜爱，刘伯温说："我们驻地云台寺院门前缺少树木，把银杏移到那儿去栽吧！"朱元璋点点头，便拔出宝剑当锄，小心翼翼地将小银杏连根带泥起出，放入腰边的箭壶里。当他们返回驻地，路过苏庄村风岭头时，突然刮起一股大风，尘土蒙蒙，朱元璋的马受惊，前蹄一跃而起，朱元璋也不由自主向后一仰，箭壶随之一倒，那株小银杏树秧便落在地上了，真是无巧不成书，银杏树苗根部正好落在朱元璋坐骑的马蹄印中，刘基忙唤随从拾起，谁知这树苗落地后便生了根，拔也拔不出。朱元璋也觉得奇怪，忙下马观看，树苗真的扎根了，他连说："神树！神树！"想拔剑再挖，抬头一看，见此地是正是风岭头村的水口，以后树长大了，可美化风景。他用手培了培土，就让这棵小银杏苗栽在这儿了。这棵银杏如今是当地最大的一棵银杏树，朱元璋跑马栽银杏的神话，就在当地广为传开了。

（开化县农办）

传为朱元璋跑马栽银杏

（县农办供）

> 金华金东中三村

朱元璋火烧龙盘寺

龙盘寺大大小小有一百二十间房子。可是，在元末明初却被一把火烧了，这是什么原因呢？朱元璋打下了江山，在南京登基做了皇帝。他犯了疑心病，终日疑神疑鬼，生怕有人夺了他的皇位。这种病越犯越大，到后来竟做出了炮轰"功臣楼"的蠢事。这一天，他听说金华东面的南山中，有个龙盘古寺要出天子，害得他坐卧不安，他下了决心，要铲平龙盘寺。

于是，朱元璋急忙带了心腹侍卫，连夜微服出了南京城，一路上快马加鞭，往龙盘寺进发。

不日就来到了南山脚下，很快找到了一个风水先生当向导。那风水先生年过半百，面容古怪，蓄着一撮山羊胡子，淡淡的眉毛下是一双会察言观色的三角眼。

朱元璋恭恭敬敬地拱了一揖，说："请问先生，听说龙盘寺里要出天子了，真有此事吗？"

风水先生便把朱元璋带到一个小山顶上，指着一条横在眼前的山脉道："客官你看，这山就叫玉屏山，那龙就藏在这山里面。"说到这里，风水先生忽然眼珠一亮说："客官，你快看，王气，王气……"

朱元璋定眼一看，果见那山上有云气，冉冉浮动，红紫相间，心中暗暗庆幸自己来得早，要不可就完了。不铲平这寺，后患无穷。心中这样想着，脸上便浮现出得意之色，不住地点头道："嗯，嗯，王气，是王气。"

风水先生捋着山羊胡须又指着另一山说："客官，请你再看这一边，那山的出口处，有象和狮子把口呢，等这条真龙一出，天下又要大乱了呢。"

朱元璋心想，这狗东西，有眼不识泰山，真是一派胡言，我才是真龙呢！这样想着，心中早已定了一条毒计，必须尽快彻底铲平这寺，也要干掉这风水先生，这样才能干净利落。

风水先生添油加醋地在朱元璋面前卖弄了一番之后，就伸手讨钱。朱元璋就转身向侍卫招手，侍卫会意，走上前来，抽出短剑，一刀结果了风水先生。

朱元璋杀了风水先生之后，就潜伏在龙盘寺附近，待到半夜三更，趁着月黑风高，放了一把火。风助火势，一霎时，烧得满天通红。等到天亮，龙盘寺已变成一片焦土。

（金华市农办）

开化古田村

朱元璋亲栽"茶树王"

话说元朝末年,朱元璋打江山夺天下,九江一战失利,为重振旗鼓,再夺九江,带着红巾军退到浙西开化苏庄的古田山。朱元璋强化部队训练,把山间一块天然大岩石作为"点将台",每日指挥红巾军排阵布局,操练兵马,喊杀声震荡于整个山谷。

转眼清明已至,沉睡的树木抽出了新枝条,满山碧绿,遍野山花,香气袭人。一日黎明,朱元璋登上了古田山冈晨练,先打了一套拳脚,活动活动筋骨,而后又舞起剑来,正想停下换口气,忽见山下一群姑娘欢欣雀跃地上山而来。她们肩背竹筐,口唱山歌,爬上山后,个个脸蛋红扑扑的,纯朴天真,非常可爱。朱元璋忙收剑入鞘,亲切地与她们交谈起来,知是来采春茶的。说着,采茶女便鱼贯地进入茶园,娴熟地采起茶来,双双巧手在茶丛上,似蜻蜓点水般上下不停地欢舞翻飞,朱元璋越看越有趣,情不自禁地学着采起茶来,见他那笨拙的模样,姑娘们发出了阵阵哄笑,朱元璋也笑了。

不知何时,军师刘基也上了山,他对啥都感兴趣,手捧着一把春茶说,此茶与众不同,叶面布满针尖般的小孔。正好一老汉送饭上山,听见议论,即兴介绍说:"古田山环境独特,春茶吐芽,云蒸雾润,叶面变化,片有微孔,即为优茶,喝此茶不仅可延年益寿,还能防病疗疾呢!"听罢茶农一番讲解,两人又向老汉请教了当地民俗习惯。老农见红巾军将领如此平易近人,便恳请他们晚上去家中做客。

盛情难却,朱元璋当晚真去了老汉家。走到屋前,还没进门,便觉清香扑鼻,原来老汉家正在炒制绿茶。老汉见贵客临门,喜笑颜开,不等大家坐稳,便有滋有味地谈起当地的"炒茶经",说绿茶要通过杀青、揉、带、挤、甩、挺、拓、扣、抓等多道工序,炒制好的茶叶形美翠绿、匀称成条、香味浓厚。他女儿忙端出本地龙坦民窑烧制的瓷杯,放入新茶,注上开水,请客人品尝。大家捧起杯子,打开盖子,看一看,汤清色新;闻一闻，神清气爽；呷一口，心旷神怡，都感到此茶果真好喝，确是茶中极品。众人边品边评，不仅茶叶好水质也好。小姑娘忙抢着说："古田山泉，汁如甘露，清澈甘冽，是方圆百里难得的好水。"朱元璋觉得此茶越喝越有味，赞美道："茶是苏庄绿，水是古田甜！"并问老汉绿茶名叫什么？老汉答道："苏庄绿茶。"朱元璋接着说："苏庄绿茶，产于云雾缭绕之高山，吸取天地之瑞气，就称'云雾茶'吧！"

据说朱元璋当上明朝开国皇帝后，想起当年在古田山喝过的云雾茶，余香犹存，命金华府调集云雾茶到京都，从那以后，云雾茶成了朝廷贡品。

朱元璋率部从古田山开拔前，亲手在古田山茶湾种下18株茶树，如今被奉为"茶树王"。

（金华市农办）

茶俗节庆（市农办供）

开化富户村

红巾军与"狗肉炊粉"

1362年秋季，朱元璋率领久战疲惫的红巾军，从江西来到古田山休整，部队不扰民、不掠夺，受到当地百姓爱戴。中秋节那天，朱元璋带着文臣武将到贵峰村去略表谢意。刚到村口，村民们便闻讯赶来迎接。朱元璋见该地风景秀丽，古木参天，不由赞叹。一位老人介绍说："本村四周有贵峰尖、青峰尖、火峰尖、锅底尖，后又人工堆造了一个'堆峰尖'，五个山尖如五匹骏马，村庄好似马槽，成'五马恋槽'之势。"

进了村庄，朱元璋被迎入汪氏祠堂。祠堂里有个池塘，水清如镜，池内鲤鱼跳跃，池边花草相映，为古色古香的祠堂增添了秀色。据说有年春天，天降倾盆大雨，有条红鲤鱼神奇地沿着屋檐水爬上房顶，好似鲤鱼跳龙门，故该村又名为"上塘"村。

朱元璋边看边听，高兴地说："你们村土地肥沃，物产丰富，真是家家都是富户，今后会富上加富，村名便叫富户吧！"并要来文房四宝为祠堂题联一副：

勤可富　俭可富　富乎富户
书能贵　诗能贵　贵哉贵峰

村民们见朱统帅为村命名，又作联对相赠，个个喜上眉梢，忙端上早准备好的"狗肉炊粉"，招待客人用餐。大家吃得津津有味，都说是第一次品尝到如此美味佳肴。

"狗肉炊粉"是该村待客的传统美食，具体做法是先将狗肉洗净切成薄片，用陈年糯米酒、酱油、山茶油、生姜等浸泡两小时。然后，把狗肉与红辣椒干、腊猪油、大蒜等佐料和适量米粉拌匀，放入蒸笼用猛火蒸。蒸好后，再烧好热锅，用山茶油搅拌炒制，片刻起锅入盆，在锅内继续用文火炖至肉烂脱骨，盛入碗内，铺上蒜叶、辣椒油，上桌待客。

狗肉炊粉（市农办供）

当夜，为欢迎朱统帅的驾临，鼓乐喧天，欢声雷动，村民扎制了"世和、永和、桂和、福和"四条草龙，浑身插满点燃的香火，舞动起来像火龙，看得众人眼花缭乱，无不拍手叫绝。朱元璋看后说："真神龙也！"又引发诗兴，口吟赞诗一首：

岁到中秋八月中，风光不与四时同。
满天星斗拱明月，拂地笙歌赛火龙。

从此，富户村便与草龙结下不解之缘，村民们笃信草龙可以趋吉避凶、庇佑丰收，舞草龙遂成为富户村庆中秋的传统节目。

（金华市农办）

> 温岭朝阳村

曾铣蒙冤终昭雪

温岭市松门镇朝阳村，因朝阳洞得名。该村位于松门镇西南，距镇政府驻地约2公里，辖大甘岙、小甘岙、甘岙山头、屏风湾4个自然村。清《光绪太平续志·叙山》载："甘岙山，在松门西南五六里许，与蛇山相接，山之中支曰小甘岙，曾石塘铣之祖墓在焉。"古称朝阳为甘岙。

朝阳村历史悠久，宋时建村，有着独特的自然景观和丰富的人文风情资源。周边有象山、狮子山、猫山、凤凰山、龙山。龙山上有摩崖石刻和朝阳洞观，凤凰山上有烽火台，狮子山上有蝌蚪文和渔猎岩画，村落内有曾府遗址，是明代著名将领曾铣的祖籍地。

曾铣（1509—1548），字子重，祖居温岭松门南城外甘岙（今朝阳），随父徙黄岩之仓头街，十二岁时，其父托友携至江都（今扬州）就学，遂入江都籍。曾铣自小胸有大志，以松门南之"石塘"自号。明嘉靖年间任兵部侍郎，总督北方边陲抗击鞑靼，以数千之兵拒俺答10万骑兵于塞外；出兵河套，迫俺答移营过河；后遭朝中奸臣陷害，遭斩刑。临刑慨然赋诗："袁公本为百年计，晁错翻罹七国忧。"明穆宗时得到雪冤，诏赠兵部尚书，谥"襄愍"。越剧《盘夫索夫》和电视连续剧《胭脂红》反映了曾铣蒙冤昭雪的故事。

嘉靖八年（1529）曾铣高中进士，授官长乐知县。后征召为御史，巡按辽东。辽阳发生兵变时，曾铣急传檄文征召副总兵李鉴征剿。正巧朝廷派遣侍郎林庭㭿前往辽阳勘察，辽阳兵变倡首人赵鼐儿暗中与于蛮儿合谋，想等到林庭㭿到达时，关闭城门搞兵变。但是曾铣已经刺探得到恶人的姓名，密授诸将，将赵鼐儿等数十人捕获。曾铣上奏说："过去甘肃大同兵变，处置得过轻，于是相继作乱。现在首恶应当急诛。"朝廷于是召回林庭㭿，命令曾铣勘察核实，将诸首恶全部斩首，将首级悬挂边城，全辽大定。

朝廷擢曾铣为大理寺丞，迁升右佥都御史，巡抚山东，平定刘仪，上疏说:"民贫不堪重役,请以招集义勇编入,均徭免其杂役。"山东安定。今山东曲阜孔庙的前厅悬匾"太和元气"即为曾铣手迹,署衔为山东巡抚、右副都御史。

自明英宗"土木之变"后,蒙古各酋长相互拼杀,其中俺答势力较强,统一了各部落,控制了漠南,拥有骑兵十万,时常侵掠明朝边境。曾铣请示朝廷修筑了临清外城。嘉靖二十一年起,俺答屡入山西,边民不胜其扰。曾铣受命巡抚山西后,修边墙、制火器,在浮图谷与俺答较量之中获全胜。"经岁寇不犯边,朝廷以为功,进兵部侍郎,巡抚如故。"

嘉靖二十五年(1546),朝廷调曾铣为兵部侍郎总督陕西三边军务,以数千之兵拒俺答10万铁骑于塞门,命参将李珍袭马梁山大营,迫其退兵。同年上疏收复河套,建议不拘一格选拔将领;引黄河水防旱涝,限制俺答骑兵。帝准奏,拨银20万两,并罢免反对收复河套的延绥、陕西、宁夏巡抚。次年春,曾铣修筑边墙,出兵河套,拒俺答求和。六月,调集各路总兵围歼,俺答被迫移营过河。

曾铣治军严明,副总兵萧汉败绩,按律惩治;总兵仇鸾贻误战机,也被曾铣弹劾而夺职入狱。《明史》说曾铣"有胆略,长于用兵"。一年除夕,曾铣突然命令将领出击,而塞上并无警报。此时将领们正在饮酒,不想出战,就贿赂曾铣身边的通信兵,通信兵又通过曾铣的妾求情,曾铣立斩说情的小兵。诸将不得已披甲连夜出战,果然遇到敌寇,击败之。次日,诸将问其缘故,铣笑曰:"见乌鹊非时噪,故知之耳。"诸将大服。曾铣"色有冰霜,言笑甚寡,长不过中人,其忠勇特立,沉毅善谋",每谈及蒙骑践踏中原,便"怒发裂眦而中夜不寝"。

八月,曾铣再上《重论复河套疏》说:"中国不患无兵,而患不练兵。复套之费,不过宣(府)大(同)一年之费。敌之所以侵轶无忌者,为其视中原之无人也。"此时陕西澄城山崩,嘉靖疑为上天示警,疑虑复套之举。权臣严嵩见帝害怕"土木之变"重演,发动言官上疏收复河套会"轻启边衅",并勾结仇鸾,诬陷曾铣兵败不报、克扣军饷、贿赂首辅夏言。嘉靖帝先罢夏言,又命廷臣议曾铣之罪。

嘉靖二十七年一月,夏言、曾铣入狱,六月,三法司以律无法条为由不判。但嘉靖帝又重拟交结近侍律条斩之,妻与子流放二千里。曾铣临刑赋诗:"袁公本为百年计,晁错翻罹七国危。"部将李珍被毒死,夏言亦遭斩刑。曾铣幕下王环千里护送曾妻及二幼子到陕西汉中流放,史称此案

"天下闻而冤之"。

隆庆初年，给事中辛自修、御史王好问为曾铣辩冤，说曾铣志在立功，却身遭重法，理应平反。皇帝下诏赠曾铣为官兵部尚书，谥号"襄愍"。万历年间，经御史周磐的请求，在陕西为曾铣建祠纪念。

曾铣用兵奇巧，能文能武，是当时不可多得的将帅。鞑靼人多为骑兵，为了能用步兵制胜，曾铣购置了大批战车，双方交战时，他将战车环立布阵，在车上配置一定数量的弓箭手，车四周复设士兵。当鞑靼骑兵来袭时，战车上弓箭手矢发如雨，战车四周的士兵见机斩马足、挑骑兵，因而，曾铣能每战必胜，鞑靼无不败北，惊呼曾铣之兵为"天兵"。曾铣还善于运用火炮，一次鞑靼人来围城，只见城门口立一高高木架，架上木偶载歌载舞，而全城却偃旗息鼓，没有一丝动静，鞑靼人不敢贸然攻城。突然间，只听城中军号突起，架上巨炮先发，紧接着，城楼各处火炮齐鸣，鞑靼士兵被轰得落花流水。而这时，城内士兵又随之而出，斩获敌人无数。曾铣还研制了一种叫作"慢炮"的火器，如当今的手榴弹一般，其"炮"圆如斗，外缠五色装饰，中设机关，内藏火线，战时，扔在对方进攻的路上。鞑靼人见了甚是惊奇，不知为何物，便环立观看。谁知，早已点燃的火线顷刻烧到尽头，火药爆炸，死伤者甚众。鞑靼人称此为"神物"，称曾铣为"曾爷爷"。曾铣还是地雷的发明者，据史载："穴地丈余，藏火药于中，以后覆四周，更覆以沙，令与地平。伏火绳于下，系发机于地面人不注意处。过者蹴机，则火坠药发，石飞坠杀，敌惊为神。"

（黄玉成）

衢州柯城上瓦铺村

黄巢大战"营盘山"

营盘山原名叫"大岭背",俗话说"爬得大岭背,老婆都要弃",意思是说山高路陡岭长,挑担爬到顶要了半条命,晚上老婆都不想要了。大岭背自古以来便是一条交通要道,通往常山、江山,山民靠这条山路砍柴烧炭为生、挑山货换钱度日。那么大岭背山为何又叫营盘山呢?说来话长。

唐末黄巢农民起义军为抗击唐军,曾在大岭背安营扎寨,故后人称为营盘山,至今已有1000多年的历史。

营盘山地形独特,地势险要,东西走向,横拦在南北山间盆地之中,而且山体的东西两侧是悬崖峭壁,西面有一个山冈,是出口唯一的通道,只有一条小道蜿蜒攀升进入山口,独特的地势形成了易守难攻的重要关隘。山岭上古木参天,山岭下约有一平方公里的平地,宜人居劳作,考古发现地下存有新石器时代的石器。

唐乾符年间,黄巢起义军北上遭到唐军阻击,便转战南下,攻打杭州、绍兴等地。想从浙东渡海入闽,因人多船少,起义军又不习水性,改由陆路进军。为摆脱唐军追击,采取避实击虚战略,转战遂昌、建德一带。黄巢每到一地,都打出"打土豪,均贫富"的口号,受到农民的欢迎。

黄巢起义军来到浙江,驻守在浙江的唐军将领李存孝奉李佣之命,一路围追堵截黄巢军,然而黄巢军从建德遂昌翻越千里岗,从七里大头古道顺流而下,企图直取衢州西安城,刚来到石梁下村,军中接到情报,唐军李存孝部队已固守西安城,并在白云山布阵堵截黄巢军,打算一举将黄巢军消灭在狭小的山坳里。据传,另一支黄巢军从金华直取龙游城,从全旺赴江山仙霞关,黄巢军中将领接到情报后,环视四周群山,发现一条古道通往大岭背,见大岭背山势独特,地理位置险要,山体悬崖峭壁,山下田野阡陌平坦,可防守突袭,便率部上大岭背扎寨防御。准备与另一支义军汇合突袭仙霞关，入闽建立根据地。

唐军李存孝率军士驻扎白云山，一方面是防止衢州城被黄巢起义军袭击，另一方面是围剿营盘山的起义军。两军在营盘山下上瓦铺自然村一带对阵激战，杀得天昏地暗，两军将士伤亡惨重，唐军始终攻不下营盘山堡垒。黄巢起义军用一个月的时间，劈山开道七百里，一夜间撤得无影无踪。

后人为纪念黄巢起义军，把大岭背改为"营盘山"，把上瓦铺村改名为"黄巢村"，大岭背下埋着黄巢将士的忠骨，建了将军庙。

虽历千年风雨沧桑，营盘山仍留下古城墙、古营门、古饮马池、古将军庙、古跑马道等遗迹，留下了"黄巢剑""黄巢窑""马藏源""石壁天书"等民间传说故事。

（衢州市农办）

建德孙家村

智勇兼备的孙韶

孙家村位于建德市下涯镇的东面，距离下涯镇15公里，东与古城梅城接壤。孙家村历史悠久，以孙姓为主，是建德侯孙韶的后裔，在唐末时期由梅城迁居此地。村庄被回石尖、钻头尖、毛垄尖、九峰尖四峰环抱，故又名四峰村。

《三国志》卷五十一记载：孙韶字公礼。本姓俞氏，亦吴人也。孙策爱之，赐姓为孙，列之属籍。韶年十七，缮治京城，起楼橹、修器备以御敌。权闻乱，从椒丘还，引军归吴。夜至京城下营，试攻掠之，兵皆乘城传檄备警，杀声动地，颇射外人，权使晓喻乃止。明日见韶，甚器之，即拜承烈校尉，食曲阿、丹徒二县，自置长吏。后为广陵太守、偏将军。权为吴王，封孙韶为扬威将军、建德侯，建德因之得名。

孙韶镇守边关数十年，"善养士卒，得其死力"。孙韶卒于东吴赤乌四年（241），享年五十四岁。

公元204年（建安九年）的一个夜晚，吴郡京城县府衙的大厅里，聚集着众多将领，他们一个个神色焦急，坐立不安。原来数日前镇守京城县的主将孙河听说孙权之弟孙翊在丹阳被人所杀，急匆匆地带着数名随从赶往丹阳，一直没有消息，大家担心会不会发生什么意外。真是担心什么就来什么，正在大家焦急的等待中，寂静的夜晚传来一声紧急的报声，一个士兵浑身鲜血跪进大厅，报告主将孙河将军在宛陵县被妫览与戴员所杀。

犹如一声晴天霹雳炸响在众将领的头顶，谁都想不到事情会变成这样，这妫览与戴员要造反了不成？将领们个个怒火满腔，嚷着要为主将孙河报仇，点集人马前往宛陵。这时，一个年轻的将军拦住了众将领："众将军稍安勿躁，报仇肯定要报，我比谁都心切，但不是现在。主将陨落，军心民心不稳，贸然出击，倘若有人乘虚而入，京城危矣。我孙家连陨两员主将，这事决非偶然，如果我们仓促出战，也许正好落入妫览与戴员的计谋之中。"

众将一听，猛然一惊，忙说："少将军言之有理，那我们怎么办？"

众人口中的少将军就是孙韶，时年十七岁。孙韶说："主公现今不在吴郡，远在椒丘，当下之计先要安抚军心民心，加固防守；另一方面要立即报知主公，等待主公之命。"众将一听，觉得有理，一致推孙韶为京城主事将军。孙韶年少志笃，当仁不让，当下一面派人去向主公孙权报信，一面派人安抚军心民心，加强防守，并下令工匠加紧制造箭弩，筹储防御物资。

孙韶日夜督查城防工事不敢懈怠。这一日，孙韶正在城楼督查，得到密探传来的书信，才知道伯父孙河陨身的内幕。原来妫览与戴员，本来是吴郡太守盛宪的僚属，关系极为密切。由于在战事中盛宪死于孙权剑下，妫览与戴员就一直怀恨在心，欲寻机报复。不久，孙权之弟孙翊担任丹阳太守，聘妫览和戴员以大都督和郡丞要职。然而，妫览和戴员竟在宴会上，将年仅二十岁的孙翊杀害了。孙河不知妫览和戴员的根底，赶到宛陵严厉问责，妫览和戴员心中害怕，一不做，二不休，趁孙河不备，将孙河也杀了。看完密报，孙韶牙齿咬得格格响，妫览、戴员贼子，此仇不报，何以为人。

再说孙权闻报孙翊、孙河先后遇害，心中悲愤交加，他担心孙河遇害，京城无将镇守，一旦妫览与戴员乘虚而入，京城危矣。于是立即领兵从椒丘起程，星夜赶回。距京城三里，孙权驻足遥观，只见城中漆黑一片，寂静无声，隐隐觉得有一股肃杀之气透将过来，心里略感不安。不知城里是一种什么状况，孙权决定试探一下，当即派了一支骑兵绕到后门，前后门一起发起佯攻。忽见城楼上飞起号箭，霎时间灯火通明，旌旗摇曳，只见一位少将军一声号令："杀！"顿时城内杀声震天，城上箭矢如雨。孙权见城上立着孙字旗，当即放下心来，下令停止佯攻，并立即着人传令城楼，告知主公讨房归来。

孙韶果然见孙字旗立于军中，旗下主公正向他挥手，当即下令停止射箭，出城将孙权迎进城内。孙权询问城内情况，孙韶将将士们如何群情激奋，如何军民一心守护京城的情况一五一十向孙权作了汇报。孙权见孙韶举止儒雅，不慌不忙，冷静沉着，识大体，顾全局，智勇双全，具有大将风度，立即授予这位年仅十七岁的孙韶为承烈校尉，命他统领孙河部下的原来兵马，又将曲阿、丹徒二县归他管理。

孙韶拜谢之后，提出要去宛陵擒拿奸贼妫览和戴员。他说："我只带少数人马，见机行事，若无胜算，决不轻举妄动。"孙权思虑片刻，告知"毋骄毋躁，谨慎行之"。孙韶回府，精选十余骑勇士，即赴宛陵。

且说宛陵这边，事变之后，丹阳军府中不少将校，对妫览等人不满，但是力不能敌，只能怀恨于心。妫览为解脱自己的困境，就把追随身后多年的边洪，抓了起来，当作替罪羊，斩首示众，随即又入居丹阳军府中。对外总揽军政大权，对内将孙翊昔日妾婢侍御，统统掳到身边，作乐享受。妫览虽然对孙翊之妻徐氏早有觊觎之心，却不敢太过用强。

徐氏知道妫览这贼子一心想要得到自己，此番必遭毒手，只是大仇未报，死也不安。于是暗中召见孙翊旧日亲近的副将孙高、傅婴二人，哀泣地诉说："妫览这个奸贼，杀害我夫，尽掳婢妾，今日又进逼于我。望将军念昔日之情，援手救之。"孙、傅二人亦泪流满面说："当日未即追故主于地下，是为寻找时机，一雪冤仇，但是寻不到机会，所以不敢明禀。今日夫人定策，我们粉身碎骨在所不辞！"徐氏遂与二将密议停当。

过了一些日子，妫览派孙翊的旧时侍妾去见徐氏，传话要与夫人成婚。徐氏假意应承于月底成亲，并告知孙高、傅婴二将随时听计而行。

再说孙韶到了宛陵，乔装打扮进了城内，找到了孙翊的旧部下，了解到徐氏正在张罗与妫览成亲，心中惊疑不定，孙韶认为徐氏这么张罗，定有意图。于是决定混进府中，见机行事。

转瞬已到月底。选定良辰，徐氏着意涂施脂粉，设下锦帏绣帐，布下洞房。妫览几次使人探听，来报的都说："徐氏身穿吉服，笑貌动人，语言欢悦，与之前似乎换了个人一样。府里的下人暗地议论：'这人无情，把孙翊忘得那么快。'"妫览听后，疑团尽释，一心一意等待做新郎的那一刻的到来。

到了晚上，徐氏令贴身侍婢去向妫览致意："吉时已近，唯府君之命是从。"身着华丽新装，静候良时的妫览闻听此请，高兴得昏了头脑，认为府中已是他的天地，吩咐侍卫在后花园等候赐酒，身不佩刀，空手入内。徐氏在房中见状，忙迎至房门边，弯腰万福。妫览喜滋滋地伸双手，既示免礼，又欲相扶。此时徐氏高呼："二将何在！"没等妫览反应过来，孙高、傅婴从幕后冲出，剑光一闪，即毙妫览于房门之旁，并杀入花园中，与戴员一干人等厮杀起来。这时，突然冲出一员大将怒吼一声："孙河在此！"戴员不禁回头张望，就在这刹那间，一柄长剑刺入戴员颈项，一剑就削下头颅。戴、妨的兵丁,尽弃刀剑,俯地投降。

　　奸贼已诛,徐氏一身素服,由众婢簇拥而出。孙韶大步上前,弯腰施礼道:"侄儿孙韶见过伯母,救护来迟,请恕罪。"原来那怒吼一声"孙河在此!"的大将正是孙韶。徐氏说:"难怪你那猛喝之声,奸贼乍闻失措,我一时也分不清是谁哩!"接着又问:"你怎么会如此及时地出现在后花园里的?"孙韶把事情前后大致叙述一遍,徐氏欣喜地说:"我孙家有人,孙家有人也!"回到京都,见了孙权这位兄长,哀号不已。孙权含悲抚慰,令女侍扶之,送入后院。

　　孙权见孙韶定京城,平宛陵,智勇兼备,能得将士死力,就任命他为广陵太守、偏将军。黄初二年(221)孙权为吴王,封孙韶为建德侯。

　　现在当地仍遗存相关风俗。每年农历九月廿三,举行"建德侯祭",全体村民都要在建德侯庙举行祭祀大典,烧香祈福,保佑平安,虔诚而庄重。

　　每年正月十五,举行"孙家排灯",全村人很早就到建德侯庙前集合,家家擎着自制的牌灯,到祠堂祭祖,然后举灯在村里游一遍。牌灯的灯体骨架采用硬木制成,上部呈长方形,高45厘米,宽50厘米,深30厘米;底板分立三枚粗大铁钉,插蜡烛用,灯框两边各有四根方木相连,外糊绵纸,涂上羊油,以透烛光。灯箱外画上各人喜欢的梅兰竹菊、瑞兽锦鸡、花鸟虫鱼、亭台楼阁等图案,写上风调雨顺、国泰民安、五谷丰登、家和业兴等吉利词语。

(郑祖平)

开化真子坑村

开化有座钱王冢

明崇祯《开化县志》记载："钱王冢，在县西百三十里云台真子坑。旧志传吴越王钱镠祖茔也。钱氏微时，有子随地理人至此，其人曰：此水九曲，列岫如屏，苟葬此，子孙必有兴者，取枯竹标识。数日，合钱往视之，竹已活，遂拔去，绐曰：竹无所见。潜以父骨瘗之。有倒生藤，常拂墓域如扫。人以刀断之，膏液流丹。钱氏为王时，墓下涧水朝夕三潮，亡后不复有矣。"

钱王冢，墓若船型，前有祭坛百余平米，两边有排水沟；墓道两旁曾有石翁仲；主墓门约有八米宽，高近两米，分三层；墓身与山脊连为一体，因年久失修，只能看到杂草丛中露出的坟头部分，护墙、墓体后半部分也被辟成水田。村中地名多与钱镠有联系，如点将台、屯兵场、上祭坑、下祭坑、金印山、登基石等。

五代吴越武肃王钱镠出生于唐朝末年，世居杭州临安，临安锦城镇现存吴越国王陵，陵墓包括吴越国第一代国王钱镠墓、第二代国王钱元瓘的王后马氏墓及钱镠的父母钱宽、水邱氏墓。那么，开化钱王冢的主人到底是谁？如果真是钱王祖茔，则钱镠与开化究竟有何渊源？

长虹乡真子坑村属古十六都云台乡，方圆并无钱姓居民。据长虹《余氏宗谱》所载，余氏于"南宋隆兴元年（1163）由马金忻岸始迁入，迄今841年"，见有许多老屋基，且常能挖到古时居民遗留下来的瓦罐之类的东西，于是将地名叫作老屋基，相传钱王在位时这里的地名为真子坑。

老屋基现居民多为詹姓、邹姓和邱姓。《邹氏家谱》中记载了钱王祖坟的确切位置，《詹氏宗谱》载有世代守陵之说：詹氏子弟一年四季都要去钱王冢祭拜，而且要先祭拜了钱王冢之后才去自家祖坟上扫墓。民国三十八年《开化县志稿》卷五记载，詹姓为北宋初年迁入开化。按《常山县志》："詹从效，字尧臣，为钱王镠宾佐，景福二年，钱镠为镇海军节度使，封吴越王兼淮南节度使，尧臣亦进节度副使。当时，瑾佐倧俶相继立国，殊无远虑，奢侈无艺，厚敛其民。尧臣屡谏不听，知国势不久，遂弃兵，乞骸骨定居八都彤旧庄（今龙尧乡），寻卒，追封镇东军节度使。"常山县龙尧乡现已归并到球川镇。五代时期，龙尧乡距云台乡仅隔龙山乡，且两段史料记载詹姓的始迁时间也是吻合的。那么，我们是否可以由此推论，作为钱王镠宾佐、淮南节度副使的詹从效，借口"屡谏不听，知国势不久"遂弃兵定居乡里，实为受命修陵继而守陵？

由于兵燹水患频频发生，宋代以前所修地方志书大都佚失。翻开《五代十国形势图》可以看到，开化县古云台乡正处于吴越和南唐的交界线上。这就给了我们一个启示：钱氏既贵，举族迁徙，老屋基自然没有了钱氏后裔；古云台乡处于吴越和南唐争战的夹缝中，老屋基村更是这个夹缝中的临界点，钱镠祖茔之所在及修陵守陵之大任都是高度机密，更没有理由明目张胆地为敌对国所知。

钱镠是在浙西大茅山投军的，"十六岁辍学养家，做过私盐贩子；二十一岁投靠董昌行伍，因剽悍善战，很快被表为偏将"。临安将太庙山又称作茅山，是否有附会之嫌，不敢妄断，而老屋基村边的大茅山是开化历代县志中明确记载的。开化有歙饶屏障之称，民国三十八年《开化县志稿》卷十四军事编："祖禹谓：守两浙而不守衢州，是以浙与敌也；争两浙而不争衢州，是以命与敌也……则开化实为衢州之咽喉，两浙之屏障也。"而大茅山更是峰高岭峻、地势险要，周围有白沙关、际岭关、大鳙岭和壕岭关，钱塘江支流池淮溪在大茅山下流出，直通钱江源头第一埠——华埠。华埠是钱江源头第一强镇，以商贸发达闻名，私盐交易是这个发达商埠的一个主要贸易。那么，在五代十国的军阀混战时期，钱镠沿着这条线路贩卖私盐就显得极为妥帖。

但此时，地处三省七县交界的开化却兵燹不断，饶寇、歙兵屡屡犯境，百姓民不聊生，流离失所。嘉靖《衢州府志》载：唐咸通十四年（873）饶寇犯衢州，占江山、常山、开化，一路烧杀劫掠，忠义军民奋起抵御。然"衢府城墙周长6500米，设六门，西临衢江天堑，东南北三面皆设护城河，固若金汤"，相对较弱的后门长虹大茅山，这时钱镠十九岁，最合理的解释是钱镠参加了这次抵御饶寇的战斗。此后钱镠或是避祸临安，或是往返于临安、开化之间贩私盐，并于两年后的乾符二年（875）投身临安地方豪强董昌军中效命。

开化居民"在唐代迁居县境者有十族,五代时迁居县境者有四族,盖其族已亡与族存而未见其谱者,十之中盖有八九焉"。可以肯定,唐和五代迁入开化的十四大族中没有钱氏,钱氏应是在唐末五代间迁入的散户。还有,钱镠的母亲为水丘氏,《百家姓》中没有这个姓氏,应该同"邱",而邱姓正是魏晋时迁入长虹老屋基村的大姓,钱氏甚至可能入赘邱家。历来认为钱镠为乘时而起的草莽英雄,他的父亲在钱镠衣锦还乡时,也说"吾家世田渔为事,未尝贵达如此"(《旧五代史·世袭列传第二》)。《新唐书·吴越世家》也说钱镠"及壮,无赖,不喜事生产,以贩盐为盗"。但据他自己的自述,并非完全赤贫无根,早年还曾从事"学术"。另外,《新五代史·吴越世家》等史籍,都记载钱镠早年与临安县录事钟起诸子游,豫章人善相术者因见斗牛间的王气而来到临安,结果发现钱镠就是他预言的贵相之人:术者过起家,镠适从外来,见起,反走。术者望见之,大惊曰:"此真贵人也!"起笑曰:"此吾旁舍钱生尔。"术者召镠至,熟视之,顾起曰:"君之贵者,因此人。"乃慰镠曰:"子骨法非常,愿自爱!"这件事,自然不能全认作史实。但钱镠既是有作为的英雄,其早年仪表、气度、行事,自有迥异常人之处,故而被某些术者所预言。这样的事,并非完全虚构。从钟起呼其为"钱生"可知,他的基本身份,应该还是一个读书人。这点从钱镠后来能够创作比较文雅的诗歌也能证明。其早年纵有"贩盐为盗"之行径,也是乱世落拓士子之不羁、铤而走险之行。

钱王冢为钱镠祖父坟茔。

(开化县农办)

钱王故墓(县农办供)

临海前塘村

朱胜非智平苗刘

朱胜非（1082—1144），字仲集，谥号"忠靖"，出生于河南蔡州（今河南汝南），宋室南渡后迁居浙江省临海市白水洋镇垫廪村。身处两宋风雨飘摇的年代，宋徽宗崇宁二年（1103）策试进士第一。历仕徽宗、钦宗、高宗三朝，曾两度入相。

宋钦宗靖康二年（1127）四月，金军攻破东京（今河南开封），除了烧杀抢掠之外，还俘虏了宋徽宗、宋钦宗父子，以及大量赵氏皇族、后宫妃嫔与贵卿、朝臣等共三千余人北上金国，北宋灭亡。

在金人的威逼利诱下，张邦昌僭位，国号"大楚"。张邦昌派使者到朱胜非那里游说拉拢。朱胜非虽为其友婿（连襟），但在大义面前绝不含糊，立刻囚张邦昌使者，并把张邦昌大骂一通。

靖康之难后，朱胜非和宗泽前往山东济州，劝说康王赵构即位应天府。宋高宗赵构认为朱胜非有功于王室，再加上当时的宰相黄潜善和汪伯彦声名狼藉，不得不罢相，相位虚悬。建炎二年（1128）三月，宋高宗任命朱胜非为尚书右仆射（右相）兼中书侍郎，王渊签书枢密院事。统制苗傅、刘正彦认为自己两人功劳大却赏赐少，又嫉妒王渊一下子得到高官显爵，心里极不平衡，因此对宋高宗心生怨气。苗傅、刘正彦与心腹同党王钧甫、王世修密谋策划，诬陷王渊勾结宦官谋反，以"为民除害"的名义发动兵变，伏兵杀王渊，捕杀宦官，拥兵到行宫门外，苗傅逼请高宗退位，让位给三岁的儿子赵旉，请隆祐太后听政。

隆祐太后不愿意，苗傅、刘正彦等执意不从，当时的情势犹如箭在弦上，一触即发。由于实力悬殊，为了防止情势进一步恶化，朱胜非轻轻地对高宗说："王钧甫是苗、刘的心腹，刚才告诉我：'二将忠有余，学不足。'"意思是以后再作打算。于是太后垂帘听政，高宗退居显忠寺，号称"睿圣宫"。朱胜非奏请下诏赦免以安抚苗、刘等人。又奏请隆祐太后和宋高宗，允许他第二天引苗、刘等人上殿，以消除苗、刘的猜疑。苗傅、刘正彦等人想挟持宋高宗南迁徽州、越州，朱胜非晓以祸福，说服苗、刘，与他们巧妙周旋，苗、刘才打消挟帝南迁的念头。太后看着朱胜非对宋高宗说："幸亏任命此人为相，如果是黄潜善、汪伯彦二人，局面就难以收拾了。"

稳住苗傅、刘正彦后，朱胜非接着走了两步棋，这两步棋可以说是平定苗、刘的关键。

第一步棋是对兵变集团采取了分化瓦解的策略，通过仔细观察与分析，朱胜非敏锐地感觉到苗、刘的心腹将领王钧甫、王世修对苗、刘的做法并不是特别赞同，或许王钧甫、王世修是解决苗、刘兵变的突破口。确定策略后，朱胜非决定对王钧甫、王世修两人晓以大义，积极争取。

王钧甫去见朱胜非，朱胜非趁机问道："前言二将学不足，如何？"钧甫曰："如刘手杀王渊，军中亦非之。"朱胜非于是用激将法来刺激他："上皇待燕士如骨肉，乃无一人效力者乎？人言燕、赵多奇士，徒虚语耳。"王钧甫回答："不可谓燕无人。"朱胜非反问："君与马参议皆燕中名人，尝献策灭契丹者。今金人所任，多契丹旧人，若渡江，祸首及君矣。盍早为朝廷协力乎！"王钧甫连声称是。

王世修来见，朱胜非晓之以义："国家艰难，若等立功之秋也。诚能奋身立事，从官岂难得乎。"并提拔王世修为工部侍郎。在大义的感召和自身利益的驱动下，王世修心悦诚服地经常报告苗傅、刘正彦的奸情。

第二步棋是暗中写信给驻扎在平江的礼部侍郎张浚，请求张浚会合吕颐浩、韩世忠、刘世光等人起兵镇压苗、刘等叛军，书写讨逆文书，并上疏请建炎皇帝重登帝位。苗傅、刘正彦等人自恃城池坚固，十分猖獗，拒不听从。朱胜非对苗傅、刘正彦说："勤王之师未进者，欲使此间早自归正耳。不然下诏率百官六军，请帝还宫，公等置身何地？"于是率刘正彦到显忠寺，请高宗复位。等到勤王大军进入北门后，朱胜非立即命人捉拿苗傅、刘正彦并杀了他们。

因外有文臣吕颐浩和张浚，武臣韩世忠、刘光世的武力进逼，内有朱胜非与苗傅、刘正彦的巧妙周旋，苗、刘兵变才很快被平定。在这场惊心动魄的政变中，朱胜非确是尽心竭力地保全了宋高宗赵构。《中兴遗史》称朱胜非"性缓而不迫，虽柔懦而安审，故能委曲调护二贼，使不得肆为悖乱"。在此次危机中，表现了胜非公沉稳机敏、权谋通变的政治智慧。

苗、刘兵变平定后，朱胜非上奏高宗说："以前遇变故，我当殉义死，偷生到现在，正是图谋今日之事而已。"自请罢相。高宗屡劝无效，请其推荐继任者，朱胜非推荐吕颐浩、张浚。上授朱胜非观文殿大学士、洪州知州，不久又授江西安抚大使兼江州知州。

绍兴元年（1131），窜扰在江南的游寇头目主要有李成、曹成等。其中最使朝廷头疼的是李成为首的一支。李成，河北雄州人氏，当过弓手，惯舞双刀，彪悍异常，集众数万，趁金兵北撤之机，占据了江淮之间六七个州郡，妄图席卷东南，成为一代枭雄。游寇李成的副将马进攻陷江州，侍御史沈万求指责九江失守是由于朱胜非赴任太慢所致，贬朱胜非为中大夫，分管南京住江州。

绍兴二年（1132），吕颐浩推荐朱胜非兼任侍读，又统领江、淮、荆、浙诸州军事。不久升任尚书右仆射、同中书平章事。因母丧去职守孝，同年九月，再次被起用为右仆射兼知枢密院事，第二次入相。

绍兴三年（1133）11月，岳飞建议出兵收复襄阳等六郡，恢复中原。收复建康后高宗召见岳飞，特赐"精忠岳飞"的军旗。岳飞连续上疏建议乘胜北伐进取襄樊，宰相朱胜非和参知政事赵鼎全力支持，高宗迫于形势派岳飞北伐，但规定只准"收复襄阳府、唐、邓、隋、郢州、信阳六郡"，敌军"若逃遁出界，不须远追"，"亦不得张皇事势，夸大过当，或称'提兵北'，或言'收复汴京'之类，却致引惹"。规定事毕，大军复回江上屯驻。

后遇长期大雨，灾难深重，朱胜非多次上书求免职，并自责十一条罪状，直到绍兴四年（1134）九月，宋高宗才准奏。

绍兴五年（1135）正月，宋高宗下诏，向前任和当朝的宰相"访以攻战之利，备御之宜，措置之方，绥怀之略"。从他们的上书中，可见主战与主和两个营垒阵线分明：李纲、朱胜非、吕颐浩主战，秦桧和汪伯彦主和。宋高宗也力主和议，朱胜非应诏上书言战守四事，虽然不合宋高宗的心意，但是宋高宗还是真切地感受到了朱胜非在奏疏中流露出来的为君王分忧的耿耿忠心。应诏上书后不久，胜非公被起用为湖州知州。

后因反对秦桧的所作所为，朱胜非称病归家，闲居八年，著《秀水闲居录》传世。《全宋诗》《全宋文》等录有其诗文。

绍兴十四年（1144）卒，年六十三，谥号"忠靖"。

对朱胜非的隐忍以图存社稷的行为，主编《宋史》的元朝宰相脱脱的评价十分中肯:"朱胜非、吕颐浩处苗、刘之变,或巽用其智,或震奋其威,其于复辟讨贼之功,固有可言矣。"

琳山苍苍,灵江泱泱,朱公之风,山高水长。忠靖宰相朱胜非的大忠、大智、大义永远是我们朱氏后人的道德高标、精神家园,遥想八百多年前那一段波诡云谲、风云变幻的历史,不禁令人对始祖肃然起敬。

朱胜非的事迹见于脱脱《宋史·卷三百六十二·列传第一百二十一》、王夫之《宋论》和《临海县志》。

(方永敏)

> 开化张村

平叛功臣张自勉

张自勉（830—902），字敏文，珠山（今中村乡张村）人。当时，强大的唐大帝国，因藩镇割据、宦官专权，农民纷纷揭竿而起。张自勉凭着对唐王朝的赤心，率领将士奋勇镇压王仙芝、黄巢领导的起义军，因功经张明举荐补中郎将。

据《资治通鉴》载：乾符二年（875）六月，王仙芝、尚君长率农民起义军数万人攻陷濮州，黄巢也聚众数千人响应王仙芝攻州掠县，一时天下骚动。三年（876）正月，宰相郑畋上书请求迅速调兵遣将，他说平卢节度使宋威体衰多病无讨贼之意，招讨副使曾元裕望风退缩，唯忠武节度使崔安潜威望过人、颖州刺使张自勉骁勇善战。建议以崔安潜为行营都统，宫苑使李琢为招讨使代宋威，张自勉为副使代曾元裕。

僖宗皇帝采其言。乾符四年（877）七月，王仙芝、黄巢攻宋州，平卢、宣武、忠武三节度使发兵相救，与起义军激战均败。左威上将军张自勉得知后，立即率领忠武兵七千救宋州，杀起义军二千余人，余众皆解围遁去。

左仆射兼门下侍郎同平章事王铎、翰林学士卢携上书郑畋，欲使张自勉所率领之兵受宋威节度，以便削弱张自勉兵权，进而陷害于他。宰相郑畋认为宋威与张自勉早已结下仇怨，若在宋威麾下，张自勉必为其所杀，不肯署奏。

十月，郑畋与王铎、卢携于朝廷之上再次争论用此事，郑畋复上奏曰：前以本道兵授张自勉，解宋州围，使江淮漕运畅通，不输敌手。今天，如果将张自勉所部七千兵交由宋威部将张贯率领，让张自勉独归许州，如宋威复加诬毁，陷其于死，眼睁睁看着张自勉因功而受害，臣岂不心痛，何况崔安潜率张自勉，前后多次出兵都大胜而还，如果将这支军队尽付宋威，良将独自空还，一旦劲敌奋攻许州，何以支撑！所以，臣请以四千兵马授宋威，剩下三千仍由张自勉率领，以守卫其境。

对此，卢携坚决反对，僖宗也不敢决断。乾符五年（878）二月，以曾元裕为招讨副使，张自勉以颖州刺使助之，大破王仙芝于申州东，杀敌五万人，招降遣散者也数万人，并追斩王仙芝于黄梅，将其首级传送于京师。直到此时，朝廷才罢免宋威，任张自勉为招讨副使，升元裕为招讨使。三月，张自勉以副使充东南面行营招讨使。

作为封建王朝的一位忠臣，为维护唐王朝摇摇欲坠的统治，残酷地镇压农民起义。尽管战功卓著，仍屡遭权贵的陷害，若非宰相郑畋的多次救助，不但兵权被夺，而且必定招来杀身之祸。张自勉感到气愤，更感到心寒。唐昭宗乾宁元年（894）正月，年仅四十二岁的张自勉，面对残酷的现实，不得不呈书上奏，力请归田，回到他的故居信州松阳镇珠山（即今张村），成为珠山张氏之始迁祖。其三子张御，因功被后汉王刘智远封为定远侯大将军。曾孙张琼仕宋太祖为都虞侯、嘉州防御使、擢典禁军事。

张御，字道治，身高八尺有余，臂力过人，唐宣宗称其有父风，承荫为武略将军，仍镇淮南，及梁篡唐，他仍志复社稷。后封张御为定远侯，他的儿子张用为承事郎。

张琼，字伯玉。宋太祖为周将时，张琼隶其帐下。显德三年（956）三月，周世宗视水寨，乘皮船入寿春壕口，城上发连弩射之，张琼以身蔽主，中矢，死而复苏。960年，擢典禁兵，授都虞侯，迁嘉州防御使。时军校史珪石汉卿方用事，琼轻侮之，因潛琼养部曲，擅威福。太祖召训之，不服，怒令击之，汉卿即携铁挝乱下，气垂绝，曳出。琼知不免，解所系带遗母，即自杀。太祖旋闻琼家无余赀，甚悔，因责汉卿曰："汝言琼有仆百人，今何在？"汉卿曰："琼所养者一敌百耳。"太祖遂优恤其家，以其子尚幼，擢兄进为龙捷副指挥使。（据《新唐书》及《张氏谱》）

（刘高汉）

第三章　商贾风姿

松阳呈回村

汤有祯七代经商

"我松之东，距城三十里，有所谓'呈回'地方者，以其四山环抱，一水回绕，古人因取名焉。"据松阳《呈回汤氏宗谱》描述，呈回地处松阳县东隅，离县城30余里。村庄呈长方形，东西长1200多米，南北宽300多米，整个村庄坐北朝南，依山盘踞，背山临水，山脚下的安寮溪绕村前缓缓流过，远方的山峦群峰争秀，气势雄伟，云蒸霞蔚，佳气盘绕，像一座座笔架山与村庄遥遥相对。清嘉庆十五年（1810）以条石砌就的村中巷道蜿蜒贯穿全村，西端连接公路通达邻近村庄直至县城，位于村中心的"唐胜社"庙廊，在旧时是全村传播信息、传授知识、宣讲先贤懿德、谈论历史掌故的聚集场所，至今还耸立着保存完好的清道光廿九年（1849）石刻"禁赌碑"，现在，仍然发挥着教化作用。清乾隆十八年（1753）建造的"汤氏宗祠"居高临下，布局合理，规模恢宏，祠内后为寝庙，供奉着始迁祖汤惟正及列祖列宗牌位。宗祠的东面另有三间楼屋，这就是曾经的"亦政家塾"以及后来的"启明学校"。

明景泰间（1450—1456）始迁祖汤惟正在此卜筑定居，形成繁衍发达和人文兴旺的气象。《呈回汤氏宗谱》序云："惟正性爱山水，同诸昆仲遂置产筑室，卜居松川之呈回。"又云："惟正因避国乱，徙括苍松阳，兼参地理，望城外三都山青水秀，遂卜居焉。""惟正公隐德弗跃，始卜居呈回，爱其山水，聚族而居。"其他谱序也有类似记载。由此可知，性爱山水，兼参地理，且有意隐姓埋名，是汤惟正择居呈回的主观原因；当时局势纷乱，为保家族平安，是汤惟正择居呈回的客观原因。"同诸昆仲""聚族而居"则表明，汤惟正当初曾会同三位弟弟举族迁居松阳呈回。而《呈回汤氏宗谱》"内纪系图"却标注："惟顺、惟明、惟起，系见丽邑。"这又表明，汤惟正兄弟四人迁居呈回不久，因局势趋于平稳，惟顺、惟明、惟起三兄弟即回迁丽邑。于是，留居呈回的汤惟正成为松阳汤氏的始迁祖，呈回村成为松阳汤氏的始迁祖地。历经580多年，呈回汤氏繁衍传承25世，如今呈回汤姓后裔已达2300余人。通过历代子孙的努力创业，呈回村貌日新月异。

呈回村汤氏、宋氏两姓族人除坚持男耕女织之外，早在清乾隆年间就走出山外，弃农经商。最早走进商海的是汤有祯、汤有禧，他们幼时失去父亲，家庭负担沉重，家计日益窘迫，遂毅然走上经商之路，经营杉板、靛青、烟叶、谷米等松阳物产，生意由近而远，货品由少至多，贸易越来越盛，数代相袭，卓尔不群。汤有祯、汤有禧兄弟以经商40年之积累，家富业旺。有祯的儿子发钦，有禧的儿子发锦、发绿，均子承父业，远赴杭城，开店经商，生意兴隆，财源茂盛。第三代商家永溥、永辉、永爔、永华、永杰、永梧；第四代商家世熏、世爔、世瑶、世纲、世忠、世膺和世璠等；第五代商家景烜、景钏、景昊、景书、景铣、景昆、景岘、景燎；第六代商家廷扬、廷义、廷侯、廷佳、廷富；第七代逢汉、逢麟、逢时、逢琅等世代相传祖业，掌店杭城，经营木材、烟叶、靛青、莲子、大米等，业务通达苏州、嘉兴、宁海、宁波等繁华之域，名驰吴越大地。直至当代，松阳汤姓经商创业的才能、经营运作的思维、兴办实业的胆略、开拓市场的基因一直产生着影响，造就了一批新的经商人才。

汤门七代商贸世家，发财致富而不沦为守财奴，腰缠万贯而乐于公益，功德善举，谱牒流芳。有祯、有禧二人各捐百金倡建呈回"汤氏宗祠"、续修《呈回汤氏宗谱》。发锦及其子察得知位于杭城江干的"松宣会馆"倾圮已久，便另觅新址，抽金输贮，独力新建松川会馆于杭城江干花仙桥畔。他们还铺设村中街巷，建南山呈岭，筑桥梁古道，修寺观祠庙，砌筑通往宣平道路30里，会同邑人重修朱子祠并拨田作为乡试之资。清嘉庆二十年（1815），邑令奖以"望重屏星"之匾。汤永煜及其儿子世璠，倾资砌筑南州对面通丽邑旧道30余里，世璠为此得疾辞世。世序、景昆逐利于苏杭，返利于郡邑。清咸丰十一年（1861）处州府督学署试院被毁，知府倡议松阳三都诸商助修。汤世序、汤景昆、汤景燎等积极响应，慨然出资，重建试院。汤氏商家捐助公益，扶贫济困，望重群英，脍炙人口。

汤氏第十五世孙汤发锦之子永辉（1764—1841）、永爔（1778—

1842），他们继承父业，家财丰裕，也是非常乐于资助家乡建设。当年，他们为协助父亲重建"松川会馆"，永辉捐了三百两银子，永燨则亲自参与建设。嘉庆十四年（1809），汤发锦之妻吴氏（1740—1810），七旬寿诞，其子汤永辉、汤永燨由于其家庭人丁旺盛，财力充裕，欲为老太太办一场盛大的七秩寿筵。而母亲吴氏则训育其子，将其钱财用于寿筵，不如用于修筑村道，以利行人，回馈桑梓。于是，汤永辉、汤永燨兄弟将为母举办七旬寿筵的银钱，以母亲的名义，将呈回村西起"唐葛周庙"东至"山下水口"，长达1200米的村道修砌一新，尤其是村中街道以青石板铺砌，"汤氏太婆，不办寿筵修村道"的佳话至今仍传颂乡里。

嘉庆二十年（1815），汤永辉、汤永燨与当地一些贤士合建"朱文公祠"，并捐田6亩5分，作为乡试义田。嘉庆二十二年（1817），他俩共建"亦政家塾"，聘请老师教育本村子弟。道光元年（1821），松阳闹饥荒，永辉慷慨捐谷，赈济民众，知府吴光悦授匾"锄经种德"以表彰他的善举。道光四年（1824），永辉捐谷150担，永燨捐谷160担，帮助县署设立社仓以防灾荒，知县江思潘赠匾"胞与儒心"。此外，他们先后出资修筑呈岭古道、呈岭桥、南山桥和呈回至宣平30里山道。

呈回汤氏七代经商，致富不忘桑梓，不办寿筵修村道的佳话，乡人至今传诵不已，津津乐道。

（汤光新）

呈回村古桥（汤光新供）

绍兴五车堰村

钱业世家胡小松

从晚清到民国末年，随着工商业和外贸业的发展，上海、武汉、宁波等城市，成为金融中心。在民国时期的金融业中，浙江的宁绍帮无论是钱庄家数、资金额度、从业人数、社会影响等方面都是最具代表性的。

兰风乡五车堰村隶属绍兴，界连宁波，地近上海，颇得天时地利之便，因此，民国期间兰风乡籍人士多在上海等地从事钱庄、银行等金融业，其中不乏实力雄厚的业中翘楚。以上海开埠后浙帮钱业领袖之一的胡小松为第一代掌门人的五车堰胡家，是沪上钱业三代董事的经营大家族。

胡小松生于清道光十二年十二月十四日，取名培基，字小松，因家境开始中落，父亲命其前往上海钱庄发展。胡小松凭借着年轻人过人的胆识跻身于金融界，先后组织管理和记、阜南两钱庄，其他不少钱庄也纷纷请他管理，被推举为南北钱庄董事。

当时的上海，南市十六铺到二十三铺之间的路可以说是坑坑洼洼，破旧不堪，胡小松率先倡议改筑石路以及关桥。法国领事闻讯后对他的义举也深表赞赏，当即出资千金，以帮助其修筑。同时，当地的商人也纷纷慷慨解囊。经过努力，工程得以顺利完成。从此以后，上海南市没有马路的历史就随着胡小松所修之路而结束。

清光绪三年（1877），华北发生了特大干旱，赤地千里，饿殍遍地，亲人相食，白骨盈野，给当地人民带来极其深重的灾难。当时在上海的热心人士决定捐款集资前往赈灾，商界推荐胡小松负责，当时在家养病的胡小松得知情况后，立即从家里启程，赶往陕西、河南、山西等灾区赈灾，救活灾民数万人。河南督抚向朝廷保奏，授予胡小松河南试用通判，赏四品衔顶戴花翎，并劝其去河南省城任职。胡小松婉言谢绝，仅受旌额两方，完成赈灾任务立即回到上海，利用自己的聪明才智角逐于商界。

光绪九年（1883），钱业总公所董事冯莲汀召集南市钱庄主，集资购买了大东门里施家巷6分地产及12间房产，设立南市钱业公所，命名为

"集益堂",取集思广益之义。凡南市钱业的公共事宜,均在此议决。胡小松担任南市钱业公所的董事。

胡秡芗（1868—1920）,名善登,号秡芗,胡小松之子。1874年年仅7岁的他就跟随父亲经商了,清光绪八年（1882）胡秡芗跟随上海惠生钱庄老板姚采屏学习,深得器重。后于顺直赈捐案内捐监运司运同部铨选,并请正四品封典赏顶戴花翎。在遭遇妻子和父亲先后病故的打击后,经过一段时间的振作努力,事业开始步入辉煌,先任兆丰钱庄经理,后被推选为钱业董事,清光绪二十八年（1902）,上海商业会议公所各业董事聚议,公举副总理、议员和其他办事议董,并禀报盛宣怀,胡秡芗为议董。

1905年,汤蛰仙和胡秡芗等得知英银公司侵夺浙江铁路修筑权,在浙绍会馆永锡堂开会商议,决定招内股拒绝外款,倡议集股自办浙江铁路。大家推举汤蛰仙为代表,要求政府废除与英国人的条约,条约废除后,汤蛰仙将集股事情分交各人,胡秡芗不分白天黑夜,独自一人四处募集,募集到款42万有余。

1908年,清廷废除户部,原户部银行改称"大清银行",需要一大批金融人才,当时的北京正金银行陈静斋,首先将胡秡芗推荐给监督张伯纳,后又写信劝胡秡芗应允。1910年正月胡秡芗就任上海大清银行协理,与经理周庆儒悉心共济,同年6月,宋汉章调任上海大清银行经理,民国政府成立以后改大清银行为中国银行。

1911年上海总商会召集第一次会员、会友大会,投票选举首届议董,胡秡芗当选第一任议董,直到第四任,胡秡芗一直当选议董（会董）。

1916年,中国银行、交通银行款项不断为袁世凯挪用,信用不稳,以至北京、天津相继发生挤兑风潮。袁世凯政府遂于这年5月12日以国务院名义,命令全国的中国银行、交通银行,对已发行的兑换券一律停止兑现。而上海中国银行在胡秡芗积极建议下,对停兑令拒不执行。当时上海中国银行所发兑换券约400万元,考虑到库存现银不足,为防不测,宋汉章行长除以本行库存现银应付兑现外,还亲自出马,向汇丰等外商银行争取到200万元的借款。后来危情果然出现,大批客户涌向上海中国银行兑换现银。眼见人流汹涌,已有充分准备的中行工作人员及时向客户们公告:凡本行发行的兑换券,除随时可在本行兑换外,也可向本行委托的各处代兑点兑现,各银行和钱庄对中行发出的兑换券也照常接受。消息传开,上海中国银行的信誉又一次得到提升。

1917年，上海中国银行副经理张公权升为中国银行副总裁，胡稚芗就任上海中国银行副经理。

胡莼芗，胡小松之子，任兆丰钱庄经理、北市钱业董事。民国10年（1921）10月，与胡熙生、田祁原、田时霖、宋汉章、王晓籁、陈一斋、陈青峰、张颜山等发起中央信托公司，成立资本初定为1200万元，先收四分之一。董事会成立，选举田时霖为董事长，延聘严成德为总经理，营业分信托、银行、储蓄、保险四部。

胡熙生，胡小松之孙。民国10年（1921）10月，参与发起成立中央信托公司。民国18年（1929）5月2日，国民党第三次全国代表大会第七次常务会议决议：上海特别市商人团体应立即统一组织，所有总商会、商民协会、闸北商会、南市商会等团体，一律停止办公。任命虞洽卿、袁履登、王晓籁、叶惠钧、徐寄庼（绸业银行）、秦润卿、贝淞荪（绸业银行）、胡孟嘉、闻兰亭、陆凤竹、成燮春、王延松（绸业银行）、陆文韶、邬志豪、叶扶霄、胡熙生、陈布雷等34人组成上海特别市商人团体整理委员会，并指定虞洽卿、王晓籁、叶惠钧、秦润卿、王延松、陈布雷、叶琢堂为召集人。

余姚旅沪同乡会成立于1924年7月，据当时上海《申报》报道："余姚旅沪同乡会于昨日下午六时开执监临时会议，到会有徐乾麟、王万初、徐侠钧、陈友锜等三十余人，主席徐乾麟。会议决议案如下：公推宋汉章为总队长，黄磋玖（黄楚九）、胡熙生为副总队长，李覃身为总参谋，徐乾麟为总参议，即日再派专员，前往敦请各分队长，闻亦推定三十人。"余姚旅沪同乡会成立后，以团结同乡、发挥自治为宗旨，积极致力于集聚同乡力量，援助经济、资助教育、捐助公益、救助灾患，促进了近代余姚经济社会的发展，其业绩使人感动，令人敬仰。

胡熙生热心公益事业，从1903年被推举为绍兴永锡堂会馆董事后，对会馆的资料进行了详细的整理，捐资募集，改建门厅、树屏，修建了过路人休息寄宿的房屋，兴办养病房。不仅支持绍兴七邑旅沪同乡会工作，对家乡的公益事业更是义不容辞，建造希明学校教族中子弟，兴修街河以改善当地水利设施，还对余姚多次捐款捐资，义举传扬故乡。

（绍兴农办）

嵊州楼家村

晚清浙商楼映斋

楼家村位于嵊州市西部石姥山下，旧属崇安乡，建村历史约650年。公元1372年前后，南昌郡王楼玺第二十六世孙楼仁荣（1352—1419）从上显潭迁居于此选址建村，素有"嵊县出西门，楼家第一村"之说。

据传，楼氏家族能兴旺发达至今，因有不败的风水。传说楼氏太公出葬时，风水先生为其择定了一个绝佳时辰：一定要等到有人头戴铁帽、身穿龙袍、鲤鱼上树时方可下葬。出葬那天，楼家太公的灵柩被早早地抬到墓地，等候风水先生说的那一刻。不久，一山里人路过此地去外地赶集，在他返回时，但见楼氏太公棺材还未下葬，就好奇地走上去观看。这时正好下起雨来，他便把新买的蓑衣穿上、铁镬戴在头上，顺手又把买来的鲤鱼挂在树上。这正是风水先生所说的景象，于是楼氏子孙立即将太公下葬。因此，楼氏子孙永富永贵。

当然这是传说，但楼氏家族在清朝近三百年间，确实是人才辈出，富甲一方。现今村中尚存希古堂、三省堂、积德堂等十多座建筑建于前清时期，如气势恢弘的古老台门便是证明。

楼映斋（1846—1923），又名景晖，清末嵊县首富。《嵊县志》载：清末在宁波开纸行，后至上海创办丝厂、茶栈，产丝锦、珠茶外销。又合资在萧山创办通惠公纱厂、合义和丝厂，任总经理，并任清廷农工商部顾问，后又创办钱江、乍浦商轮公司，出资万元修嵊县南桥。

楼映斋兄弟五人，他为老大，村民称他阿先老大。同治元年（1862）他16岁时，其父亲楼启东被长毛（即太平天国军）杀害。本来就不富裕的一家，从此更加贫困。有一年年关前做麻糍时，他家自己做不起，母亲想去讨个"麻糍团"又开不了口，便借故到加工场点火，希望别人能送她一个麻糍团，结果无人给她。为了能引起别人的注意，她走到门口把火吹灭又去点火，这样往返三次，结果还是无人给她。后来楼映斋发迹后，他吩咐子女们说："想起前几年想吃麻糍团的事，今后只要我们做麻糍，任何人进来，都要送他们一个麻糍团。"

父亲死后，为糊口，楼映斋在村中书房帮忙。其间常趁别人不在时，偷偷去厨房盛点冷饭充饥。有一回不小心，站在凳上挂饭篮时把饭篮跌落在地，于是阿先老大偷饭吃的事在村里传开了。他感到无脸见人，就由人介绍到宁波楼启瑞大亨通纸行当学徒。因他做事聪明、勤快，深得主人的欢心。

一天，纸行经理趁老板不在，把纸行的纸都低价批发出去，然后逃走，想私吞这笔货款。老板楼启瑞回来后，急得不知如何是好，可楼映斋说不要紧。原来他有过目不忘的记忆力，那经理在批发时，他刚好站在旁边，把发货的数量、收货人都清清楚楚记在心里。楼映斋帮助楼启瑞把所有的钱都追了回来，楼启瑞从此对他更为器重。

后来因楼启瑞年事渐高，便把大亨通纸行盘给了楼映斋。由于楼映斋态度和气，经营有方，价格适宜，且经营的纸张主要来自楼家村自产竹纸（1949年停止生产），纸质好，有很强的竞争力，生意越来越好，也因此受到当地其他纸行的妒忌。他们为排挤楼映斋，买通官府把楼映斋的新亨通纸行以不正当竞争罪名查封。

虽然，此时的楼映斋在生意场上已崭露头角，但在勾心斗角方面不如人家，面对此情此景，他只好无奈地站在被封的店铺外张望。然而，一个想不到的意外，让他时来运转。当年楼家村在京中的翰林院修编、兵科、刑科给事，是楼启赟的一个学生，被委任为宁波道台，临行前他前去向楼先生告别，问先生有什么盼咐。楼启赟想了好久，觉得也没什么事要办，只想起他有一位堂兄楼启瑞，在宁波开了一家大亨通纸行。

那道台坐船到宁波，未及下船便让公差把名片送到大亨通纸行，并称其为世兄。楼映斋明知道台弄错了，可他还是把名片接了下来，并大张旗鼓地去迎接道台下船，此事一时成了宁波的新闻。这让当时封他店铺的几家纸行惊悚不已，慌忙请人到楼映斋处说情，赔偿损失。仁慈的楼映斋心想冤仇宜解不可结，于是一笑了之，此事成就了他"义商"的称号。

楼映斋从此风生水起，先后兼并或合股了一些濒临倒闭的企业。其中一家萧山的通惠公纱厂，正面临到闭，请楼映斋去参股。楼映斋前去实地察看，看出该公司的漏洞，楼映斋入股不久，通惠公纱厂即扭亏为盈。

1894年，他集银55.9万两在萧山东门外创办了合义和丝厂，后改为广云公司。后又在杭州创办了世经丝厂、余杭大纶制丝厂，这些企业是当时浙江最早的缫丝厂之一。他还拆银筹建了杭州航运公司、浙江银行、绍兴电灯公司以及参股宁波、杭州、上海等地的许多商铺。至清朝末期，在他开办了十多家茶栈，并通过他的茶栈把中国茶叶出口到海外时，楼映斋的商业王国达到了鼎盛，成为浙江乃至全国的商界风云人物。

在革命思潮风起云涌的清末，楼映斋支持其女婿王晓籁的革命活动。清光绪三十三年（1907），王晓籁参加光复会。秋瑾案发，避沪经商，任楼映斋的账房经理，开始商事活动。宣统二年（1910）与友人王琳彦等创办闸北商团，开办闸北商场和闸北工程局。以后，又独资及合伙开设大来、天来、泰来和春来等缫丝厂数家，并先后担任上海商业银行、中央信托公司董事。辛亥革命光复上海时，王晓籁率闸北商团参加攻占闸北火车站。此后，他与陈其美、蒋介石等人常有往来。二次革命时，上海组织讨袁军，王晓籁曾助饷支援，都是楼映斋支出的。1914年起，王晓籁任嵊县私立剡山小学名誉校董，资助办学，与兄王邈达、弟王孝本在县城创办芷湘医院。全国解放前夕，王晓籁拒绝去台湾而去了香港。1950年年初返回上海，受到毛泽东主席、周恩来总理的接见，并被指派为中国人民银行总行代表，列席有关会议。

楼映斋卒于民国12年（1923）。在晚年，楼映斋乐于慈善和公益事业。他曾捐助650银元重修宗祠、捐助2000银元编纂民国嵊县志、捐助1000银元编纂杭州志；出资10000银元独资建造嵊县南桥；出资10000银元修筑拦河堤坝。

每到冬天他常派人到高处看村民的烟囱，如有谁家的烟囱不冒烟，就派人送去粮食，成为村民至今口中美谈。

（马小增）

源远堂（马小增供）

> 松阳梨树下村

"盘香"大王张美献

枫坪乡梨树下村，位于松阳西南箸寮群山深处。这里的气候、土壤很适宜厚朴的生长，野生朴树到处可见。清光绪版《松阳县志》载：药类有茯苓、白芷、仙茅、茱萸、厚朴等61种。关于松阳人工栽培厚朴林的历史，少说也有上百年了。《松阳县医药商业志》载：在梨树下、安岱后都有成片上百亩的厚朴林基地，全县将近800亩厚朴林。又载：梨树下农民张美献，于清光绪二十八年（1902）就开始收购厚朴，销至外地。后又开发了"盘香朴"，销往省内外各地及东南亚地区，声名远扬。

张美献（1877—1958），又名张美松，字鹤楼，松阳枫坪乡梨树下人。自幼习武以应武举，光绪年废科举，遂继承父业从事商贸，专营中药材厚朴的加工销售。足迹遍及全国东南和华北、东北各省份，是浙南颇有名气的厚朴商人。

自幼习武，练就一副好身板

张美献生于光绪三年（1877），父名张信寿，祖上累世药商，小有家底。其幼学之年，时值多事之秋，遭逢乱世。据传，张美献生得浓眉虎目，天赋异禀，口大能容拳，乡人谑称"大嘴张美献"。美献少时亦颇顽劣，不能安于学，乃嬉于乡里，常与众小儿搏击为戏。张父思忖：儿子既然孔武有力，现今世道又乱，不如干脆让他习武，即使不能以应武举博取功名，也能强身健体自护家园，遂延请拳师来教美献。那些同伴后生也一并邀来陪练，众人时常切磋拳脚，本地习武之风渐盛。

张美献边习武边帮着父亲打理厚朴生意。25岁时，已能独自外出跑厚朴销售业务了。30岁那年，清廷废科举，完全打消了他博取功名的念头，从此接过父亲创下的基业，毕生致力于厚朴中药材经营。闻鸡起舞的生涯并没有带来高官厚禄，但带来了坚强的体魄，也磨砺了他的品质。据说，直到解放后，已经七十多岁的张美献（此时已改名叫美松）仍坚持外出跑江湖，腾高跃低，步履矫健。

走南闯北，开一代商贾名流新基业

还在少年时，父亲就有意无意地带他出去跑跑码头长长见识。少年老成的他已极擅于药材鉴别，能帮父亲分担生意，一副小老板派头十足的样儿，很受大人称赞。二十岁后，各路生意就能熟门熟路。创业之初，先是杭沪宁，后是京津冀，再就是闽粤港等省会城市，都有药材行的业务联系。随着业务增长，美献还在杭州上海置办了房产，以方便与温州的黄、朱姓及安徽朱姓大药商设在上海、杭州的药行做生意。还在河北祁州（今河北安国县，时为北五省有名的药材集散地）城内开设"张益生美记药材行"，坐庄营业，药材分销至沈阳、长春及东北三省各地，成为当时有名的中药材经销商人。

晚清至民国时期，中国大地战火连年，兵匪四起，盗贼横行。张美献凭着艺高胆大、经营头脑灵活和交际有方，硬是在极其艰困的环境下，拓展出广阔的贸易商路来。独家的"盘香朴"（即厚朴制的盘香片，中药切制饮片名称，把卷筒状朴皮类药材的横切丝片，呈圆形盘状似蚊香，因而得名）质效极高，为厚朴药材中之上品。他走遍大江南北，出入战火纷飞之地，生意越做越大，越做越远，名头也越来越响。各地药材贾商都知道浙江南面深山里有个"厚朴张"，家大业大，所做的松阳"香朴"，特别是"盘香朴"物美价廉，名噪一时，可与"川朴"（即鄂西、川东为中心的厚朴，古来为厚朴之最优。生长区域的一部分恰经三峡库区一带，为国家重点环境保护区，严禁采伐，故至今商业川朴的产出已极为稀少）相媲美，都来接他的货。

精心炮制，"盘香朴"名传海内

现代对厚朴植物的研究取得很多成果，其多种新的化学成分被发现，对其药理活性研究也取得了很大进展。现有研究表明厚朴中的化合物有很多具有独特的生物活性，随着厚朴研究开发和应用的深入，该种植物将有着更为广阔的应用前景。

可是厚朴作为木本药物，其生长周期缓慢，是难以短时间循环再生的资源，野生厚朴已处于濒危的境地。其实厚朴不但具有极高的药用价值和经济价值，而且具有很好的观赏价值及生态效益。厚朴是一种落叶乔木，其叶色翠绿，叶形舒展开阔，势如浮屠宝塔密集而上；花开硕大，单生于枝顶，色呈黄白，气味芳香，宛若枝枝大字毛笔，长锋白毫，指向蓝天，意欲"题诗留万古，青天扫画屏"，别具情趣。极适宜作为庭园观赏树及行道树，应用到园林规划当中。

幸而在松阳，还有许多高品质的厚朴树木留存。这不得不感谢药商张美献百多年前的锐意开拓之功。清光绪年间，松阳人一开始只是把搜集到的厚朴原药材直接出售给上海、四川等地的销售商，产品没有名气，璞玉蒙尘，利润微薄。张氏父子凭借丰富的从业经验，在广泛参考了"川朴""朴筒"的制法之后，经过反复的实践，苦心摸索出了其独特的"盘香片厚朴"的制作工艺，使松阳的"盘香朴"一炮打响，从此成为了众多厚朴名类中的一个重要品牌。

与"川朴、简朴、双筒朴"不同，张美献的"盘香朴"加工精细，手续繁多：厚朴树在"小满"时砍倒，历十日后开剥，"芒种"后十日停剥。剥下的皮要经过三伏天阴干，不能暴晒。干燥的厚朴皮刮去皮外衣和杂质，将厚朴重量百分之十的生姜及一定量的肉桂子，捣碎取汁，用汁液浸泡厚朴皮1—2天，装入铁皮箱置入大锅隔水煮沸。煮透后取出厚朴（一般中药所指的"厚朴"，即主要使用的厚朴皮部分），趁热用两条铁杆夹住向一边内卷成筒，要卷实卷匀，用细麻绳捆扎，抽出铁杆。待隔日风干定型后进行烘焙干燥。然后又用蒸笼蒸软，用半圆形的专用刀具将朴筒横向切成半公分厚的切片。这些厚朴切片依原样码好，约每筒一尺二寸长，用白纸包好，红绳将两头扎实，中间用面糊封粘。再放入焙笼，用文火焙到干燥即成。

正因其切片形似小盘，开封后香气扑鼻，故名"盘香朴"。在当时，松阳张氏所制的这种"盘香朴"，依其品相分为"天、元、亨、利、贞"五品。其天字号的售价每斤要4块银元左右。尽管其高于同行时价，但由于质量上乘，药效显著，仍受各地药商青睐，供不应求。当时的年销售量有5000余斤，收入达上万银元，张氏遂成巨贾，"厚朴张"声名鹊起。

后来张美献将"盘香朴"的技艺传授给了当地的加工户，流传至今，影响和带动了松阳及邻县中药行业发展。建国后，国家曾实行中药的统一管理，废止个体经营模式。松阳张氏的家族制药也带着它的辉煌走入了历史。到二十世纪八十年代，乱砍滥伐之风严重，不法商人对松阳的厚朴大肆掠购，造成了厚朴资源的极大破坏，已是后话矣。

一生自俭，热心公益同情革命

梨树下村的"厚朴张"家，在那个年代是当地一方富豪。但张家也是凭着几代人的辛劳智慧和苦心经营发的家业。因此，张美献虽家财万贯，但一生却克勤克俭，从不张扬。只有当事涉公益、利于乡里时，才处处当先、慷慨解囊。其立身处世都颇得当地民众的认可、钦佩。

山村沟深水急，为了乡民们的出行便利，张美献出资在梨树下、玉岩、枫坪等地修筑了四座石拱桥。旧时松阳，交通闭塞，地处偏僻，更加缺乏新式教育，对教育兴邦的认识极为有限。张美献就独资在梨树下村兴学办校，为家乡持续发展储蓄了基础人才。他非但有远见还颇有进步思想。1935年，中国工农红军挺进师在枫坪、玉岩一带开辟革命根据地，红军物资紧缺，条件极为艰苦。他知道后，自发拿出一千银元，秘密从温州购买了西药、手电筒、力士鞋等红军急需用品，亲自送往根据地，解了部队的燃眉之急。受他行动鼓舞带领，乡绅纷纷响应，效法捐献。这对帮助红军立足浙西南创建革命根据地起了重要作用，也是爱国进步商人的一次义举。

张美献还是一个朴素而虔诚的天主教徒。在外地行商时有教堂做礼拜，回乡可没这个条件。那时松阳西式教堂并不时兴，他虽广有银钱，却没有强行建造礼拜堂。而是将村头的新兴社殿整修一新，并加建了楼阁。有空就跑去阁楼里坐修，常常一待就是半天。虽然中腔洋调，却既方便了乡里，也遂了己愿，可见美献平日待人接物之风。"美献"是他的幼名，后来他改名"美松"（松，即他的家乡松阳），字鹤棲。于此，足见其商旅客居时的悠悠乡情，与不改乡人本色之浓厚淳朴的心迹。

张美献育有四子，俱有所成。长子名夔、次子名杰（又名生），兄弟二人继承了家族事业，从事厚朴的生产经营。三子张铁汉，旧时在国民党空军任飞行教官，1949年入台，终老台湾。四子张角（又名玉民），18岁担任国民党陆军的连长，21岁升为营长，是在重庆的中共地下党员。

张美献1958年辞世，终年82岁。或不免有些难了的憾事，少逢乱世，外寇辱华；立志练武，却又武科废止；大陆、台湾一衣带水，却终是骨肉不能团圆；而后耽于时策，也不能尽老于所爱的事业。但他一生兢兢业业，磊落坦荡，爱国爱乡，为松阳厚朴产业的发展和中医药的丰富作出了不可磨灭的贡献。

（刘关州）

绍兴柯桥陈村

黄燕山意外获财

清朝嘉庆年间，位于绍兴、诸暨、嵊州的三县交界处，有个较有名的村庄叫陈村。村里曾经有一个富商，家产万贯，对待乡民有求必应、有难必帮，建桥修路，造福乡亲，至今陈村百姓间还流传着很多关于这位富商的故事，这位富商便是黄百万。

黄百万本名黄燕山，诸暨人，后被陈村陈老爷招为女婿，从此黄燕山便住在了陈家，跟着陈老爷做起了茶叶生意。他天赋聪颖，是块做生意的料，几年下来生意越做越大。有一年，他把三百多担茶叶运到杭州一个茶行，交易完毕，茶行钱老板觉得黄燕山有点面熟可又不好意思问，茶行里其他几个伙计也面面相觑，大家都觉得黄燕山像五年前来茶行卖茶的一位客商。

原来五年前，有一个名叫黄燕山的山东茶商前来茶行卖茶，当时钱老板手头资金周转困难，就与黄燕山商量，茶款先付三分之一。黄燕山财大气粗，说既然钱老板有困难，我黄某一分不拿也可以，请钱老板只管转用好了。钱老板非常感激，就结下了这个朋友，记在心里。一转眼五年过去，今天突然碰见了这位当时雪中送炭的朋友，正好把五年前的茶叶款结清。可当钱老板提出此事时，黄燕山却是丈二和尚摸不着头脑，说是钱老板搞错了，便匆匆辞别。

钱老板心想，他在我急难之时替我解急，而且五年来没有向我要过款，今天又有如此好的机会还是不肯要，这真是天下难得的好朋友。他有如此美德，我也不能失去信用。想到这里，便叫来伙计，把银洋一袋袋装上车，按照黄燕山留下的家址，连本带利直送绍兴陈村黄燕山的家中，黄燕山见到从杭州赶来的客人后，真是感到有点莫名其奇妙。一番热情款待当然不在话下，杭州茶行钱老板心里总算踏实了，心想，我总算还清了五年前的一笔旧账。

说来也巧，钱老板回到杭州茶行的第三天，山东的黄燕山匆匆来到茶行，钱老板一惊，心想，难道是我还的钱不够，他再来向我讨要。山东来的黄燕山向钱老板提起五年前欠下的茶叶款一事，钱老板听得莫名其妙，便反问道，你在说什么？黄燕山说，我今天特地前来，是想把五年前的几千担茶款全部要回去，你今天钱款总会有的吧？钱老板说，这笔钱确实是欠久了，不过我两天前不是已把钱款送到你家了吗？黄燕山说，你们送去了哪个黄燕山家里，我真的没有收到啊，钱老板说我们送到了绍兴山陈村。黄燕山拼命摇头说，你们搞错了，我哪里是绍兴人，我是山东济南人。伙计们一听也急了，忙说：那人确实也叫黄燕山，并且相貌与你长得是一模一样。黄燕山不信，要茶行伙计带他亲自到绍兴陈村黄燕山的家里看个究竟。

一行人匆匆来到绍兴陈村，一进黄燕山家中，山东黄燕山简直不敢相信自己的眼睛，这个黄燕山真与自己身材面貌不差分毫。而且同名同姓同着一身衣，难怪旁人无法辨别真假了。陈村黄燕山知道他们的来意后，要山东黄燕山如数把银洋带回。两个黄燕山谈得心平气和，既感到惊奇，又很投缘。

谈到最后，山东黄燕山大气地说，难得你和我同名同姓且相貌相似，也算你我前世有缘，这些银洋你收到就好。我也不追回了，是你有缘有福得我的钱财，我这就走了，咱们后会有期。就这样陈村黄燕山轻而易举得了70万两银子。

黄燕山无意中得了这笔横财后，不声不响地仍然做他的茶叶生意。有一日，黄燕山到台州城卖完茶叶后，独自一人吃饭去了，这天刚好是新任台州知府孙才华前来台州上任之日。官船浩浩荡荡向台州驶进，不料新任知府孙才华突染暴病在途中不幸身亡，这可吓坏了随从官兵。在古时护送朝庭命官上任是要保证其性命安全的，现在新知府上任途中病亡，护送的官兵如何回朝庭复命，要是朝廷追究下来那是要问罪的。怎么办？随从师爷急生一计，速命随从立即分头在台州城内找一位相貌与新任知府相像的人，以解燃眉之急。官兵按照师爷吩咐立即分头行动，四处寻找，也无结果，正所谓"踏破铁鞋无觅处，得来全不费工夫"，当师爷刚想进饭店吃饭时，眼睛被对面正在喝酒的黄燕山吸引住了，这不正是我要找的新任知府吗。于是不分青红皂白，命官兵把黄燕山"请"到了官船上，并与之如此这般一番交代。黄燕山被搞得莫名其妙，心想，这样也好，我何不尝一尝当官的味道，又可得30万两上任费，何乐而不为呢？

有道是"马无夜草不肥，人无横财不富"，两次意外，两笔横财，黄燕山由此也成了远近闻名的黄百万。

黄燕山无意中得了这两笔横财后,暗想我现在已成为百万富翁,但总要给子孙后代留下点东西,于是首先想到的是在村口建造一个台门。此台门取名望烟堂。台门正中堂屋顶楼有一阁楼,取名望烟楼。整个台门用材讲究,梁柱粗硕,木雕雕刻惟妙惟肖。台门建造师傅力求精益求精,经常三天时间才磨一块砖。石板是从本村叫烂田湾的石圹上运下来的,现在依然还在,引得不少游客慕名前来观看拍照,游客啧啧称奇。

每年逢年过节的傍晚时分,黄百万就会在望烟楼眺望各家烟火情况,若见那户人家烟囱没有冒烟,说明该户人家无米下锅,他就连忙送米送钱上门,让他们顺利度过新年。他不仅为人善良,还时时为民着想,对穷困人家慷慨解囊。

作为远近闻名的富商黄百万,他一生积德行善,出资资助建造杜黄庙。一年夏天,骄阳似火,他经商回家途径诸暨枫桥杜王桥,口干舌燥、大汗淋漓,便往一户人家走去想讨口水喝。不料,正遇杜家族人商议建造庙宇,黄燕山边喝茶边听族长说:"今天请大家来是为筹建庙宇之事,要求大家相互转告,请百姓有钱出钱,无钱出力,不论多少都可以。"黄燕山在一旁悠闲地喝着茶,听他们你一句他一句地讨论着。已有人现场表态,账房先生在一旁记着账,族人首先捐200大洋,紧接着其他人也附和着,你捐100大洋,我捐80大洋。黄燕山喝过茶,抹了一下嘴说:"你们既然是建庙宇,我也是诸暨人,也算是有缘,算我一份,凡是庙中要用石材费用全部由我出。"此庙就取名为杜黄庙。

(绍兴县农办)

陈村古宅(县农办供)

庆元曹岭村

曹岭码头刘朝熙

黄田镇曹岭村位于庆元县西北部,是庆元县的北大门,交通发达,54省道、龙庆高速公路都经过曹岭村。全村现有住户425户、1301人。曹岭村北临龙泉市小梅镇,建村有一千多年历史,是历史上的水运码头,因为以前公路未通,因此也是庆元北部连接外界的唯一通道,外来人口集聚众多,最多时全村共有87个姓氏,被称为"百姓村"。

无法考证水运码头是从什么年代开始兴盛的,据村里70岁的老人王春发回忆:小时候小梅溪宽有近200米,水源丰富,曹岭码头作为庆元县最重要运输码头,庆元的山珍、山货、原木,外地的粮食、布匹、盐、糖等所有货物运进运出都需要在这里中转,各种商行遍布码头,可想而知,当时码头的繁华盛景。其中最著名的商行有万盛行、胜利行、广达行。

刘朝熙,万盛行的老板,主要是做木头生意的,大家都叫他树根老板,他是王春发的老婆的爷爷,也是老龙庆廊桥的创建者,这座桥的建设资金都是刘朝熙从民间筹集而来。刘朝熙生性豪爽,为人大方,不拘小节,会赚钱也会一散千金,在庆元龙泉一带民间声望极高。据说有一次,刘朝熙到龙泉筹钱的时候还发生了这样一个小故事,他坐着轿子到龙泉查田去筹钱,当地有个绅士看到他这般享受,就对他说钱我是有,但是赚几个钱不容易,我的钱也不是天上掉下来的,虽然建桥是好事,但是你坐着轿子来筹钱,未免让我们怀疑钱捐出来交到你手上能不能用好,不要到时候钱是捐了,桥不知道在哪里。刘朝熙说无论你捐了多少钱,是一万大洋还是一个铜钱,我都会一一入账,如果我从中中饱私囊,天打五雷轰,我坐轿子是用我自己的钱,你看不惯我,不捐也可以,以后你到庆元来就不要走桥,坐船渡河好了。那个绅士也知道刘朝熙的为人,虽然看不惯,但是还是捐了500大洋,其他人也陆续捐资。就这样,经过多方捐钱捐物,一年多的时间里,刘朝熙筹集到建桥所需的钱和物,两年时间就建好了桥。

陈老板,胜利行的老板,温州人。陈老板有两个女儿,一个叫陈仙娥,一个叫陈艾艾。因为当时传统的观念，陈老板非常想要有个儿子，而正巧王春发的母亲当时已有二个女儿，刚生了个儿子，因为身体不好，没有奶水，而且家庭经济困难，养不起刚刚出生的儿子。听说陈老板想要儿子，为了小孩着想，她就把儿子包好放在一个菜篮子里，再把菜篮子放在陈老板的家门口，用力敲了敲门，然后马上躲在旁边阴暗的地方偷偷观察，看会不会有人把儿子抱进去。儿子还没满月，因为饿一直哭，好一会儿还没人出来。母亲在旁边非常心疼，泪水湿透了上衣，心想再不出来就把孩子抱回去。正在这个时候，门开了，正是陈老板本人走出来，看到门口菜篮子里一直在哭的小孩，笑容出现在他的脸上，朝门口前后左右看了看，拎着菜篮子就进了门，赶紧把门悄悄关上。就这样，王家的小孩变成了陈家的儿子，取名陈先正。因为陈家生活条件好，陈先正在陈老板那儿吃得好，身体一直不错，虽然后来知道是王家的儿子，大家也心照不宣。可是陈先正到五岁的时候，因为生病，头皮烂疮一直治不好，陈老板带回温州请人看也没看好，陈老板觉得反正不是自己亲生的不想麻烦，就把他送还给王春发妈妈家。陈先正自己亲生爸爸妈妈打听到一个治疗烂疮的偏方，天天清洗换药，悉心照顾，病不久就好了，又能在街上活蹦乱跳了。陈老板看到活泼可爱的小先正，就用各种好吃的引诱他回到陈家，当时王春发也刚好出生，王家也就让陈先正和陈老板生活在一起。

陈老板的大女儿陈仙娥聪明伶俐，从小就知书达礼，后来到北平读书认识了一个姓翁的东北小伙，两人情投意合，毕业后，小伙儿就追随仙娥回到了家乡。可不幸的是因为陈仙娥难产英年早逝，小翁痛不欲生，为陈仙娥在陈家尽孝了三年。在陈家胜利行做事期间，陈艾艾深深地爱上了自己的姐夫，陈老板也被小翁的真情感动，就同意让小翁娶了小女儿陈艾艾。二女共嫁一夫在当地被传为美谈，小翁和陈艾艾先后进入龙泉二中教书，二人相亲相爱，幸福地生活在一起。

吴广达，广达行的老板。吴老板小时候家庭贫困，读不起书，他12岁就跟人外出到义乌打工，在商行里做小伙计，边打工边学经商，商行的大掌柜看这小孩这么机灵，非常喜欢他，到了18岁的时候就把家里的小女儿嫁给他。在商行里做了十年，经验有了，也有了一点积蓄，22岁的吴广达就和老婆孩子回到老家曹岭村开商行，并用自己的名字作为商行名号，就叫广达行。广达行的商品质量好，价格实惠，非常受当地百姓的喜欢，慢慢地广达行就有了好几个店面，也有了好几个仓库，还有了几十个伙计，成为码头上最大的商行之一。

　　解放后，三家商行都进行了改造，公私合营，最后又变成了公有制。历史上红红火火的三大商行就泯灭在历史的尘埃之中。后来公路开通，很多货物不再从码头走，1998年上游建了电站，历史久远的曹岭码头也消失了，现在唯有一条古街默默地证明着曹岭码头历史上的辉煌。

（庆元农办）

苍南碗窑村

朱氏巫氏争碗窑

碗窑村，因制碗烧窑而得名。明时属南港归仁乡三十七都，因村口溪床多礁石，故旧称礁滩。碗窑村分下窑、顶窑、半岭三个自然村，下窑最先开发，顶窑次之，半岭随后填补，逐渐连片成村。

元时，碗窑村已有人居住生息。当地巫氏宗谱载，明万历乙亥年（1575）闽汀州连城县姑田里巫氏第37世瓷工窑匠巫人公行经此地，相中这里的水源、泥土（高岭土）、木柴等资源，适宜制碗烧瓷，遂定居田腰（顶窑）拓荒伐木，建窑制瓷。当时只有巫人公两兄弟，势单力薄，也不知何故，烧制了几批窑，都以失败而告终。最后，巫人公俩兄弟只好抱憾而去。

到了1650年，也就是在巫人公两兄弟建窑烧瓷失败的70多年后，巫人公的后人（巫氏第十五世志益公）带着江、胡等姓的人来到了这里。

据82岁高龄的原苍南陶瓷总厂厂长朱友生老先生讲述，当时，还有一人也在寻找适宜烧瓷之地，他是朱氏文孝公。文孝公在福建泉州时就是一名优秀的窑工，当时福建沿海一带连年战乱，民不聊生。文孝公带着家人一路迁徙，历尽艰辛，先迁到乐清窑岙定居，后来也到了桥墩。碗窑《朱氏族谱》记载："第一世文孝公从福建泉州安溪县岩前依仁里赤岸，于明季迁居平邑南港桥墩之云山大厝基，后转徙礁滩碗窑定居。生卒失考，生子五女一。"

文孝公本意是想去龙泉，在桥墩逗留期间，一日在茶店喝茶，结识了一个福建同乡。闲谈时听说对方也是制碗匠人，便询问了许多制碗方面的情况，当说到碗泥时，对方说当地礁滩山上就有许多这样白色的陶泥，文孝公一听，心想莫非就是他一直在寻找的制碗用陶泥？第二天，他用随身带来的7个小饭碗当报酬，雇了一个熟悉礁滩路况的当地人做向导，带他一家人去礁滩瞧瞧。

碗窑礁滩过去由于地方偏僻，人迹罕至。

这天，在长满杂草的碗窑山间小道上，传来一阵阵杂乱的脚步声，使这空寂的群山显得更为寂静。渐行渐近，只见一群人拖儿带女从山间小路缓缓而来，至碗窑龙潭边，见泉水清澈，大伙儿便在此小憩片刻，取水润喉。

这时，他们当中一个头人模样的长者朱氏文孝公上前几步仔细观察地势。他极目远眺，只见群山起伏，树木茂盛，两溪汇流，土地肥沃，浅滩深潭，泉水叮咚，他的脸上露出了满意的微笑，经验丰富的他认为这里是个风水宝地。于是，经他验证，福建碗匠口中所谓的白泥就是制碗的碗泥，而且储量很大，质量上乘。如果据此地建窑，用山上柴木烧窑，想来真是不错的！想到这里，文孝公对家人说，不去龙泉了，就在这里安身吧。

光想不行，还得付诸行动，文孝公不愧是经验丰富的窑工，随即占据了傍水的有利地势（即现在下窑），安家落户，他还选择向阳坡地，动手搭建起一座阶级窑。阶级窑自最下层燃火一级一级顺风就势往上烧，既提高温度又节省燃料。朝阳之处又适宜泥浆干涸，生活起居也怡然舒适。

就在文孝公和家人热火朝天地制瓷烧窑时，巫氏志益公一班人也来了，选择接水容易的顶窑居住。因此，形成了朱氏族人在下窑建窑居住，巫氏族人在顶窑建窑居住的格局。

由于烧窑技术及原料陶泥好，碗窑烧出来的碗、碟、盏、青瓷瓶等青如天、明如镜、薄如纸、声如磬，销路也就一下子打开了。

随着销量的不断上升，利润不断地增加，窑场规模也发展得很快，朱氏族人的窑场从最初的1座发展到了7座，都沿溪两岸依山而建。清中叶，朱氏族人即以制碗烧窑所得利润购地置田，族田达1200余亩，山林上万亩。朱氏人口也发展到上千人，成为碗窑第一大姓。朱氏族人聚居的下窑街上有旅店、裁缝店、饮食店、小百货店、糕饼店等多家，还建有戏台、宫庙等设施，人来人往，热闹非常，出现了一派欣欣向荣、兴旺发达的景象。

至清中后期鼎盛时，碗窑共有18座阶级窑，作坊车间数百间，水碓、泥寮数10座，全村聚居人口600余人。清末，碗窑生产工艺辐射到下垟、丁步头、桥墩园角，碗窑俨然成了浙南民窑重镇。

碗窑的鼎盛期持续了百多年，此后渐渐走下坡路，至清末民国初，碗窑已从生产几百个品种的细瓷，转为单一民用粗瓷的制作了。据村里的老人们回忆，最悲惨的年份莫过于民国二十五年（1936），到处闹饥荒，谁买碗？碗窑人只好将碗垒在家里，满满的，都挨着房顶了。

产品滞销，生计无着，矛盾便来了。

第一个矛盾是生意之争。当时，碗窑有50余姓聚居，下窑大部分是朱姓，顶窑以巫、余姓为主，半岭以陈姓居多。碗窑原作坊车间以户为单位，数间连建，权属清晰，以户为单位，一间作坊便是一个家庭生产生活单位。窑是集资联建的，为宗姓或片区共有。户与户之间、宗姓与宗姓之间便有了竞争，他们互相压价，互道长短。尤其是下窑与顶窑都建有戏台，为了争生意，留住自己的客户，纷纷请来戏班子，较长的一段岁月，碗窑经常锣鼓喧天，戏文不断。下窑在唱，顶窑也在唱。这个班子还未开拔，下一个班子又已到来。温州各地区的班子，但凡稍稍出色的，都曾在碗窑献过艺，几乎经常在"斗台"。

第二个矛盾是水源之争。水是碗窑的血脉，水对碗窑尤其重要，因为上游的水，是供水碓运转的动力。枯水季节，顶窑人要是截断水源，下窑人便停产。但下窑朱氏人多势大，顶窑人争不过，便请来拳师教授拳术，因此，常常纠纷不断。

当时，碗窑乡乡长也是朱姓人，叫朱芬，为了碗窑各族姓团结和陶瓷业有序发展，他便率先来做朱姓族人的思想工作，自己还带头捐资，说服各姓人合力凿石开路，建了一条长千米，深和宽约1米的水渠。引村西瀑布之水入村，经顶窑，过半岭，到下窑，流经各住房、厂房、水碓。这条水渠有四大功能：一是生活饮用、洗涤，村民晨起挑几担清水入缸作为饮用水，全天候川流不息的水圳还可供村妇淘米、洗菜、洗碗、洗衣之用；二是供水碓运转的动力；三是生产生活垃圾倒入山坡坑涧，随水流自然排放；四是消防功能。

碗窑产品于人们日常生活、习俗用具无所不包，碗、盘、瓶、杯及文房四宝中的笔架、砚台、笔枕、滴水倒头瓶、印泥盒、各种香炉无所不有，产品种类繁多，市场广阔。乡长朱芬正是看到碗窑粗瓷更具民间性特质，产品深入农村，市场较之精瓷更为广阔这种优势。他说服众人建立南港瓷器合作社，实行分产联销。建立瓷器合作社后，生产还是以户为单位，销售却统一起来，避免了无序竞争。这一时期，由于朱芬的努力，碗窑产品市场跨越长江南北数省与台湾，并经台湾出口东南亚诸国，使碗窑很快渡过难关。

解放后，碗窑手工业者响应政府号召，组织成立瓷业初级、高级合作社，期间部分采用模制灌浆工艺生产细瓷产品。1957年随着桥墩镇建造水库，以全村陶瓷手工业者为骨干移民桥墩镇，创办了平阳县陶瓷总厂，下窑西自七亩田东至水尾约占全村近三分之二建筑物拆废，仅剩上窑一座阶级窑继续生产。至20世纪90年代初，碗窑日用粗瓷也因市场萎缩，逐渐停工熄火。村民大部迁居桥墩镇定居，少数外出从事矿山井巷业。目前仅存顶窑与半岭一部分，全村常住人口不到百人。然而，其原始陶瓷生产工艺、工场尚存，村落建筑形态依旧。

（苍南县农办）

苍南矴步头村

谢传职经商逸事

矴步头村位于鳌江源头的玉龙湖上游,古称"鳌头",时为浙闽两省平阳(现苍南)、泰顺、福鼎三县之通衢要道。矴步头村是一个山碧、溪清、潭深、滩美、林秀、桥多、厝陈的古村落,历来有"雁齿矴步、广昌大厝"之称。

雍正七年(1729),矴步谢氏自福建永定斧冈迁移到此,传至六世祖,名屏官,字传职。谢传职从小家贫,读过几年私塾,小小年纪进入茶行当徒工,他凭着聪颖和勤奋,数年后成为年轻的茶师。后学做茶叶生意,招牌名号为"广昌",经常运载茶叶到苏州等地销售,生意兴隆,愈做愈大,赚了不少钱。道光七年(1827),择矴步头建造顶广昌,咸丰六年(1856)又建造下广昌,至今已有160多年历史了。谢传职还因乐善好施、喜欢修桥铺路而闻名,温州府儒学方夫子赠给谢传职"英杰联芳"横匾,当地至今还流传着许多谢传职发家和建广昌大厝的故事。

卖茶

某年四月,谢传职运茶到苏州卖,因那年天气不大好,茶又多,便用船运载。一天傍晚,船行江上,突然天空乌云密布,大雨倾盆,风浪大作,船到江心无法进港避风,几船的茶叶,全部被水浸湿。

到了苏州,又遇茶价暴跌,好多茶商只好贱价把茶叶卖了,而广昌号的茶叶湿漉漉贱价也没人要,卖不掉,怎么办?弃掉可惜,只好全部进行翻晒。因为这次茶价下跌所有茶商都蚀本,此后,茶商都不敢运茶叶去苏州了。因此,苏州市场货源紧缺,于是茶价成倍上涨。广昌号的茶叶经过一段时间的翻晒处理,刚好遇上这次特好茶价,于是大赚一笔。

有人说,运气坏,喝凉水也塞牙;运气好,想挡也挡不住!

买银

矴步村之西有座山,名叫打石岗。传说该地有一寺院,年代久远,寺院早已荒废，地基被王姓人家开发为田，种上庄稼。有一年王氏族人在挖坎中发现田坎头里，有许多沉甸甸的乌黑小砖块，于是他们挖了十来担，挑到福建桐山古董店去卖，店主仔细一看，说这是废铁，没有用。但他们舍不得丢掉，仍旧把这堆砖块挑回家。到了矴步头，遇见谢传职，谢传职问他们挑什么，他们把过程复述了一遍，谢传职拿过砖块仔细察看，看完后说："你们这些废铁便宜些，我买下，家里还有多少我也全部买下。"据当地90多岁老人说，他们的爷爷也挑过，共有十八担，挑到广昌就用黑布把他们眼睛包起来，让人搀着慢慢挑，把担子放下后，又把他们牵出来，然后才掀开包布，所以当地人都不知这批废铁放哪了。

原来与矴步头毗邻地域分布着稠密的银矿遗址，历史悠久，周边一些地名的来历都与银矿有关。矴步头与岭脚自然村交界处，就有一个叫"太监府"的地名。据有关史料记载，矴步头附近的泰顺月湖银洞开采始于元代，当时已经具有一定规模，因此才会有朝廷派太监到当地监督开采。其实这些所谓的"废铁"因年久氧化，外表看不出名堂来，多刮几层表皮，里面却是闪闪发光的银块。谢传职识宝，花小本钱又发了一次大财。

捡银

有一年的阳春三月，天气渐热，谢传职又有一批制好的茶叶运往外地销售，他和伙计途经一个叫桃花岭的地方，正口渴时，忽见岭边有一窟泉水，清冽无比。谢传职喝够泉水后，一抬头忽见泉水附近的坎边有一陶瓶，瓶斜着一半埋在土中，从瓶盖空隙中看去发现里边白闪闪的，甚觉奇怪，谢传职上前仔细往里一瞧，原来是一瓶白闪闪的银块。突遇横财，怎么办？于是他就从身上解下腰带，悄悄地缚在银瓶上做个记号，准备等卖完茶叶，返回途中再把它带回家。

茶叶卖完，按原路回到那地方，一看，那瓶银子却不见了，谢传职懊悔不已，怏怏而回。到了家里，他妈问他："你往常回家总是高高兴兴的，这次回家怎么闷闷不乐？是否茶叶生意亏本了。"他就把路上的奇遇说了。他妈说："不用丧气，前两天我们家后门坎，母猪在吃草，拱出一瓶白银。"谢传职甚觉惊奇，要他妈马上带去察看，一到仓库，果然见仓库里有一陶瓶，瓶内也是白闪闪的银块。

抬石

广昌大厝依山临溪，整体建筑坐北朝南，由山门、外厅、厢房、正厅等组成四合院式木结构建筑群。大厝分顶广昌、下广昌两部分，两厝对角毗邻，共有建筑面积3873平方米，有住房62间。庭院地面用鹅卵石铺成各式各样的花纹图案，十分精美。大厝四周筑有围墙，全长368米，墙高5米，底层宽2米，墙尾宽0.75米，共用石头2385立方。

当时建广昌大厝时，第一个难题是石材。谢传职聘请金华师傅来矴步头，金华师傅根据当地情况，建议用溪石砌造。但要扛这些大石头来砌造围墙，是件极不容易的事。于是谢传职用高出别人的工钱，发动村里青壮年到溪里抬大石砌墙，老人和妇女到溪里捡鹅卵石铺成图案。据说当时溪里的石头扛没了、捡光了，村人只好等待上游发大水。大水来了，大小石子从上游冲下来，水退了，村人又捡又抬。经过好几个大水，才把围墙造好，庭院地面花纹图案铺好。

广昌的围墙现已残缺，庭院地面图案保持完好，尤其是四垛防火墙用溪石砌就，结构严谨精密，十分平整，行家说这样的砌工现代少见，工艺堪称上乘。

春粿

广昌古宅始建于1827年，整座建筑设计先进，规模宏大，其中仅柱子就有286根，大梁33根，建房时谢传职特选了黄道吉日，立柱上梁。

但要在短时间内柱脚全部落地，并要在同一个时辰上梁，不知要多少人来相帮，这对一个人口不多的小山村来说，是一件很不容易的事。可是谢传职却胸有成竹，早在上梁之前的一个月前就开始舂粿粉，在上梁那天准备做几桶软粿，凡是有人来帮工，就能无偿分到软粿。那个时候能吃上软粿是件很不容易的事，这个消息一传开，上梁之日全村青壮年都赶来相帮，看热闹的人更多了，软粿分发了几大桶。

广昌古民宅建筑讲究，与众不同。上有衬板，中有楼板，下有地板，人称"广昌三板"。广昌古宅的所有柱子全部选用椎木。椎木系优质杂木，胜过杉木，谢传职曾找遍泰顺的山山水水。广昌古宅所盖的瓦片，由谢传职兄弟自行拱窑特制，比通常瓦片厚大，历经百年沧桑，都安然无恙，多少次强台风，没有刮走一张瓦片。但在1957年除夕之夜，不慎失火，下广昌房屋全部被烧毁，因村人奋勇扑救，大火幸未殃及顶广昌。顶广昌共有建筑面积3293平方米，被誉为"乡间的紫禁城"，是省级文保单位。

（苍南县农办）

松阳雅溪口村

徐广一经商善助

　　松阳县象溪镇雅溪口村位于松阴溪畔，与项山头、黄田铺三个自然村组成，距松阳县城12公里，因坐落在雅山与松阴溪交口处，故称为雅溪口，旧时又称五尺口，因村口与五尺坑交汇而得名，村里的民居是明清风格。全村50多幢古民居均为泥墙青瓦、马头墙、石质门框，雕梁画栋、牛腿雀替、照壁天井。徐广一和他的后代就居住在这里。

　　据徐氏家谱记载，雅溪口徐氏为衢州龙游灵山偃王之后，由灵山迁居松阳，分派于西乡之白岩斗潭，复分支于南乡之吕潭。徐家始迁为何选择吕潭，这里还有一段鲜为人知的传说：这村面对松阴溪，背靠群山，由五条山脉组成，山脚有一圆形如珠宝，故称五龙抢珠，五条山脉的水汇成一条长龙由东向西流，据说水向西流的地方很罕见，这种流向的村庄大都能出官。居住这里的人自然很重视耕读文化，他们的子弟也都成材，做了大小不同的官员，留在家里的妇女非常想念在外当官的丈夫，但又离不开这片土地，苦水只好往肚子里吞，农田也只好雇工帮忙耕耘。

　　有一天一位叶姓的太公病逝，他们请来风水先生踏地安坟，这些妇女问风水先生，我们非常想念丈夫，你有什么办法让他们回家。风水先生掐着手指算了算说，方法倒是有，你们如果按照我的话去做，三天后你们的丈夫准能回家，不过我有一请求，如果我回不去了，你们要为我养老送终。这些妇女兴高采烈地说，只要能让我们的丈夫回家，这点要求我们绝对做到，决不食言。

　　风水先生要他们把山脉向西流的水道闭掉，在水道头上挖一个坑，把太公坟安在那里，然后村中间新开一条水道，把水引向那里去。这些妇女去请示族长，族长同意，于是全村老少及雇工一起苦战了几天，把新水道开通，然后闭掉原水道，等太公的坟安好，风水先生的眼睛突然瞎了，三天后这些当官的人头被送了回来（据说是被奸臣所陷害），这些妇女抱头痛哭，然后责问风水先生，我们要的是活人，怎么是人头送回来，你叫我们孤儿寡母的往后日子怎么过？风水先生说，我只算得到他们会弃官回家，人头送回家我也不知道，我的眼睛都瞎了，如果知道的话，我也不会自己伤害自己。这些妇女想想也是，但心中的悲愤难消。

自从水道改变后，这个村的农田不能种水稻，只好种番薯，百姓的生活一落千丈。有一天，族长召集相关人员开会，打算请个戏班来村演戏，压压惊，出出晦气。戏班在叶家祠堂演出，演出前先要"踏八仙"，一边用脚踏，一边口中念念有词地说："风调雨顺，国泰民安，马放青山，刀枪归库，太平天下，谁不听令，头挂辕门。"演出结束后，即开始"判台"，即拆一块台板，判一步、再拆一块台板、再判一步，一共拆八块台板判八步，每人念一句台词"老南瓜不扒皮，茄子连蒂来，番薯丝饭吃不来……"

因为戏班演了三天三夜的戏，吃了三天的番薯饭，心里很不是滋味。结束那天，一些戏子没好气地说，这样对待我们，你这个叶家祠堂，迟早要遭天火。说来也巧，到第二年这个祠堂就烧了，村里的人都慌了，他们认为祠堂被烧很不吉利，于是又有人问风水先生，有什么办法拯救这个村？风水先生说："把太公的坟墓移到山东边的那块山地上，把新开的水道闭掉，把原来水道开通，就能扭转乾坤。新水道一闭原水道一开，风水先生的眼睛也亮了，他想村里发生了这么多不愉快的事，完全由他引起，内心觉得有很对不住这里的百姓，趁人不备就偷偷溜走了。

徐家凭借这块宝地生根发芽，他们家家人丁兴旺，日子过得红红火火，蒸蒸日上，徐广一的父亲徐仪喜生了六个儿子，分别取名广一至广六，因吕潭发展空间有限，交通不便，他希望长子广一能带个头在附近找个好地方生根发展，繁衍后代。

徐广一（1324—1382），字祖华，元末明初人。公元1367年，徐广一和叔父元振公从吕潭迁往雅溪口。徐广一天生聪慧，经商很有门道，经过几年的打拼，他赢得了丰厚的回报。

松阳雨水多，洪水经常泛滥，雅溪口一带靠几只渡船过河，经常船翻人死，给百姓出行带来不便，很多商品也不能如期交换。徐广一看在眼里，急在心里，做善事为百姓建桥铺路是他早就藏在心里的想法，如今有了资本开始付诸实践。据徐家宗谱记载，他先后建造了雅溪口桥、裕溪桥、靖居桥和宁桥、严弄桥、寺桥大小共三十六座，又造水阁凉亭（在县城北五里），花塘游观……据松阳县志介绍，靖居桥在县东四十里，分上中下三条修架木构成；裕溪桥在县东五十里的裕溪；雅溪口桥在五尺口村；平济桥在城西北三里（即马桥），咸丰初年大水冲毁，后人曾修复过几次，现改建污水处理厂。

现在这些桥大多不在了，但旧址仍在，对于徐广一的义举，后人对他的评价是：为人正直、乐做善事、经商有方、商贾道晓、贸易公平、品如金玉、名扬千载。

（周祚云）

徐广一画像（周祚云供）

绍兴柯桥紫洪山村

爱乡侨领章传信

　　紫洪山村是绍兴柯桥区出名的侨乡。紫洪山村至今尚存 20 多处明清风格的古建筑群，该村至少有"五古"：古岭道、古民居、古树、古溪、古民风。紫洪山村地处僻址，少有耕地，历代村民不得已背井离乡，远渡重洋，艰辛创业，因此，紫洪山村被称为绍兴"三大侨乡"之一。全村现有侨眷 110 户，旅外侨胞 1700 余人，旅居于世界数十个国家和地区，其中尤以香港地区较多。紫洪山村还建有全县唯一的村级侨联组织，2010 年被浙江省侨联授予全省五星级村（居）社区"侨界之家"。香港绍兴旅港同乡会永远名誉会长章传信的故居就在这里。

　　章传信，字其润，1932 年 6 月出生。自幼丧父，寡母育孤，于 1949 年赴港学徒创业，少小离家，自学成才。1972 年，创建了香港鼎盛布行有限公司，几年内又相继创办了香港毓华织物贸易有限公司、香港钱塘染厂有限公司，均任董事长。在海外闯荡数十年后，从一名普通的学徒，成长为声誉卓著的工商名流，爱国爱乡的杰出侨领。

　　绍兴籍侨胞捐资办学发端于改革开放之初，绍兴地区第一所侨校——"绍兴县兰亭紫洪山爱国学校"的首倡发起人即是章传信。

　　1978 年 12 月，党的十一届三中全会明确提出了改革开放的政策。1979 年岁末，章传信第二次踏上家乡故土，看到紫洪山完小，看到校舍破败，章先生暗下决心，一定要想办法建座新校，让孩子们好好读书。章传信发出倡议，带头捐资 2 万港元。1981 年国际儿童节，绍兴市第一所侨资学校——"紫洪山爱国学校"落成。章传信以母亲名义捐资设立"章茹氏奖教奖学基金"，还多次出资改善办学条件。据不完全统计，章传信累计捐赠已超过 100 万元。他还力主倡议筹建"绍兴大学"，被聘任为"绍兴大学"筹委会副主任，捐 200 万港元。

　　章传信被授予"绍兴市荣誉市民"、绍兴县人民政府教育事业"绿叶奖"、浙江省人民教育基金会"浙江省第十八届绿叶奖"称号。

旅外侨胞，回到故乡绍兴，大家都希望在市区有一家像样的旅馆饭店。于是章传信即与其他旅外乡贤联名提出筹建绍兴华侨饭店，经与市政府有关部门联系落实签约后，旅外侨胞热烈响应，踊跃参与。短短一年多时间，绍兴华侨饭店就从海外筹集到建设资金200余万港元，还无偿接收侨港胞捐资物款50多万港元，绍兴华侨饭店首期工程终于在1985年春节期间落成开业。章传信又是绍兴旅港同乡会最原始、最主要的发起人之一。1988年6月18日，绍兴旅港同乡会终于在香港美丽华大酒店，举行了盛大的成立庆典，时任省长的沈祖伦亲致贺信，绍兴市王贤芳市长，俞国行副市长率各县区领导组成政府代表团专程抵港祝贺，各界800余位嘉宾欢聚一堂，章传信当选为该会副会长，后又相继担任常务副会长兼秘书长、会长直至永远名誉会长。

作为绍兴旅港同乡会的主要发起人之一的章传信，1988年被推选为绍兴市政协二届港澳委员，1998年当选市政协常委，并担任市政协港澳台侨委员会副主任，直至2012年市政协七届前，因年龄关系（时年80周岁）荣休，连任五届24年。其间，为故乡的政治、经济、文化、教育和社会各项事业的发展，建言献策，捐资出力。

情系桑梓，乐助公益

在绍兴香炉峰建设过程中，广大旅外乡贤表现出很高的热情，章传信无疑是最热心的倡导人和响应者。新加坡侨胞徐春荣先生为香炉峰的修复、扩建作出了重大贡献。因当时新加坡不能直接汇款到绍兴，徐春荣先生便通过香港的章传信中转。奉母至孝的章传信，为报答乡情母恩，1991年与夫人以章母名义捐资6万元在炉峰山路险峻处建造了"凤仙亭"。此后为香炉峰建设累计捐款130万元。

绍兴于1988年7月份连遭特大暴雨和7号台风侵袭，越乡遭遇天灾的急难时刻，章传信与同乡会侨领身体力行，发动旅港乡亲，迅速筹集到22.15万港元，通过家乡侨务民政部门及时送到重灾区，以解家乡同胞燃眉之急。20世纪90年代，章传信与其他几位市政协港澳委员联名提案，并带头每人捐赠50万元，建造起绍兴第一座博物馆。据不完全统计，同乡会成立20余年来，章传信等侨领以集体或个人名义，先后在家乡捐资兴办100多个项目，累计折合人民币1亿多元，为绍兴经济社会发展作出了独特而卓越的贡献。

1999年夏,绍兴市政协向海内外发出倡议,开展"举社会之力,治古越河道"的捐款活动。时任绍兴旅港同乡会会长的章传信率先带头捐资15万元,并广泛发动侨港胞共捐款300多万元,给予家乡建设有力支持。在捐资治理市区环城河的同时,章传信也不忘县区的河道建设,先后捐助10万元,支持市区城南及柯桥的河道治理改造工程。

　　古稀之年,仍老有所为,乐而不止。80高龄之际又捐资20万元修建家乡紫洪山华峰寺山道,为故乡的"兴林富民"工程添砖加瓦。并与同村旅港同胞共同出资建造绍兴农村第一座"文化大礼堂"——紫洪山村文化大礼堂。其乐助公益涉及项目之众多、领域之广泛,实属罕见,先后累计捐赠资金达1200余万元。2014年,被浙江省人民政府授予"省爱乡楷模"称号。

　　章传信先生在故乡绍兴留有很好的口碑,是绍兴地区家喻户晓的德高望重的爱乡侨领。

(绍兴市农办)

章传信肖像（市农办供）

第四章　仙踪风韵

苍南五亩畲族村

李法新作法求雨

五亩畲族村，位于苍南县灵溪镇南水头社区的西北面，从县城到五亩畲族村约为8公里。

该村位于玉苍山南麓，处在一个葫芦形的小平原上，西北面多高山峻岭，东南面一条河水如弓，风水学上叫作"玉带环腰"。出水口处有一座拱桥，拱桥两头有两株近300年的大枫树，树荫浓郁。更奇特的是拱桥的弓部内侧中间，斜长出一株水桶粗的金桂，树龄200多年。金桂树干弯曲如龙，树身斜长似伞。

据《李氏族谱》载，一世祖李显达（1569—1636），是一位法师，明末从福州汤岭迁至此地，因当年的土地面积只有五亩，故命名为五亩村。现该村多为李、钟两大姓氏，人口有680多人。

据说，先祖李显达供奉神明陈靖姑（温州一带称之为"陈十四"）。直至今天，李家老房子的厅堂中间，还存放着陈靖姑的香火。福建有两大女神信仰：一是妈祖，二是陈靖姑。史书上称"海上信妈祖，山上信靖姑"。

陈靖姑，小名陈十四。一说出生于唐僖宗（862—888）年间，福建古田人，是道教闾山派杰出的代表人物。福建民间称之娘奶、奶娘、夫人奶、临水夫人、陈奶夫人、顺天圣母等。陈靖姑几乎成了畲族的民间保护神。民间为求妇女生产、儿童成长顺利，多祈求陈靖姑保佑。逢年过节，五亩村的李、钟两姓都会办着牲礼，十分虔诚地祭祀陈靖姑。

李法新，是传说中的大法师。他从小在闾山学法，他与陈靖姑同一个师父，都是闾山法主许旌阳。

有一天，李法新躺在床上睡觉，觉得元神出窍，去闾山学法了。这一觉，本来应该睡七天七夜，可是到了第三天，天突然下起了雷雨，风也很大，他母亲怕他着凉，就用一匹土布盖在他身上。在闾山法术中，这就等于母亲要把儿子火速召回。

闾山法主只好派人护送他回家。闾山法主知道李法新法力还没有学成，就给他带上一担闾山法术的书，让他回家继续看书练功。

李法新闾山学法归来后，各路山神土地对他无不敬畏。由于地方太平无事，当地便很少有人请他去做法事。李法新是修道之人，生活十分朴素，除了法事用的道袍外，自己日常的衣衫都是补钉打补钉的。

有一年夏天，平阳县内干旱十分严重，百日之内不见下雨，庄稼大片枯死，官民惶惶不可终日。县官只好召集各地有名的道教法师，去县城设道坛求雨，李法新法师也名列其中。

李法新从五亩村走到平阳县城，山路七八十里，比别人迟一些时间到。

他问衙门有没有场地让他设坛，衙役说位置全被先来的法师占了，你只能在树下设个坛。

李法新说："我的道坛与正一派、全真派的道坛都不一样，要用九张八仙桌，一张叠一张，人要翻上去，在第九张八仙桌上做法事求雨，叫做'翻九楼'。可是这半空中，正好有一根大树枝横在那里，请你们叫人用梯子搭上去把它锯下来。"

衙役看看这个法师身上穿的衣衫也是补的，一定没啥名堂。就说："天也不早了，粗工都已经回家休息了，法师你还是自己想想办法吧，八仙桌我们给你抬过来，要锯下那大树枝实在有困难。"在场的其他法师也暗暗笑他。

李法新想："这分明欺我是山里人，欺我是穷人嘛。"

李法新口中念念有词，右手持宝剑，左手指着树枝，高喊一声"嗨"，碗口大的树枝，应声掉到地面。

其他法师围了上来，说："你真是活神仙，了不起啊！"

大家个个拱手相敬。

县官闻讯赶来，李法新说："我是最后一个来，明天就让我最后一个作法求雨吧。"县官见这个法师真的了不得，就依他说的办。

第二天早上，法师们轮流求雨，最后轮到李法新"翻九楼"了。这"翻九楼"本身就是十分惊险的动作，垂直叠起来的九张桌子，看起来一阵风都要吹倒，李法新要一张一张地翻上去，还要在上面踏罡步斗法，做各种惊险动作，实在不容易。

他翻上"九楼"，做了半个时辰的法事之后，本来万里无云的天空，一下子乌云滚滚。他翻身下法坛，问县官老爷："雨要下多大？要下一稻桶还是一酒瓶？"县官是个聪明人，他回答说："一酒瓶，能解旱情就够了。"

李法新要县官老爷去取酒瓶，自己又翻上"九楼"，口中念念有词，吹了一阵龙角，突然大雨如注，县官老爷一身衣服全给淋透了，连连叫道："够了，够了。"酒瓶口小肚大，雨点打入酒瓶是不多的。酒瓶中只满了三寸，雨量已经足够了。

温州府台得到旱情缓解的消息，加赠李法新象牙玉笏（法器）一支，至今象牙玉笏还完好地保存着。

李法新将法术传承给儿子李元陈，此后一直在浙南闽东一带留传。

2009年6月，"陈十四信俗"文化列入温州市第二批非遗保护项目。

2013年以来，每年举办一次浙台（苍南）陈靖姑信俗文化节。文化节期间，还请浙闽两地法师做法事，以祈求平安吉祥。

（林子周、李绍咮、杨协民）

祈福大典（李绍咮、杨协民供）

景宁东垟村

积德行善陈七公

自县城迤逦而南六十里许,有座山叫岐山,山上有个村叫东垟村。

东垟世族陈氏,始祖陈四一,名乾字粒,汉高祖辅臣陈平之后。陈四一于明初迁入东垟,桂子兰孙,繁衍绳绳,到陈荣,已有七世。

族谱载,荣七公"生而颖异,髫龄能文,倜傥有大志,为岐山出类拔萃之才"。陈荣立足持家,积少成多,日积月累而富甲一方。

某年四月既望,七公神志恍惚,依稀在梦里,见一老者器宇轩昂,须眉清疏,翩翩然有霞举天外、鹤舞云中之姿。老者教诲云:"吾乃汝世祖,昔泛舟过扬子江,风雨大作,几将倾覆。乃仰天长啸,愿置田亩地产山场三万,具舍三宝如来,祈求庇护。俄顷,风平浪静,钟声响彻,归即舍业,于寿宁茗溪之鳌山顶建三峰寺。汝今既富且贵,实岐山翘楚,却昧昧于东垟一隅,与坎井之蛙何异?当扬眉吐气,积德行善,保世族平安。"即翻阅陈氏谱牒,果然有志历历在目。七公幡然有悟,今族人趋利避祸,枝繁叶茂,莫不是全仰祖上厚积懿德之功。

这年重阳节,七公兀立岐山之顶,放眼东垟一派山水:水有"上水船坪""中流龟石",云气如蒸;山如"牛眠坦地""青峰朝拱",霜染半红;近有"消夏长桥",笙歌缭绕;远有"龙井飞泉",扶摇九天。他顿时胸扩意朗,乃自言自语,何不择溪水之东筑一庵,锦绣之上再添一花?一者可彰先祖遗德,以化乡邦,祈求神道荫庇,以保里人远离祸患,世代昌盛;二者可使路人游者驻足歇息,遁世之徒参禅悟道,岂不为善举?

事后即择黄道吉日,于五叶莲花之地动土兴建寺庙,取名福惠庵。该庵于明洪武年间丙寅年孟冬佳节乙卯日未时竖柱上梁,次年六月开光,迎佛镇庵。从此,福惠庵常年祭者如织,奉者如云,香烟袅袅,钟声长鸣。七公又购置田亩及山场各百亩,将本息慷慨拨入庵管及住持,供奉香油及生活需用之资。

福惠庵庄严肃穆,风景清幽。四周山峰好似莲花朵朵,后枕玲珑诸峰，远吞千里烟波，左植松竹以撷清风，右栽杉楹以遮南阳。拾级而上，步入正堂宝殿，正位是如来金身塑像，左奉五显大帝，右奉关圣大帝。诸塑像袒胸露乳，憨态可掬。龛顶有"神功圣德"四大字，熠熠生辉。两翼柱联字迹依稀可辨，一联云"神光普照千家福，圣德遍地万户安"；又一联云"问之不答求之应，听其无声叩则灵"。正堂两厢各置安室两轩，轩内洞然有光，为路人驻足品茗或迁客逸士参禅悟道之所。东西各有门，中央为穿堂。人在其里，吞吐三面清风，沐浴山间明月，谁还惜乎什么功名利禄？谁还惜乎什么浮名虚誉？清末文人何云章游览于此，不禁逸兴遄飞而为诗云：

寺隐竹林别有天，嘉名福惠赐何年？
萧条古刹连日雨，寂静空门锁晚烟。
说法僧归明月下，敲钟韵度暮云边。
红尘不到清幽界，花木重重佛阁前。

次年，七公又拓宽西轩，充里人学堂，凡学宜有者无一不备。于是广招学徒，大兴庠序之教。无论尊卑贵贱皆可免资入学。此举可谓开现代义务教育之先河。这年八月十五，七公招集族人云："学亦有质，孝悌忠信是也。贤者内正其心，外修其行，行有余力，则以治文，文质彬彬，然后为德。故学之染人，甚于丹青。丹青者吾见其久则渝焉，未见久学而渝也。族人宜广开学业，以协时雍，光扬我世族之盛化。"翌日，七公走街串户，勉励族人踊跃送子入学。时族里多为瓮牖绳枢之徒，以采薪养牛为辞，拒子入学。七公即引各户牛羊牲口于一圈，统一雇人豢养，力排众难。未几，至者三四十，以至于三里八乡，束发求学者趋之若鹜，蜂拥云集。至此，福慧寺里钟声、读书声不绝如缕。

福惠庵与村庄之间有一水之隔。春夏之际，溪水暴涨，人人望"溪"兴叹，学生上学不便。七公则身着蓑笠立于旁，指挥家丁涉水左右穿梭，往来送接，终日不息，以至于无一因水患而中道辍学荒废。后来，七公变卖田产百亩，于溪上架一拱桥，从此，众人可风雨无阻。平日闲暇之余，七公总教诲后人：当铭记学文乃立业立德之根本；儒学之道淡而无味，始学者无不倦怠，一旦所观弥博，所习弥多，闻所未闻，见所未见，则心开意朗，于不知不觉中大化已冶心；往哲先贤不患才不济，而患志不坚，积勺可成河，累尘可崇峻，若能心无旁骛，一一而终，则或先或后，或迟或速，无滞不通，无远不至！

十年后，七公卒。有学子四十，跪于灵前，哭声恸天。

七公立德之善道，兴学之义举，至今仍在东垾传颂。

(刘雪峰)

兰溪洪塘里村

蒋兴俦东渡曹洞宗

蒋兴俦（1640—1695），字心越，幼名兆隐，别号东皋，众称东皋心越禅师，兰溪柏社乡洪塘里人。8岁时在苏州报恩寺出家为僧，十三岁起云游诸省，寻师访道。清康熙十年（1671）入杭州寿昌、皋亭诸寺参究禅法。

康熙十五年（1676）八月，蒋兴俦应日本高僧澄一法师之邀，乘商船离杭东渡日本，于十二月抵达九州，第二年正月十三日抵达长崎，会见澄一法师于兴福寺，遂驻锡于该寺、讲经说法之士前来求教者接踵。同年为长崎延命寺撰《法华三昧塔铭》，更是声名雀起，播扬四方。但一些别有用心者编造罪名诬陷蒋兴俦致被囚禁。水户藩王德川光圀早慕兴俦之名，得知此事后，即面见当局以救，兴俦获释。康熙二十年（1681），移居江户的德川光圀，把水户的天德寺按中国明代寺院形制改建，于康熙三十年三月竣工，改寺名为寿昌山邸园寺，并延请兴俦禅师主持。兴俦禅师成为日本佛教曹洞宗寿昌派的开山祖。

兴俦禅师精于篆刻，东渡时所带陈策撰的《韵府古篆汇选》被译成日文，成为当时篆刻启蒙的主要工具书。他的篆刻，受到日本艺术家的普遍赞扬和推崇，被奉为"日本篆刻之父"。今邸园寺藏有《自刻印谱集》，载有他为德川光圀刻的"源光圀印""子龙父"，为人见竹洞刻的"泼墨"等。技法既端庄邃密又古拙飞动，既删繁就简又挪让顾盼，俨然汉印风骨，把刀法和书法熔于一体而相得益彰。

他书法长于隶、草。隶书不囿于汉碑鼎文，行书承赵子昂、祝枝山与董玄宰，更参禅宗的独特风格。长崎皓台寺有他创作的屏风2组共12联，笔势如凤翥鸾翔，视为神品，被日本书法界列为与黄檗书法齐名的五个代表人物之一。

绘画长于人物，喜作道释，兼工梅、兰、菊、竹。日本茨城邸园寺内藏有兴俦所作巨幅《涅槃图》，上绘僧俗人物、树木花卉及翎毛走兽等。

据安积澹泊说："虽吴道子、张僧繇恐不过此。"

善抚古琴，精通琴道。兴俦学琴于庄臻风，是虞山派的传人。东渡时带去"虞舜""秦王""万壑松"三张古琴。著有《东皋琴谱》和《和文注琴曲谱》传于日本。《日本琴史》说："中国琴学盛日本，实师之功"。

兴俦旅居日本二十年，位卑未敢忘忧国。"大明方外一人""游明子""西湖一人""剑胆琴心""西方之人兮"等篆刻，反映了他的爱国之心和思乡之念。

康熙三十四年（1695），兴俦因肺炎不治，于九月三十日圆寂，终年57岁。德川光圀为之立坛题碑："寿昌开山心越和尚上之塔。"墓地保存完好，每逢忌日，僧众前去供奉，至今不衰。

蒋兴俦是从兰溪这方沃土上走出去的一位著名僧人，一位多才的艺术家，更是一位中日两国人民友好交往的使者。

（兰溪农办）

杭州富阳上臧村

臧洪宇观棋烂柯

上臧村建于宋末明初，至今已有700余年。据《臧氏族谱》记载：上臧村鼻祖建一公，官封宋朝富春教授，性喜游山玩水。他游到壶源栖鹤十四庄永丰乡（今富阳区湖源乡上臧村）时，赞叹此地具"富春四仙八景"之地形，遂在此建村居住。

村庄坐落于群山绿水之中，自然景致得天独厚。村内现存臧氏宗祠、孙家祠堂、臧家厅等多处古建筑，雕梁画栋，工艺精湛，有较高的文物价值。至今仍有"小洪宇观棋烂柯""洪宇公骑虎上天"等传说。

明神宗万历十八年（1590），一个小男孩降生在一户臧姓人家。小男孩出生那晚月明星稀，夜空皎洁，突然，一道亮光从天空划落，只听这户农家里"哇"的一声，声音十分宏亮，小男孩呱呱坠地了。说来也奇怪，小男孩出生的时候他的母亲一点疼痛感都没有，第二天便可下床，行动自如地下地干活了。按家谱辈分来排，小男孩是汝字辈，其父便给取名汝元，字洪宇。

转眼间，小洪宇就长成了一个高大威武、仪表堂堂的少年了。小洪宇身高八尺，力大如牛，能挑千斤重担，面色红赤如关公。小洪宇十分懂事，能吃苦耐劳、孝敬父母，村民们都赞不绝口。

每年的农历八月十三是祭祀胡公大帝的日子，信奉胡公大帝的村民们都会在这一天千里迢迢地赶往永康方岩祭拜。小洪宇的母亲李氏也是十分信奉胡公大帝的，跟其他村民一样，提前一天准备好祭祀用品。

小洪宇15岁那年的八月十二日，晨光熹微，母亲早早起来准备第二天祭祀要用的东西了。由于路途遥远，李氏打算包一些粽子，来回途中吃。一小斗米刚好能包三十个粽子，包好放锅里煮了近一个小时后，李氏就叫来小洪宇添柴烧火，自己就去沐浴更衣。（古时在祭拜神明时，每一位村民都必须先要沐浴更衣，以表示对神明的敬畏）小洪宇刚坐下不久就闻到粽香扑鼻而来，没有吃早餐的小洪宇肚子里早空空了，咕噜咕噜地叫个不停。小洪宇心想这时母亲不在，不妨先拿两个粽子当早餐，他小心翼翼地移开锅盖，也不管烫不烫手就胡乱地抓了两个，狼吞虎咽地吃了起来。两个粽子吃下去了，却一点饱肚的感觉也没有，再加上这糯米粽子实在是太好吃了，抵挡不住诱惑，小洪宇便一个接着一个，吃得津津有味。饱餐一顿后，提起锅盖一看，锅里只剩下三个粽子了，此时的小洪宇吓出了一身的冷汗，心想这些粽子是母亲去祭拜胡公大帝途中吃的，现在都被自己吃完了，母亲必将责骂于我，这可如何是好？小洪宇正在苦苦寻思对策，突然灵机一动，自言自语地说道："我何不一早上山砍些树来造新房，将功补过，母亲就会消气，原谅我的。"

主意一定，小洪宇就提上一把斧子往山上去了。一路上伴随着溪水潺潺、鸟语花香，还有松鼠在树上跳来跳去，小洪宇忘记了疲惫，走着走着，突然被一块硕大的石头挡住了去路，只见巨石四四方方，平坦如床。巨石周围林木参天，怪石嶙峋，旁边一条小溪绕石而过。巨石上端坐着两位鹤发童颜、神采奕奕的老者，正在聚精会神地下棋对弈，双方落子掷地有声，似乎都想在气势上压倒对方，但双方势均力敌，局势十分紧张。

小洪宇十分好奇，就轻轻地将斧头放在一边，静静地坐在老者旁边看他们下棋。老者们气定神闲地吃着仙桃下着棋，小洪宇就直接吃老者们扔掉的桃核。双方战局十分激烈，等到老者分出胜负后，对小洪宇说："小伙子，你看你的斧头柄都烂了，赶紧回家吧。"说完，老者们脚踏祥云而去。

小洪宇如梦初醒，发现带来的斧头木柄真的烂掉了，才想起来自己是上山来砍树的。小洪宇没有了斧头，但又要砍树回家建房以取得母亲的原谅，他就只能徒手拔树了。虽小洪宇年纪尚轻，但他力大无穷，轻轻松松地就拔了两棵松树。小洪宇夹着两棵松树回到了家，母亲激动地抱着他痛哭着问："你这三年做什么去了？"小洪宇一惊，将自己上山砍树的事情原原本本地跟母亲细说了一遍，才发现原来自己离家已有三年之久。

小洪宇带来的两棵松树做成了新房的楼梯，保留至今。而小洪宇观棋烂柯的故事也在村里口口相传，妇孺皆知，流传至今。

（富阳市农办）

湖州南浔朱家坝

顺治出家当和尚

浙江省湖州市南浔区菱湖镇新庙里村朱家坝，几百年来传说是清朝顺治皇帝圆寂之地。顺治帝削发做和尚，在朱家坝科寺头庙修行，为百姓做了很多好事，所以顺治帝在朱家坝的传说还蛮多的。

顺治帝不做皇帝做和尚，原因不清楚，这是宫廷秘而不宣的大事。民间传说是顺治帝到五台山削发隐名做和尚，康熙帝上五台山寻父皇。五台山的方丈接到了圣谕，非常害怕，便告诉了顺治帝。顺治知道五台山方丈收留自己，按大清律要全寺抄斩，所以，顺治帝决定离开五台山，离开这是非之地。方丈想了会儿，对顺治帝说："远离五台山去江南，逢科庙堂修正果。"又叮咛了一句："早去早安诵经卷，北水南流汇西水。"于是顺治帝告别了五台山方丈，悄悄地去东南寻觅带"科"字的寺庙挂单修行。

顺治帝晓行夜宿，一路打听，来到了江南杭州。一天，他到了杭城拱宸桥，那里有来自四面八方的船家，人来人往，正是探听消息的场所。说来也巧，顺治帝看见一个布衣打扮的卖鱼人，他知道太湖边的湖州府有个镇养鱼很发达，更知道湖州府的百姓信佛，便上前问讯："施主可是湖州来杭城卖鱼的？"那人正是湖州菱湖一带养鱼人家，点头称是；顺治帝便问："不知贵地可有寺庙？"那人是菱湖下昂朱家坝的朱金锡，忙答道，"我们朱家坝村就有几所小寺庙，西圣堂、北心庙、太钧堂、科寺头庙……"顺治帝一听科寺头庙，马上打断话头，追问道："科寺头庙可是五子登科的科，寺院的寺，人头的头？"朱金锡忙点头连声称是，心想这肯定是高僧了，他怎么知道这名称的。顺治帝很高兴，终于打听到了"逢科庙堂"的下落了。朱金锡知晓眼前的高僧没有去过自家的村子，却晓得有科寺头庙，不敢怠慢，忙说："待我将这船鱼卖掉，一同回去。"顺治帝也很高兴，终于可以避开尘事，去清静之地诵经修行了。

第三天，顺治帝如约来到拱宸桥埠头，上了朱金锡的船，两人客套了一会儿，便开船了。说也奇怪，本来朱家坝到杭州二百多里水路，两人两橹、顺风扯帆也要十几个时辰，今天不用半天便到家了。回到家，朱金锡忙叫妻子烧菜做饭，请顺治吃了中饭。

饭后，顺治帝便说，到科寺头庙去看看。朱金锡就带着他往村东南走去，只见村西一条大河，河面远处是逶迤的青山，真是襟山带水的秀丽风光。穿过田垅，只见一排三间平房，那就是科寺头庙。见此光景，顺治帝想起五台山方丈所说的"北水南流汇西水"，正是"诵经礼佛"的好去处。而且香樟树虬枝似卧龙随水南流，心想这科寺头庙确实是自己逢科而修、安身向佛的归宿地了。

走进科寺头庙，顺治帝便拈香礼佛，并对住持说："请允许我在贵寺落单，诵经礼佛，可好？"住持是位六七十岁的老僧，一见来者虽是行脚僧打扮，但眉宇气质非同一般，加上朱金锡是村上有名的善人，彼此熟悉，朱金锡引进的僧人足可信赖，便满口答应。从此，顺治帝就隐居水乡小村的科寺头小庙了。

自从顺治帝来到朱家坝科寺头庙，他为百姓做的一系列神奇好事，至今仍在流传。

治　水

从前黄梅天连日雨水不断，地处东苕溪后庄漾边上的朱家坝村总要全村动员抗洪排涝，遇到大伏干旱，村中门前港便干涸成臭水沟，村里几代人都想不出好办法应对洪涝干旱。

于是村里长者便请教顺治高僧。他说："兵来将挡，水来土掩，有备无患。"还说，村中门前港虽然东通康家漾，但是西连后庄漾的口子太小了，门前港不是活水。他提醒道："田低水高是大忌，田畈要围坝，大坝防大水，与长城防外敌同样道理。"村民听了他的话，先将门前港清除淤泥、挖深，挑土筑坝。果然，黄梅山水下来时有坝挡着，干旱时东苕溪后庄漾的水照样流进门前港，水盘活了，田地也旱涝保收了。因为村上住着大都是朱熹后裔，而东西横穿后庄漾的大坝不仅方便来往，更是起到了防洪的作用，人们就习惯地称朱家坝，慢慢地村名也叫朱家坝了。

门前港的水满了，就有人在河里洗菜、洗衣服、刷马桶。有一天，顺治高僧见到了，忙劝大家："水乃圣水，万物之源忌污，污之物祸民，污之有祸，不污不祸。"果然到了第二天，有的村民就肚痛、呕吐，跑到科寺头庙烧香祷告。这时，顺治高僧早已在山门外等候："唉，你们不听老衲忠告，吃亏了，祸来了。"大家忙说："怎么办呀？"顺治高僧便说："快回家烧点开水放点盐，吃了便好。当然这不是长久之计啊！"众人叩拜。顺治高僧又说："谋事在人，成事在天，不污水便无灾无祸。"从此，村民再也不敢去河里洗马桶倒垃圾了。然而过了几天，顺治高僧又对村里人说："你们不污水却在污天了。"大家不解。顺治高僧说："村里臭气冲天，秽物乱倒。"告诉大家在房前屋后低洼处深坑蓄水，既养鱼又可洗脏物，两全其美。于是大家在房屋边、田畈低洼地深挖鱼塘，河水清洁了，秽物不见了。这样，朱家坝村就吸引了周边村民搬迁进村，加上朱家坝村市河北岸是乌程县地界，南岸是归安县地界，很快便成了两县交界的大集市，鱼行、米行、酒坊、药铺、茶馆、饭店、杂货店开了起来，村里人也富了起来。

治　虫

从前，村里田畈蚂蟥多如牛毛，大家无计可施。一天晌午，田畈里耘田摸草的人到科寺头庙香樟树底下休息，顺治高僧就叫小和尚将早已准备好的凉茶让大家喝。他见不少人的腿肚上血淋淋的，忙问怎么回事。有人回说："田畈里蚂蟥很多，叮住腿上吸血，腿上又痛又痒，十分难过。"顺治高僧皱着眉头说："此乃罪过，百姓田中耕耘，养家糊口，孽障万不可吸吮人血呀！"他看了看众人，但见人人面黄肌瘦，心中纳闷，便说："蚂蟥啊蚂蟥，可恼可耻，你在田畈作恶，应该万劫不复，罢了，尔等还是到河里去寻食吧！"从此，田畈里的蚂蟥就搬了家，有的钻入河蚌，有的附在河中杂草上，直到今天，朱家坝科寺头庙周围几百亩水田里，再也见不到一只蚂蟥了。

夏天到了，天大热。顺治高僧在香樟树下纳凉，可是树上的知了叫声不停，十分刺耳。顺治高僧叹了口气，说："唉，知了，知了，热了，热了，尔等热了，我也热了。想不到这儿也不再是清静之地了，烦请你们到别处去唱歌吧！"树上的知了竟停止了鸣叫，嗡嗡地一下都飞走了。从此，科寺头庙河边香樟树、柳树，再也没有出现知了，更听不到知了的叫声了。

一天晚上，顺治高僧在道场上给小和尚讲经，见小和尚心不在焉，东挠西拍，就问："为何心神不宁哪？"小和尚说："有虫子叮我，好痒好痛。"顺治高僧便劝道："心静听经，虫自会去。"从此，蚊虫再也不飞来叮咬了。据说，科寺头庙从此没有苍蝇、蚊虫、臭虫、蟑螂、蜈蚣、蛇蝎之类的害虫，大家说，顺治高僧像真龙天子，金口一开，万物都得听他的。

生　态

最让朱家坝人津津乐道的是"凤凰戏牡丹"和"金鸡桥"的传说了。

顺治高僧素来喜欢种花草，在京城皇宫最爱牡丹。所以在科寺头庙，他也种了一片牡丹，有大红的、紫红的、桔黄的、鹅黄的、白的、绿的……姹紫嫣红。据说牡丹花开到1000朵，天上的凤凰就会飞来采花，民间就有"凤凰戏牡丹"是富贵吉祥象征之说。假如凤凰真的来戏牡丹，这块地方就是风水宝地，地下就会冒出宝塔，升起龙山来，就会出贵人、出帝王将相。经过顺治高僧的调理，果然牡丹花开了1000朵；果然，凤凰飞来了。凤凰在牡丹花圃上飞了一圈又一圈，就是没有停下来嬉戏，因为牡丹花只有999朵，还有一朵呢？据说清早一位渔妇摘了一朵戴到了头上，也有说是小和尚清早浇水时不小心碰掉了一朵。没有1000朵，凤凰就长唳一声，飞到了朱家坝门前港的石拱桥上，依依不舍地飞走了。村里人从来没有看见过凤凰，便奔走相告，金鸡停到石拱桥上了，于是便叫这座桥为"金鸡桥"。后来，人们给起了雅名叫津济桥，至今还在。凤凰飞走了，后来顺治高僧也圆寂了，牡丹圃也衰落了。"文革"结束后，村民打听到菱湖有个有心人，曾经移栽了几株牡丹，便派人联系，移栽了2株，如今白色镶红边的牡丹花又在庙里绽放了。寺边的九河交汇处，因顺治帝常歇息，所以村里人便称呼为九龙朝渊。

顺治高僧圆寂火化时，他心爱的猫扑到他身上，一起火化了。所以，村里人为顺治高僧塑了像，像身左肩披风上就伏着一只猫，以此感念他为村中百姓做的好事。后来听说，顺治高僧就是当年隐退做和尚的顺治皇帝，传说牡丹花开1000朵，风水宝地就会升起宝塔和龙山，于是，村里人就把科寺头庙重新命名为古龙山寺，顺治帝的高僧形象便尊称为护法龙山神了。

（朱水桥　李惠民）

> 景宁东塘村

何璘斗法作七堰

东塘村位于飞云江源头，村庄四面群山环抱，中部平旷，小溪穿村而过，民居井然分布两岸，修竹环抱，放眼四望，处处美景。

东塘村还是神奇的风水宝地，早在南宋便名噪一时。龙泉豫章人氏何处班于南宋初年迁居景宁东塘，垦殖定居。生二子，长子何璘，生于宋淳佑七年（1247）正月十四，族中排行第八，后人称何八公。

何璘种田为业，虽家境贫寒，但乐善好施。遇大旱年，何璘宁愿自家稻田干裂，也要将水源让给他人。其善行感动上苍，天神托梦，令其用芦苇将溪水吸往稻田抗旱，并授予其呼风唤雨的本事。

东塘一带，人少山多，稀奇古怪的山兽精怪很多，不时伤人害命。于是何璘农闲就修炼降魔求雨等道术。不料，妙坑乌鸦洞有妖怪出来和他作对，因法力不敌，何璘只得前往庐山学法。苦修三年，求得五雷正法，法力大增，除去乌鸦洞妖怪，名声大振，各地来人请他除妖、治病，尤其是求雨者甚众。

有一年，京城临安大旱，帝旨令各地推荐法师前往求雨。何璘到了京城，施展法术，解除了旱情。帝大悦，在金銮殿赐酒，满朝文武都来陪酒庆功。三杯酒下肚，他满脸通红，大汗直流，竟趴在酒桌上，鼾声如雷了。秦桧见帝不悦，便进谗言："万岁，今日何先生自恃求雨有功，不把万岁放在眼里，有欺君之罪，请解午朝门外处斩。"岳飞正要进谏相救，殿外有人进来飞报："南方惠安普降带着酒味之大雨，熄灭大火，旱情已解。"帝方知祈雨成功，遂敕封何璘阴阳官四十八州提点使、都监大使、通天平水天师、博济侯、国师。何璘不愿与秦桧为伍，力求回乡。帝又赐金锣两面，许其作为家乡永镇之宝。同乡法师张六公，京城求雨无果，觉得没趣，也想回家。就在此时，有人请八公到江西降妖捉怪，金锣不便带走，便交托张六公带回家。

张六公为白鹤张姓开基祖宗，论起法术也还算高明，只是太贪心，回家后，把金锣藏了一面，只送一面到雁溪。

何璘收妖返乡，到白鹤向张六公索讨金锣。张六公蛮辩道："朝廷的金锣各人一面，我已给你送去，你还来讨？"

何璘无奈，只得同张六公斗起法来。一夜工夫，他便从东塘到白鹤的大溪上作了七道堰，这就是"东塘""官塘""外塘""内塘""高塘""低塘"和"培塘"。何璘施法，急降暴雨，七道堰，水满堰顶。天亮时，他想把七道堰一下子开了，发大水把白鹤地方冲光。

幸好观音佛路过，问："何先生，你这七道堰是慢慢开还是一齐开？""一齐开。""咳，长流水淹死人，这个道理你不懂？"何璘一听，就一道堰一道堰慢慢开启。其实，观音佛不是要救张六公，她怕一齐开放，大水冲了白鹤村，她是要救地方上的百姓呢。这"东塘"就是何璘筑的第一道堰，村名由此而来，沿用至今。

何璘晚年病重，自知将不久人世，曾对族人交代，要求死后回老家安葬。族人问其安于何处。他说，只要抬回去就行了。病故后，族人依其言，送回老家，棺行至东塘，天已暗将下来，下起了大雨。雨越下越大，大家只得扶棺休息。一会儿，众人呼呼进入梦乡。夜里何璘托梦，说停棺之处便是他所选的墓地。次日众人醒来，发现棺材已陷落地下，无影无踪，而用于抬棺的檀木歇脚插入田中，竟然长出枝叶！族人大惊，见此处枯木复活，一致认为真是风水宝地。于是族人便在此修墓立碑，此地从此就称檀柴丘，两株檀树而今尚存一株，老枝虬曲，兀立田间。

何璘棺木是否真的神奇陷入地下，不得而知，但他的墓地在东塘，却是毋庸置疑。有何氏家谱为证："八公，卒于何年不详，合厝东塘坳底。"

自南宋以来，与何璘相关的"京畿求雨""弃杖成林""筑塘斗法"等传说故事，在景宁许多地方流传。

（林平执笔，毛华庆、毛玉真、毛玉庭等人口述）

龙游张家埠村

天台祖师释传灯

张家埠村位于龙游县湖镇的衢江江心洲上，主要姓氏有尹、叶、何等，村域面积3.61平方公里，人口2093人。

张家埠旧时称"凤翔洲""高淤""浮排圩"和"锦衣里"等地名。文物古迹众多，洲上有浮杯塔、湖岩塔、皇宫殿、翊秀亭、尹氏厅、大宇殿、新泽殿、斗潭殿、永寿寺、铜佛殿等，是龙游县文物古迹最多的村庄。其中浮杯塔，明万历三十九年（1611），知县万廷谦所建，并以家藏古玉杯镇之。湖岩塔，位于村北衢江北岸，明嘉靖三十七年（1558）由尹照、尹焘所建。翊秀亭，明嘉靖二十五年（1547），尹照、尹焘为其母所建之墓葬亭，属尹氏家族之碑亭，青石仿木结构，四角攒尖顶，高5米，亭内立石碑一块。皇宫殿，清乾隆年间重修，坐南朝北，三开间三进一过道一天井、两搭厢及东西两侧屋六间，有戏台。尹氏厅，坐北朝南，前后五进，第一进五开间，余三开间，一、二两进内院相隔，两边厢房，最宽处24米，通深72.15米，是龙游县面积最大的清代建筑。

张家埠崇尚教育，人杰地灵，尤以明清两朝为盛，据记载，该村有正六品以上官员10余名。他们为官四方，造福桑梓，传承文脉，为后人所仰慕。

释传灯（1554—1628），俗姓叶，族名秉孝，号无尽。少年曾应科举，26岁从贤映庵禅师削发，后随百松大师习天台宗教义，百松大师以金云紫缕袈裟传之。明万历八年（1580）随百松大师讲《童蒙止观》于定慧真身塔院。万历十四年（1587）入天台山，主持重建高明寺，立楞严坛，辟幽溪讲堂，传授天台宗教义。讲经凡41年，足迹遍于苏州及省内各大寺院，终使天台宗得以中兴。晚年曾回乡，讲经于县城东安寺。年七十五卒于高明寺，墓在佛陇山。

传灯大师对佛经了然于胸，因而四方名刹纷纷邀请前去讲经。万历三十二年（1604），赴新昌大佛寺等处开讲70多场，听众云集。兵宪张师绎推荐大师到东瓯鱼潭讲《摩诃止观》，推崇说："无尽大师隐于天台，为天台重；不特为天台重，且为两浙重；不特为两浙重，即上自宫禁，下至幽岩，无不想闻其珠露之唾咳者。今以贵治善知识开立讲坛，敦请倡导，自度度人，人天眼目，东南海邦，定生青莲花。"晚年回故乡龙游，讲经于东安寺，知县姚孙榘及进士余日新、岁贡何乔遇等"皆受法戒"。

传灯毕生研习法华、大悲、光明、弥陀、楞严经义，被尊为"上接龙树大智尊者，下开桐松二溪"的天台第三十世祖师。传灯博通内典，长于史学，精诗文，工书法，讲经之余撰有阐述佛教经义著作20多种，其中《天台山方外志》《幽溪别志》被《四库全书》存目。还编有《高圩叶氏家谱》，高圩叶氏家谱有《释传灯大师列传》，有大量诗文传世。与晋孙兴公、南朝谢康乐、唐朝李太白并称为"天台四贤"，与名僧黄檗禅师深有（号无念）、博山禅师大舣（号无异）并称为"三无大师"。

在明清两朝400余年间，张家埠村尹氏家族也是名人辈出，明代尹氏家族有"一门三杰"之誉。

尹蒙（1480—1568），字养正、号湖岩居士，曾任刑部主事，官至六品。早孤，事母以孝闻。性好义，急人之急，尝买棺安葬里中贫者。遇上灾荒之年，辄免去乡邻的田租和欠债。曾经在旅途拾得遗金，同行者欲分之，坚执不可，里称长者。卒年八十九，为后人所追思。

长子尹照，字瀫南，明嘉靖十年（1531）举人，任新会县知县。新会县与新宁县相邻，这一带盗匪横行，民皆避居城中，积年不能平，百姓怨声载道，敢怒而不敢言。尹照上任伊始，表面上不动声色，节约浮费开支，暗地召募武勇之人，并要求上级派兵为援，兵至，始令进剿，一鼓擒之。地方上于是恢复平安，百姓都很感激。

次子尹焘，字觉亭，明嘉靖二十年（1541）进士。自幼治学专心致志，善于思考，常常沉醉于古书典史之中，废寝忘食。后任浔州府知府，为官宽厚仁惠，政纪严明，善以诚意感化百姓。因刚直不阿而得罪当权，罢官归家。

尹国均（？—1820），字少岳，号定庵。清乾隆四十四年（1779）武进士，任扬州营守备，不久擢升参将。办事能干明敏，督捕勤劳，善于弭盗缉枭。嘉庆十七年（1812），一举查获湖北三帮粮船私盐 41 万余斤；嘉庆二十一年（1816），于焦山江面查获私盐尤多。尹国均还是一位水利专家，发明了运河疏浚器具，确保大运河畅通。嘉庆二十五年（1820）卒，卒之日，兵民痛哭失声。

（梦缘）

平阳南雁村

"仙姑派"创始人朱婵媛

南雁村位于平阳南雁荡山东西洞景区内，距温州市区87公里。南雁村始于唐代中期，唐李皋任温州长史时，曾作《游南雁荡山》诗。《方舆胜览》记载：五代高僧愿齐闻平阳有雁荡，遂杖锡寻访，结茅屋其间。北宋陈经邦、陈经正建会文阁，后称会文书院。南宋理学家朱熹曾来此讲学。儒、释、道三教遗址四布，历代摩崖石刻碑记林立。自古有云："北雁好峰，南雁好洞。"其中以"仙姑洞"最为出奇，香火鼎盛至今。

"仙姑洞"又名"西洞"，与"东洞"彼此相望，是一个天然石洞府地。据记载，南宋时期，有位姑娘名唤朱婵媛清修于此，她悬壶济世，受当地百姓爱戴，闻名浙南一带。最后羽化成仙，腾云而去。世人为了纪念这位仙姑，重塑其身，世代供奉。

朱婵媛，平阳北港闹村人，为朱璧之女，是全真道"仙姑派"创始人。据南雁村清光绪重修《朱氏宗谱》记载，七代世系如下：朱师矜——朱槐公——朱尔津——朱克钦——朱启受——朱允罕（朱璧）——朱士髦、朱婵媛。清乾隆《平阳县志》卷十七"人物·仙释"也载有小传："朱氏女，崇宁中，年十馀，遁居雁荡西洞中，辟谷二十年，晚年能言人祸福，终脱迹，不知所在。"

其父朱允罕，字璧，生于熙宁年间（1068—1077），绍兴壬子年（1132）中进士，出任道州司理。

朱婵媛自幼聪明伶俐，八岁能文，十岁能诗，十四岁拜道姑为师。据明朝洪武年间《仙姑宝卷》记载，朱婵媛不顾家人反对，毅然推掉已订婚约，只身来到南垟白水漈（现平阳县水头镇南垟村）结茅栖身修道。

朱婵媛盘发修道，其母焦虑万分，多次劝女归家，婵媛去意已决，闭门不见。家人屡劝未果，父亲气急之下放火烧毁茅蓬。母亲误以为大火带走了爱女，伤心欲绝，日夜啼哭哀号，以致双目失明。孰不知其女已被观音大士所救，腾龙北上至南雁荡山西洞遁居修行。为救失明之母，其兄朱士髦寻遍天下名医，后闻南雁荡山有位高人，悬壶济世，能治百病，即往求之，没想到这位高人就是妹妹朱婵媛。

得知母亲因自己哭伤双眼，朱婵媛让其兄携药归去，治好母亲眼疾。母亲听说是女儿治好自己双眼，喜极而泣，举家前往南雁西洞看望女儿，看到女儿一切安康又能悬壶济世，帮助百姓，深感欣慰。一家人坐成排听其讲经说道，父亲也被感化赴洞修道。

绍兴年间，京都瘟疫，白事连连，尸体葬之不及。朝廷惊恐，速悬皇榜，寻求高人，许以官禄。朱婵媛闻讯，腾云赴京，揭下皇榜，亲自入山采药，登坛作法，救百姓于危难之中。据《仙姑宝卷》记载，皇帝大悦，封朱婵媛为"朱氏仙姑"，并御笔题诗曰："朕躬有罪在万方，佛法无边遣瘟惶。朱卿智勇平夷狄，臣女神通定安邦。置君泽民慈保障，护国救世建奇功。霎时辞京登云去，洪福齐天御笔封。"瘟疫一除，朝廷上下皆大欢喜。朝臣有诗曰："满朝文武尽仰钦，淑女法高赛观音。幸有仙姑来相救，若无仕庶命表仰。慈恩济难功最大，坤道扶危德更深。思慕久居长安地，皇图巩固永康宁。"

仙姑离京后仍回南雁清修，治病行医十余载。相传仙姑闭关清修于西洞后不曾见她出入，据传有位樵夫上山伐木，见一仙姑羽化成仙，踏云而去。世人为纪念仙姑，塑其像供奉于西洞。

关于仙姑传奇事迹，坊间流传甚多。清乾隆年间《平阳县志》记载，朱仙姑有云："古迹蓬莱绝比伦，回风难夺此中春。未逢玉女长生术，空想当年驾鹤人。"

（平阳县农办）

仙姑洞（县农办供）

平阳仙口村

林景熙冒死葬帝骨

平阳县万全镇宋埠社区有个村叫仙口村,地处万全平原东南,东临大海,南枕仙口山。这里是三国时孙权造船、操练水师的地方,也是晋代葛洪炼丹的地方。村里有座寺庙叫神山寺,明弘治《温州府志》记载,禅山院,在仙口叶岙,唐乾符二年(874)开山,尚存石洞、葛仙丹灶、石棋盘遗迹。

林景熙(1242—1310),字德旸,一作德阳,号霁山,浙江平阳人。南宋著名爱国诗人,咸淳七年(1271),由上舍生释褐成进士,历任泉州教授、礼部架阁、进阶从政郎。宋亡后不仕,隐居于平阳县城白石巷。他教授生徒,从事著作,漫游江浙,因而名重一时,时称"霁山先生"。

南宋祥兴二年(1279)二月,厓山(今作崖山)战败,陆秀夫背着小皇帝投海的消息传来,林景熙等人秘密举行哭祭。

元世祖至元二十二年(1285),总统江南释教的札木杨喇勒智(杨琏真迦)为了盗取皇陵中的金玉宝玩,把会稽的徽钦二帝以下的历代帝王后妃的陵墓全部发掘,把剩骨残骸抛弃在草莽中,惨不忍睹,但无人敢去收拾。这时林景熙正在会稽,出于民族义愤,与郑朴翁等扮作采药人,冒着生命危险,上山拾取骨骸,埋葬于兰亭山中,并移植宋常朝殿前冬青树作为标志,还写了《冬青花》诗:"移来此种非人间,曾识万年觞底月。蜀魂飞绕百鸟臣,夜半一声山竹裂。"又作《梦中诗》四首,以凄怆的笔调记录了埋骨的经过,抒发了自己的悲愤和伤痛。

元大德元年(1297)四月,林景熙为了避寇,曾在神山寺留足,写下了《避寇海滨》《神山寺访僧》《过风门岭》《归自越,避寇海滨,寒食不得祭扫》四首诗及《蜃说》一文,至今留有传说故事。

一天吃午饭时,林景熙仆人跑来报告一件怪事,说大海里突然涌现几座大山，全是以前没见过的。林景熙和乡亲们听了觉得十分惊诧，赶忙跑出去看。正巧遇到陈姓主人派遣仆人邀请林景熙。到了海边，林景熙和陈姓主人一同登上聚远楼向东望去，只见浩渺大海中，蜃景像奇特的高峰、像重叠的山峦，时隐时现。过了一会儿，城墙亭阁忽然浮现，尤如一座人口众多、面积广大的城市，房屋像是鱼鳞般整齐而密集，其中有佛寺、道观、钟楼、鼓楼、历历可辨，就是穷尽公输般的技巧也没有办法超越它。过了一会儿，蜃景又起了变化，有站着像人的，有散去像兽的，有的像飘扬的旌旗和瓮盎之类的器具，千姿万态，变幻不定，直到黄昏时分，蜃景才慢慢消失。

这就是林景熙《蜃说》里所记载下的海市蜃楼盛况。《蜃说》全文共266字，写得跌宕起伏，摇曳多姿。最后指出世间事物，如秦朝的阿房宫、楚灵王的章华台、曹操的铜雀台等，虽然当时这些摩天大楼高耸入云，时运一去，朝代变迁，就化为焦土，这与海市蜃楼没什么差别啊！寓意深刻，研究林景熙的学者陈增杰先生说："宜为后世读者所赏爱，选家所青睐。"

他还写下了《避寇海滨》一诗："偶动乘桴兴，孤筇立海头。兵尘何处避？春色使人愁。腥浪翻蛟室，痴云结蜃楼。神山空缥缈，水弱不胜舟。"说的就是至元二十七年春天的一天，诗人徘徊海边，很想"乘桴"浮海而去，而蓬莱山等三神山又很是缥缈，如眼前"痴云"所结成的海市蜃楼，可望不可及。诗中"兵尘何处避，春色使人愁"给人备感苍凉，反映战乱给人民带来的痛苦。

林景熙是南宋的遗民，以爱国情操闻名，此文写作之时，他已隐迹山林十二年。此时元朝统治天下，局势扰攘不安，百姓民不聊生。作者由蜃景的幻化漫灭，转而感怀历史，笔法委婉曲折，这种感慨华屋丘墟、桑田沧海的情绪，正包含着对宋王朝的追忆与叹恨，也是对元朝统治者严厉批判。在欲吐不吐的议论中，饱含着哀国叹时的幽咽情怀，因此拓展了文章的深度。

平阳稍微平静之后，林景熙又回到他的白石巷，教授生徒，从事著作，过着清贫的生活，以颜回箪食瓢饮、乐在其中来自勉。从他的《归白石故庐》一诗中，我们已经读到，林景熙所住的白石故庐，绝不是一个人物繁盛的地方，而是一个"四邻井灶出荒墟"的所在。

元大德元年春（1298），林景熙又第二次造访神山寺。在来神山寺途中写下了《过风门岭》诗篇："客来自风门，飕飕撼两袖。溪回众峰新，畈绝一岭又。行行春晶微，怪禽啼白书。流年感花稀，古道表松秀。"风门岭是平阳县最早的古道，位于仙口村和鳌江镇西湾社区头沙村之间的山路中间。始建于哪一年已经不可考，但从三国东吴赤乌二年（239）仙口一带即已置横屿船屯，且西晋太康四年（283）便在此设县的记载来看，风门岭古道作为仙口和外界联系的重要道路，在三国西晋时期应当已经建成，是古时当地的交通要道。风门岭古道四周风景优美，有神山寺、助福亭、风门头宫、伏龙寺（三官堂）、龙王禅寺、樟木潭、明代烽火台等众多文化遗迹。由于国破家亡的惨痛体验，林景熙在此感怀今昔，寄托遥深；风格幽婉，声情绵邈，音节苍凉悲壮，有强烈的艺术感染力。

如今，风门岭古道上有个"康馨果园"，占地面积在70亩左右，除了种植桃树，还有蓝莓等水果。其中桃树有4个品种，1000余株，一到春天，桃花盛开，蔚为壮观！

林景熙来到神山寺，原来的高僧走了，真是沧海桑田，变幻莫测。那天晚上他一个人在神山寺住下来，面对青灯古佛写下了《神山寺访僧》："独客无清伴，高僧住别村。空山卓锡影，断石系舟痕。风细松生籁，沙虚竹走根。小亭间坐久，落日啸孤猿。"据《永嘉记》云："阳屿有仙石，山顶上有平石，方十余丈，名仙坛。坛陬辄有一筋竹，凡有四竹，葳蕤青翠，风来动音，自成宫商。石上净洁，初无粗箨，相传云曾有却粒者于此羽化，故谓之仙石。"林景熙借景抒情，以精粹简练的语言，委婉曲折的表达方式，来揭示自己心灵深处亡国隐痛。风格幽婉，沉郁悲凉。同时又写下了《归自越，避寇海滨，寒食不得祭扫》一诗："持酒无因洒墓松，禽声花色惨东风。去年此日身为客，及到乡山又客中。"

始建于唐乾符年间的神山寺，至今还留有该寺的旧址，有佛教禅宗临济支宗第37代的真传石牌。日前，在仙口村河道上发现一处有文字记载的桥板，经初步辨认，系"裴收并妻黄九娘阖家等为四恩三有舍"十六个字。该桥板为花岗岩材质，长4.2米，宽0.44米，厚0.2米。此桥板原来应该是佛堂寺庵的石柱，被人拆移至此处，当桥板用。

林景熙两次到访仙口村，为该村留下了无比珍贵的诗文，成为后人丰厚的文化遗产。

（周春薇）

神山禅寺（周春薇供）

建德溪口村

麻楂与"六门金锁拳"

山楂这种野果在我们寿昌大同这边叫麻楂,因为是野生的,果味麻口,所以叫麻楂。

西乡有个村叫溪口。一天翁家生下一个儿子,不会哭,到了五岁了也不会讲话。一天他爸爸从山上摘了两口袋麻楂回来,这孩子吃了两个麻楂后,居然开口说话了,从此村里人就叫他麻楂。

麻楂很喜欢吃麻楂,山上生麻楂时,他会把麻楂串成串挂在头颈上,像挂着一串佛珠。他还当真学起了万福寺的和尚,见人便双手合十,口念"阿弥陀佛",村里人觉得他可爱好笑,又多了一个名字叫麻楂小和尚。

这一切都被万福寺的弘仁法师看在眼里。因为喜欢吃麻楂,他胃口很好,他吃一顿,别人可吃一天。饭量大,块头就大;块头大了,力气就大。麻楂是块习武的好材料,八岁那年弘仁大师决定收他为徒,传授武功,并给他取了个响当当的名字叫"凤歧"。凤歧二字可有来历,它出自"凤鸣歧山"的典故,义指周朝将取代商朝。弘仁法师给他取这个名字是另有玄机的,直到民国取代清朝,人们才觉得弘仁是一位勘破天机的高僧。

据说弘仁的身世与南少林有关,还打过洋鬼子,不知什么原因浪迹到了寿昌。那天风雪交加,弘仁身无分文,饥寒交迫。想他一个游脚和尚,四处化缘总能讨得些充饥的白饭素面,可是弘仁仿佛在躲避。他蜷缩在洪家祠堂的旮旯头,一队清兵从东门走到西门,又从西门走到东门。这时一个十几岁的少年把弘仁救了,这个少年名叫张金标。弘仁原是个武僧,创出一套拳法叫"四门金锁"。弘仁在张家待了三年,把拳法传给了张金标,并在西乡溪口万福寺落脚。

弘仁在"四门金锁"的基础上创立了"六门金锁"拳法,并传给麻楂。麻楂十五岁时,已成为一名力大无穷的武林高手。那一年县里考武秀才，一番兵器拳脚考核之后，秀才功名已定，最后剩下麻楂与洪秀才争夺魁首。他俩比骑射，校场设在城西马平地。这可是一场障碍赛，跑道边有一棵大樟树，樟树有一根粗大的树桠横栏在路当中。洪秀才是个急性子，一马当先飞奔出去，眼看就要撞着树桠，突然，他抱住树桠，任凭坐骑狂奔而去，接着来了个单臂回环落地，三箭齐发，三中靶心，众人齐声喝彩，只是马不见了去向。

接着麻楂出场，只见胯下坐骑一声长嘶，四蹄踏得校场尘土飞扬，等要撞着树桠，麻楂双臂猛地抱住树桠，那马竟被他双腿夹得动弹不得。麻楂翻身跃起，脚尖刚沾树桠，三箭连珠齐射。第一箭正中靶心，第二箭从第一箭尾翎劈了进去，把第一箭劈成四瓣再中靶心，第三箭不仅把第二箭给劈了，而且穿透了靶心。麻楂跃下树桠，稳当当地骑着马遛达遛达来到评委席前。这情形把人都看呆了，竟没有一人说出话来。

从此，再也没有人叫他麻楂，而是毕恭毕敬地称他为麻楂先生。武生麻楂后来被招聘入县衙当捕快，上任后，第一趟公差就是缉拿玉面阎罗张金标。这个张金标不是别人，正是他没有见过面的师兄。张金标的人并不难找，就住在县城西门。难的是张金标武艺高强，整个寿昌县衙竟找不出一人能降得住他，麻楂带着一队衙役携带火枪去围攻张金标巢穴城隍庙。

张金标笑道："听说师父收了个师弟，原来就是你！"

麻楂先生道："你为什么走黑道？"

"什么黑道白道？城隍庙是黑道？县衙是白道？这个世道，不霸道就是死道。"

"你忘了师父当年教诲。"

"我没有忘！"

"你不该与官府作对，你乖乖地跟我去县衙吧。"

"那你要先赢了我的拳头再说。"

两人斗了三十多个回合，张金标的"四门金锁"渐渐露出了破绽，麻楂先生的"六门金锁"则越来越占上风，不到四十个回合，麻楂先生便生擒了玉面阎罗张金标。县衙为表彰他保卫地方有功，特授"守御有方"匾。

麻楂先生回到万福寺见了师父，将捉拿玉面阎罗一事仔仔细细地说了一遍。弘仁道："金标未必是错，这大清的气数已尽。师父不瞒你，师父是天地会的后人。我杀了贩卖鸦片的洋鬼子，朝廷怕洋鬼子，不抓洋鬼子却来抓我。你要救救金标。"

麻楂先生回到寿昌，便开始策划营救张金标。他弄来一张革命党的报纸，然后拿着这张报纸报告县太爷说寿昌城里出现了革命党，县太爷顿时惊慌失色。麻楂先生道："大人不必惊慌，咱一定把乱党缉拿归案。"说完就四处"捉拿"革命党。

一夜，月黑风高，只听得一声枪响，然后就有人喊"抓乱党"。县太爷连忙赶往现场，见麻楂腿部中枪，躺在地上。又听得衙役来报："张金标不见了！"哪晓得县太爷擦了擦额头上的汗，说："救走也好，杀又杀不得，关又关不得，不如卖个人情给革命党。"

再见到张金标的时候，已是民国二年（1913）。麻楂先生因清乡有功，朱大都督授予他二等名誉徽章，麻楂先生发现为他授勋的竟是张金标。原来张金标被麻楂设计救出后，出了寿昌，真的参加了革命党。为了逃避清廷通缉，改名为翁正扬，现在是朱大都督的副官。麻楂先生受勋后在寿昌县的地界上无人不敬。

虽然是民国了，天下还是很乱，哪个手里有枪，哪个就是都督司令。有枪的整天你打我，我打你，民不聊生。眼看溪口村吃饭都成问题了，婚丧之事却极度奢靡。这一天，翁老三家里老人过辈，来向麻楂先生借两个大洋摆酒治丧。他对翁老三说："埋葬费俺帮你出，你去召集村民，说我翁凤歧有话要对大家讲。"村民齐聚翁氏宗祠。麻楂先生大声说："现在大家日子都不好过，要勤俭节约，喜事吃点酒高兴一下是应该的，丧事的酒席我看从今天起就不要摆了。"村民齐声说好，从此溪口村丧事再也不摆酒席了。

民国三年（1914）大旱，溪口村民因灌溉用水，纠纷迭起，一个个拿起锄头扁担正准备械斗，麻楂先生闻讯操起一杆红缨枪，拿了顶前清时的武生红顶子帽，赶到田头，把枪头插进田埂，将红顶子帽戴在枪头，双手叉腰大声呵斥："看看一个个都啥样子？遇到大旱不团结，祖宗的规矩都到哪里去啦？今天我的枪帽就在这里，请村长合理派水，无论贫富老幼强弱，一视同仁，如有违者就是跟我麻楂过不去。"说完拂袖而去，百姓皆服。

民国十七年（1928）寿昌县陈焕县长授麻楂先生"勤慎从公"匾。也就在这一年，万福寺的弘仁法师圆寂了，说是圆寂，可是谁也没见过弘仁法师尸身。这一年腊月廿九，麻楂先生仍然领着村中富户给村里的贫困人家送年货和白洋。

如今，溪口仍流传着麻楂先生的故事，人们把麻楂果串成佛珠挂在头颈上，说小孩子吃了身体好，聪明能干，能考上大学。

（过承祁）

万福寺（过承祁供）

天台寒岩村

寒山拾得隐天台

寒岩村，位于天台西部的寒石山下，隶属龙溪乡，由岩前、仰坦、后陈、下王庄、西山、上形6个自然村组成，因地处唐代诗人寒山子隐居的寒岩洞前，故名寒岩村。

寒岩村建于北宋末年，叶氏族人从黄水迁徙于此，因地处寒岩洞前，故名"岩前"，村中建有叶氏宗祠。寒岩洞前的寒岩寺始建于五代梁开平元年（907），寺前有一水塘，名为"洗菜塘"，相传因当年寺院僧侣洗菜而得名，寺院大殿在"文革"时拆毁。寒岩洞有上洞、下洞，上洞在二十世纪八十年代重建，名为寒岩寺。下洞里供奉着寒山塑像，解放前此洞曾办过学堂。

寒山，又称寒山子（生卒年不详），陕西咸阳人。出身于官宦人家，应举不第，他流浪到天台的寒石山达70多年，遂自号寒山子。他头戴桦皮帽，脚踏大木屐，似疯似癫，且笑且歌。夜晚在山上的洞中禅坐，白日里在山林中徜徉，时而仰天大笑，时而念念有词，有人在树干上、岩石上发现他写的诗句，朗朗上口，禅意无穷，便抄了下来，有300多首，被誉为"唐代白话诗人"。二十世纪六十年代初，寒山子的诗风靡日本，寒山子被嬉皮士尊为鼻祖，其诗在欧洲也风靡一时。

因为寒山子在此隐居，此山名为"寒岩"。寒岩山有一洞，名为"寒岩洞"，状如扁葫芦。洞壁有"寒岩洞天"和"小清凉"等摩崖，相传寒山子就栖居此洞。寒山子曾有诗曰："吾家好隐沦，居处绝嚣尘。践草成三径，瞻云作四邻。助歌声有鸟，问法语无人。今日婆娑树，几年为一春？"寒岩洞东边的崖壁上有一道瀑布垂下，在夕阳余晖的照射下，瀑布间呈现出一道彩虹。从元代开始，"寒岩夕照"便是"天台八景"之一。

寒山子有两位好朋友，都是国清寺的高僧。一位名叫丰干，一位是拾得。寒山子经常去国清寺拜访二僧，每次他都会背上一只竹筒。拾得是一位厨僧，他将大家吃剩的饭菜倒在一起，寒山子到来时，便盛在竹筒里，让他带回寒岩洞充饥。寒山、拾得、丰干被后人认作文殊、普贤、弥陀的化身。

丰干与拾得也会经常来寒岩看望寒山子。三个人禅坐在寒岩洞前的一块平平的大石上，谈笑风生，月上中天，三人仍谈兴不止。那流传千古的"寒山问拾得"经典对话，也是在这块大石头上诞生的。寒山问："如果世间有人无端地诽谤我、欺负我、侮辱我、耻笑我、轻视我、鄙贱我、厌恶我、欺骗我，我要怎么做才好呢？"拾得回答说："你不妨忍着他、谦让他、任由他、避开他、耐烦他、尊敬他、不要理会他，再过几年，你且看他。"后人将寒岩洞前的这块大石叫作"宴坐石"。

寒石山至始丰溪之间是一片平缓的田野，其间镶嵌着一口口大小不一的水塘。盛夏时节，池塘里的荷叶层层叠叠，荷花亭亭玉立。一千多年前，寒山与拾得就穿行在这里的田埂小道，徜徉在荷塘间。有一天，村里一户人家娶亲，寒山拾得二人正巧遇上。于是，二人笑容满面，立在路旁，双手合十贺喜。主人问，二位师父有何礼相贺？拾得灵机一动，将手中的荷花献了上去。寒山抓抓脑，就走到送亲的嫁妆中，将一只盒桶抱起，这是一只扁圆有盖的桶，是女人装针线的。众人诧异时，只见寒山子打开盖子，从桶里竟然飞出五只蝙蝠。从此，民间将荷花与盒桶作为吉祥喜庆的象征。清雍正时，敕封寒山、拾得为"和合二圣"。在大众的心中，寒山和拾得，一人拿着荷花，一人抱着盒桶，意为和（荷）合（盒）美美，吉祥如意。

如今在寒岩村，结婚娶亲还保留着喝"和气汤"的习俗。新娘进门，夫家会端上一大碗红糖水，从公婆、叔伯、姑嫂到新娘、新郎，每个人都要喝上一口，意为"和合团圆"。新娘送亲的人来到，邻舍和叔伯都要"拨厨"，即每家都要端上糯米粉圆，表达对新娘的接纳和诚意，也表示从此以后大家团结一致，和合相处。

在寒石山脚，有一条小径，相传就是当年寒山子走过的小径，寒山子有诗曰："寒山道，无人到。若能行，称十号。有蝉鸣，无鸦噪。黄叶落，白云扫。石磊磊，山隩隩。我独居，名善导。仔细看，何相好。"小径一直通往山上。"杳杳寒山道，落落冷涧滨。啾啾常有鸟，寂寂更无人。淅淅风吹面，纷纷雪积身。朝朝不见日，岁岁不知春。"

寒山子是何年离世，史书上没有记载。离寒岩村不远的明岩洞前，有一座"寒山拾得二士纪念塔"。崖壁上有岩纹水痕而形成的"五马隐"。

相传，间丘胤率领五名亲兵飞骑追赶寒山拾得，追到这里，寒山拾得破壁而入，五马穷追不舍，人从马上惊坠，马嘶叫着追进石壁，"砰"的一声，壁上留下五匹马的痕迹。

对于寒山子隐居的洞穴，村民还有另一种说法。寒山子不是栖居于宽广的寒岩洞，而是在寒岩洞中的一个无名小洞。据说有一位村民上山砍柴，当他捆紧柴禾，将它滚下山崖时，不想柴禾滚进了一个隐蔽的山洞，随后有几位村民从崖上下到洞中，只见洞外白云悠悠，天高鸟绝，觉得此洞与寒山子的诗意很相似："重岩我卜居，鸟道绝人迹。庭际何所有，白云抱幽石。住兹凡几年，屡见春冬易。寄语钟鼎家，虚名定无益。"

村民将洞中的残土树根清理了一番，发现一尊石像，觉得这就是寒山子，村民将它安置在土地堂中供奉，称"寒山老佛"。有一日，屯桥某村来人将"寒山老佛"借去求雨，可私下却仿制了五尊石像，真假难辨，怎么才能请回原本的"寒山老佛"呢？当天夜里，寒山老佛托梦，说自己脸上有一颗黑痣。村里人将信将疑赶去一看，一尊石像的脸上正好有一只苍蝇，赶也赶不走，二话不说就将这尊石像请了回来。

寒岩村人对寒山子心存敬意。若是发生火灾，老太太都会口唸"寒山老佛"，祈望大火尽快灭了；遇到大旱，庄稼蔫了，村民都会念几声"寒山老佛"，期望能天降甘露，五谷丰登。天上"天狗吃月亮"了，人们也会念念"寒山老佛"，保佑天上的月亮不会消失。

（天台县农办）

寒岩村古建筑（县农办供）

永嘉黄一村

静权重振黄皮寺

黄一村隶属永嘉县岩坦镇溪下社区，位于岩坦镇西北部山区，距岩坦镇65公里，都说是"永嘉的西藏"，山那边就是仙居了。黄一村以麻、应、暨姓为主，该村最早由暨姓祖先于北宋年间由仙居黄坦村迁入。1949年以前属仙居县管辖，语言风俗沿袭着仙居的传统，村落建筑风格完全不同于楠溪江的民居。清光绪《仙居志》记载，仙居县西部曾有"黄肥"地名，可能就是黄土肥沃的意思。方言"肥"字的发音与"皮"一样，于是黄肥村又叫"黄皮村"。

黄皮村有一座黄皮寺，黄皮寺法名"广福禅寺"，编入《中国佛教名胜大辞典》，1992年2月，永嘉县人民政府批准列为文物保护单位。

据光绪《仙居县志》记载，黄皮寺始建于北宋咸平三年（1000），清咸丰八年（1858）重修，寺院再度昌盛，前殿、中殿、大雄宝殿和僧房宿舍36间，佛像50尊，金刚两尊，高5米，配花园、鱼池数处，占地面积6700平方米。和尚80余人，寺役数十人，寺田800余亩，山场4000余亩，年收粮食20万斤，号称"千石仓"。1931年后，黄皮寺日趋衰落，良田出租，山场变卖。

静权法师，讳宽显，号实庵，仙居县黄皮陈坑人，俗姓王，名寿安。自幼学习经史子集，有卓越远见。1905年他24岁，因丧父悲恸厌世，到黄皮寺出家，后到天台国清寺受三坛大戒，后在宁波观宗寺弘法研究社任辅讲；1921年任主讲，十余年弘法不倦。

1931他在天台首讲《法华经》，成立天台山佛学研究社，四方学者，闻道聚集，络绎不绝。同年十月，宁波姚北金仙寺亦幻法师敦请静权法师莅寺演讲《地藏经》，当时弘一法师适驻锡该寺，曾参席听经，弘一法师感动得潸然泪下，静权法师故有"活地藏"之称。在静权法师不懈讲授下，天台教理水平普遍提高，教务活动蓬勃发展，培养出不少佛学人才。

静权法师讲演经教，善于解文释义，发音准确，口齿清楚，音声宏亮，辩才无碍，仪容无比，令人敬仰。静权法师讲经胜在阐理，如珍惜粮食，常引唐李绅《悯农》诗说："锄禾日当午，汗滴禾下土，谁知盘中餐，粒粒皆辛苦。"说明粮食来之不易。他讲《地藏经》《盂兰盆经》等，常引古人诗文，如《文帝劝孝诗》："恩大如天不可忘，恩深何以报高堂，追思父母劬劳苦，馨笔难书泪一行。"

1937年抗战爆发，日寇侵略，生灵涂炭。静权法师在宣讲大乘教典《法华经》《仁王护国般若经》诸经时，大力宣扬了爱国主义思想。

1943年，静权法师不甘黄皮寺院败落，特遣弟子八人到黄皮寺重振山门。

1945年至1948年，到杭州大通寺讲《无量寿经》、灵隐寺讲《地藏经》、法云庵讲《金刚经》等，当时法会之盛、听众之多、法缘之广，是抗战胜利后空前之弘法盛举。

1950年，在杭州法云庵讲《药师经》，上海法藏寺讲《地藏经》和《楞严经》《大势至菩萨圆通章》。静权法师在宣讲经义时，提倡人间佛教，发扬佛教优良传统，任法藏寺主讲。静权法师以度生为事业，弘法是家务，不著书立说。常有人劝他著书，他总自谦地说："我讲经都依据祖师之见解，自己对佛法无心地功夫，有何书可作。"

1957年，静权法师当选中国佛教协会副会长和上海市政协委员。1960年12月20日（即农历十月二十二日）圆寂，春秋80岁。

（永嘉市农办）

金华柯城下坦村

八仙想建金銮殿

柯城区九华乡下坦村位于柯城区北部，距离市区10公里。全村有330户，1129人。郑氏在宋孝宗时（1163—1189）从府山迁入下坦。

下坦村古建筑保存良好，具有相当高的研究价值。如邵氏读书台，相传唐代僧人邵庆源在此筑石室诵经，宋代禅空法师在此修行，宋元改作读书台，有一台五进士之称。明万历年间扩建为三重檐歇山顶式楼阁。民国九年（1920）重建，2005年整体维修，面阔进深均为三开间，通宽8.1米，通高10.3米，台基高1.6米，现占地面积为131平方米。还有郑俊妻荥阳侯夫人方氏墓。不过人们谈论更多的却是看不见摸不着的金銮殿。

相传下坦村由于连年战乱，百姓苦不堪言，人们期盼有朝一日能出一个让老百姓过上安定富裕生活的"真命天子"。

村庄坐落在九龙山麓，九龙山下有龟山、鱼山，酷似向西爬行的千年神龟和向东游弋的龙门之鱼。鱼山头尾各有一股神泉，冬暖夏凉，终年水流不息，清凉甘甜，供人们饮用。与龟山、鱼山相去一里外有一座虎山（现名马庄山），三座山之间形成一个"品"字地形，当中有一水塘。村中自古流传"关溪府、肩莫县、沐尘叫化县、下坦金銮殿"之说，暗示着这块风水宝地将会出"真命天子"。传说九龙山盘踞着九条神龙，每到夜间就在水塘嬉戏，和"虾兵神将"一道守护着这一方土地。说也奇怪，水塘里至今还生长着一种一只脚像穿着官靴的虾，当地人都说是"虾兵神将"转世而成。

该村有一户王姓人家，只有五十多岁的老母和三十多岁的儿子王质相依为命，一家人靠王质上山砍柴、采摘草药维持生计，常常衣不遮体、食不果腹，日子过得非常凄苦，多亏好心人从白马镇给王质说合了一个媳妇。媳妇勤劳体贴贤惠、巧于操持，一家三口过着清苦但和睦快乐的日子。第二年夏天，王母不幸病故，妻子身怀六甲，在乡亲们的帮助下，王质草草料理丧事。出殡当天，狂风大作，大雨倾盆，王母棺木瞬间不见，而不远处小土坡忽然幻化成一座小小的金銮殿。红墙黄瓦，金碧辉煌，这景象持续一袋烟的工夫，众人觉得十分怪异。

一日，从城里来的舅舅看见一只白公鸡飞到茅草房顶，一只黄狗睡到了灶头上，舅舅被这幅潦倒破败的场景刺激，想到外甥家的穷困和不幸，一时无名之火无处发泄，拿起扫帚就追打起白鸡黄狗来，直到将那只白公鸡打死才罢休。哪知道这白公鸡和黄狗却是地仙所化，它们昼夜值班，暗中保护王质媳妇腹中的"小皇帝"出世，它们变化出一片乌云，挡住从紫禁城射来的"千里眼"。白公鸡死后，"真龙天子"的天机就泄露了。

此时，赤脚大仙挑起青铜尖和斧尖两座大山，准备建造关溪府；大力神仙担起道师尖和寺坞尖两座大山，准备建造肩莫县；铁拐李和吕洞宾赶到九华山下，遣送妙源和大猴两条源头的石头来下坦建造金銮殿。朝廷得到下坦要出"小皇帝"的密报，立即发兵前来征讨。王质媳妇身怀六甲，行动困难，在王质的保护下一路向西奔逃。下界调兵遣将震动了天庭，玉皇大帝闻讯大发雷霆，立即召集太白金星等商议对策。太白金星献计称：天机不可泄露，现在既然天机已泄，说明朝廷气数未尽，各路神仙不可帮忙，"小皇帝"绝对不可出世。因此，下坦虽居宝地，但金銮殿却终于未能建成。

逃亡中的"小皇帝"不敢违抗天命，遂跳出母腹，叫父亲带上天庭，面见玉皇大帝。玉皇大帝见"小皇帝"十分可爱，遂命其"永住天庭、不可下界"，而乖巧的"小皇帝"便向玉皇大帝面奏民间疾苦，玉帝动了恻隐之心，下旨永保下界风调雨顺。此后，舅舅郑氏怀着内疚赎罪的心情，在出现金銮殿的土坡上造了座泥墙茅屋定居，他把小土坡称为金銮殿，"金銮殿"一说也就传了开去。

也许，下坦郑氏借这个传说赞颂祖上的荣耀，郑平是开衢首宦，不是个小皇帝吗？源口郑氏先祖郑珣瑜在唐朝当过丞相，一人之下万人之上，不就差一点点登上帝座了吗？到宋代，有郑仲熊做过宰相，村里的祠堂是衢州知府为司法参军郑廷宪建的。还有淳佑四年（1244）进士郑尚德是有口皆碑的清官。

郑尚德，字国宁，号月池。中举，任舒城（今安徽省中部）尹，后改任卢州（今安徽合肥）教授，淳佑八年（1248）升临淮县（安徽省北部）令，在任上勤政爱民、廉洁自律，公务之余，常与地方贤士商榷时政得失，利于民者，虽劳不惮。因政绩卓著，升福建邵武军通判，仍领军事。时邵武盛行佛事，民间男女趋奉僧舍入传经会，送子女为僧尼，农事抛荒。郑尚德到任，即出告示，定条例，限制佛事，并多方劝谕，使民众各务本业。凡年轻女尼则责其父母领回嫁之，对首乱惑众之僧尼依法惩治。宝祐二年（1254）任直秘阁转运判官。四年（1257）夏授以宝章阁直学士，出任两浙西路提点刑狱。仅数月，即平冤狱，出死罪，约十分之二，民感其德，朝野叹佩。十月，特任松江知府。出任时，所辖太仓县令庞仲贤贪婪残酷，民皆痛恨；当朝李枢密子强掠民女；当地宦豪王良贵恣横不法等，经查明事实，均绳之以法，不畏权势。有民谣："松江得一郑，鸡犬皆安靖，郑主松江府，村市无豺虎。"郑尚德终于任。

村里参军祠中匾题"崇德世家"，不仅表示下坦郑氏是崇德支脉，更是勉励子子孙孙崇德的诏示。

（金华市农办）

下坦村古庙（市农办供）

永康方岩

黄大仙寻药救山民

北山山高林密，长年云雾萦绕，一年到头难得见到几天阳光，湿气很重，钟头一带零零落落住着十几户人家。有一年，这里的山民得了一种奇怪的病，身体佝偻，吃不下，睡不着，成天哭爹喊娘，痛苦不堪。

黄大仙放羊经过这里，看了很同情，想帮助他们解除病痛。但是他法术还没修炼到家，只能是"心有余而力不足"。他去求助师傅，师傅说对这种病他也无能为力，除非能到"五仙岩"山里采到一种仙草，才可治好这种奇怪的病。黄大仙问明了那山的地界和仙草的特征，决定进山采药。

黄大仙准备了一些干粮，带上采药的工具上路了。他顶着烈日翻过了九座大山，趟过了九条大河，走了九天终于来到了"五仙岩"。可是他找遍了整座山，都没有见到师傅说的那种仙草。正在疑惑，他遇到了一个采药的老人，就向前问讯。老人说，这里是"西五仙岩"，你要找的那种仙草是在"东五仙岩"。他又问，这里去东五仙岩还有多远？老人说，路是不远，只是很凶险，人去了只怕性命难保，你还是不要去为好。黄大仙谢过了老人，又上路了。又走了两天，他来到了一座大山前，看那大山巍峨险峻，路旁一块悬崖上刻有"五仙岩"三字。他喘了一口气，终于到了！气还没有喘匀，忽然从山坳里跳出一只大老虎，张开血盆大口朝大仙咆哮。大仙毫不畏惧，挥舞着手中的采药铲向老虎冲去。老虎被赶跑了，他继续朝山里走去。可是这山根本没有路，只能靠攀爬岩壁才能上去。他铆足了劲，手脚并用爬了一程又一程，累得气喘吁吁，汗流浃背。忽然脚下一滑，"哗啦啦"一阵泥石崩塌，他赶忙抓住了一根古藤，才避免了掉入万丈深渊的厄运，可是采药的铲子掉了。他爬啊爬，鞋子磨破了，双手磨破了，终于爬上了山顶。

在阳光的照耀下，山顶的岩石缝中那一丛丛绿叶欲滴的植物不就是自己要寻找的仙草吗？他兴奋地冲向前张开手就挖。挖啊挖，手指挖出血了也全然不顾，终于挖满了一大筐。大仙背着一筐的仙草往回走，奇怪！刚才来的悬崖峭壁变得有路了。来时的九座大山，九条大河也没有了。来时走了十几天的路，三天就走回到家了。原来大仙来时路上遇到的所有一切都是他的师父为了考验他。他去采仙草的"五仙岩"就是永康的"五指岩"，他采来的仙草就是生姜。

黄大仙把采回来的生姜熬成汤分给山民们喝，只两天，山民们的病全好了。通过这件事，黄大仙的师父看出了他宅心仁厚，就把全部的法术都教给了他。

（永康市农办）

杭州余杭四岭村

陆羽种制兰花茶

杭州余杭区境内有一座名山称径山，它系天目山脉的东北峰，因径通天目而得名。这径山脚下有个名叫"四岭"的村落，因村内有个"四岭水库"而得名。这四岭村的车坑坞南坡旁有块大坪地，名叫兰花坪。说来也奇怪，这径山是余杭的茶叶之乡，所产之"径山茶"声名远扬，但这兰花坪出产的茶叶与径山出产的茶叶不一样，你如果细心的话，只要摘下几片茶叶放在鼻子下闻一下，就会闻到一股浓郁的兰花香。

这是为什么呢？在当地流传着一个传说，据说这兰花坪的茶叶有兰花香，还与茶圣陆羽有关系呢。

陆羽是湖北天门人，从小在寺院中长大，跟着僧人一起泡茶喝茶，使他对茶产生了浓厚的兴趣。中年后，陆羽四处云游，遍访名山。当他来到径山后，不由得对径山情有独钟，当即在径山脚下的双溪隐居了下来，一面和径山寺的高僧品茶论道，一面潜心撰写《茶经》。

陆羽对茶到了痴迷的地步，当时凡寺院的僧众大都开垦种茶，喝茶成了僧众的一大爱好。径山寺更特别，自法钦祖师在此栽茶以后，历代高僧都对茶极为重视，还形成了茶宴等一整套待客的仪式。说实话，陆羽在双溪隐居，主要就是冲着那径山茶来的，他觉得这径山茶是绿茶中的绝品，大有讲究。于是，他除了每天四处观察茶树外，一有空，就上山去和寺里的高僧品茶论道。

这一天，陆羽又到了径山寺，方丈让人泡上了一壶好茶，两人就一边品茶，一边探讨起茶经来了。陆羽一边品茶，一边夸径山的茶叶真好，方丈告诉他，这径山一带有寺院三百六十座，各寺都种茶产茶，而且所产茶叶虽基本相似却各具特色。陆羽一听，不由动心了，当即心血来潮，朝方丈鞠了一躬，说："大师，让我去各寺院当一天方丈好吗？"

当时径山一带的三百六十座寺院都由山顶上的径山寺管辖，方丈一听陆羽想去当一天方丈，当即便痛快地答应了："好啊！你天生就是个研究茶叶的主,你一边当方丈,一边研究茶叶,说不定有新的收获呢!这样吧,你明天就上任,先从灵风寺开始吧。"就这样,径山寺老方丈一言定音,陆羽就开始去下面的寺院当方丈了。

这径山寺所管辖的三百六十个寺院,有个奇怪的规定,一个方丈到一个寺院只能主持一天。原来这三百六十个寺院都是供径山寺和尚实习的,在每个寺当一天方丈,转一圈就是一年呢!陆羽得到了径山寺方丈的应允,十分开心,决心好好利用这一年时间,将整个径山的茶叶研究个透,也好为写《茶经》打个基础。

天刚蒙蒙亮,陆羽就在苕溪边的老榆树下上竹排,穿千家桥,转过三官桥,上岸到灵风寺,当起了第一天方丈。

第二天,陆羽又来到了久峰寺,在那里主持了一天。第三天,陆羽去找下一家寺院,刚爬上山,就看见前面的寺院门上挂着牌子,上写着三个大字"清茶寺"。他开心得像个孩子,自己为了茶叶可说是跑遍了大半个中国,寻访了遍地的寺院,潜心研究茶事,可这一路过来,还没见过以茶来作为寺名的呢!他朝四周看了看,只见这里地形平坦,空气清新,阳光充足,倒是一个风水宝地,更让他开心的是,这地方满坪茶叶长得葱葱郁郁。一时间,他什么也不顾了,到寺里报了个到,就找了个小竹篓去采茶。白天采茶,晚上便炒茶叶。他这方丈也不理事了,只顾每天采茶炒茶,然后闻茶香品茶汁,将自己一天到一个寺院当一天方丈的事忘了个一干二净。

寺里的僧众都知道陆羽是个世外高人,他做什么没有人干涉,每天的饭菜也有人给他送去,使陆羽有足够的功夫去研究茶叶。他不去其他寺院当方丈了,自然有僧众向径山寺汇报,径山寺的老方丈听后也只是淡淡一笑,他知道这陆羽是个茶痴,他忘了当方丈一事,肯定又让什么好茶给绊住了。于是也没多说,另行安排了方丈人选。

再说这陆羽也真是个茶痴,他见这里的茶外形细静、苗秀多毫、色泽绿润、汤色清明、叶底肥嫩、味香鲜醇,不由得开心极了,每天都忙着品茶,还不时自言自语地说:"好茶好茶,真是天下少有的好茶。"

这一天,陆羽又去采茶,当他跑到一块茶地时,突然传来阵阵兰花幽香。陆羽闻香寻去,见几棵大茶树下,长着丛丛草兰,采几片茶树上的叶子一闻,这里的茶叶果然有兰花的幽香。

陆羽当即来了兴趣,他在这草兰旁的茶树上采了一篓茶叶回寺,他要去比较一下这茶叶与其他茶叶有什么不同，炒制后是否还会带有兰花的香味。回到寺院后，陆羽顾不上吃饭，当即炒制茶叶，炒好后又连忙煮水，将新炒的茶叶泡开。只见茶叶在滚水中慢慢伸展开来，一时间室内兰香四溢。陆羽开心极了，一边品茗，一边手舞足蹈，心想明天得去告诉径山寺中的老方丈，让他也品下这充满兰香的茶叶。正想到这里，他突然又觉得不对，这草兰旁的茶树太少了呀，若要让大家品尝，是远远还不够的。他思忖着，有兰花的地方茶叶特别香，那只要在这茶树边种满兰花，那这里的茶叶不都有兰花香了么？

想到这里，陆羽浑身是劲。从此，他每天上山便四处去挖兰花，然后种在这片茶树下，经过几个月的努力，终于使满坪都种上了兰花，不知不觉间，陆羽在清茶寺一住就是一年。但这里有规定，方丈只能当一天，所以，整整一年的时间，这陆羽只当了三天方丈。

但陆羽的努力没有白费，一年后，这里采下的茶叶，炒制后冲泡都带有兰香。陆羽方丈没得当了，但很得意，带着自己炒制的兰花茶去双溪隐居处潜心写他的《茶经》去了。

如今，一千多年过去后，当年的清茶寺已经无处寻踪，但这里满坪的兰花依然争奇斗艳。这里出产的茶都带有浓郁的兰花香，渐渐地，人们将这个地方称作了兰花坪，这里采的茶叫"兰花茶"。

人们没有忘记陆羽，陆羽在兰花坪住了一年，但当方丈却只有三天，所以车坑坞一带至今还流传着"陆羽方丈当三天"的说法，还流传着陆羽和"兰花茶"的故事。

（陈宏、丰国需）

径山茶园（陈宏　丰国需供）

> 台州椒江陈宅村

章安讲经退海盗

陈宅村位于九子山麓，三面环山，溪流穿村而过，有古樟树、古朴树和古寺庙，环境优美。东接章梓线，离台金高速公路出口只有2公里，到台州市区只需20分钟车程，交通便捷。陈宅村文化底蕴深厚，距今1400多年的隋朝古刹摄静寺就在该村，灌顶大师就在摄静寺出家，后来成为佛教天台宗五世祖。

说起陈宅的"山兵溪"与"山兵寺"（即现在的摄静寺），就得说说一位被称作章安大师的南北朝高僧和他的"山兵驱寇"的故事。

摄静寺始建于南朝，章安大师（灌顶）出家并讲经于该寺，因"山兵驱寇"之传说，该寺又名"山兵寺"。

佛教天台宗五世师祖灌顶（561—632），又名章安大师，字法云，俗姓吴，祖籍常州义兴（今江苏宜兴），祖辈避地东瓯，后来居住于临海郡章安县。父亲吴备，南朝陈时曾任章安令。灌顶父亲早故，由母亲抚养。他出生两个月时，母亲想给他起名字，但想遍各种物类名称，仍不知究竟起什么名好。母亲每在夜间念佛法僧名，才两个月的灌顶即能口学，而且声音清楚准确，大家都非常惊奇。于是有人便告知摄静寺慧拯法师，慧拯听说灌顶只有两个月大就能学念法号佛经，也非常惊奇，赞叹说："这孩子真是非凡啊！"其母亲于是就用"非凡"作为他的名字。

灌顶7岁时，母亲送他到摄静寺出家，拜慧拯为师。在慧拯的教导下，灌顶学习非常用心，进步很快，佛教经典和儒道学说等都能普遍浏览。不久，他的学问和才华就为当时上下所称誉。20岁时，灌顶正式受戒，成为摄静寺僧人。他普遍涉猎佛学经典，并认真探讨佛教源流，学问日益精进。慧拯大师去世后，灌顶云游到了佛教名山天台山。

陈至德元年（583），灌顶在天台山修禅寺拜天台宗祖三世祖师智顗（538—597）为师，正式跟随智顗学习佛学，并记录智顗的佛学理论，一直不离其左右。智顗对灌顶也十分赏识，把灌顶作为自己的衣钵传人。

隋开皇十七年（597），天台智𫖮法师应晋王杨广诏请，带病北上，走到新昌时病重滞行，圆寂于新昌大佛寺。灌顶遵师傅遗嘱，将其骨灰运回天台佛陇山，并建造塔院安放，又将其遗书及《净名经文疏》带至扬州，献给隋炀帝杨广。不久，灌顶又奉杨广之命，于开皇十八年（598），随司马王弘回山设千僧会，开始建造国清寺。

现在的天台国清寺的寺基，就是智𫖮选择的。但智𫖮在世时，只是初定规划，有关记载称其"方砍木为基"。真正开始建造国清寺，是在灌顶到扬州谒见杨广后，在杨广的资助下，由章安大师灌顶建造完成的。

国清寺初名天台寺，因智𫖮遗言中有"寺若成，国即清"之语，遂于大业元年（605）改寺名为国清寺。灌顶建寺时，在寺内手植梅花一株，即是现在天台国清寺内的"隋梅"，历经一千四百多年，仍繁花满树，枝繁叶茂，结果累累，成为国清寺中最古老的一处神奇胜景。

杨广被立为太子后，灌顶以僧使身份出山参贺。第二年，又应诏带《法华玄义》及《净名经文疏》到长安，缮写校勘，在宫廷中广为弘传。

智𫖮大师在世时，应酬各种繁忙的活动，并注重佛法的宣扬，其讲经说法如行云流水，滔滔不绝，因而无暇从事佛学理论的著述。而灌顶在他身边，以自己超人的记忆，记录和整理了智𫖮的佛学理论，写出了佛教天台宗的一系列经典著作。如被称为"天台三大部"的《法华玄义》《法华文句》《摩诃止观》和被称为"天台五小部"的《观音玄义》《观音义疏》《金光明经玄义》《金光明经文句》《观无量寿经疏》等，都是由灌顶整理撰著成书的。

灌顶还撰述祖师传记，上溯天台宗一世祖智者大师、二世祖南岳慧思与北齐慧文两位大师，并提出以印度龙树为初祖，从而确立起天台法统，初步建立了佛教天台宗的传承体系。因此，宋代释志磐在评价灌顶时曾说："章安（灌顶）侍右，以一遍记之才，笔为论疏，垂之将来，殆兴庆喜结集，同功而比德也。微章安，恐吾智者之道，将绝闻于今日矣。"由此可见，章安大师与其师傅智者大师一样，都是佛教天台宗的极其重要的创始人。

隋末兵乱四起，灌顶从长安返回天台，散住于台州各地，从事传播佛法和著述。天台国清寺、仙居的安洲山、黄礁的石鼓山和摄静寺，都是他常住的地方，而且都留有关于他的胜迹。相传在章安摄静寺讲《涅槃经》时，正值一股海盗到章安一带骚扰抢劫，百姓及僧人们听闻纷纷逃躲。此时，灌顶大师正在敲钟讲经，只见他毫无畏惧之容，海盗呐喊着步步逼近摄静寺。忽见摄静寺周围山上都是持枪执戟之兵，个个身高丈余、威武奋发、张眉怒目，刀枪旗帜环遍群山，遮天蔽日，一下子吓得海盗们屁滚尿流，纷纷匆忙逃散。从此后，摄静寺所在地名，就被称为"山兵山"，溪流也被叫作"山兵溪"，旁边的山也被叫作"合旗山"，最后有人把寺名也叫作"山兵寺"了。

唐太宗贞观六年（632），一代佛学大师灌顶圆寂于国清寺，葬于寺前白塔内，葬塔至今仍保存完好。灌顶学问渊博，佛旨研究精深，除集录整理智𫖮的大量论述外，还亲撰有《大般涅槃经玄义》二卷、《大般涅槃经疏》十卷、《观心论疏》二卷、《智者大师别传》一卷、《国清百录》五卷、《天台八教大意》一卷及《南岳记》《真观法师传》等一大批著述。

摄静寺至北宋治平三年（1067），曾改名为无碍院。至明嘉靖时，因倭寇之犯，寺门遭到严重破坏，仅存佛像及碑记。

至清顺治十七年（1660），僧人圆镜、良文又重修庙宇。到了晚清时期寺门又逐渐衰败荒废。

20世纪70年代，随着最后两位僧人的出走，摄静寺被彻底废弃。

古寺遗址依然荒芜着，但没有被占用，当年章安大师谈经讲道的"谈经石"以及古樟、古井与"洗钵泉"石碑等古迹均尚在。

前几年，遗址上还发掘出古寺建筑残件，如石刻莲花座、经幢、柱础等，南北朝弥勒佛造像和南宋弥勒佛像各一座。还发现有《重整五祖讲台碑》系清乾隆年间石刻，碑文为临海岭根知名人士王世芳撰写，碑文记录内容极其丰富（有灌顶大师创寺事迹、乾隆间重修经历、"山兵八景"胜貌等），文体优雅、叙述得体、功力深厚、书法优美，为石碑中之上品。

2004年，摄静寺开始逐步复建，走上了复兴之路。

（台州市农办）

武义白革村

堪舆学名家朱黻

白革村，早时候叫白华村。《白革朱氏宗谱》明确记载"卜家白华"。那么，为何后来变为"白革"的呢？这与朱黻有关。

宋宝庆年间（1225—1227），有一精通堪舆的名家朱黻，居住在丽水库川，他个性豪迈，以采药打猎为生。他从福建武夷山，经过龙泉的凤阳山至缙云的大洋山后，绕过千丈岩至白华的状元峰。只见状元峰耸秀、气势宏大，从状元峰往下看，半山腰有一处房屋隐于竹林之中，是一块得天独厚的风水宝地。

朱黻被这块风水宝地深深地吸引，于是带着猎犬来到了半山腰的村中。村中有一户人家，敞开着门，猎犬冲进屋中，只听得一声女声的尖叫声："爸，快来，有狗。"然后见一老翁手拿木棒把狗赶出屋外，大骂猎狗吓坏了女儿。朱黻急忙丢下草药篮，手提猎铳，大步跑上去喝住猎狗，连声对老翁道歉："对不起，对不起。"

主人见是一位打猎采药的青年，转怒为喜，走上前去，帮朱黻捡了从草药篮子里滚出去的一只圆盘。一看，是只看风水的革盘，知道朱黻还是一位风水先生，就说："先生，请屋里歇会儿？"朱黻看天色已晚，就不推辞，跟着进了屋。

原来，屋主人姓施名福，先祖看此地是风水宝地，一代传一代，在此居住已有几百年了。虽是风水宝地，但总不见丁财旺盛。他小时丧父，中年丧妻，老来又丧子，父女俩在此相依为命，女儿已长至18岁，从未曾开音。今天不知是遇见贵人，还是看见凶猛的猎犬而惊吓出声。做父亲第一次听见女儿叫他爸，知是贵人来到，乐得他喜笑颜开，忙叫女儿去沏茶、烧鸡蛋素面。点心烧好了，施福舀出米酒，二人畅饮起来，边饮边谈，不觉天色已黑，施福就留朱黻在家过夜。

第二天，两人吃过早餐，施福陪同朱黻，走遍白革，看了三叠台、龙井、仙掌、玉屏、石佛、八宝陵、狮岩等景致。当二人转回家的时候，朱滧见有一只"凤凰"头朝白革，两翼伏地，趴在山上，施福顺着朱滧指的方向看去，只见一只大鸟头正对着他的祖坟。

二人来到了施家的祖坟，朱滧走了三圈后，对施福说："你这祖坟建在形似乌龟背的地方，龟随处走动，漂浮不定，而阴宅朝向正对着你的家宅，位置又高，阴气太盛，影响到后代了。"施福听后，仿如凉水浇头，双腿发软，忙向朱滧乞求破解的方法。

朱滧眉头皱皱说："这个有点难办！"但上下打量施福一番后，问明生辰八字，后用罗盘对照二十四山、十二地支方位，推算了一下，说："你不应是断绝子嗣之人，况且你有一片善心，我姑且为你免灾消难，择日迁葬，可化解绝嗣之祸。"朱滧帮施福挑选了一块祖坟后，二人才回家。

二人回到家后，见女儿已烧好饭菜，又对饮起来。酒足饭饱之后，朱滧起身要告辞。施福拿出铜钱，要酬谢朱滧，朱滧婉言谢绝，执意不肯收，说："我在这里白吃白住，给你家看风水，啥好意思收银，给你白革好了。"言罢，朱滧想呼唤猎狗起身告辞，可是平常俯首帖耳的猎犬，今天任凭他怎么呼唤，就是不走。朱滧感到十分奇怪，莫非是猎犬病了？等他走近，猎犬站起，围着他走了三圈，然后摇头摆尾，又坐在原地了。

奇怪，难道猎犬也相中这是块风水宝地不成。朱滧干脆放下草药篮，来到狗坐的地方，原来与施家仅一墙之隔有一座废墟，在施家左侧，比施家低几尺，朱滧思量半晌，仔细地用革盘进行演算后，对施福说："此乃风水宝地也"！施福回答："这也算风水宝地？这是我爷爷留的老屋基，你不嫌弃，我白送给你。"原来施福的爷爷在这里建屋12间，前面高的有6间，后面低的有6间，4个儿子仅剩施福父亲一个，后来一场大火又把整座老屋化为灰烬。听施福一讲，朱滧说："这里虽是块风水宝地，但屋大不藏风，败散丁财空，房屋不该朝此坐向，前高后屋低，难怪主人损子并克妻。"

施福不解，朱滧说："如果在北面建一座城墙，东西面造一口水塘，真乃风水宝地也。你如果愿意，我就在你这里安家发族。"施福一听，满口答应："一言为定，让你白盖。"朱滧："讲话算数。你给我白盖，我给你白革。"

后来，朱滧真的从丽水库川来到白革，并娶了施家漂亮的哑女为妻，把房屋盖在施福白送的屋基上，开始发族。"白革"与"白盖"音同意深,而"白华"又与"白活"谐音不吉利。后人干脆就把"白华"村名改为"白革"村了。

朱黻后裔也依照始祖的风水理念,在村口用石块砌筑起了城垣,并设有门洞,称里安门(永安门),城垣周边植有40多株红豆杉和枫树,造成锁闭之势,在村西边挖了口水塘,常年碧水如天,关水聚财,邪气不侵。这真是:"革盘摇一摇,子孙都荣耀。福人居福地,福地福人居。"

(武义县农办)

庆元龙岩村

菇民财神吴三公

吴三公，名昱，因其排行第三，被菇民尊为吴三公。查宗谱，吴始祖从唐代由山阴（今绍兴）迁至龙岩。吴三公于宋高宗建炎四年（公元1131）3月17日出生于龙泉、庆元、景宁三县之交的龙岩村。龙岩村现属庆元县百山祖镇管辖，全村近200户，其中吴姓占95%以上。龙岩村自然环境优美，境内群峰并起、山青水绿，居民世代皆以栽培香菇为生。相传吴三公世居深山，以狩猎与采集野生蕈菌为生，他发现阔叶树之倒木皮层被刀斧砍伤之后，菇便大出，且多砍多出，少砍少出。此种菇滋味甜美，常食之体健少病。人体皮肉被刀斧所伤之处，若以此蕈嚼烂涂抹之，颇有奇效，山民视其为神仙所助。吴三公偶尔亦发现某些阔叶树朽木虽经刀斧砍过，却经多年而不出菇，往往发声长叹，而以斧头猛击之，数日之后，遍数出菇，菇民以后称此为"惊蕈"，认为是吴三公借用神力之所至。惊蕈术亦为后世菇民之特殊技艺，而流传史册。

汉族民谣曰："朱皇钦封龙庆景，国师讨来做香菇。"洪武年间，处州香菇入贡，被朝廷列为佳品，国师刘伯温就向朱皇进贡说处州龙、庆、景三县菇民之艰难，朝廷要多加扶持。朱皇就将香菇生产的专利权赐给龙、庆、景三县人民，并封赠吴三公为"羹食公侯"。明万历三年皇帝又敕封为"判府相公"。后世菇民奉吴三公为"菇神"，并建了规模宏大的凤阳庙，设菇神之位，年年祭祀。

吴三公只是个传说，龙泉和庆元还没有发现任何确凿的史料证明他的存在。两地都是仅仅以民间传说来证明历史的存在，或许这是中国农耕文化的普遍现象。

一次，吴三公去寿宁滩挑盐，挑到斜滩岭时，正好被"五显神"看见。"五显神"见这后生两耳垂肩，很有佛性，有心点化他，就将手杖抛向岩际，化作一株桃树，将包袱化作一个小女孩牵在身边，只等吴三公到来。

吴三公挑着盐担，一步一步顺着石阶往上登，见一个白发老大妈领着小女孩在路边歇凉，那小女孩"呜呜"哭个不停。白发老大妈见吴三公来到面前，便问："这位兄弟，我孙女口渴，想要吃那岩际上的桃子，你肯帮我摘否？"吴三公见那岩际下是个很深的水潭，那桃树又凌空长在岩际上，只在树顶上孤单单地结了一个桃子。如不小心跌落岩际，连骨头都没处找呢。正在左右为难，只听那小女孩越哭越伤心，三公把心一横，放下盐担，抓着树杆往上爬，爬呀爬呀，那桃子总差那么三四寸，三公向上攀一寸，桃子也向上挪一寸，只听"喀嚓"一声，桃树断了。三公抱着树枝从岩际跌落，"轰隆"一声沉入了潭底。

吴三公觉得一阵迷迷糊糊，睁开眼睛一看，自己正站在一个大岩洞前，只见洞府正堂上有块大匾，匾上写着"五显神"三个大字。匾额下是个神龛，神龛里坐着一位金面红发的大神。原来，这大神便是刚才路上碰见的那位老大妈呀。

"五显神"留三公在洞里学了三年法。出得洞来，再也不去挑盐了，回到龙岩便开始做手艺。说也奇怪，六月天人家做扇，他却做起火笼来，当他把火笼做好，天上果然下起了大雪，村上的人个个都来买火笼；冬天下大雪，别人拼命做火笼，他却编起了蒲扇，当他把蒲扇编好，天上当真出了大日头，村里人热得难熬，都来买他的蒲扇。大家都说三公成仙了。

有一年，温州有个商客到龙岩买木材，商客要的是杉树，而吴三公却砍了一大片栲树和米榆。结果，这些树在山上风吹雨打，无人过问。谁知，到了冬天，满山的栲树、米榆都长出了一朵朵小雨伞般的东西，三公采了一兜回来，煮熟一尝，味道很香，便把它取名叫香菇。从此，三公天天上山采菇，鲜的吃不完还可以用炭火烘成干的呢。有一次，天上飞来一群白鹇，把香菇吃得一颗不剩，吴三公很生气，举起斧头在菇树上乱砍乱捶了一番，谁料第二天，那些被斧头砍过捶过的地方便长出了更多的香菇来。因些，三公又得了"砍花法"和"惊蕈法"。据说，这都是"五显神"在暗地里助他呢。

从此以后，吴三公把做菇法传给了自己的后代。时间久了，邻近的龙泉、景宁两县百姓也学会了做菇。到了明朝，国师刘伯温把香菇作为贡品献给了皇帝，并向皇帝奏本，封三县百姓做菇营生。因此，龙、庆、景三县菇民将吴三公、五显神、刘伯温尊为"菇神"。

龙岩村作为吴三公的故乡，至今保存着很多与吴三公有关的事物，包括吴三公祠、吴三公故居、吴三公墓等。龙岩村的各处都体现着龙岩的香菇文化。而龙岩村现存的吴式宗谱也肯定了吴三公却有其人。每年在吴三公的生日（农历 3 月 17 日）和卒日（农历 8 月 13 日）龙岩村民都会在吴三公祠内的神位前点烛上香，摆设供筵祭祀，使得龙岩村的香菇文化随着吴三公源远流长。

(庆元县农办)

吴三公祠（县农办供）

浦江县冷坞村

马大娘巧制木"作马"

冷坞村，位于浦江县北部山区，已有近千年的建村史。冷坞因深处大山，夏天气候清凉宜人而得名。

冷坞村，四面环山，林木茂盛，地处偏僻，为常人所不知。几百年来，这里不经战乱，村民劳作耕读，生生不息，古老的村落得以完整保存。清泉溪流、古道阡陌；小巷曲径、庭院错落；田园竹香、花草芬芳，堪称人间又一处"世外桃源"。

冷坞的村口有一座石板小桥，过桥沿着卵石铺就的田埂小道，便来到了绿树掩映的冷坞村。发端于村北两股清泉汇合成罗源溪，由南向北穿村而过。村里的房舍院落顺山坡沿溪而建，黑瓦白墙、布局得势。清澈的溪水里游动着成千上万条石斑、马口等珍稀野生鱼种。横跨溪上的3座拱桥和2座石板桥，将罗源溪两侧的民居紧缀相连。绿水青山间，冷坞村俨然像镶嵌在绿色绒毯上的一颗璀璨明珠。

进入村里，首先看到的是一座建于罗源溪旁的薛氏宗祠。冷坞村现有祠堂4座，分别是薛氏宗祠、义德堂、马氏宗祠和邵氏祠堂，均建于清代，其中以罗源溪旁的薛氏宗祠最为壮观。薛氏宗祠坐东朝西，奉唐代"征东将军"薛仁贵为先祖，占地面积约800平方米，白墙黑瓦，廊柱挺立，匾额高悬，庄严大气。屋檐挑梁、立柱大椽之上，雕刻着精美的花卉和人物，栩栩如生。

在记载先民开发历史的祠堂里，传承着祖辈善行勤劳的血脉，也流传着许多传奇故事。村中马氏宗祠的前身"花厅"，就有一个美丽的传说。

明末清初，龙山下罗源村有一英俊的马姓后生，有幸娶了一位富家小姐。女织男耕，桑麻满圃，经过多年的辛勤劳作，马家逐渐成为本地的殷实富户，当年的后生也成了子孙绕膝的太公。马姓太公为光宗耀祖，决定要在村中建造一座花厅留芳于世。

开春，马姓太公备好石材木料，招来了各地的能工巧匠，花厅如期开工。马太公心情大悦,当晚备下酒菜,犒赏工匠。酒足饭饱之余,木匠师傅突然走上前来,带着几分醉意提出,让马太公为明天的工程准备"作马"三匹,要求天亮之前必须备齐。马太公是个见过世面的人,觉得老实的木匠绝非是为难自己,明天吉日吉时开锯不能怠慢,但时间这么晚了,找马,还要三匹,谈何容易。马太公无计可施,额头沁了一层冷汗。深夜了,马太娘在后房迟迟不见夫君过来,放心不下,就叫上丫环一起来到了前堂。马太公正皱着眉头、擦着汗,见夫人过来,他好像突然找到了救星,一把抓住夫人的手焦虑地说:木匠要"作马"三匹,天亮就用。这马太娘从小在娘家时那可是大家闺秀,进了马家也是精明干练操持着家事,一听说要三匹马,马太娘淡淡一笑,轻声安慰道:相公别急,待俺招来。说罢,推开了家门,走进了茫茫夜色中。没过多久,马太娘牵来三匹枣红骏马,齐刷刷地站在了木匠面前。木匠见状,脸红脖子粗,语气急促地说:我要"作马",非此马也。这下马太公不高兴了,找马又不要马,你这不是故意刁难我吗!木匠一看闹出了误会,连忙责怪自己口拙舌笨,慌忙提上灯笼,来到了花厅的施工现场,比画着告诉大家,他要的"作马",是锯木时用来固定原木的三脚木马架子。马太娘一听,什么都明白了,转身就离开了工场,又走进了茫茫夜色中。东方刚露鱼肚白,三匹"作马"就神奇般地出现在了工地上。木匠见状,不由惊叹万分:太娘何来神功!莫非有神灵相助也。不到一年时间,在马太娘的协助下,一座高大宽阔、雕工精美的花厅伫立在了村子中央。马太娘因花厅之事而名声远播,渐渐地民间就把她供奉为逢凶化吉、遇难呈祥的活菩萨了。

马太娘过世不久,马家花厅被一场莫名的大火夷为平地。若干年后,马姓后人在原来的旧址上,重新修建了现在的马氏宗祠,以告慰列祖列宗和当初神助修花厅的马太娘。

几百年来,深山里的冷坞村就是在先人的神明护佑下,生命之树得以世代繁衍,才有了今天生机勃发的景象。

走出马氏宗祠,春雨绵绵,游人打开红色雨伞,走在因雨而显得光亮平滑的石板路上,眼前的景物让人不由得眼神透亮起来,今天的罗源溪畔,古树探水,花漫两岸。溪里的野生石斑鱼随着跌宕而下的水流窜动翻腾。水面上偶尔落下的花草枝叶,瞬间就会打乱鱼儿逆流游动的方向,吸引着它们聚集到一起。游人偶尔丢些手中的零食,就会招引一群小鱼,引得水面一阵欢动。村中老人小孩端着饭碗坐在溪边,欣赏着小鱼追逐打闹的同时，还会从自己的碗里扒几口米饭投入水里，这时整条溪的小鱼都会黑压压地挤到一起抢食，让你仿佛觉得一伸手就能抓到一把。此时，游人抢着拿出相机、手机不停地按动着快门，抓拍溪鱼抢食的场景。

　　溪流两边错落着民舍院落，从墙上斑驳的漏雨痕和屋顶的蒿草，不难看出这些房舍有着一定的历史年代。穿村而过有石板古道，沿溪流而建，一直延伸到村外，再往南走就是当地历史上早有记载的淡竹岭古道，早在唐宋时期就有的这条山道，是浦江连接诸暨青山、马剑等地的一条官道，商贾往来、百姓出山、官府下乡巡察都要走这条路。这条全长约有十华里的古道，修筑于清朝咸丰、同治年间，靠的是当地殷商富户、乡绅善人和老百姓的共同捐助铺设而成，没有一分一毫的官银拨款。说到淡竹岭古道，当地的百姓都会提到当年的修路工顾石盼，这里面也有着一个美丽的传说。

　　顾石盼是当地有名的大力士，一顿能吃下两斤大米饭，一手能举起大石碾，两百多斤的石板，他一个人能挑得两块，淡竹岭要重修古道，大力士可有了用武之地。施工时，人家两个人抬一块石板，颤颤巍巍；顾大力士一个人挑两块石板，健步如飞。大力士不仅力大，心地还好，干起活来从不藏奸耍滑，所以负责铺路的师傅都喜欢他，争着要跟顾大力士配合。为了表示对大力士的敬重，师傅们每隔一段路就在顾大力士挑的石板上刻一个"X"符，盼望大力士能多挑几担，加快铺路速度。久而久之，大家都叫顾大力士为石盼了（意喻盼望石板）。由于顾石盼对重修淡竹岭古道有大功，山道完工后，在众位贤明乡绅的力荐下，县老爷聘请顾石盼为当地土地神，并在古道的山岗上立碑建了一座土地庙。时至今日，很多石板都已剥蚀，但我们还能依稀见到石板上留下的"X"印记。这些印记不仅体现了顾石盼的能耐，更重要的是记录了先民修建古道的艰辛和伟大。

　　轻步走在淡竹岭古道的石板上，隐约能听到远山传来的阵阵木鱼声。岭上有一座古寺，供奉着仙姑奶奶等各路神仙，常年香火缭绕。山上的这座古寺也有着一个美丽的传说。

　　当年乾隆皇帝下江南来到了浦江，途经淡竹岭时，乾隆看到这里树高林深，空气清新，就停马下轿，伸展了一下筋骨，信步走上了山道。他一路赏花看草，颇有兴致，还不时和随行官员吟诗作赋一番。快到山顶时，遮天蔽日的大树不见了，抬头是一片葱绿的竹林挡在了眼前，在竹林里还隐约传来朗朗的诵经声。乾隆眉头一挑来了精神，就往竹林深处望去。左右护卫一看，忙上前拨开茂密的竹梢，乾隆小声轻步地就进了竹林，这竹林深处可是另有一番天地。

一座黛色小庙掩映在苍翠的竹林中，庙前的空地上，三名眉清目秀的小尼正在高声诵经。乾隆看到此景，不由得脱口说道：此乃竹林庵呀。这突然并不太高的声音，惊动了三个小尼，她们面对着这个造访的陌生人，一个个吓得掩面呆立。随行的官员刚要上前训斥，乾隆示意制止，双手合十对小尼说道："多有打搅，善哉，善哉。"说罢，让随从到庙前的香炉里上了一炷香后，就带着大家退出了竹林。待林外没有了声响，三个小尼才惊魂未定地跑进庙里，把刚才发生的一切告诉了在内室打坐修行的主持师太，等师太再出来找寻，乾隆一行已翻过山梁，消失在繁茂的丛林里了。

第二天，师太到山下做了一块匾挂在了山门之上，"竹林庵"三个泥金大字在阳光下熠熠生辉。从此，竹林庵信众剧增，香火日盛。

如今的冷坞村，清澈的罗源溪更加鲜活，她千百年来不仅哺育了冷坞的百姓，也为这块宝地营造了清凉小气候，起到了非常重要的作用。

溪流两边错落着民舍院落，从墙上斑驳的漏雨痕和屋顶的蒿草，不难看出这些房舍有着一定的历史年代。这些透着淡淡古意的乡土民舍都焕发出了丝丝的商业气息，不少临溪临街房子门口打起了幌子招牌，卖着自家做的麻糍、灰汤粽等小吃土特产。村中很多居民都把老房子的内部装修一新，配上了全新锅灶、卫生干净的便具和冲淋设备，迎接到冷坞消夏避暑的八方游客。

深山冷坞村，清凉的世外桃源。

（薛荣生）

庆元洋背村

仙翁点金试人心

在庆元县"巾子峰国家级森林公园"群峰峻秀的山峦之下，有一个美丽的村庄，它就是省级特色旅游文化村——洋背村。

洋背村隶属屏都街道，距庆元县城12公里。村子坐北朝南，依山而建，村后巾子峰山脉蜿蜒而来，树木修竹青翠欲滴，村前梯田成垄，阡陌纵横。清澈的巾子溪从群山深处汩汩而来，绕过村庄，穿越田野流向远方。整个村庄由明清建筑和江南风格老房子组成，疏密相间，层次分明。房前屋后，青山、绿水、村舍、田野，构成了一幅动人的水墨画卷。

洋背村不仅村貌优美，而且民风淳厚。全村198户594人，主要由杨、吴、毛、李等姓氏村民组成。这个村庄虽然属于多姓氏杂居，但是村民邻里之间却长期和谐相处，亲如一家，遇到矛盾纠纷，人们总是相互谦让，几十年没有过打架斗殴，连口角也很少发生。洋背村这样其乐融融的好村风，已经延续了几十代人，它的形成与一个传说故事有着直接的关系。

相传，洋背村肇基初期，村里住着十几户人家。一年，天逢大旱，地里的庄稼歉收，人们只好靠山上的野菜野果充饥。

那年冬天，村民杨土根、吴广有、毛满发一起到巾子峰下去挖蕨根。蕨根粉是灾荒之年较好的粮食，然而，挖蕨根却十分辛苦。杨土根等三人每天起早贪黑到上山挖啊挖，挖得精疲力尽，满手血泡，挖到的蕨根却不多，滤出的蕨根粉更是少得可怜。尽管如此，三人依然日复一日，挖掘不止。恰好有位仙翁带着童子云游到巾子峰，将他们的举动看在眼里。一日，童子对仙翁说道："师傅，你看，他们真是太辛苦了，你不妨略施法术，赐他们一堆银子，让他们不要这样辛苦呀。"仙翁却摇头说："赐给他们银子，弄不好反而会害了他们。"童子好奇地问道："师傅这话怎讲？"仙翁道："你不相信，我们试一下就知道了。"说着，仙翁将手上的拂尘，朝杨土根他们挖掘的山上挥了两下。

杨土根三人只顾埋头挖蕨根，挖着挖着，突然挖到出一大堆白花花的银子，顿时惊呆了。他们连忙用簸箕装，足足装了三担，地上的银子还没装完。此时，已经是傍晚，挖了一天的蕨根，他们早已肚皮也饿得咕咕直叫，再也无力将满担银子挑回家。况且，现在将银子挑回家，路上难免让人看见，这意外横财被人知道了，容易惹麻烦。万一被人报官，就竹篮打水一场空了。于是他们商定，杨土根和吴广有两人在山上守住银子，由毛满发回家烧饭，将饭带到山上来，大家吃饱肚子有了力气，再乘夜色偷偷挑回家，然后，三人平均分银子。

毛满发走后，杨土根跟吴广有说："三三遇宝，不如俩俩偷牛。等满发挑饭回来，我们两锄头把他打死，银子我们两人平分。"吴广有听了，连声道："老大说得有理，此话正合我意，到时候我们不能手软。"想到银子多出三分之一，两人异常兴奋，又仔细商量了一番。

在杨土根与吴广有商议如何谋财害命的时候，毛满发在回村的路上也在边走边想：三三得宝，不如俩俩偷牛，俩俩偷牛不如独自偷鸡。主意已定，毛满发到家后抓紧煮饭，自己先吃饱，然后将砒霜拌入饭中，再装成两包，匆匆赶回山上。

毛满发回到山上，刚想说吃饭，只见杨土根、吴广有手中的锄头朝头上砸来，立刻躺在地上不会动弹了。见毛满发倒在地上没了声息，杨土根和吴广有从地上捡起两包米饭，各自解开饭包，很快就吃了个精光。他们刚想起身挑银子，突然，腹内绞痛起来，叫声不好，就开始在地上打滚，没过多久，也在地上伸直了双腿。

山中发生的这一切，被山顶上的仙翁和童子看得一清二楚。仙翁说："你看，很不幸，我先前讲的话还是应验了。"童子感叹道："真没想到，意外的横财会害死人命呀！师傅，您还是救救他们吧。"仙翁取出三颗仙丹，叫童子塞进杨土根等三人的口中，带着童子到其他地方云游去了。

片刻之后，三人从地上醒来，你看我，我瞧你，羞愧地低下了头。再看地上时，那些白花花的银子，已经不翼而飞，只见地面留着几行字："勤耕得来心自安，意外横财反伤身。见利忘义害自己，积德行善泽后人。"三人对着字默念了几遍，终于醒悟过来，对自己的所作所为后悔不已，分别向对方认错求饶。为了告诫自己以后永远不做这种见利忘义、害人害己、灭绝人性的事，杨土根、吴广有、毛满发一起跪在地上，撮土为香，击掌为信，对天发誓：从今之后，三人要相互谦让、亲如兄弟，共同积德行善，勤耕厚土，过安分守己的日子。后来，他们不仅笃行自己的誓言，还用自己血的教训教育自己的家人和后代，与人为善、勤耕苦读逐渐在村里形成了风气，代代相传。再后来，人们就将三人遇到银子、击掌盟誓的山场称为"银掌坑"。

尽管"银掌坑"的传说，是一个神话故事，然而，洋背村人总是将它作为真实的故事来讲，同时，"勤耕得来心自安，意外横财反伤身。见利忘义害自己，积德行善泽后人"已经成为了祖训，被写进了《杨氏家谱》。据村中老人回忆，解放前，每年清明节祭祖，村中的杨氏、吴氏、毛氏祠堂都要向族人散发"蕨粉粿"，为小孩讲述"银掌坑"的传说。所以，这个故事在洋背村人人会讲、妇孺皆知，而积德行善、勤耕苦读、友爱谦让、相互帮忙的村风一直传承到今天。近年来，洋背村进行乡村旅游开发，一些村民办起了农家乐，传统的"蕨粉粿"，成为了当地的特色美食，备受游客欢迎。

（吴杰）

第五章　乡贤风流

建德上吴方村

耿仂答卷完美却不中

上吴方村世代以耕读传家，崇尚读书，人才辈出。特别是清中叶时期，曾有一位乡贤叫耿仂，他天性聪颖，为了家族的昌盛、乡里的和睦，放弃名利，培育后昆，不遗余力，以致桃李布满天下。

乾隆年间，村里遇上百年大旱，草木枯焦，溪水断流，庄稼颗粒无收。这让原本七八岁便失去父母，守着几分瘠田度日的耿仂三兄弟，更是雪上加霜。为谋生计，长兄、二兄便商议上山砍柴，挑到百余里外集市，换取五谷杂粮，以便养家。一日，在砍柴途中兄弟俩人发现石柱源深山里有一泓细流，潺潺不绝，彻寒清澈，便萌生了上山开垦种植玉米的念头。说干就干，第二天兄弟仨带上油、盐、柴刀等生活用具，到石柱源深山，选择一块较为平坦的地面，搭起茅舍，开荒种地。

可是，好景不长。某夜，天上突然乌云翻滚，狂风大作，大雨如注，瞬间，洪水爆发，将茅舍淹没无遗。三兄弟狂奔逃命，但怎么也跑不过洪水，正在这生死关头，只见一道闪光从天而降，犹如一道天然屏障，牢牢地护住他们。一路狂泻的洪水，刹时被光柱拦腰劈成两半，分道倾泻而去，三兄弟见状当即昏倒，待到朦胧醒来时，隐约看见天上人影浮动，好像观世音娘娘现身，特地从南海赶来拯救他们。兄弟三人连忙跪地，对天祈拜，求娘娘保佑。只听娘娘说："你等现已平安，速速回家，回去后要积德行善，造福一方。"兄弟仨愕然，过一会儿，天清云散，一轮明月悬挂天空，于是仨兄弟乘月光一路蹒跚行至村庄，告知村民山上一夜发生的经过。大家都认为三兄弟必是"奇人"，如若读书，必将光耀门楣，飞黄腾达。兄弟俩也以为然，于是，每日上山砍柴，将负薪所得，为弟弟耿仂延师教诲。

起初，耿仂不求上进，经常贪玩逃学，两位兄长急在心里。罚小弟随哥再入深山砍柴，先挑五十斤，出山换粮，问之："挑柴与读书哪个辛苦？"答："挑柴好。"于是俩兄弟再加柴禾，命第二天继续挑柴出卖，越往后面，越加斤两。久而久之，耿仂不堪重负，后悔说："吾今后再也不敢怠学矣。"后来，耿仂在恩师的教诲下，挑灯夜读，孜孜不倦，攻读国学。乡试时，因其文章出众，为考官另眼相看，便将其卷藏于袖中，以备录取第一。而耿仂也心安理得在家等待，以为文章必中。

发榜后，竟榜上无名，非常惊异，便询问考官，考官后来才想起说："忘记了，但榜文已出，无可挽回，唯有待下届来，下次你来，毋须复考，可直接列为第一。"耿仂答："若下届不是你主考，我不是完了？"考官说："我若他调必将你的考卷移交下任。"耿仂在无可奈何之中，只好含泪回家。

三年后，耿仂果然在乡试其间大病一场，不能按期迎考。康复后，便在村中设立私塾，传经授学，孕育后人。经他的悉心教诲下，上吴方村先后孕育了许多乡贤能人，如时旭、大春、方涵，等等。他们为了家族的繁荣和昌盛，各显其能。在师塾中，方家人不但学会了之乎者也，也学会了如何做人，如何走入社会，融入社会，方正堂内悬挂的一块块功名节孝匾额便是方家人崇文尚教的最好诠释。他为方氏后裔树立了榜样，为家族的富强奠定了基础，还留下了珍贵的文化遗产。

耿仂百年之后，上吴方村有一个奇怪的现象，外溪丁步堰水潭中一条"石水牛"不知不觉不见踪迹，人们认为石水牛是耿仂的化身，这种传说一直传到了今天。

建德新叶村

急公好义的叶燮臣

培桂堂建于清道光年间，原名"一本堂"，堂主叫叶燮臣。

叶燮臣从小读书，不善务农，家境一般，一遇到天灾便度日如年。有一年大旱，年关将近，家中无粮，向哥哥借贷。哥哥说，借给你以后用什么还呀？不如送一两斤米给你吧！叶燮臣公一听非常气愤，转身就走。第二天到邻村的表叔家去借粮，表叔非常同情，借给他一斗米，一串钱，聊度除夕。来年表叔又把他推荐到私塾教书。后经朋友相助，出外经商多年，家中办起了榨油坊。

有一年寒冬，叶燮臣在外经商，遇到一个冻晕在路边的汉子，将他救回家中。经抢救苏醒后问其姓名家境，才知他叫王照喜，是处州人，家中无人，家产毁于兵患，因避兵祸才病倒于路边。幸遇恩人相救，反正无家可归，便求叶燮臣收留他。叶燮臣当场就说："你就把这里当作你的家吧。"从此王照喜便安下心来，成了叶燮臣的得力助手。

王照喜为人忠厚老实，勤勤恳恳，不但是干活的能手，而且会替主人出谋献策，管理家业。叶燮臣十分满意，名为主仆，胜似兄弟。虽然王照喜年纪比叶燮臣小，但是叶燮臣的子女都尊称王照喜为伯伯。建造"一本堂"时，他出了大力，是有功之臣。他无所欲无所求，勤勤恳恳干了一辈子，替主人家创下了一份家业。他常对人说："我一辈子也报答不了燮臣公的救命之恩。"叶燮臣也称王照喜为恩人，因为没有他的无私奉献，叶家就不会有如此丰厚的家业。

叶燮臣通过辛勤劳动，克勤克俭，家中渐渐富裕起来。数年后有了积蓄，造了新房。当新房落成之时，亲朋好友前来祝贺。在落成典礼上众亲朋提议，这么宏伟的房子起个好名字吧。燮臣沉思片刻，当初我那么困难，兄弟都瞧不起我，幸亏表叔帮忙，借我一串钱，一斗米，渡过难关，从此逐渐富起来，才有今日，如今这房子就叫"一本堂"吧。

叶燮臣富起来之后，广行善事，修桥铺路，见义勇为。当时兰溪到淳安的官道是从白夏叶（新叶）村经过，山路十分难行，叶燮臣自家出资雇人辟路基，挑石块，铺了十几里的"之"形石块路，并在路边造了凉亭，叫"玉峰亭"（直至20世纪80年代末因扩建公路被拆）。正房三间用方石为柱，正房后还造了两间木结构的楼房，供过路人休息。还供本村无房居住的村民居住，并出资让住户为过往行人常年免费提供茶水、草鞋。

叶燮臣家大业大，是远近闻名的大财主，有一次正是农忙的时节，燮臣从外面经商回来，路过大枫树底下时，老远就看见家里的许多雇工在树底下休息，有些甚至在呼呼睡觉。而大枫树底下是他回家的必经之路，他怕惊扰大家，就故意绕道回家，随行的人问他为何要绕道而行，他说，你们没看见大枫树下有许多雇工在休息吗？我若是从那经过，他们会感到不好意思的，这样会影响他们休息。

又有一次，叶燮臣在经商回家的途中，遇见一少女吊在树上，急忙将她救下。此女名叫李春香，家中欠债，无力偿还，财主想霸占她，这才自寻短见。叶燮臣把她带回家中，收为义女。

叶燮臣欲将义女许配给王照喜，而李春香与王照喜朝夕相处，对王照喜也十分喜爱，苦于那时的封建礼教，不敢造次。听义父提及此事，李春香满心欢喜，王照喜却坚决不同意。王照喜说："我已受你的大恩大德，今生难报。春香小姐貌若天仙，我将她当作妹妹看待，已是我今生的福分，若再受恩公的大德，岂不是永生永世都要欠你的人情债么，此事万万使不得。"后经多次劝说，王照喜生怕主人逼迫他，竟不辞而别。走到半路遇见熟人，才带口信给燮臣。叶燮臣立即派人将他追回，并向他赔礼道歉，从此不再提及此事，李春香却郁郁寡欢。叶燮臣知她心事，急得没有办法，有人家前来说亲，任你什么条件她都一口回绝。后来忧郁成病，多方医治无效，含恨而死。

王照喜一直在叶燮臣家干活，老死在叶燮臣家。叶燮臣将他和李春香优厚安葬，并传下话来，凡我家子孙后代必须将他俩作为自家祖先同样看待，一样祭祀，不得怠慢。在乡里传为佳话，有"行善积德、克己奉公"的口碑。

当年，白夏叶（新叶）村在兰溪县管辖，知县姓江。江知县闻说白夏叶村有一位闻名善人，倒要去访一访。就扮成秀才模样，到白夏叶村进行暗访。正值叶燮臣在祠堂为公办事，见一秀才进来，问其姓名，得知姓江，因家中度日艰难，出外测字谋生看相。秀才向叶燮臣询问当地民情风俗，百姓生活的情况。叶燮臣相当俭约，中午吃青菜煮面条，请秀才同桌用餐。之后，得知这江秀才就是兰溪知县大人，不觉惶恐不安，生怕知县问罪。

过了几天，榨油坊的伙计挑着"叶乐和"字样的布袋到兰溪城里卖白蜡，被县里的衙役传去问话。乡下人没见过世面，到大堂上张口结舌，吓得说不出话来。后来江知县向衙役传下话来，凡在街上看到肩上挂有"叶乐和"字样布袋的人便传来问话。结果闹得沸沸扬扬，榨油坊里的伙计闻风丧胆，不敢到兰溪去，回来告诉了叶燮臣，叶燮臣感觉事情不妙，日夜不安。之后，知县又派衙役到白夏叶传叶燮臣到县衙问话。吓得叶燮臣慌忙从后门逃走，衙役们白跑一趟。

江知县想，此人竟如此高傲不肯见我？决定亲自登门拜访，正值叶燮臣在家，避之不及，见知县大人登门，慌忙迎至中堂上座，跪下请罪。江知县连忙将他扶起，交谈之下相见恨晚。问起"一本堂"的由来，叶燮臣说明了来龙去脉，江知县说凭你在乡间里的声誉和房子的精工细雕，这名字太俗气。略作沉思说："不如我重新取个名字，叫'培桂堂'吧！"燮臣连说："好！好！"江知县回去之后还送来了一块"急公好义"的牌匾，至今还悬挂在新叶村崇仁堂为后人瞻仰。

（建德市农办）

崇仁堂（市农办供）

桐庐瑶溪村

陈氏兄弟手足情深

瑶溪村位于桐庐、淳安、临安三县交界之地，民间一直流传着"鸡鸣三县"的民谚。村庄分为三合、岳山两个自然村，平均海拔约450米，麻溪由北入境，至双溪汇成瑶溪，溪长十余里，沿溪青嶂叠翠，曲溪蜿蜒。漫步在溪谷之间，仿佛游走在绿色走廊之中。

从县城到村里需要在狭窄的山路上行走二十多里，翻过小洪岭，从山顶放眼望去，依溪而建的传统民居古朴素雅。村内大部分建筑为泥土瓦房，高低错落有致，陈旧斑驳的墙体在夕阳余晖的掩映下泛着微微的土黄色。

一方水土养一方人，独特的自然环境孕育着独特的人文情怀。这里的村民大多是外来户，主要以陈、吕、吴、蔡四姓，语言习俗也相互交融。千百年来，他们在此生活劳作、繁衍生息、守望相助，从无相隔相械之事。

沿着狭长的村道驱车十余里，便到村头的里陈家，村中央的千年古银杏默默无声地告知远道而来的访客，这个村子具有悠久的历史。

村里的陈姓分外陈家、里陈家。据《陈氏族谱》卷三记载，陈氏先祖名重达，号隆冈，自建邑杨林迁居分水儒桥村。至后，陈球、陈乾两兄弟迁至瑶溪陈家一带。当时这里少有人烟，可以算得上是蛮荒之地，兄弟俩可能是看中了这里的山水风光。

兄弟二人以务农为业，勤俭持家。据陈氏族谱记载，兄友弟恭、克勤克俭，每到了夜晚，他们都相聚在村中央的银杏树下，兄弟之间互敬互爱，全村人都称赞不已。

数年后，弟弟陈乾也成家立业了，陈球作为兄长，按祖制可留在老屋（里陈家），但他出于兄弟情谊，让弟弟留在老屋，自己迁居到两里以外的小村开拓祖业（外陈家）。兄弟俩白天忙完农活儿，夜里还是像以前一样你来我往，相聚谈心。兄弟俩长谈到深夜，都不放心对方独自回家，所以常常在古银杏下倚靠着对方过夜。至今，一直流传着一句俚语："陈兄会陈弟，银杏伴天明。"

说起瑶溪的文明之风，还要说一说"陈氏五兄弟"：仲海、仲刚、仲深、仲清、仲澡。

老二陈仲刚，字有刚，号中宪公，出生在分水儒桥，从小天资聪慧，九岁便能诵读不少文章，小有名气，深受当地一位颇为有名的吴姓老翁欣赏。吴翁爱才心切便收他为徒，同时还将自己的女儿许配给了仲刚。年过十五，仲刚被选拔到乡学从教。洪武二十三年（1390），因考进士落榜，就继续教书育人。十年磨一剑，后来被选拔到了国学院，作为朝廷的后备人才。

仲刚由于德才兼备深受皇帝欣赏，随即被任命为福建兴化知府，朝廷还派人在他的家乡瑶溪里陈家修建了牌坊，赐名"刺史第"。当时正值倭寇入侵的动荡年代，他日以继夜地忙碌于公务，将原本不安定的兴化治理得井井有条，深受当地百姓爱戴。

然而天不遂人愿，过了两年，仲刚之母吴氏因病去世。依照惯例，父母过世，为官者当辞官还乡守孝三年。

守孝期满，他又被朝廷选派到山东青州任知府。当时的青州也与福建兴化一样深受倭寇侵害，市井萧条，民不聊生。仲刚整天忙于处理公事很少回家。据家谱记载，他在青州任职期间，加强治理、心系苍生，倭寇犯境的情况少有发生。

天妒英才，仲刚在担任青州知府的第二年终因劳碌成疾而去世。

后来，仲刚被迁葬于瑶溪里陈家，陈家人还修建了陈家祠堂，只可惜建筑在早年已尽毁。陈家人谨遵祖上留下的贤德、孝德，作为自家的家风家训传承。在陈氏家族中还出了陈敬和、陈瑞龙两位善行义举的孝子。

（桐庐县农办）

{温州瓯海上潘村}

潘元昌乐为民办事

上潘村，原名"尚磐"，分为上潘、上角两个自然村，是温州市瓯海区泽雅风景区内的一个古村落，居住着潘、章、林、周、吴、傅几大家族，以潘姓为主。据清光绪《潘氏宗谱》记载，当年始祖踏勘考察认为，此地为"山明水秀之境，龙蟠虎踞之地，故名尚磐，择定居焉，是为发源之地也"。宋宣和年间（1119）潘氏始祖潘文绕因避战乱，从福建长溪迁往永嘉龙湾（今温州市龙湾区），至三世孙潘雷焕得功名，任江西上饶知县。后因龙湾位于海口，屡遇潮汐侵扰，六世时，始祖潘维纲择吉地移居尚磐，因为潘姓，故改村名为上潘。其时约为宋末元初，距今800余年历史。

境域物阜天宝，人杰地灵，民风淳朴。几百年来，青山秀水的自然环境，孕育了一代又一代的杰出人才，留下了大量的历史人文实物与文字资料。

出生于清咸丰元年（1851）的村民潘元昌，是一个名不见经传的小人物，但他的行事为人却在上潘村代代口耳相传，得到人们的称赞。

立碑禁伐

清同治十三年（1873），上潘邻村的一部分人，经常纠集一些不法之徒到上潘村的山上乱砍滥伐，原本竹林遍野的上潘村，林木被糟蹋得所剩无几。村民们看在眼里，急在心里，但也拿不出有效的办法来制止，于是20出头的潘元昌自告奋勇，带头出面，将此事告到温州府永嘉县，并将《奉宪谕禁》碑立于村头，严禁砍伐森林的行为。其碑文如下：

奉宪谕禁

钦加同知衔调温州府永嘉县正堂陈，为出示严禁事。据二十三都上潘地方耆民人等为严禁山产诸物等项呈称，伊等上潘各庄祖遗课山第十六号至五十七号止,从前各管自业,系样成林,今有不肖之徒私入山场磬荡,尔等会请示禁等情。据此,除批示外,合行出示勒石严禁,为此示仰该处,居民地保人等知悉:尔等须知该处山场栽样竹木、完粮、山产诸物应归业主经管,毋得私自砍伐,严禁以后,如若犯者,会众罚钱文、酒席、戏文,依然犯者扭送到县,从重充惩,不稍宽贷,各宜凛遵毋违,特示。

开列条规于后:一禁大小树木不许砍,一禁箕草杉树林不许剖,一禁山产诸物不许为外人等偷窃。

同治拾贰年叁月　日　上潘众等同立

设立示禁碑后,既维护了社会治安,保障了村民的纳赋之源,又严禁了社会上乱砍滥伐森林的现象。

立碑禁赌

清光绪元年(1875),社会上一些闲散人员经常在村中聚众赌博,曾有一段时间,赌风愈演愈烈,贻害无穷。赌风一盛,淳朴的民风不再,鸡鸣狗盗之事蜂起,社会秩序破坏严重。村民对此深恶痛绝,屡起禁赌之声。

于是,潘元昌带头协同村民,联名上书永嘉县,痛陈聚赌之害。由永嘉县府批示谕禁,并立禁碑,以儆效尤。

禁赌碑文痛陈了赌博的危害性:"兹者年富后生,正韶华堪羡之时也,不宜博弈(指赌博)而饮酒,亦不当好勇而斗,或游猾而奸狡,可慨已哉!嬉游何益耶?然而,家道渐萧条,将危而倾败者也,不可胜言焉。"

严禁聚赌:"自于今后,不准设局会赌,即掷骰、斗牌些屑小博,凡称为赌钱之事,皆列禁止条内,一概不准,倘有故犯,定引送官治,叩恳。"

此后,上潘村中再没有出现聚众赌博现象,村庄秩序迅速好转,村民们齐夸潘元昌为大家做了一件好事。

捐资办学

在上潘村民潘永钿的老宅中堂上,现在还挂着一个横匾,匾上写着四个大字"宾筵雅望",边上有几行小字:"特授浙江温州府永嘉县儒学正堂加三级记录10次郑褚。"落款是"光绪岁次己丑阳月乡宾潘元昌立"。

据说，光绪十五年（1889），村民潘元昌出资办学校，并请到一位叫郑褚的老师来学校教学，郑褚老师教学认真，深得学生的喜爱，于是，吸引了邻近乡村的学龄儿童也来上潘村入学读书。学校办得相当红火，几年后，学生由办学初期的几个发展到几十个，学校老师也由开始的1人发展到3人。为了表彰郑褚，潘元昌特制一匾授予老师，表扬郑褚老师以品德高尚的声望，吸引了众多志同道合的朋友。潘元昌捐资办学，让原本没有机会上学的儿童受到教育，他的义举也得到社会上的赞赏。

潘元昌的动人故事一直勉励着上潘村的后人，村民们以先辈潘元昌为榜样，同心同德、互敬互爱，为村庄建设献计献策。现如今，上潘村已成了一个崭新的美丽乡村。

（陈安生）

> 宁波北仑民丰村

丁宗璇智判公涂案

　　宁波市北仑区春晓街道民丰村，面积3.06平方公里，距北仑城区19公里，东临象山江畔，南邻鄞城区瞻岐镇，西接东南佛国天童寺，北达大碶北仑。四季交替分明，气候宜人，是盛夏避暑度假的好去处。

　　早在西晋，天童寺初选地址就在上周岙（今民丰村），仍留有方丈基遗迹。后因此处山不高水不长，难以提供规模宏大的僧俗生活日常用水，于是迁移至太白山麓，如今的天童寺位置。

　　东汉末年，有个贤人叫左慈，因不满曹操挟天子以令诸侯的暴政，辞官为民，又恐曹操陷害，便想归隐于野，在遍访名川大山之后，最终在今上横村南首白岩山隐居。白岩上有山洞，当年左慈在此居住，今有"仙人洞"之传说。后人为了纪念左慈，故将海口底的山岙叫成"慈岙"。

　　根据民丰村周氏宗谱记载，民丰村周氏祖先约在宋末元初之间，从鄞南茅山迁居于此，距今已有800多年历史了。

　　民丰村分为上三甲、下三甲。上三甲村以山田为主，主要出产水稻、山珍、野味；下三甲村以捕鱼为业，有丰富的海味。

　　有俗约定：上三甲村不能下涂捉海鲜，否则要被下三甲村人砸烂竹篮、木桶。

　　有一年春天，男女老少在一望无际的海涂上，有的拾泥螺，有的捉沙蟹，有的捉跳鱼，有的寻蛤蜊。正当这个时候，突然有人叫了起来：吵架了，吵架了，众人听声抬头一望，只见一群人已经打了起来。原来是上三甲村人和下三甲村人打了起来。事情是这样的，下三甲村人正在起劲拾泥螺时，忽然有上三甲村人叫了起来：你不能到这里拾，这里泥涂是我们的。谁知下三甲村人也不示弱：谁说这泥涂是你们的。就这样你一句我一句地争了起来，谁也不让谁，越争越激烈，附近的人也都过来了，双方都说泥涂是自己的，开始是骂，后来就打了起来。霎时间手来脚往，泥来泥去，两村人都打得浑身是泥，有的人还被打伤了。最后告上县台衙门，上了公堂，由镇海县官审理此案。结果这场官司下三甲村人被判输了，这下子可气坏了下三甲村的百姓。

因为泥涂本来就是下三甲村人的，却判给了上三甲村人，百姓都个个又气又急，串家过户，三五一群，七八一堆纷纷商讨如何讨回公道，夺回祖上留下来的遗产。如果夺不回来，觉得是上对不起祖宗下对不起子孙。大家急得团团转，难道真的无计可施吗？

有人一拍大腿说有了，众人抬头一看，此人名叫丁宗璇，一向聪明伶俐，能动脑筋，会想办法。众人就异口同声地问：有什么好办法？丁宗璇说：要想夺回泥涂，只有求请上周岙人。众人一听，满心疑问：我们的泥涂跟上周岙人有什么关系。丁宗璇却说：你们错了，上周岙有个周本释，此人才高学广，文武双全，平定倭寇有功，被朝庭封为武举之职，有谣说："周本释好眼力，六县底下算第一。"我们与他商量或许有办法。众人都说：对，快去上周岙。

这时，丁宗璇又说：我们不能空着手去求人。众人一听，方才明白过来，有的说我有青蟹，有的说我有网潮，有的说我有仔鱼，一下凑了一大堆海鲜，再买几只裹包，丁宗璇领着五六个人，一路快步直奔上周岙。虽有十里路程，因为心急步快，片刻就到了周本释家里。说明来意，周本释本是疾恶如仇之人，即刻表示愿意帮忙，但是有一个条件，如果滩涂权夺回，今年上三甲的村民也拥有这片海涂的共有权。

丁宗璇一听，觉得不妥，但转念一想，也罢，反正上三甲的村民也只会在山上干活，在海涂上纯属外行，这个空头人情做了也未尝不可。与同往的头人们商量好后，便答应了下来。当下立下契据，永远存照。

周本释拿出文房四宝，铺好纸张，提起羊毫，不到片刻，一纸诉状一挥而就。丁宗璇一看，果然字字珠玑，句句在理。

第二天天刚亮，丁宗璇一行人便拿了诉状，直奔宁波府台衙门，递上状纸。当时的知府老爷当即答应尽快调查处理此事。

大约过了十天，丁宗璇接到了宁波府衙的批文。大意是：撤销镇海县县衙判决公文，以原始凭据为准，由上三甲村人即日归还海口原有的滩涂。一场官司，颠来倒去，总算有了公判。

从此之后，慈岙底六个村村民共同享受着这块滩涂带来的美味和经济收入。周本释成了一方的恩人，为下三甲的人们讨回了公道，维护了其合法权益。同时也给上三甲的人民带来了一份额外的资源,他为两村的百姓办了一件大好事,从此留下了千古美名。

(钱一丹)

民丰村新景（钱一丹供）

金华金东曹宅村

曹太公力大如牛

曹宅村东坦溪上，有一座石拱桥，叫协和桥。桥头建有一座香火厅，里面供奉的是桥头一带曹姓家族的祖先灵位。传说祖先中有一位曹太公，是个大力士，武艺高强。这位曹太公年轻的时候，是个远近闻名的大肚槽，是很会吃饭的。

当地有种食品叫冷淘，是一种用米粉做的食物，晒干了叫粉干，刚从水里捞出的叫冷淘。有些做冷淘的人，早上把冷淘拌点酱油等佐料当早饭吃。卖冷淘的人，人们习惯上叫作换冷淘的。有一次，外村有一个换冷淘的人，挑了一担冷淘，有八十来斤，沿街叫卖："换冷淘啊！换冷淘啊！"一直挑到曹太公家门前。这时，曹太公刚起床，还没吃早饭。听到有人叫"换冷淘"，就走到门口来看看。这个换冷淘的人对他说："你是不是想吃啊？如果这一担冷淘你吃得下的话，我就不收你的钱。"曹太公一听，笑着说："真的？"那人说："真的。"于是曹太公就开始吃了。

他一口气就吃了一箩，有四十来斤。看着半担冷淘被人吃掉，那个换冷淘的慌了起来。而曹太公吃了半担冷淘以后，好像还没有吃饱。对这个换冷淘的说："这样吃太淡了，回去拿点酱油，再回来吃。"说完，一转身就进了屋。

实际上，曹太公吃掉半担冷淘之后，已经差不多了。回家以后，就叫他的弟弟出来吃。原来他们是双胞胎，兄弟俩长得一模一样。于是弟弟带了点酱油，又出来吃了。结果把另一半也吃光了。结果，这个卖冷淘的眼看着一担冷淘被人吃得精光，而自己又轻口薄唇说过，只要吃得下就不收他的钱，弄得无计可施，只得站在那里哭了。

这时，双胞胎兄弟的父亲刚好出门，看到一个换冷淘的人站在自家门前哭，感到奇怪，就问他为什么哭。换冷淘的对他说，我一担冷淘被你家里一个小后生吃光了。父亲一听，知道这个卖冷淘的被自己两个儿子捉弄了。就对换冷淘的说，你的冷淘肯定是我儿子吃的，你自己到我家去挑担谷子算了。那个换冷淘的转哭为笑，便挑了一担谷子回去了。

这个曹太公年轻时不但食量大，力气也大。他外婆家里，每年八月中秋节，就要做麻糍，他也很喜欢吃麻糍。这一年，又到八月中秋，他兴冲冲到外婆家去了，因为到那里就有麻糍吃了。到了以后，有人告诉他说，今年不做麻糍了。他本来是高高兴兴来吃麻糍的，结果却不做了，高兴变成恼火。于是就把外婆家里捣麻糍用的石臼子，抱起来放进一只空酒缸里，自己就回家了。过了几天，外婆家里准备要做麻糍了，可是找来找去都找不到那个石臼子，后来找到一只酒缸边，看到石臼子好端端地放在酒缸里。大家就知道是曹太公放进去的，因石臼子很笨重，有三四百斤，其他人谁也端不动。现在没人能把这个石臼子从酒缸里拿出来，没有办法，只好派人去曹宅，请他们的大力士外甥把这个石臼子从酒缸里拿了出来。

还有一年，离曹宅五里路远的午塘头村要造一座大厅，这座厅的木料都是柏树，叫作柏树厅。据说柏树木造的房屋是不怕虫蛀的。一天，午塘头村人搬运建房木料，有一根大梁木，要三十六个人扛抬。三十六个人抬着这根大木头，一路喊着嘿哟嘿哟的号子，从曹宅村东的桥上经过。这时，在桥下睡觉的曹太公被抬木头的人吵醒了。他不知桥上发生了什么事，就走上来看。三十六个人抬木头抬累了，肚子也饿了，就把木头放在地上，都去吃饭了。曹太公嫌抬木头的人吵醒他睡觉，心里不高兴，于是就把那根大梁木端起来，再竖起来，把它轻轻靠在一座房屋上。等那三十六个人吃完饭回来，看到原来平放在路上的大梁木，现在已笔直竖起来，靠在墙上了。大家一点办法也没有，谁也放不下这根大梁木。最后只好把曹太公请来，又说了许多好话，才把大梁木放下来。他说，这么一点木头，还要这么多人抬，我一个人都能背去。大家都不相信，他就把这根大梁木扛在肩上，而且还用另外一根小梁拿来做搭柱，把大梁木一口气背到午塘头村。

曹太公把大梁木背到午塘头村，村里人不仅不感激他，反而对他有了怨言。认为他这样做是倒了午塘头人的霉，破了他们的彩头。于是，他们就设置了一个计谋，准备整治一下他。当村里的柏树厅造好后，请大家喝酒，也把这位曹太公请去了。而曹太公却蒙在鼓里，不知道午塘头村人要害他。这时，曹宅村的一个女人在午塘头烧饭，她和曹太公是同村，而且知道他们要害曹太公。当宴会进行到中途，她悄悄走到曹太公身边，拉一拉曹太公的衣服，意思是让他注意一点，他们可能要对你下手了。果然，宴会还没有结束，他们就亮出了武器，要动手杀死曹太公。曹太公起初不知道他们要谋杀他，只带了一个佣人去参加酒宴。直到同村的那个女人拉他的衣角，他才心里有数了。这时，他一把把那个佣人挟在胳膊底下，一只手抵挡住进攻，一边夺路而逃，后边的人紧追不放。他一边逃，一边把山路边的松树拔出来，当作武器，阻挡村民的攻击，结果，他总算逃回来了。再看看自己胳膊底下挟着的佣人，连舌头都已经露出来了。他还对佣人说，我都一身汗逃出来了，你倒还在笑啊。其实，这个佣人已被他挟死了。现在午塘头村通往曹宅这边的山坡上，那些松树都是长不大的，据说是被曹太公当年拔过的缘故。

曹太公后来是生病死的。当他病得很厉害时，他家的那口水井里，井水"哗啦哗啦"翻起了波浪。他的母亲知道自己的儿子不是一般的人，是一种精怪投胎的。原来，井里面有一条大蛇，在那里搅动井水，发出巨大的响声。他的母亲就解下身上的围裙，往井口一盖，儿子就断气了。

一个月以后，皇上派来找他的人也到了，原来皇上知道有这么个大力士，且武艺高强，也准备起用他。

（曹明棋讲述，曹文进整理）

> 舟山大鹏岛

守海人杨希栋

  大鹏岛位于定海区金塘镇，旧称太平山，岛名虽然反映了百姓对生活太平、出入平安的一种祈盼，但是，在建灯塔之前，风高浪急的大鹏岛附近海域并不太平，伤船事件时有发生，成了远近闻名的"鬼门关"。

  岛上有一古宅，距今上百年历史，主人姓杨，因此称杨家古宅，杨家古宅的台门上镌刻"关西旧风"的字样。秦汉时期有一句很流行的俗谚："关东出相，关西出将。"历代以来，关西文臣名将辈出，文有杨震、杨敞、杨秉、杨弘等，武有杨文通、杨彪、杨善会等。所谓的"关西旧风"，应该是指崇文尚武的遗风。

  杨希栋（1849—1924），自幼秉承大鹏岛人的习性，十余岁就到船上学习系缆操舵，练得一身撑船的好本领。当时，大鹏岛没有什么田地，男子成年以后，基本上靠跑码头为生，并在沿海航运界形成了一定的名气。成年以后，杨希栋同邻居的孩子们一样，经人介绍，到上海的一艘船上当了一名水手，从此开始了在江、浙、沪、闽、鲁一带沿海跑船的生涯。由于当时跑运输的大多是木帆船，抗风抗浪能力都比较弱，导航设施几乎没有，在海上航行，全船的生命和财产安全，全凭船员们对海况的熟悉程度和丰富的航海经验来保障。但是，俗话说"人有失手，马有失蹄"，海上的天气变化万千，在一片漆黑的海域航行，即使是经验再丰富的老大掌舵，也可能因风暴和海潮的袭击而葬身鱼腹。正因为如此，船民们每天都要烧香拜佛，以祈祷神灵保佑出入平安。然而，这毕竟是无济于事的，凶暴的大海仍不时地吞噬着无辜的生灵。在几十年的撑船生涯中，杨希栋既亲身经历了日日提心吊胆、掖着脑袋过营生的痛苦，也耳闻目睹了许多同行身葬大海的惨剧。作为船员中的幸存者，他凭着过人的胆识和本领，在几十年的跑船生涯中积累了一定的见识和威望，渐渐地，他成了附近一带海员中的"首领"人物。

  1892年大鹏岛西北角海风猎猎，这条连通沪、闽、浙、苏、鲁沿海各港口的海运要道，因礁多流急，触礁等海难事故频发。1899 年，50 岁的海员杨希栋凭着自己的见识和威望，倡议在家乡大鹏山沥表嘴山冈建造灯塔。此议一出，受到了邻里乡亲以及他的东家——南北号木船行老板的支持和资助，在短短的三年时间里，就筹足了资金。

1902 年，经定海县直隶厅官署的同意，杨希栋开始了灯塔的建造工作，当年就完成了灯塔及从埠头村到沥表嘴长达 4 华里山路的工程建设。这个灯塔看上去像一个古庄园中的瞭望楼，塔身呈圆台形，高七八米，用砖石砌成，外墙用砂灰和草灰粉饰，并用灰浆抹成白色；塔台上，正中设有一个固定的灯台，灯台外，用玻璃围成一个八棱柱状的框，框上是一个锥形的铁皮盖顶，用以挡风遮雨。灯塔的旁边，是一小排三间瓦房，是供灯塔工人生活的地方。灯塔的光源是煤油灯，光线暗淡，但由于地势较高，天气晴好时，三四海里外就能看见。灯塔建成以后，附近海域的海难事故大为减少。

1921 年，老迈的杨希栋捐资兴建大鹏新埠头，渡埠长 50 米，宽 2.2 米，能靠泊 15 吨船舶，埠头旁还建起了"息影亭"供乘客候船。同年，他联合其他商贾富户发起创办"济生会"（渡船会），筹集资金用来添置、维修渡船和巡查摆渡等，创办水路保卫团，维持地方治安。

沥表嘴灯标由于处在风口之上，常年风猛浪高，经过二三十年的风吹浪打，灯塔也逐渐破败，若不及时维修，金塘洋和灰鳖洋一带海域，又将陷入一片黑暗之中。

杨希栋去世后，时任上海航政局第一科科长杨圣波，继承父亲的遗志，将平日省吃俭用节约下来的 1 万多元积蓄捐献出来，重修了沥表嘴灯塔、大鹏渡口埠头、候船凉亭。120 米乱石埠头栈桥改为大料石条后，埠头平坦又牢固，改善了摆渡条件。重修后的候船凉亭焕然一新，乡民无不拍手称好。

重建后的沥表嘴灯塔，吸取了第一个灯塔不够坚固的教训，采用当时最先进的钢筋混凝土结构。由于新工艺的运用，塔身从原来下大上小的圆台状，改为上下一样大小的圆柱状，高 8.9 米，内置螺旋铁梯，迂回而上，直到塔台。塔台设内外两圈，外圈由半人高的铁栏杆沿塔身的外沿围成，供工人行走用；内圈也用玻璃围成八棱柱状的围罩，罩内设可以旋转的灯台，灯台上的灯具改成了更为明亮的汽油灯。塔旁，三间瓦房被推倒，改建成了三间西式平顶洋房。与此同时，通往灯塔的 4 里山路，也铺设了石板,并在半路上修建了歇脚的凉亭。

重建后的灯塔,历经七十年的风浪,至今巍然不动。只是塔内的灯具,几经更替,已换成了美国进口氙气灯,射程达到了 10 海里。新灯塔的日常管理开支和维护经费,开始时一直由杨圣波负担,长年累月,渐渐力不能支。1936 年,经请求,上海江海关接管了沥表嘴灯塔,从此结束了该灯塔长达 30 年的民办生涯,列入了官方的编制。

虽然,杨氏父子并不是中国始建灯塔的第一人,沥表嘴灯塔也不是舟山最早的灯塔,此前,英国人建话鸟山灯塔是出于他们侵略的野心,而官方建造珞珈山灯塔则出于贸易的需要,只有杨氏父子建灯塔是真正为了百姓和乡亲的安危,堪称"守海人"的灵魂。

解放以后,有关部门将沥表嘴灯塔改名为太平山灯塔,一方面说明附近海域真的是太平了,另一方面或许也包含了对杨氏父子功业的彰显之意。

(舟山市农办)

太平山灯塔(市农办供)

新昌回山村

彩烟杨氏创家业

隋炀帝曾孙杨白，字继清，后封荣王。贞观十五年（641），杨白逊荒彩烟，隐居沥江之源（回山村）。杨白第二十八世孙杨以汶迁居斋堂，又迁回山。

杨希杉始创回山

彩烟杨氏第二十九世祖杨希杉，字作圣。明正统十四年（1449）十月十九日生于长塘里（宅前），天顺四年（1460）从父迁居斋堂。因斋堂"兄弟五度所居，地域迫窄，不能容去"，平日出行，往返必经回山，见该地大有发展之望，"回山泉甘土肥，群岫环列其山，右转望之蜿蜒若卧龙，前有小山高数，寻若颌下，珠山下涧水铿铿如鸣玉，左控覆钟山与西青山鹊峙，山之麓可整田数顷，涧水流贯之，外为平畴，马鞍山横亘其下"，杨希杉请堪舆家卜之。"相其隐阳度适其中，可居千百户家"，遂出高价购置。觉得"尔后子孙必有大兴者"，并择吉日"平宅基建房屋，浚池挖井"。弘治七年（1494）迁居回山。

在迁建过程中，与恶少俞禄不和，俞禄趁杨希杉去县城单骑返回之机，在村口害死了他。杨希杉的座骑直驰至家，嘶鸣异常，举家惊愕，知有大变，集族人由马带路前去探究，果然杨希杉被沉于山塘。族人众亲边料理后事边诉于官府。数日大索，久不获贼，其次子杨元仪（安山公）血誓必杀贼。向官府请得广捕檄文，由官府派逻卒随同潜行密侦，行走数千里，历经十余年，终在粤西抓获嫌犯俞禄，送至官府归案伏法。

杨希杉初建"崇善堂"，后建"敬胜堂"。后裔陆续修建了怀仁堂、悦心堂、近竹书室、竹邻居、含英书室、汲古楼、西河祠、清白祠、祝三祠、镇东庙、报国庵、东升塔、百岁坊等数十所建筑。

自希杉公始创回山，藤蔓枝展，人丁兴旺。后裔广布雅里、宅下丁、斋堂、官元、肇圃、台头山、染坑、黄泥田、下潘、外前丁、白岩下、中喻、南塘、九峰寺、礼泉、挂帘山、嵊县隔水、磨刀岗、黄宅、诸暨下角洋、天台王村、临安等五十余村。

杨元仪守法楷模

杨元仪，字付威，号安山，作圣公次子，彩烟杨氏第三十世祖。明成化十一年（1475）十月十一日生于斋堂，明弘治七年（1494）随父迁居回山，时年二十岁。明弘治十三年（1500）三月某日，作圣公单骑去县城筑城墙工地，傍晚返回途中，为同村恶少俞禄所害。举家震惊，第二天报案官府，官府派人缉捕凶犯，数日未果。

杨元仪对天发誓："泉台之恨，不共戴天，必杀贼！"于是"请司府檄广捕"。辞别母亲张太君，亲自率领司府派遣的随从，秘密侦查，历经瓯闽、至吴楚，竟无凶犯踪迹。随从者劝安山公说："君心已尽，而贼不可得，且回家，俟以后图。"安山公听后，拊心切齿曰："吾誓也！"随从无奈，续追之。涉千里、历数载，终于粤西抓获凶贼。将贼捆绑押送粤地官府，粤地官府审核确实后，即将凶犯移交浙江抚臬法办。

父亲遇害，丧父之痛，实为深仇大恨，不共戴天。他能冷静处置，首选报官，由官府查办，而非意气用事，此为大智也。

在官府缉凶无果之时，"请司府檄广捕"，主动承担追凶之重任，携未婚妻丁氏，辗转千里、历时十年、毫不气馁、终得成功，此大勇也。

捕获凶贼之时，即押送粤西官府，依法律处置，而非擅自复仇，是为大忠也。

父亲遇害时，杨元仪年二十六岁，已聘宅下丁村的丁氏。待缉凶归来，至墓前告慰亡父后始完婚，此为大孝也。

杨宝橚首开镜澄埠

杨宝橚，字黼廷，号琳轩。彩烟杨氏第四十二世祖，生于清同治九年（1870）十一月初十日。杨宝橚自幼聪颖有卓识，家学渊源，淹贯诗书，以太学生候选光禄寺署正随带加四级、请给四品封典，赏戴花翎，诰授朝议大夫，敕封圣旨（现藏新昌县档案局）。民国时期曾任新昌县商会会长、新昌县政府税务局长，为新邑首富。

民国中期，黄泥桥至关岭之路，原系京闽干线之一段，因当时条件限制，实行分期分段建造，其资金来源依靠属地捐助，杨宝橚为公益建设而积极捐赠，造福于后人。

　　回山村地处新昌最南端，东南与天台为邻，西与磐安接壤，四面环山，河流阻隔，交通不便。回山的主要物产茶叶、白术资源丰富，然货物贸易要靠人担肩挑，费用巨繁；炎夏酷暑、烈日曝晒，天寒地冻、大雪封山，货物要进进不得，要出出不得。杨宝櫈乃于民国二十二年（1933），发动百姓疏浚河道、建起镜澄埠。镜澄埠成为绍、金、台三地区农副产品集散地，十分繁荣。货物在镜澄埠上竹筏，流经嵊县、上虞，再分流至杭州、宁波、上海等地。

（录自《彩杨杨氏宗谱》《彩烟杨氏刊物》）

回山村古建筑（县农办供）

奉化岩头村

岩头"民国第一村"

奉化市溪口镇岩头村，是一个浙东山区古村落。村口狮子山、白象山对踞，形成"狮象迎宾"之形胜；双山夹成隘口，剡溪支流岩溪穿村北流。自明洪武三年（1370）起，这片土地成为毛姓子民繁衍生息的聚居地。

明清时期，岩头村筏运发达，是奉化西南山区的一个物资集散地。如今，留存的明清民居院落尚有瑞房、三道闾门、下三院、廿四间走马楼等30余处，还有崇本堂、报本堂、钱潭庙、存善局、筏埠等许多旧时乡村公共建筑。

岩头堪称"民国第一村"。岩头村是蒋介石元配夫人毛福梅的出生地，是蒋经国外婆家。如今，有蒋介石元配夫人毛福梅故居、国民党空军副司令毛邦初故居、蒋介石的私塾老师毛思诚故居，它们与世代相传的岩头烟霞民居相得益彰，娓娓叙说着渐行渐远、不同凡响的岁月。

2005年，岩头村跻身首批宁波市十大历史文化名村，2006年列入第三批浙江省历史文化名村，2012年上榜首批中国传统村落名录。同时还赢得了"国家3A级旅游景区""浙江省绿化示范村""浙江省文明村"等荣誉。

毛福梅

行至岩头西街的南端，向西拐进一条小弄，不远便是蒋经国生母毛福梅的娘家"三份第"。

它为三合院的两层楼房，五马头山墙高高耸立，为晚清时期的建筑。正屋坐西朝东，中间是敞堂。天井前有照壁，木窗上有冰梅花纹和蝙蝠图案，正屋和厢房间还有回廊相通，廊柱上雕有精美的灵芝草、云头纹。这里有毛福梅少女时代的憧憬与快乐，也有她出嫁后归来的辛酸与寂寞。

敞堂右边那间大房，是毛福梅在娘家时的居室，蒋经国的幼年在这里度过，母亲的这间卧室，也是童年蒋经国每一场父母风波后暂时的安乐窝。成年后的蒋经国多次深情地说："生我的是溪口，养我的是岩头。"

毛福梅从岩头"三份第"嫁入溪口蒋家，到1927年一度成为事实上的"中国第一夫人"，再到1939年年底死于日寇之手，她的一生充满了悲凉。

殷实的娘家——毛福梅祖父是清代恩贡，遗有田产。父亲毛鼎和开有一家米行、一家南货店，也兼顾祖传田地，经营竹山，善于理财，家底殷实。他积德行善，热心公益，人称祥丰老板。大哥毛怡卿经商为业，二哥毛懋卿清末秀才，考入北京高等警官学校，毕业后任慈溪县警察所所长，后弃政从商，经营宁波鄞奉长途汽车公司。

不幸的婚姻——毛福梅与蒋介石结婚那年，蒋介石15虚岁，毛福梅20虚岁。结婚初期夫妻感情尚好，毛福梅先后跟随蒋介石在县城、宁波伴读。1905年4月，蒋介石赴日本留学，从此夫妻聚少离多，感情日趋冷淡。1910年4月27日，蒋经国在丰镐房出生。1927年蒋宋联姻时，毛福梅被迫与蒋离婚，但"离婚不离家"，仍是丰镐房的女主人。

悲惨的结局——1925年，15岁的蒋经国离开母亲，赴苏联留学，毛福梅饱受了长达13年的母子离隔之苦。1937年春，儿子一家万里归来。但好景不长，1939年12月，毛福梅惨死于日寇飞机的轰炸。

毛邦初

进入岩头村，西街的第一景便是国民党空军副司令、抗战时期空军总指挥毛邦初的故居。

这座历史建筑由毛邦初的父亲于1931年所建。它前后两进，东西厢房，四面回廊。前进三开间两弄，后进七开间，都是两层单檐楼房。1949年后，这里曾相继成为岩头公社、岩头村委会的办公楼。如今这里常设了一个毛邦初生平陈列展览，还开办了一座"岩头历史文化陈列馆"，馆名由岩头毛氏后人、台湾原"教育部长"毛高文题写。

毛邦初出生于1904年，为毛福梅族孙。1925年，毛邦初入黄埔军校第三期步兵科，学习期间还参加第一次东征。1926年，他赴苏联莫斯科中山大学学习。1929年任中央陆军军官学校航空班飞行组长。1932年航空学校改名为中央航空学校，校址设于杭州笕桥，9月1日正式开校，蒋介石亲兼校长，毛邦初任副校长。1934年，蒋介石指派毛邦初率笕桥中央航校第二期20名毕业学员，到意大利深造，并考察了美国、德国的航空事业。几年后，这些毕业学员都在抗日空战中起到了"领头雁"作用。

毛邦初作为负责空军指挥作战事宜的副总指挥，对中国空军抗战初期空战胜利，作出了重要贡献。1941年3月，设立空军总指挥部，毛邦初出任总指挥。1942年7月18日，毛邦初亲自带领机组人员从成都凤凰山机场起飞，克服重重艰难险阻，成功试航"驼峰航线"。毛邦初和部属们与陈纳德领导的"飞虎队"患难与共、并肩作战，共同打击侵略者，立下了不朽的业绩。

毛思诚

毛思诚的先世家道贫寒，只是到了祖、父辈经营南货店，才渐有起色，建造了一座二道墙门的小青瓦顶两层楼房。这座院落的头门外，置有一块元宝形石头，人称"元宝闾门"。到了1930年前后，毛思诚在国民政府中枢机关任职，有了较高的薪俸。于是他在祖宅旁，建造了一幢中西合璧的三层楼民居。观音兜山墙，铁艺花格窗棂，尽显欧风东渐的民国私人宅第的建筑特征。

毛思诚（1873—1939），原名裕称，字采馀，号勉庐。自幼好学，初试中秀才、补廪生（成绩一等秀才），1899年在岩头开设学馆，收教学生。

蒋介石5岁启蒙，先后在奉化多处私塾、学馆求学。1902年，16岁蒋介石来岩头从毛思诚温习《左传》、圈点《纲鉴》。面对调皮成性的少年蒋介石，毛思诚采取"以柔制刚"的办法，多以规劝代训斥，并以身教作示范，使蒋介石学业大有长进，师生之间也结下了深厚的情谊。

毛思诚育有7个子女，还要承担照顾祖母、母亲、叔母和侄女的责任，靠自己一个穷教师的收入维持全家生计，沉重而艰难。1925年蒋介石召恩师毛思诚入粤，委以黄埔军校少校秘书之职。此时，毛思诚已是年逾半百的"老秀才"了，而作为一个有思想、有良知的旧文人，他在黄埔做幕僚和案头工作，却十分勤勉。

1926年，蒋介石把东征所占领的广东潮阳县，交与毛思诚治理。在潮阳县长任上，毛思诚曾试图改善民生、改良民风，并非常重视教育事业，但阻力重重。他曾感叹："我本一书生，从政非所长。"上任8个月后，请辞获准。潮阳各界纷纷挽留，欢送时赠以明镜和清水，足见毛思诚颇得民心。

从1927年到1937年，这十年毛思诚一直在蒋介石身边工作。1931年，毛思诚根据蒋介石亲笔日记，纂成《自反录》6卷。又根据各方面给蒋的重要书函、公牍以及蒋的手卷、日记等，用编年体纂成《民国十五年以前的蒋介石先生》，共计20册，为40岁的蒋介石立了纪年史传，1937年3月由中华书局出版。

1939年毛思诚去世，正是战火弥漫、盗匪四起的年代，长子毛葆恩每当逃难奔波，都带上这批蒋介石文档。1985年6月7日，毛思诚长孙毛丁把《毛思诚遗存之蒋介石个人日记、函电及公务文电》等182卷，捐献给中国第二历史档案馆。

（裘国松）

岩头村古民居（裘国松供）

> 衢州衢江车塘村

荣隆尚义四世兴

根据《吴氏宗谱》记载，吴氏第六十九代吴石泉，于1231年在衢江车塘村定居并繁衍。

吴氏历代始终遵守祖训："孝以事亲，棠棣和蔼，勤耕勤读，继仁积善。"吴氏家族涌现出多位仁人义士，其中以吴可荣、吴可权兄弟俩尤为突出。

吴可荣（1409—1460），字赈荣，一生善于理财，积累了许多钱财。明景泰年间通州收成不好，吴赈荣接受皇帝诏命，捐送粮食二万斗救济通州百姓。皇帝嘉奖他的忠义，赏赐冠带以彰显荣耀。

吴可权（1424—1479），字赈隆，性格豪爽，读书明理。明景泰年间接受皇帝的诏命，捐送粮食二万斗赈灾边疆，捐送朝廷白银一百七十两，皇帝恩赐他七品散官。

吴赈隆重视教育，请老师建家塾，广收学子，为国家培养人才。他的教育理念是"学而优则仕"。在他的学堂正中挂了一张"松鹿图"，他希望学子们能够像梅花鹿一样伏在松树下面苦读，待到学业有成，梅花香自苦寒来，能够为国家做贡献。

吴赈隆虽然家庭富足，但生活节俭，勤俭持家，从无骄奢之举。有一天他对子侄们说："我们居住的地方虽旧，但能够遮风避雨，我们能不能在现有的房子周围加以扩建、改造？这样既能节省银子，还能改善居住条件。"大家听后都很高兴，齐心协力，将现有的房子重新整修，不仅省钱省地，也使旧房子焕然一新。

荣、隆兄弟，为国家捐送金银、粮食，功绩卓越，明景泰四年（1453）皇帝恩赐牌坊，上书"旌表吴荣隆尚义之门"，气势磅礴，图案美观，明嘉靖庚戌年（1550）重建，"文革"时被损坏，2000年国家出资修补。虽经465年的雷电风雨，仍巍然屹立，后人为坊门撰诗一首："荣隆之门屹立雄，尚义二字含意浓。景泰旌表赠圣旨，官吏曾过下马轿。历过春秋数百载，雷电风雨足够摧。巍然严固永不泯，万古不朽昭千秋。"

荣、隆兄弟，同心创业，兴修水利，在崇源溪上建造了杨木湾堰（《衢县县志》记载，位于周家乡上姜村），可以灌溉数千亩田地。明景泰年间（1450—1453），建造了吴氏宗祠，占地面积2100平方米，大厅平面呈长方形，前后共四进，前厅设戏台，中间一天井，两侧为南北边厅，构成四面厅布局。

后人为吴可荣撰诗："公之美德垂千古，诚心创业理财资。虑国虑民丰积累，景泰七年国遭异。通州受灾民阻饥，义应输粟斛二千。帝嘉忠义得旌表，国恩七品荣门第。"

又为吴可权撰写了一首诗："天性宽厚气质清，秀眉长髯丰姿神。饮酒既稽心态纯，家业增裕重积资。贫穷孤寡诚如恤，轻财笃友慨而慷。捐金为国功名垂，输粟赈灾国赐恩。"

吴氏尚义之门一首："左右兴隆四世兴，定基立业激后人。宗祠仿建古宫骏，史册名留翰墨中。一览雄势惊鬼斧，四面气魄羡神工。光裕繁昌昭百世，旗匾腾辉励后人。"

（郑明）

御赐荣隆牌坊（郑明供）

苍南金星村

聪明过人的顾老敏

金乡卫城建造于明洪武年间，全城有东西南北四座城门，辖五个村，金星村位于金乡镇南城门下。顾敏之是金乡人，住在黄泥桥顾家内，在金乡可谓家喻户晓，妇孺皆知，他的故事也在金乡流传了一代又一代。

顾敏之（1770—1841），名讷，号芝田，自称雁南散人，乡邻称他"顾老敏"。父亲曾在京中太学为官，他少年时在京求学长达十年之久，且勤学苦读，常常是三更灯火五更鸡，所以一生著作颇丰。道光元年（1820），顾老敏50岁时才中恩贡，根据清朝官制，属"未入流"，做了儒学正堂，专管社会教化之类。

顾老敏给金乡人留下一句至理名言："人生有三无奈：妻不贤，子不孝，只怕铜钿被欠不肯还。"

金乡百姓家有疑难之事，大家公认只要找顾老敏，没有解决不了的难题，说明他点子多，脑子灵活，也肯为人办事，深得民心。然而，他常说自己也有无奈，也有束手无策的时候。其子因对祖父不恭，触怒了顾老敏，经严厉拷打，其子就是不肯屈服。最后，顾老敏竟然做了一件使世人瞠目结舌的事——将自己的亲生儿子活埋，此事曾轰动乡里，惊动京城。事情的结局如何，姑且不论，从此，顾老敏就给后人留下了话柄——做人千万莫学顾老敏！顾老敏的谐音是"孤老敏"，含有孤独相、孤老毒、不近人情之贬义。顾老敏给后人留下"畏"和"敬"两重性，"敬"的是他肯为下层民众抱不平，"畏"的是他办事毒辣，六亲不认。

顾老敏告老回家时，不但不与当地官员同流合污，甚至还要敲敲当官人的"竹杠"，老百姓称之为"吃官铜"。

曾有一位不知天高地厚的"父母官"，一上任就想捞钱，他自行规定百姓不准在金乡卫山上打黄泥，谁犯禁，一担黄泥罚一百个铜钿，以此敛财。有个穷人，快过年了，锅灶坏了，要用黄泥修补，又不敢犯禁，就去找顾老敏商量。顾老敏拿给他一百个铜钿，叫他大胆去打黄泥，"父母官"如要钱，你就给他一百个铜钿。那人听了顾老敏话后，第二天真的去卫山上打黄泥了，不想被抓个正着，罚了一百个铜钿。第二天，顾老敏来到金乡衙门，要求与当官的登山观风景，那官无奈，只得陪同。到了卫山上，顾老敏对着山上的坑坑洼洼处指指点点，大发雷霆，对那当官的说："你到金乡才不到一年，就卖去黄泥几千担，怪不得如此发财，今天请借一点小铜钿也让小弟过个好年。"那官不敢强辩，拿出一百个铜钱，叫顾老敏息事。从此后，那些当官的到了金乡，一听到顾老敏的名字就闻风丧胆。

有一年，有户人家到顾老敏家借钱过年，顾老敏就问，你为什么要借钱呀。那人讲家里如何如何困难，顾老敏听了就说，你明天早上到西门潘家，那里有个台门，你去把那个画有门神的门板背回来，那你就有钱过年了。那人听了，当晚就去把画有门神的门板背了回来。第二天潘家的人就找上门来了。那背门板的就和潘家的论起理来，说朝廷规定，只有官职到一定地位的官府家，才能门神画到地，你们家哪有资格画落地门神呢？我若去告发你，你家必定吃官司无疑。潘家人听了，赶紧包了个大红包给他，偷偷换回了门板。

又有一年，有个人与顾老敏打官司。别人就挑唆那人说，你和顾老敏打官司，必输无疑，除非你死了赖他。那人听后，果真去死了。到了晚上，他家里人就把尸体背到顾老敏家门口，吊在他家的大门上。第二天一早，顾老敏发现了此事，就马上吩咐手下人去买了一双新鞋子，给死人换上了。结果官司打到衙门里，顾老敏就和判官说："死人的脚下穿了一双新鞋子，鞋底没有一点泥，谁信是他自己走过来上吊的呢，肯定是他死后，有人背过来挂在我家门口赖我的，判官可要明辨是非啊！"果真，顾老敏最后打赢了这场官司。

（夏守安　余黎静）

奉化西坞街道

邬元会智迎大员

地处东江之西的西坞,因形如船坞而得名。这是一座水上的古村,四条河流形成井字形,街道顺着河流延伸,而桥又把河岸彼此勾连,形成自然而又精巧的布局。西坞自古多桥,聚义桥、镇宝桥、新义桥……每一座桥都有着自己独特的历史和韵味。其中最著名的,要数居敬桥。

居敬桥古名龟径桥。龟在中国古代是长寿延年的象征,桥名龟径,寄寓长寿和吉祥。因为方言读音相似,渐渐演化成了现在的"居敬桥"。居敬桥始建于明嘉靖十九年,距今已经有近五百年的历史。几经修缮,至今保存完整。这是一座三孔石砌拱桥,全长31.5米,宽3.6米,桥面有台阶七十二级。中孔桥墩桥栏有一对石雕鳌头,两侧桥栏上有两对石狮子、两对石象以及十二对莲花灯。桥上刻有两副对联,分别是:

跨石成梁会尽有源活水,面山作业送来无数奇峰。

桥镇闾门缔早计一家祖调,路当津要往来通万里舟车。

1982年,居敬桥被列入奉化市文物保护单位。

居敬桥造型优美,横跨在东江之上,三个桥洞与水中的倒影组合在一起,如同三轮明月。多年前的西坞,因为水上交通发达,一度成为"北通宁绍,南达台温"的浙东重镇。如果逆着时间的河流回到百年前,居敬桥下必定是喧闹无比,渔船、货船、客船穿梭来往,桨声欸乃,汽笛轰鸣。不知道这三轮明月是否触动过一代代远游的旅人,牵动载不走的悠悠思乡之情。

居敬桥西面不远处,有一座祠堂,是西坞大姓邬姓的宗祠。祠堂大门上挂着一个匾额,上题"名阅钜宗"四个大字。这块匾额的由来,与西坞一位历史名人邬元会有关。

邬元会,字时泰,号平阶,明万历二十三年进士。史书记载,他为官时"裁冗节滥,简讼清刑",深受百姓爱戴。民间传说他曾在苏州任知府,苏州府有一户富绅附庸风雅,在后花园养了许多白鹤,因为白鹤经常外飞，富绅就命人在鹤颈上挂了铜牌。有一次，一只白鹤飞到了枫桥寒山寺附近的农家，被农户养的一条黄狗咬死了。富绅十分生气，递状纸告官要求严办狗的主人。邬元会接到状纸后，认为富绅的要求太过分，提笔回复道："鹤项挂牌，犬不识字。禽兽相争，与主无涉。"了结了这一桩公案，百姓都称赞他为穷人主持公道。

邬元会因为官清正、廉洁奉公，得到了朝廷的嘉奖，任命他为广东大主考，主持两广考务事，从五品知府晋升为三品大员。邬元会到了广东后，不改青天本色，考务主持公平公正，为朝廷选拔了一大批人才。

年老辞官之后，邬元会回乡也做了许多好事：一是为西坞邬姓大族续谱，造起了新祠堂；二是在西坞东西南北四条街的街面上，都铺上了红石板；三是修缮居敬桥，并在居敬桥边新建了一座三块石板的小居敬桥，方便行走。西坞人都十分感激邬元会，尊称他为"官房太公"。

据传，有一次阁老叶向高来江南巡视，抵达宁波府时，想起了门生邬元会，就想到西坞看看。当时，西坞水上交通已十分便利，官船可直达西坞居敬码头。邬元会得知叶向高要来，亦喜亦忧。喜的是阁老大驾光临，蓬荜生辉；忧的是官船大，居敬桥桥孔小，船到这里必须换轿。阁老是一品官，需用八人大轿，可居敬桥只有三块石板，八人大轿无法通过。古时有规定，一品官员过桥时需用五块石板铺的大桥，三块石板是不敬的。当时情况紧急，宁波到西坞不到一天水路便可到达，再运长石铺桥已经来不及了。这如何是好呢？邬元会一番思索，命人把居敬桥旁两块护栏石板放倒，正好形成五块石板，大大节省了时间。当叶向高到西坞时，桥已铺好，八人大轿也便顺利通过。

叶向高抵达西坞后，受到了邬元会等众乡绅宿老的欢迎。他们详细察看了西坞全村风貌，路上邬元会不时介绍当地情况。当叶向高得知如此大的西坞村是一个姓一个大族时，连连称赞："确是名门钜宗，名门钜宗！"当时邬姓祠堂新建不久，正缺一块匾额。邬元会马上提出请叶向高赐墨宝、题匾额。叶向高一口答应，命人取来文房四宝，写下了"名门钜宗"四字。

叶向高走后，邬元会想"名门钜宗"虽是阁老所题，我们邬家亦是望族大姓，但毕竟做官不多，自称"名门"未免过于托大，传出去恐会惹人耻笑。他思之再三，总觉不妥，几天都是食不知味，夜不能寐。终于想出一个办法，在"名门"的"门"字内加了一个"兑"，变成了"阅"

字，希望后代子孙多读圣贤书，多出能人贤才。于是，"名阅钜宗"这块匾一直被挂在西坞新祠堂大门之上。

邬元会的故事，一代一代地传了下来，夹杂进了许多后人的想象和寄托。不管是真是假，他已经和居敬桥一起，成为西坞历史的一部分，成为西坞人精神的一部分。直到今天，那些清晨在西坞桥头讲古的老大爷，黄昏时坐在巷子口摇着扇子乘凉的老大妈，还在绘声绘色地讲述着居敬桥和邬元会的故事。

如今的西坞，因为时代的变迁，已经不再是水上交通枢纽。船只逐渐消失，居敬码头已经不复存在，河道也归于寂静。但是经济的发展，大量企业的兴起，包括外来打工者的涌入，给这座东江边上的船坞插上了新的翅膀。如果你来到西坞，千万不要止步于工业开发区的现代化厂房，也不要被西坞中路上密密麻麻的服装店、快餐店、美发店所迷惑，走进来，走进来，走到河流和桥梁上来。雨天沿着绵密而幽深的小巷，去寻访那一扇扇木门重掩的古老闾门；夜晚沿着种满巨大樟树的老街，看水波倒映在白粉墙上，轻轻荡漾——你会发现一个被隐藏起来的，清灵而秀美的西坞。

（奉化市农办）

御赐名阅钜宗匾（市农办供）

永嘉花坦村

"布衣文王"朱梅瞿

　　花坦村隶属永嘉县沙头镇花坦社区，包括花一村、花二村、花三村3个行政村，位于楠溪江支流珍溪北侧。花坦村始迁祖朱兴乃五代进士，官永嘉尉，爱此景色，遂行定居。元至正十四年（1277）村宅被元兵烧毁，明洪武七年（1374）重建。据《朱氏宗谱》考证，该村朱氏迁自福建南剑州，与理学大师朱熹同宗，现永嘉县境内的沙头、桥头、瓯北、陡门朱姓族人全部源于花坦。花坦自古以来文风鼎盛，文人多出。宗族虽以务农为主，但喜学之风成为村民习惯。自宋朝至清朝，有10多人先后考取功名，最高官至御史。温州民间流传极广的"布衣文王"朱梅瞿，是明朝榜眼王赞的老师。

　　传说永嘉县大楠溪东港有三崖门，从珍溪口埠向东走五里的胡头村是第一崖门；再往东走五里是花坦村崖门庵西的第二崖门；再往东走五里是倒湖的第三崖门。当地俗语说："东港三崖门，三百年后出贤人。"

　　大约在北宋年间，东港王宅村出了个王宰相，为官清正，德高望重，告老还乡，安度晚年。王宰相无子，去世后，夏姓人居住王宅村，改名夏宅。夏姓人以后迁居他乡，朱姓人居住夏宅，改名花坦村。明朝时期，花坦村出了个名人朱梅瞿。

　　朱梅瞿相貌堂堂，人品非凡，从小勤学苦读，吟诗作对，出口成章，琴棋书画样样精通，知识渊博。

　　这一年全国大比，便上京赶考，在考场上，轻松自如，文采出众。主考官陈加林把朱梅瞿的文章看了又看，爱不释手。把试卷带回住处再看，看后把试卷放在床帐背上，心想状元就定朱梅瞿。

　　第二天，陈加林主考官改卷，把朱梅瞿考卷忘记了，金榜题名，朱梅瞿名落孙山。

　　朱梅瞿去看榜文时，榜上无名。便去问陈加林主考官，陈加林才恍然大悟，把朱梅瞿定头名状元的事忘记了。他歉疚地对朱梅瞿说："下次科举来考，我若当主考官，把头名状元给你。"朱梅瞿愤怒地说："做狗爬三次，做人不会爬二次。"

朱梅瞿垂头丧气回到花坦，嘲笑的人多，安慰的人少，连同宗房族、亲戚朋友大都冷言冷语，只有姐姐朱梅英热心相劝，朱梅瞿继续勤奋学习，招收学生。

这年农历六月，朱梅瞿就近没选择到满意的学生，便打扮成割稻客去远地招生。他从珍溪口坐小船到温州，几天察访仍没有合适人选。到了永强，永强有位王员外，家中僮仆成群，有一子名叫王赞，忠厚朴素，文采超众，远近闻名。一天夜里，天气炎热，月明星朗，王赞叫书僮拿七弦琴到花园里凉亭乘凉，弹奏乐曲，歌声嘹亮动人，人人叫好。

正巧，那一夜朱梅瞿也在永强街道上散步，寻着琴声，到了王家。王员外见他是割稻客，也不嫌弃，热情招待，王赞相陪。朱梅瞿赞扬王赞弹琴的好处，指出一弦不扬。王赞诚心请求指教，朱梅瞿毫不客气地拂琴弹奏一曲示范，王赞听了拍手叫绝。

王赞意识到这个割稻客的真才实学，拜朱梅瞿为师。朱梅瞿看中王赞的人品才能，惺惺惜惺惺。王赞恳请朱梅瞿留在王家，每天尽心教育他，王赞心得匪浅。朱梅瞿待了几日，离别王家，前往乐清方向。

朱梅瞿在乐清县柳市、乐成闲游几天。这天到了虹桥，碰到一个同宗人朱唐南，是乐清县大荆上方村人，出外访友，巧遇朱梅瞿。二人经过长谈，朱唐南深知朱梅瞿学问高深，便拜朱梅瞿为师。朱梅瞿对朱唐南谆谆教诲，朱唐南虚心接受，进步很快。

朱梅瞿回家后，心想与王赞、朱唐南离别已久，不知道两人学习成绩如何。他心生一计，派人送信给王赞和朱唐南。信中说："先生病危，某日前速来花坦，师生相见一面。"

王赞接到先生信一看，立即请求父亲，让自己到花坦看望先生。王员外准备礼物，租船从温州开到珍溪口埠，上岸走了十里山路，天黑才走到花坦朱梅瞿家。

朱梅瞿睡在床上，王赞在床前向先生问好。朱梅瞿见王赞路远按时赶到，心里非常高兴。起床后师生倾吐别后之情，同吃晚餐。

王赞到了房间一看，房间里面没有床，只放着一个二米高的十石谷桶，十支蜡烛放在桶边。王赞借烛光再一看，谷桶四周由上而下，文章连篇，无一寸空隙。王赞欣喜万分，聚精会神，细看起来。蜡烛点了一支又一支，王赞彻夜观看，十支蜡烛点完，天也亮了。王赞正好看完整个谷桶文章，学得好多知识。

朱唐南接到先生信，第二天早起赶路，从上方到虹桥有二十里路，从虹桥翻山越岭到花坦有六十里路，朱唐南到了廊下村，双脚麻木，腰酸背痛走不动，到花坦还有三里，天已黑，便在廊下同宗家中住宿。

朱唐南第三天一早赶到花坦，拜见先生。朱梅瞿装病睡在床上，脸朝里问朱唐南："今天是哪一日了，王赞家比你家远都能按时赶到花坦，如果昨夜我死了就见不到了。"朱唐南知错，跪地求饶，朱梅瞿也不理他，朱唐南直跪到傍晚。朱梅瞿说："你回去吧，以后也不用见我了。"朱唐南无可奈何拜了几拜，离别先生。

王赞、朱唐南中榜后，约好日子，同到花坦拜谢恩师。朱梅瞿后悔当时傲气责骂朱唐南。

一日，皇上早朝。黄门官奏番邦使者带来三样东西上朝：一是前后两头同样大的一株大圆木，求分清哪头是树根、哪头是树梢；二是一只怪鸟，不吃米，不吃虫，求喂养之法；三是一个形状怪异的九曲连环洞，用绳子贯通连接，求解开。三件有一件办不好，番邦就要起兵攻打南朝。

文武百官看了三样东西，无一人有对策，皇上大怒："众卿家都没有办法吗？"王赞奏道："臣业师朱梅瞿见多识广，能解此难。"皇上下了圣旨："着王赞为钦差，宣朱梅瞿上朝面圣。"王赞日夜兼程到花坦，接朱梅瞿进京。

朱梅瞿上朝看了大圆木奏本道："古书有云：万物沉浮，轻清为天，重浊为地，把大圆木放入深水潭即见分晓。"大圆木放入水中后，一头高，一头低，高处是梢部，低处是根部。

朱梅瞿又奏道："古书有云：汪、汪、汪、汪，生蛋四房，铁石朱砂，滚烫服用。"把铁砂朱砂烧红给汪汪吃，吃得津津有味。

朱梅瞿看了九曲连环洞，洞口小，洞内弯曲，穿线不易。他捉到一只大蚂蚁，用丝线系住蚂蚁身体，先将少量红糖放在洞口内做引，洞口外用红蜡烛点燃发热，逼使蚂蚁往洞内钻，经过弯曲通道，直至贯通九曲连环洞。番邦使者见状，无言可答，南朝有贤人，自此免除一场战乱。

事后，皇上给朱梅瞿封官。王赞奏明前科举考试，主考官陈加林将朱梅瞿考卷失选，恳请皇上还恩师一个公道。

朱梅瞿辞不为官，皇上封朱梅瞿"天下第一"。朱梅瞿奏本：天下好中有好，不敢当，求赐"溪山第一"。皇上准奏。

王赞在京为官封宰相，遇到难题，就请朱梅瞿解难。

朱唐南官封御史，将老家上方村改名为内花坦村，下方村改为外花坦村。

朱梅瞿在花坦村街道立一牌坊"溪山第一"。

（永嘉县农办）

花坦村牌坊（县农办供）

衢州衢江楼山后村

孝贞皇后王钟英

明宪宗朱见深的皇后王钟英,是衢州市衢江区全旺镇楼山后村人,现今此地尚保留一座明代砖木结构、雕龙描凤的古建筑——骏惠堂,亦名"娘娘厅"。据村中长者说,娘娘厅内原陈列有銮驾、仪仗、凤冠霞帔和历代匾额十多块,破"四旧"时被毁。

王氏先祖第三世,是唐五代三朝元老王仁裕,天水人(今甘肃天水市)。后因"陈桥兵变"而弃官,隐居江左(江苏江宁)。第十世王体崇迁前王(全旺),十六世王淑裕从前王迁楼峰。十九世王克安,号川叟,谱称孟文公,为明孝贞王皇后之父,曾在留都南京任司镇抚,故史书又称"宪宗后,王镇女,由南京选秀北上"。

广选秀女钟英夺魁　立吴为后封王为妃

明正统十四年(1449),某天夜里,楼山后村王孟文的继配夫人鄷氏做了一个奇怪的梦,梦见一只五彩缤纷的金翅鸟飞进房间,落在梳妆台上,把头连点三下,随后向她飞扑过来,她大吃一惊,不久她就怀孕了,十二个月才分娩,产下一位千金,取名钟英。

王钟英三岁时,其父王孟文离家,往南京上元任镇抚。王钟英自小由嫂嫂陈氏抚养,她长得眉清目秀,聪明伶俐,七岁能扫地洗碗,八岁会做饭洗衣,九岁能画画,十岁会刺绣。

天顺六年(1462),明英宗朱祁镇下诏为太子选妃,王孟文借此将年仅十三岁的王钟英接往上元。

天顺七年(1463),皇太子朱见深十五岁,明英宗朱祁镇下旨选太子妃,由司礼监承办具体选秀事宜。王钟英在留都南京中选,由南京选秀北上,最后由英宗皇帝亲自端详,选定三人,其中王氏第一、吴氏第二、柏氏第三。

天顺八年(1464)八月,明英宗朱祁镇驾崩,由十六岁的皇太子朱见深继位，史称明宪宗。两宫皇太后为新主登基议立皇后，命司礼监牛玉选报，牛玉说："先帝所定的三人，我看吴氏最贤，可立为皇后。"两位皇太后对三人又审视了一番，见吴氏体态端庄，也很满意，于是就命钦天监择吉日，礼部具备仪仗，立吴氏为皇后，宪宗迫于母后之命，不敢不从。宪宗自己选了一位三十五岁的万贞儿为"贵妃"，而立王氏、柏氏为"贤妃"。

万贵妃夺宠废吴后　王皇后奉旨省故里

天顺八年（1464）八月，皇后吴氏得罪了宪宗帝最为宠爱的万贵妃，因此被废。同年十月，两宫太后联合颁下懿旨："册立王氏为后，毋容延缓。"这时王皇后年方十五岁。

王钟英被立为皇后，迁居坤宁宫，母仪天下。当时万贵妃宠冠后宫，好在王皇后性情柔婉，妃嫔都和她合得来，即使野心勃勃的万贵妃暗中屡掀宫廷风波，表面上也能与王皇后和平相处。宪宗欣慰之余，对王皇后的父兄一一加以封赏，国丈王孟文由南京司镇抚，提升为中军都督府同知。成化四年（1468），进右都督，国舅璔、琛、琼、瑢、璋，都封为锦衣卫指挥使。

成化二年（1466），王皇后奉旨回乡省亲，有宫娥、太监整套仪仗随行，跨黄河渡长江，水陆兼程，沿途自有地方官员迎送。某日，龙舟抵达洋村圩（今安仁街），王皇后凭栏远眺，望见了"一柱干云上、高高不可攀、孤根拔万壑、倒影蔽群山"的卧龙山（俗称饭甑山），感慨万千地说："啊，终于到家了！"于是就排开銮驾，舍舟登岸。

王皇后省亲故里，阖家团圆，共享天伦之乐。转眼一月钦限已到，必须如期起驾回京，司礼监宣读圣旨："国舅随皇后车驾进京授职，赐建娘娘厅，并龙凤狮子邸宅，颁发龙凤绣旗十八面，凡旗插之处，即为国戚管辖之产，免税百年始入科册。"王娘娘喜欢吃竹笋，故命第一、二面旗插到深、塘两源的竹山。

銮驾启动，娘娘吩咐绕道灰山祭祀祖宗。到了灰山，娘娘焚香祭祖毕，正要启程，望见坯石塘有人叮叮当当在打坯石，她即信口说道："坯石山上石灰石，日里打，夜里生。"故灰山的石灰石永远采之不尽。

约行十里，到了下路头破旧的亭前少歇，娘娘掀帘外望，触景生情，洒泪告别前来相送的家乡父老，并颁下懿意："送乃贺之意，车为辂之义,旧亭建新亭,赐名贺辂亭。"亭额上书"凌云"二字。

娘娘回京后,授国舅为锦衣卫指挥,但因王璋目不识丁,难胜"特务"之任,不久即辞官回家,经营皇上封赐他的山塘田地。从此,王娘娘就再也未回过娘家。

宪宗驾崩佑樘即位　太皇太后追谥孝贞

成化六年(1470),宪宗帝宠幸了一名宫女纪氏,万贵妃得知纪氏有孕,派心腹侍婢前去打胎。侍婢一时心软,只向万贵妃报说纪氏是得了"膨胀病"。万贵妃半信半疑,仍将纪氏打入冷宫。王皇后得知,反复叮嘱门监张敏多多关照纪氏腹中胎儿。

纪氏十月怀胎,一朝分娩,产下一男孩,料自身难以保全,泪流满颊地将孩儿抱给张敏,嘱咐他丢在水中了事。张敏惊道:"皇上至今尚无子嗣,岂可轻舍骨肉?"纪氏说道:"到处都是万贵妃的耳目,吾儿岂有生存之望!与其惨遭毒手倒不如趁早将他淹死算了。"张敏不从,暗中将小儿藏入密室,每天喂些乳糕粉饵,这条小生命终于保留下来,他就是明孝宗朱佑樘。

成化十一年(1475),宪宗二十七岁,一日,理发照镜时,看到自己面容憔悴,头发已经斑白,长叹一声:"至今还无太子,如何是好?"张敏伏地奏道:"陛下的太子已经六岁了!"宪宗惊惑不解地说:"朕子早亡,太子又从何而来?"张敏叩头流血道:"奴才出言,性命难保,愿陛下以江山社稷为重,奴才纵然一死,又有何惧?"这时,司礼监怀恩也在场,跪奏道:"张敏所言,句句金玉,是有一位太子,现已六岁了,因怕被害,故藏在'西内密室'。"宪宗大喜,迫不及待地命张敏等迎接太子。纪氏悲喜交集,抱住儿子,大哭道:"吾儿此去,我命难保。"宪宗召见纪氏,册封为"淑妃",正式立朱佑樘为太子。

万贵妃终因怏恨成疾,死于成化二十三年(1487)春。万贵妃一死,宪宗精神上失去了依靠,痛不欲生,不思茶饭,懒理朝政,无药可救。在宪宗病重期间,王皇后曾两次去"安喜宫"殷勤地探望病情,宪宗曾握着她的手说:"皇后呀,朕对不起你,朕太慢待你了。"王皇后听完,多年的委屈禁不住化为泪水,滚滚而下。

据说,身为正宫皇后,她一生和宪宗过夜的次数还不到十夜,为避免事端,不与万贵妃争宠,每当宪宗想起来要和她过夜,她都找出种种借口推托和回避。宪宗的病情拖到八月间，也终于跟着万贵妃去了，时年三十九岁。

同年八月，十八岁的皇太子朱佑樘灵前即位，史称明孝宗，改元弘治，尊王皇后为"王皇太后"，尊已故生母纪淑妃"孝穆皇太后"。

弘治十八年（1505）八月，明孝宗朱佑樘驾崩，由十五岁的皇太子朱厚照即位，史称明武宗，改明年为正德，尊王皇太后为"端肃恭靖皇太后"。正德五年（1510），王太皇太后六十大庆，武宗敬颂"慈圣康寿"。正德十三年（1518）春二月，王太皇太后崩，享年六十九岁，谥"孝贞"，与宪宗合葬于"茂陵"。

（孙水标）

孝贞皇后画像（孙水标供）

临海岙底罗村

李氏父子均有功名

岙底罗村距县城临海三十余里，交通不便。历史上，当地村民受教育程度普遍不高，但在大清光绪年间，李景庆父子四人均得功名，并得到时任台州知府赵亮熙的赏识。

李景庆（1838—?），字祉斋，家世清寒，幼时在附近私塾就读。十岁左右，其父不幸去世，其母洪氏由于悲伤过度，难以持家；其兄尚未及冠，加上体弱多病，不善理家；李景庆毅然弃学，小小年纪担起了持家的重任。

李景庆天资明敏，他看到当地木材资源丰富，就做起了木材生意。由于从小养成勤俭节约、刻苦耐劳的习惯，不久，就"买田造宅措置，裕如十余年间，居然称巨家焉"。虽然在附近小有名气，但他致富不忘本，资助邻里，孝敬老母，尊敬兄长，培养三子，一时名扬乡里。

光绪十六年（1890），临海遭遇旱灾，秋收不登，米价骤贵，百姓苦不堪言，虽有官府设法平粜，却莫能遍及。李景庆看到这个情形，倾多年之积蓄，从外地买来大米，无偿为受灾百姓提供粮食，"先后四阅月，赖是得全活者，奚止数十万人"。

岙底罗至临海，要过香年溪、灵江等河流，为便于老百姓来往于县城，李景庆出资在途经河道设立渡口，买来小帆船，并出资请来船老大，无偿为过往行人摆渡。

每次回家，李景庆总是对母亲和兄长嘘寒问暖。每逢母亲头痛脑热，总是亲自熬药，先行尝试冷热与苦甜，才给母亲服用。且经常夜不脱衣，坐在母亲房间，母亲一有不适，即上前问候。对待兄长亦然，台州知府赵亮熙在《恭祝祉斋上舍李先生暨德配洪孺人六旬双庆序》中载：

"顾其侍高堂也，视膳问安，服侍维谨，亲偶有疾，恒旬日不解衣带，里党咸艳称之。兄既析爨，相待不异，同居服食器用，彼此浑忘，数十年如一日，其孝友之肫挚，殆所得于性者然也。由是而推亲串之往来，戚族之投赠，厚薄轻重，莫不称量而出，而于尊师重道之义，尤非寻常所能及者。"

由于年轻失学，李景庆尤其重视对子女的教育。大儿子惟监，名鉴梅，字襄卿，一及垂髫，"甫就学即延师主其家，束修丰厚，礼貌周至，闻秦生风，粹于文命，投贽从游者十余年，竟得成名而去，亦足以征其卓识已然"。

据说，李景庆在儿子就学后，每次空闲回家，就跟儿子一起随师读书。或许是觉得自己年纪已大，他在学习时争分夺秒，经常连续三四天不下楼（私塾设自己楼上），吃饭时也是手不释卷。这样，不但以身作则，自己的学业也大有长进，并先于儿子通过县试。

光绪十八年（1892），李景庆的长子李惟监在府学就读时，认识了时任台州知府的赵亮熙。

赵亮熙，字汝能，宜宾赵场人，生于清道光乙未（1835），郡附生。咸丰乙卯（1855）举人，选授彭水县训导。咸丰庚申（1860），科中二甲第九名进士，选翰林院庶吉士。未散馆，即授山东曹州府武城县知县。不久，内调工部主事，签分虞衡司行走，晋升都水司员外郎、营膳司郎中、会典馆纂修。光绪丙子（1876），以主事充顺天乡试同考官。乙酉（1885），以员外郎充任陕西乡试主考官。戊子（1888），充任贵州乡试主考官。

光绪十八年（1892），赵亮熙任处州知府，七月到任，三个月后调任台州知府。

赵亮熙非常关心教育，重视地方人才的培养。每逢书院课考，他亲自把生员召集到府署，关起门来要生员写两篇文章和一首诗歌，到次日清晨交卷。知府还亲自执笔批阅，用朱砂雌黄评定等级次第。

赵亮熙到台州没几天，便亲自主持了当年的生员考试，他一看到李惟监的试卷，认为"清刚隽上，胎息深醇"，遂"拔置第一"。

两天后，李惟监拜见恩师。"越日，生以礼来谒，见其仪容行止，雅与文称，心契赏之。"两人相见恨晚，成忘年交。"自是每课必预见，则与之论文，或以时过从署斋，略分志形，畅谈竟日，因而得其家庭间，事无大小，罔不毕悉。"

光绪二十二年（1896）八月，赵亮熙台州知府任满，再次调处州任知府。他与李惟监时有书信往来，李惟监经常把家中发生的事情向赵知府禀报。

光绪二十三年（1897），李惟监父母六十双庆，邀请赵知府参加寿宴，赵亮熙欣然参加，并作《恭祝祉斋上舍李先生暨德配洪孺人六旬双庆序》。文章洋洋洒洒，有一千三百余字，并自称愚弟。其实，赵亮熙比李景庆大三岁，而且官居四品，这样的落款，足见知府之恭。赵文字里行间，既透露出对李景庆一家的熟知，更是对李氏的赞赏。

此外，李景庆次子李鉴林，名惟玉，字替卿，钦加县丞职衔；四子鉴忠，名惟善，字正卿，国学生。父子四人均有功名，在附近乡村并不多见。

（戴相尚）

温州鹿城驿头

程奕义举受旌表

驿头,位于温州市鹿城区临江镇西部,距温州市区 26 公里,三面环山,北临金温铁路、330 国道,与西洲岛隔江相望,自然环境优美,水陆交通便捷,是一个有着数千年历史的古村落。

早在四千年前就有先民在此居住,北宋时(960—1127),曾有白沙驿建此,称之为"殷川峄阳";元、明、清为峄山或驿头,隶属临江乡廿六都。几经变迁,今为岙底、山根、平山、和平四个行政村,隶属临江镇,总称为驿头,其中岙底、平山、和平三个行政村住宅交叉分布、村民混合居住,习惯上称为"驿头三村"。

驿头,江山环绕,风景独奇,气候宜人。明内阁首辅张璁曾云:"因极驿山泉石之胜,常驾舟相访。"南宋时,二程后裔程大中(1161—1255)于宝庆二年(1226)任温州学正,解职后,乐风俗之美,携子孙定居于此。按驿头自然地势,设置成太极图村,以宅祠设二仪,以山形置四象,所谓"太极已立,二仪生焉;四象即置,人丁兴旺"。至明朝时,程氏家族已成为西溪望族。现村有近四千人居住,95%以上是程氏后裔。

驿头自宋以来,涌现出众多的历史人物,如宋朝的陈畏、程大中、陈居,明朝的程韬、程奕兄弟,清朝的程槐庵等。第五十九届联大主席,现任加蓬国外交部长程让·平,是驿头程氏的第二十七世孙,父祖辈均为驿头人,他曾四次携妻儿访问故里。

村里遗留下大批的历史古迹,如古驿道、尚义旌门、圣旨碑亭、万松山房、程奕墓、义官桥、程氏古民居(外新屋)、让·平祖居、留云亭、放鹤楼、烽火台、驿头埭等,其中圣旨碑亭、程奕墓、义官桥、程氏古居、让·平祖居等均有文字记载。

圣旨碑亭,位于驿头岙底龟山前麓,亦称"圣旨旌表程奕尚义碑记",碑立于明成化十九年(1483),是明宪宗遣温州知府项澄为表彰程奕捐谷的义举而立的。碑高195厘米，宽95厘米，钟清撰文，吕洪等书篆。温州府、永嘉县同立。碑文记述了程奕尚义的过程。碑有一护亭，俗名圣旨亭，建于明嘉靖八年（1529），是程奕五子所建，并请好友大学士张璁题写"溪山第一"匾额与"流水小桥明月溪，丹亭碧石古人心"的柱联。

程奕墓，又名十一老太坟，位于驿头岙底村龟山颈麓，共三坛，面阔9.60米，坛深14.30米，墓椅子式，墓内圈用龟形石砌成，颇具龟山龟石坟的特色。墓二坛立有明福建光泽县儒学司训赵谏撰写的墓志铭，志文由一代书宗姜立纲书写，正面题字是大理左寺副黄璨。墓前有墓道直通圣旨亭，旁有建于明嘉靖八年（1529）的程氏墓道坊。墓始建于明弘治八年（1495），重建于清乾隆壬辰（1772），现墓保存完好。

义官桥，又名圣旨桥、五金桥。位于驿头岙底圣旨亭前，为三跨花岗岩梁式石桥。总跨度13.8米，高2.2米，宽1.9米。由三硐十五块石条板组成，建于明正德五年（1510），系程奕长子程熙所建，中硐外侧石板刻有"正德五年庚午三月十二日义官程公建"。

让·平祖居，共有两座，均位于驿头外桥头长溪边，靠近外桥头的始建于清咸丰年间（1851—1860），是让·平高祖程庆明所建。单进四合院，共九间，民国初曾修缮。挨着的一座，是二进七间，建于清末民初（1906—1912），是让·平祖辈兄弟所建。

程氏古居，位于驿头和平村大碓下南侧，单进十一间双层四合垣院，前后置有道垣，左右轩房建有琴台，鸟瞰建筑呈工字形，颇具特色。始建于清光绪乙未年（1895），是程启仁、启勋等兄弟所建。

程氏家族历代书香延续、文脉相承、人才辈出。程氏家族文化重要的见证——程氏民居经过数百年的风雨洗礼，保存至今实属难得，其中程奕古居已有400余年历史，但是由于种种原因，一直没有真正得到修缮与保护，其建筑虽然主体基本完好，但是迫切需要进行修缮。

程奕（1420—1490），字秉殷，号梅菴，明永嘉县二十六都驿头（今鹿城区临江镇驿头）人。世传为宋儒伊川先生程颐（1033—1107）的十五世孙。幼时明敏，异于常人，世传家书多能记忆，读书晓大义，及长，勤俭持家，广置田园数百顷，成为西溪一带富员外之一。又以义行闻于乡里，如有贫困的家庭他都以财物相赠，被里人称之为"大善人"。明成化十六年（1480），"诏下有司，广蓄粮以备不虞"。程奕与兄程韬（字秉蕴，号松菴），为响应朝廷的号召，同捐谷一千八百斛。兄弟此义举顿时名闻朝廷，明宪宗为表彰程奕兄弟的义举，特于成化十九年（1483）颁旨："建旌门以表彰程韬，立石以表彰程奕。"今旌门已佚，立石尚存，即"圣旨旌表程奕义碑记"，现为市级文保单位。

晚年的程奕把家务分给各子管理，自己在驿头殿峜（今峜底）筑一座豪华的别墅，并取名曰"万松山房"，经常与好友亲朋娱乐其中，知县得知，请为"乡饮宾"。其卒后，好友赵谏为其撰墓志，并请瑞安姜立纲与黄璨为墓志书写。正德五年，在其坟前建祠，以纪念其不朽的义迹。

程智（1474—1538）字惟道，号半闲，系程奕公之第五子，幼敏捷，性孝悌，诸子百家无所不究，工善诗书。同永嘉场明首辅张璁，系同窗好友，程智的高深学问以及志于山林的人生志向，深得张璁的赞赏，称他是"公负异才，隐居不仕"。张阁老经常驾扁舟至驿山拜访程智，切磋学问，在驿头村留下了不少珍贵的人文佳话，特别是一些诗歌和为程氏家族所写的谱序。

正德十四年所作《题驿山万松山房》诗云：

君不见陶元亮抚孤松，　　盘桓早作归来翁。
又不见杜少陵栽四松，　　草堂千古能风流。
君有万松空夸诞，　　　　一岁予能栽百万。
多寡由来未足论，　　　　唯适之安人所难。

在这里，诗人把陶渊明《归去来辞》中"抚孤松而盘桓"的志向同程智的隐居不仕来进行比较，寓意深刻。后来张璁之长子逊志，娶了程智的女儿为媳，张、程二人成了姻亲，关系更加密切。嘉靖八年（1529），张璁再次到了驿山，同程智一起，又一次游览了被其誉为西溪第一峰的驿峰，即兴题诗一首，《登驿峰》：

再上西溪第一峰，　　同行唯有吾亲翁。
昔年未见周王驾，　　今日还传谢客踪。
不是矫情思独步，　　还知旷世欲相从。

瓯城烟柳诸名胜，　　尽在凝眸一望中。

同行的程智见张阁老题诗，当即也和诗一首：

驿峰何敢望罗峰，　　宰相归来访野翁。
欲问烟霞寻胜迹，　　却从霄汉觅仙踪。
东园载酒谁同步，　　西岭题诗我独从。
愿为当年王子晋，　　吹箫犹在碧空中。

据程氏谱史记载，嘉靖五年冬，族内修谱，特派人到北京请张阁老撰写谱序，张阁老在百忙之中，欣然为之撰文，文中极赞程氏家族积德行善之义举，以及自己同程智公的姻亲关系，说自己"极想驿山泉石之胜，不获如当年驾扁舟相访，坐留云亭，登放鹤楼，与翁痛饮联吟"。

驿头村因有其祖上捐粟赈灾义举，获圣旨碑亭而名扬瓯江南北，又因攀上了张阁老这样的高亲，故在当时程氏家族也是比较显赫的，从瓯江码道一直到岙底的圣旨亭，约两公里的路程，当初全部用太湖石石板铺设。

程让·平，加蓬国外长，第59届联大主席，现任非盟主席，其父亲程志平出身驿头村。1933年程志平只身来到西非的加蓬国，经过艰苦奋斗，成了当地首富，娶了一酋长的女儿为妻，生了混血儿程让·平。让·平先生毕业于法国巴黎一大学，后来逐步走上政坛，由于他的正直、睿

驿头村景（市农办供）

智，在非洲国家享有很高的声誉，让·平先生遵循父辈吩咐，热爱故乡，不忘故土，曾多次回驿头探亲省墓，寻宗祭祖，并为中加友谊作出了很大的贡献。2007年，村民们在村中央建了一座中加友谊馆，以作纪念。

　　古老的山村蕴藏着幽深的文化，沿着村庄石板路进村巷，两旁错落着古朴的传统民居、院墙，一切都是那么的和谐、自然。这里正是都市人远离喧嚣的好去处。闲暇时，带着淡泊的心情来到此地，体会传统村落特有的、原始的清静和温馨。

(温州市农办)

景宁茗源村

厚朴公自罚立禁令

东坑镇茗源村位于景宁县东南，距县城28公里。宋建炎年（1127—1130）间，吴氏先人小七公开基，随后有潘氏等姓迁入，至今已有860多年历史，为"南宋古村福文化研究传承基地"。村名初因盛产稻米称之"米源"，后人觉得村子很美又称"美源"，最后因茶而称之为"茗源"。茗源生态环境绝佳，适宜人居，有人这样赞叹：好个绿色的世界！嫩绿晶莹的稻禾，翠绿起伏的竹海，碧绿欲流的森林……

村口两片数百亩的原始森林，松、杉、枫、木荷、柳杉还有厚朴等几百种古树，傲岸挺拔、顶天立地，据统计，百年树龄的有八九千棵，近千年的不下百棵，在湛蓝的天空下，分外美丽。徜徉其间，享受着从密匝匝的树叶透下来的缕缕赤橙黄绿青蓝紫的七色阳光，呼吸着湿润润、甜丝丝的空气，仿佛回到那千年前的中古时期。

茗源村口风景林，当地人称"风水林"，面积大，树种齐全，树木胸径大，可算凤毛麟角。其中一株厚朴树高28米，胸围176厘米，是国家Ⅱ级保护野生植物，可谓"厚朴王"。此景正如唐代著名诗人张籍所描绘的："古树枝柯少，枯来复几春。露根堪系马，空腹定藏人。蠹节莓苔老，烧痕霹雳新。若当江浦上，行客祭为神。"

有"厚朴王"就有故事，厚朴公是村民心中的神。

传说南宋建炎年间，谏议大夫吴畦的后代吴小七挑着行囊，从泰顺来茗源开基时，随手将一根挑担往山地一插，不久便长出枝叶，几十年后长成大树，并由此繁衍出大片树林。

自从有了这片树林，茗源村百姓安居乐业。就这样过了几百年，村上有人动起了坏脑筋，居然偷偷到那片树林里盗砍树木，背到外地去卖钱。这可急坏了村中一位吴姓老人，这位老人在村里德高望重，他召集族人商量，订出"禁约"：谁砍树杀谁的猪。

可是，怎么才能令行禁止呢？老人很是伤脑筋，后来总算想出了一个解决办法，至今茗源村仍流传着这位老人"自罚"的故事。

一天，猪饿得"唔唔唔"大叫不停，他老婆叫他喂猪。他拎着猪食走近猪栏。这头猪养了三年，是准备给孙子婚宴用的。他把自己的打算讲给老婆听，老婆气得大骂。

一不做，二不休，老人豁出去了。没办法，他老婆只好勉强答应。

第二天大早，老人悄悄地来到古林，在最显眼的地方砍了株吹火筒大小的厚朴树，连枝带叶背回家，搭在家门口显眼的金瓜棚上。早饭后，他叫来远房侄子，拉着他一起去古林看看。

不一会儿，果真"发现"有株树被砍了。老人便故意四处寻找，找了大半晌，来到自家屋外，他邀侄子进去歇歇，喝杯茶。来到瓜棚边，侄子双眼紧紧得盯着那棵连枝带叶的小树。老人也假装意外"发现"，便叫出老婆责问。老婆说是小儿子拿回来的，今天一大早便出远门了。老人装着惊讶说，这就是风水林的那棵。远房侄子借口拔腿就跑，老人赶忙拉住，侄子以为要他保密，连忙发誓不说出去。可老人却要他马上叫杀猪师傅来杀猪。

一头三百来斤的猪被杀了，老人敲着锣满街满弄喊：砍古林树要杀大肥猪，大家快来拿肉吧，每家两斤！

从此后，村里再也没人敢动古林的一枝一叶了。不久乡亲们给老人取了一个外号"厚朴公"。

村里还流传着一个厚朴公灭蝗的故事。

一年夏天大旱，田地龟裂，枯草连天，大批蝗虫四处觅食，黑压压的一片一片，把庄稼吃得寸叶不留后，又转向古树林。

厚朴公和全村人急得坐立不安，发动全村男女老少驱赶，几天下来，从早到晚累得腰酸背痛也无济于事。这天夜里，他做了一个梦，梦见一个朝服银须的老者来到他面前，不紧不慢地取出烟袋往烟筒里装上一大撮烟丝，然后点上，烟丝冒出袅袅青烟。梦醒了，厚朴公恍然大悟。

次日大早，厚朴公叫村里家家户户男女老少都背来一捆稻草，然后点燃。刹那间，一团团浓烟直冲天空。一只只蝗虫就像下雨一样从树上掉下来，蝗虫灭了，古树林保住了。

有两个孩子拾来一只小兔子般大小的蝗虫，大家说这是蝗虫精。厚朴公吩咐把精怪弄到水口林脚的坪里去，让人去找七枚长铁钉。挖了土坑，叫七位大汉分别拿一枚钉子，将蝗虫精的头胸腹、两只翅膀、两只腿，钉在地里，压上石板，在石板上打七个孔，插上香。

这一天是农历六月初六，全村男女老幼敲锣打鼓，祭拜先祖吴畦显灵，灭除蝗灾，祈祷幸福。此后，每年六月初六都举行隆重的做"福"活动，沿袭至今，成为非物质文化遗产，并创建了"南宋古村福文化研究传承基地"。

人们知晓那场自编自导自演的"杀猪护林戏"后，对厚朴公愈加敬重。厚朴公寿终正寝后，族人为了感恩他的护林功德，尊他为古林守护神，庄重地、破天荒地将他安厝在狮林（俗称庙林）这块风水宝地。这也是对村人进行爱护森林、爱护古木的教育。子孙在坟茔边种了棵厚朴树，以寄托哀思，就是今天的"厚朴王"。后人写下了《厚朴赋》赞："厚朴为人，堪作典范，金声玉振，教化一方。"

村人都认为狮山之麓是难得的风水宝地，所以在安葬厚朴公时，族人还把分散在各处的先祖也移到此地。为保护古林、节约土地，将三十五位先人合葬一处。据同治丁卯版《吴氏家谱》绘制的坟图中载："尚品公、万八公、斌一公、昌公、昱公、星公"等三十五位祖先的名字。仅二十多平方米的陵寝，竟安葬了三十五人，也许这是开启了公墓的先河。茗源人珍惜土地、道法自然、敬畏自然、敬畏森林、保护生态、天人合一的理念和朴素情感，从中也可见一斑。

按家谱考证推算，这座古墓至少有150年历史。今天，这座半月形二十来平方米的古墓依然完好保存着，它向后人叙述着一段佳话，值得后人缅怀纪念，发扬光大。

（陈华敏）

文成上石庄村

林氏家族重人文

上石庄村坐落于百丈漈西南侧石钟山下，为高山丘陵地带，海拔在500—600米，农田平旷，村民多林姓。位于山麓的村落处在山地向田园过渡的地段，起伏有致。农舍多顺应地形而随高就低，整个村落高低错落，别有一番和谐景致。《林氏宗谱》载清拔贡林寿琪所作《石钟十景诗》中的六景，就生动地还原了上石庄村的自然景色：

钟阜晴岚
何处闻钟声，水石相喷薄。
仰而看林端，晴岚满山绿。

师冈春雨
冈头雨如思，膏泽沾下土。
陇畔有人耕，欢声胜万户。

大井寒泉
漱石矿吾齿，漱泉汗吾腹。
泉石相澄清，一井喷寒绿。

象谷归云
雪出满山青，云归满山碧。
幽人只在山，何处寻踪迹。

高嶂晚霞
高嶂撑天起，霞光红如绮。
好似赤城标，岂让天台美。

斗山晓日
斗柄插天高，寒芒与山接。
晓日忽东升，红光独先得。

上石庄村民多为林姓，是清初从福建迁入的。数百年来，充分体现了林氏家族"文"特色，出了林寿琪、林杰等很多文化名人。

林寿琪，名楚翘，字元厚，清拔贡第一名，科举进京殿免试，任陕西省教谕。他编著的光绪版《石钟林氏族谱》现存于北京故宫，具有极高的价值。可惜林寿琪怀才不遇，他淡泊名利，晚年设学堂授徒讲学，把培养后辈作为自己的责任。

林寿琪热衷地方公益事业，特别是为修家谱，在当时交通条件极差的情况下，花了两年多的时间，翻山越岭，徒步涉水，不辞辛劳，走访平、泰、瑞、台、闽多地，追踪寻根，搜集资料，辨别虚实。翔实编写了价值颇高的《林氏家谱》。据中华民国七十六年（台湾版）《青田县志》载：青田八都石钟林寿琪，拔贡，殿试分发陕西教谕，其祠堂前竖有功名旗杆。

林杰（1874—1923），字毓山，世居八都石钟（石庄），兄弟有四，其行三，幼聪慧，读书过目成诵，年二十能文章。

林金全，字鉴三，清代国学生，从九品。《林氏家谱》载："性纯谨，待人接物一秉至善，理财又善用其财，苦志经营，递增递积，三十年间几富甲一都。君未恃富骄人，亲朋告贷无不如愿，以偿慈善事悉，解囊乐助。光绪庚寅，邻近高楼、营前一带大水成灾，流亡载道，又民国元年水灾，田庐人畜漂没殆尽，君抱己饥己溺之怀，急将多年积谷平价出，助活无数，见义勇为，披发救相邻之斗，当仁不让，寿人施和缓之功尤可贵、可赞者也。"

林桂芳（1829—1865），名培兰，清贡生。三进大宅院，屋前有旗杆两对，前厅悬有处州府赠匾额"贡员"两字，中堂悬挂"花萼流辉"四字横匾。当年中堂陈列有"肃静""迴避""县正堂候选""威严"等标牌。

林贵春，字培楠，讳守洪（1828—1887）于清朝咸丰科试，学业优异，列贡生。

林耀春，名云汉，字翼辰，（1823—1847）清治庚午科试，第一名优考本科正贡。

林寿春，名作斡，讳守麟（1829—1864）清朝科举位列贡生。

林鹏飞，号致和，讳廷允（1831—1869）清朝科试得位贡生。

直至现代，石钟林氏依旧文人辈出，如当代著名物理学家林多樑教授，曾获得"21世纪2000位突出知识分子之一"称号。林多樑教授1961年获美国哲学博士学位。美国纽约州立大学教授，博士生导师。1978年后每年应国家教委、中科院邀请回国讲学，受聘为中国科技大学、复旦大学等高校的客座教授，主攻原子核物理。

林成梯（1905—1950），字农基。日本仙台东北帝国大学毕业，获农学士学位。

林成槐，字学经，1919年出生，大强钢铁公司副总经理。

林景瑜，美国堪萨斯州立大学终身教授，博士生导师。

林景素，1957年出生，现任美国通用半导体公司高级工程师。

林多常，1962年出生，交通部电信研究所研究员。

林多伦，1960年出生于台湾，现任荣民医院研究员。

一个村落一段历史，一幢建筑一个故事。上石庄村钟灵毓秀，古老文化经历了数百年的岁月沧桑，名人辈出，承载了厚重的文化积淀。

（赵小红）

绍兴越城上港村

绍兴师爷骆照

常言道："无徽不成商，无湘不成军，无绍不成衙。"明清两朝绍兴不知出了多少师爷，人称"大师爷"的却没有几个，绍兴昌安门外的上港村骆照便以"骆大师爷"闻名全国。

骆照（1811—1878），字叙清，他早年到河北保定直隶总督府习幕，学成后，在北京、天津、直隶、山东一带当刑幕。骆照的出名是在当直隶按察使刑幕时，赵州有一贫妇过着生不如死的生活，十分厌世，想以吃毒饼的方式了却一生。她刚做好毒饼，邻居有要事把她叫走了。正在此时，丈夫从田里干活回家，又累又饿，看到桌子上有几个饼，拿起就落肚，很快七窍流血，一命归阴。

村里出了人命案子，那还了得，官府验尸后，认定是贫妇"毒杀亲夫"，上报求判死刑。毒杀亲夫罪按《大清律例》要凌迟处死。骆照办案向来审慎，接案复审时，发现此案疑窦重重，于是他多次亲自提审犯妇，又亲临其左邻右舍和亲友深入调查，终于访得实情，遂遵律据实力主改判，将原先定性的"故意杀人罪"改为"过失杀人罪"，最终该贫妇免遭凌迟酷刑，判了永远监禁。这桩重大命案轰动了京津，亦使骆照名声大振，时人评述"谈申韩者，咸奉圭臬"，也就是说，都将骆照这一案例奉为准则和标杆。

清道光、咸丰、同治年间，内忧外患严重，战乱频频，时局动荡，"州县皆无暇谳狱"，连直隶总督府衙门也积案高达五百余宗，积压时间长达10年之久。刘荫渠新任总督后，即慕名特聘骆照入幕，专门清理积案。他不负刘总督的重托，殚精竭虑、夜以继日地工作，仅仅用了五个月时间就审结了这五百余宗积案，并亲拟《清理积案规条十则》。刘总督看了以后，觉得条条在理，很有普遍推广的意义，遂奏请皇上恩准，颁诏令各省施行。

骆照大半辈子游幕燕赵齐鲁，到了晚年，考虑自己年岁大了，也有了回江浙就近游幕的想法，以方便与家人有个相互照应。恰巧李卫出任浙江巡抚，他平素非常推崇骆照，就礼聘骆大师爷到浙抚衙门办文案。

话说常安门外松陵有个傅姓财主，上代中过秀才，村民亦以"相公"称呼他。别看他长得白白胖胖，文质彬彬，但心肠很黑很坏，他最大的特点就是贪得无厌。家里有上百亩良田，雇了几个长工，几年下来，长工们吃煞苦头。他们虽然没有读过书，但是你一言、我一句凑成了一首《相公要我做长工》的歌谣骂他：

> 相公要我做长工，
> 骗人造话讲一遍。
> 侬话工夫松，
> 两工抵一工。
> 侬话工钱现，
> 上年欠下年。
> 侬话床铺好，
> 一堆烂稻草。
> 侬话下饭好，
> 一碗咸菜无油炒。
> 早起吃碗碎米汤，
> 要我捻河泥、挖池塘。
> 肚皮饿得咕咕叫，
> 没有力气做勿动。
> 夜到吃碗馊气饭，
> 还骂你长工穷光蛋。

傅相公也知道还有首绍兴歌谣是骂自己的：

> 黑心老爷田地多，
> 日思夜想抢老婆。
> 老婆抢来三四个，
> 还要看相张巧姑，
> 连夜呕人抢来做个小老婆。

张巧姑：
"伢勿想俫房子大，
伢勿想俫田地多，
侬五十来伢十五，
哪有爷爷做丈夫？
无法无天来抢亲，
难道不怕人家告官府？"

傅相公常对人说："我傅相公只要想得到的，没有做不到的事。"他横行乡里，村民恨之入骨，只因他有财有势，奈何他不得，只能背地里咒骂他解恨消气。

一年秋天，难得回乡探亲的骆大师爷走亲访友路过松陵、则水牌，见一户人家男的唉声叹气，不时捶打自己的脑袋，女的号啕大哭，嚷着要跳河，像死了老爹老娘一样。骆大师爷见此情景，忙叫轿夫停下轿子，一问才知又是这个傅相公在造孽。原来该村阿土有两亩祖遗水田，全靠它养家糊口。本来，这田与傅相公的田相隔了好几块地，但几年下来，这些田地都陆续被他设计赚取了，阿土与傅相公成了田头邻居，阿土家的两亩水田也成了傅相公朝思暮想的目标，只是苦于没有机会和借口。

这年三伏天气，天气格外闷热，阿土嫂忙这忙那，劳累过度，突然昏倒在地，不省人事。阿土和几个乡亲连忙手忙脚乱把她背回家，急得不知如何是好。这傅相公的鼻子耳朵特别灵，只一会儿工夫就撑伞上门来了。一进门就虚情假意地对阿土说："阿土，总是人要紧，抓紧给阿土嫂请郎中，万一有个三长两短，侬懊悔来不及咯。晓得侬手头没钱，我袋里有几两银子先拿去用。亲帮亲，邻帮邻，做点好事也是应该的。不过，亲兄弟明算账，我们也得写个契据。省得口说无凭。"此时的阿土急得六神无主，真是病急乱投医，虽想到傅相公是黄鼠狼给鸡拜年没安好心，但现在救命紧要，急需用钱，也顾不上这么多了。于是，匆匆请人写了契据，用两亩田作抵押，借了五两银子，契据约定"一可赎回，二可找绝"。秋后，阿土凑够五两银子准备找傅相公赎田，谁知傅相公凶煞神似骂道："契据上白字黑字写得明明白白，'不可赎回，只可找绝'。再找侬二两半银子，两亩田就归我了，侬不能反悔，也反悔不成。"阿土是有名的厚道老实人，听了后气得脸色发白，回家后同老婆一说，她又哭又骂，骂傅相公，但拿不出别的好主意。

有人就劝他到官府去告状，但天下乌鸦一般黑，傅相公口口声声说"官府也怕他的铜钱多"，打官司至多是白费力气。骆大师爷见此情景，又听了乡亲们的诉说，顿时生了恻隐之心。他捋了捋胡须，对阿土说："侬尽管大胆些，我帮侬打官司。"阿土和乡亲们已听说骆大师爷为人正直，是大名鼎鼎的大师爷，眼下又在浙江巡抚衙门当师爷，也增添了信心。骆照见多识广，办案经验丰富，傅相公欺阿土是个亮眼瞎，在契据上动了手脚，但这点雕虫小技早被骆大师爷一眼看穿了。他要来笔墨纸砚，草就了一首诗：

"一"加三笔改不字，
"二"添四点成"只"字。
不能回赎胡乱言，
只可找绝是杜撰。
相公凶恶黑心肠，
阿土失田活命难。
这桩世间不平事，
骆照倒要管一管。

骆照让阿土到山阴县衙门击鼓鸣冤，升堂后递上这张纸。知县一看这是骆大师爷的亲笔，连忙同师爷商量。其实两人不用商量就决定惩治傅相公，为阿土找回活路。山阴知县和师爷早已被骆大师爷的威名震慑，浙江巡抚衙门里的当红师爷任何知府、知县都得罪不起，府、县衙门里的师爷又多是骆照的徒子徒孙。况且，傅相公改动契据，明眼人一看一目了然，加上他平时劣迹斑斑，民愤很大。所以，山阴知县乐得顺水推舟，当即判了傅相公在县衙门戴枷锁示众三日的刑罚。山阴县民特别是遭受傅相公欺压的百姓无不拍手称快！同时颂扬骆大师爷做了件好事，而这个黑心财主则威风扫地，大病一场，没几年就呜呼哀哉了！

（绍兴市农办）

开化桃源村

范氏后裔尚武德

在山清水秀的钱江源头,有这样一群人,他们日出而作日落而息,与别地的农民无异。但是,这个村里的范姓村民,从小就知道自己是北宋政治家、军事家、文学家范仲淹的后裔。根据家谱记载,居住在这里的范姓属范仲淹的次子范纯仁支系。

范纯仁(1019—1101),字尧夫,随父宦游四方。皇佑元年(1049)登进士第,历任国子监、同知枢密院事、尚书左仆射、文殿阁大学士,谥"忠宣"。夫人张氏,生子三,长旭次晔三炅。

相传一百多年前,这个村还保持着比较旺盛的习武之风。其中有个范氏太公武功高强,有一年正月里大家在"殿边堂"闲谈,大家让他露一手。他让大家在青石板地上连续排起8条普通人家用来吃饭的长板凳,每条板凳上放一碗满满的清水。这位太公脱去外衣,紧紧腰带,稍稍后退几步,然后一发力,紧跑几步,到板凳前立刻一个劈叉,上身紧贴右腿,哧溜一声,说时迟那时快,大家还没反应过来,这位太公已连续穿过8条板凳,到了另一头出来了。而8条板凳和上面8个茶碗里的清水都纹丝不动。

这位太公不仅武功高强,而且武德也令人钦佩。那时村里有人在杭州做木材生意,经常请这位太公帮忙。有一次,他家里有事独自从杭州回家,那时上行的船只少,而且比较慢,范太公就决定步行回家。走到桐庐,经过一个村子时,远远看见一群人围在那里起哄,还传来一个女子哭哭啼啼的声音。走近一看,是几个地痞围着一个长得好看的年轻媳妇在调笑,而且还动手动脚的。范太公看不惯了,大喊一声:"几个男人欺负一个妇人家,算什么好汉!"几个地痞嫌他扫兴,又看他是单身的外乡人,二话不说,围过来就对他动起手来。不用说,这几个地痞哪里是他的对手?不一会儿,地痞们都被打得人仰马翻。太公问明那女子是独自出来走亲戚的,亲戚家就在前面的村子,不料遇到这几个地痞,范太公刚好顺路，就把她送到了那个亲戚家所在的村口。

时间已是黄昏，前面有个小镇，太公找了家客栈休息。客栈是两层楼，他选了一个楼上的房间。刚刚要上床歇息，忽然听到楼梯上一阵杂乱的脚步声，紧接着他的房门前火把闪烁、人声喧哗。其中为首的一个还高声叫道："哪里来的野客，敢把我的人打伤？有种的快出来，给个说法！"太公隔着门缝往外一看，发现火光里，七八个人手持野猪枪，已围住了他房门，其中一两个就是刚才跟他交过手的，楼梯口还把守着几个。很显然，地痞是叫上帮手和头目寻衅来了。敌众我寡，而且来人手里都带着凶器，如果硬拼说不定要出人命，尽管真打起来这些人未必赢得了他。暗一思忖，他决定走人为上。

看看身边，他身上只有一件单裤，房间角落里有个尿桶，他知道裤子浸湿可以作为兵器。于是他将裤子浸了尿后拧干，不紧不慢地开了房门。那些寻衅的人先是一愣，紧接着不等他开口，几把野猪枪就一起朝他胸口猛刺过来。范太公往边上一闪，手中湿裤子一挥一绕一拉，几把野猪枪都被他缴了械。他随即拳打脚踢，冲开重围，跃上栏杆，出了客栈门，扬长而去。室外黑咕隆咚，那些地痞看看自己似乎不是他对手，也都骂骂咧咧地走开了。

回村子以后，族人们听他说起此事都奇怪，以他的功夫为什么不打倒几个才走。太公解释说，习武是用来防身的，不是万不得已不可伤人。他们人多，都带了兵器，我如果夺来兵器跟他们硬打，免不了闹出人命来，所以还是采用了"三十六计"走为上啊。

范仲淹（989—1052），字希文，和包拯同朝，为北宋名臣、政治家、文学家，吴县（今属江苏）人。少年时家贫但好学，当秀才时就常以天下为己任，有敢言之名。曾多次上书批评当朝宰相，因而三次被贬。宋仁宗时官至参知政事，相当于副宰相。元昊反，以龙图阁直学士与夏竦经略陕西，号令严明，夏人不敢犯，羌人称为龙图老子，夏人称为小范老子。1043年（宋仁宗庆历三年）范仲淹对当时朝政的弊病极为痛心，提出"十事疏"，主张建立严密的仕官制度，注意农桑，整顿武备，推行法制，减轻徭役。宋仁宗采纳他的建议，陆续推行，史称"庆历新政"。可惜不久因为保守派的反对而未能实现，因而被贬为陕西四路宣抚使，后来在赴任颍州途中病死，卒谥"文正"。

范仲淹喜好弹琴，然平日只弹《履霜》一曲，故时人称之为"范履霜"。他工于诗词散文，所作的文章文辞秀美，气度豁达。他的《岳阳楼记》一文中的"先天下之忧而忧，后天下之乐而乐"两句，为千古佳句，也是他一生的写照。

他不仅是北宋著名的政治家和军事家，也是一位卓越的文学家和教育家。他领导的庆历革新运动，成为后来王安石"熙宁变法"的前奏；他对某些军事制度和战略措施的改革，使西线边防稳固了相当长时期；经他荐拔的一大批学者，为宋代学术鼎盛奠定了基础；他倡导的先忧后乐思想和仁人志士节操，是中华文明史上闪烁异彩的精神财富，朱熹称他为"有史以来天地间第一流人物"！

(开化县农办)

范氏宗祠（县农办供）

江山勤俭村

姜汝旺与"哲学三姐妹"

江山市新塘边镇勤俭村,被人们称为"中国第一哲学村",这个名号对勤俭村来说,是当之无愧的,因为这个村的农民学哲学、用哲学成为全国的典型。

事情发生二十世纪六七十年代,当时,新华通讯社、人民日报社、光明日报社、浙江日报社等媒体记者蜂拥而至,全国新闻媒体都在显著版面发表姜汝旺等勤俭村民学哲学的文章,勤俭大队由此声名远播,被称为"中国农民哲学村"。以勤俭村农民学哲学、用哲学事迹为原型,创作的电影《半篮花生》得到了毛泽东主席的高度评价。

说起姜汝旺学哲学,那是1959年的事。当时他带着朴素的感情去学毛主席的"老三篇"和《矛盾论》,学着学着,问题就来了,怎样去为人民服务?为人民服务并不是说,你想为人民服务你就能够服务得好的,要面对很多问题啊。当时很复杂,村里问题很多,最主要的是男女同工不同酬的问题。按照毛主席的《矛盾论》思想抓主要矛盾,他就用现实的例子去开导大家,制定出了合情合理的同工同酬的解决办法。结果,一下子提高了全体村民的劳动积极性,让他尝到了学哲学用哲学的甜头。

1970年8月初,时任勤俭大队党支部书记的姜汝旺,在金华地区人民大会堂参加"全区活学活用毛泽东思想代表大会",被省里派来的一位军代表"点将"作为农民代表,上台作了"学哲学、用哲学"的经验介绍,没想到因此一炮打响,姜汝旺和勤俭大队迅速走红。随后,姜汝旺就被请到省城杭州介绍"学哲学、用哲学"的体会。同年9至10月又被请到北京中央党校、京西宾馆、中南海,先后为中央首长、省市领导、外国来宾等作了40多场报告,并出席了十一国庆观礼和接受美国著名记者埃德加·斯诺的采访。这年10月30日,《人民日报》还发表了他的《让毛主席哲学思想在干部和群众中扎根》长篇署名文章,因此他很快由原来的"矛盾师傅"被人改称为"农民哲学家",并当上了浙江省委候补委员、省革命委员会政工组副组长、金华地委副书记等要职。当时到勤俭大队参观学习的人都想见一下姜汝旺，但他最多的一天要接待二三十位上级干部和新闻记者，一般人根本就见不到他。

1970年8月16日，《人民日报》在头版以一个整版的篇幅，刊登了《种田人就是能学好用好哲学》的长篇通讯。

于是，小小的勤俭村一夜之间名扬全国。姜汝旺从此便由一个普通农民上升为一颗特殊时期的政治明星。

哲学村里名人多，"哲学三姐妹"也是那时的政治奇葩。戴香妹是"哲学三姐妹"中的老大，她当过30多年的农村干部，还连续被推选为第四届、第五届全国人大代表。

那时，任村党支部副书记兼妇女主任的戴香妹，平时工作热情很高、干劲十足，加上人又是个急性子，干事风风火火的。但有些群众向她提意见，说她工作方法有些简单。戴香妹听后最初思想转不过弯来，认为自己夜以继日地为村里为群众埋头苦干，反要"吃"群众批评，心里一时很委屈，想摘掉"乌纱帽"不干了。当时的几位大队干部劝也劝不好，便请驻村的一位解放军军官出主意。这位部队首长便组织戴香妹等大队干部学习毛主席的《为人民服务》《纪念白求恩》《愚公移山》这三篇著作。通过学习毛主席著作，戴香妹对照"老三篇"，不仅做了自我批评，而且放下思想包袱，重新挑起了肩上的担子。

1969年在所谓的"清理阶级队伍"中，上级要勤俭大队挖出几个"阶级敌人"来。

大队干部们一时挖不出来，但上级的"政治任务"又不得不完成。只好拉几个以前在国民党部队里当过兵的人作为"阶级敌人""间谍"等，开大会批判了一下后，又以毛主席"事物都是一分为二的"哲学观点为依据，给他们落实政策"解放"了。这本来是一件应付上头的事，一经传开后，江山县、金华地区都派来调查组，总结勤俭大队"学哲学、用哲学"的经验。

随着戴香妹知名度的不断提高，她的政治地位也开始上升。1975年1月，戴香妹作为第四届全国人大的代表，赴首都北京参加四届人大会议。1978年2月26日，戴香妹又出席了第五届全国人大一次会议。

"哲学三姐妹"中的老二，便是傅金妹，和戴香妹同年。她的学哲学扬名是在1974年春天，傅金妹和本生产队的社员一起在田地劳动，晚上到生产队里参加社员们的学哲学讲用会。客观地讲，当时勤俭大队一般社员的文化程度并不高，有的老农民并不识字，一般只是参与一下，但傅金妹等主要几个人讲得还是有一定水平的，而且她说话心直口快，给人留下了较深的印象。

这位普通的农村妇女，在勤俭大队"走红"的年代里，曾经是大队党支部委员、革命领导小组成员、妇女主任。此外，她还挂了个"江山县贫下中农管理学校委员会委员"的头衔。虽说她斗大的字不识一箩，却和戴香妹、毛阿妹一道参加大队学哲学小组。靠多听多问、死记硬背的方法，竟也记牢了一些哲学术语，其中毛主席的"让哲学从哲学家的手里解放出来，变为群众手里的尖锐武器"和"共产党的哲学就是斗争哲学"这些语录简直是念念不忘。她根据这一指导思想，在"笔杆子"的帮助下，整理成一篇《有矛盾就有斗争，有斗争才有胜利》的文章，被选入浙江人民出版社 1970 年 8 月出版的《种田人就是能学好用好哲学》一书中。

这一下傅金妹便出了名，新华社还转发了《傅金妹学哲学》的长篇通讯，在全国许多报刊、电台上播发。尽管傅金妹普通话中夹着大半的江山方言，却常常被人们请到台上宣讲"学哲学、用哲学"的体会。有些话人家听不懂，勤俭接待站的工作人员只好给她当"义务翻译"。傅金妹不仅在村里讲、县里讲，还巡回到丽水、温州、金华、台州等地宣讲。有一次，她在省城杭州宣讲时，听众多达万人，浙江省委、省革命委员会的领导全部到会听讲，还不时地为她鼓掌。与有些勤俭人一样的心理，在掌声中傅金妹有点感到飘飘然了，她一下觉得哲学并没有什么神秘可言，种田人是能学好、用好哲学的。

毛阿妹在"哲学三姐妹"中，属于"小妹妹"。勤俭大队学哲学那阵子，毛阿妹还是个年轻的姑娘。毛阿妹年轻时在勤俭大队养蚕室工作，是周围村里顶呱呱的"养蚕姑娘"。

1970 年，毛阿妹由戴香妹、傅金妹介绍，加入了中国共产党。此后，她担任了勤俭大队"革领"小组成员，并参加了大队学哲学小组。通过学哲学，毛阿妹也写出了一篇《从量变到质变》的文章，在报上发表后，曾被当作浙江省小学生上课的教材。1976 年年底，原妇女主任傅金妹被免职后，大队党支部决定让毛阿妹担任妇女主任。最初毛阿妹死活不接受，后来经大队党支部书记戴香妹做了不少工作，她才答应下来。

毛阿妹当上妇女主任后，在全公社带头做了绝育手术。由于她以身作则，使大队的计划生育工作取得了较好的成绩，勤俭大队连年被评为计划生育先进单位。她本人也连续三届被选为当地的人民代表，并多次荣获"优秀共产党员、先进工作者、先进妇女主任"称号，受到了上级的表彰。她除了抓好计划生育工作，还发挥自己的养蚕专长，经常向全村妇女传授养蚕技术，为村里发展家庭经济作出了贡献。

（江农文）

学哲学讲用会（江农文供）

庆元崔家田村

沈朝森一状保天竺

崔家田村沈氏祖先沈日贵自深鸟迁居岩坑头,后裔沈思金于明万历三十九年(1611)再迁崔家田村,自肇基之日至今已历时400余年,清末曾经出过民间名人沈朝森讼师,让沈氏后人分享了无尚的荣耀。1982年因下山脱贫,崔家田村民搬迁黄潭、金碓、柏度口等自然村,分散坐落在54省道两旁。

黄潭村比较分散,两条小溪把黄潭村分成了3个看来独立的小村庄。但两条古驿道把崔家田紧紧地抱着,像是同根同源的兄弟姐妹。这条古道修建于明末清初。

崔家田村坐落于庆元县竹口镇的一个山岙中。传说崔家田最早的村民姓崔和蔡,后来都姓沈。据《沈氏宗谱》载,原称鸭麻(母)垄,为崔氏所耕种,故名。沈氏于明万历三十九年(1611)迁此,村名沿旧。古道、神农庙、沈氏宗祠、水井仍在。清代有一个民间讼师沈朝森,在整个庆元县都有名,被人称为"铁笔讼师",有"一状保天竺"的故事,据说还名扬杭城。

传说清代有个新科状元张青云,他少年得志,不知天高地厚,竟命人拆了天竺寺,再造状元府。眼看千年古刹毁于一旦,村民们议论纷纷,怨声不绝。有个名流叫赵亚夫,得知状元要拆天竺寺,立即会同杭城士绅富商,上书乾隆,状告张青云。

大家出计献策,状纸飞向京城,但似泥牛入海,眼看着张青云就要动工拆建了,赵亚夫与讼师们急得如坐针毡。

有一天,赵亚夫听说庆元县有个"铁笔"讼师沈朝森,厉害得不得了,于是派两位差人专程到庆元崔家田请"铁笔"。

俩人走了半个月才到庆元,刚至村口,迎面瞧见一位身穿长布衫,腰束布带,正在拾猪粪的后生。

两位差人双手一拱:"请问沈朝森先生住在哪里?"

只见那后生也把手一拱,说:"不知二位客官寻沈朝森有何贵干?"

两位差人说:"我们受赵亚夫老爷的吩咐,请他上杭州写状保天竺。"

沈朝森早就听说杭州拆寺建府的事,也不推辞,打点一番,即跟差人上路了。

沈朝森到杭州,就被赵亚夫请到一个有名的酒家。赵亚夫在席上向各知名人士拱手说:"诸位,今天我特地从庆元请来'铁笔'沈先生,如今天竺寺的存亡就全仗沈先生了。"赵亚夫说毕,向沈朝森敬了一杯酒。沈朝森彬彬有礼,客套了一番。这时有个绰号叫"青竹蛇"的花强通从座上站起,向沈朝森一拱手:"久仰大名,如雷贯耳,今日学生想请教一件小事,不知肯赐教否?"说着轻蔑地斜了沈朝森一眼。沈朝森一拱手答道:"在下学识浅薄,有劳动问。"

原来"青竹蛇"打心眼里看不起这个乡巴佬,有意为难,便说:"请问沈先生,这讼眼长在何处?"这话可真问得刻薄,众人都捏一把汗。但见沈朝森不慌不忙地说:"讼眼长在皇上肚子里。""青竹蛇"不懂其中奥妙,不觉干笑着,又欲再问,赵亚夫一看势头不对,马上举杯向客宾敬酒说:"大事待商,不宜闲谈。"

酒过数巡,赵亚夫请沈朝森做讼。这时,沈朝森已有三分醉意,就说道:"要告张青云,就得告御状!"一席话说得赵亚夫眉头舒展,脸上绽出了笑容,心想天竺寺有救了。可是"青竹蛇"的心里却不服气,眉头一皱开口说:"沈先生博学多才,请即席写状吧,亦可让学生见识见识。"沈朝森也不客气,就说:"请将以前的状稿借我翻阅一下。""青竹蛇"心怀叵测地制止道:"恐不方便吧?"说着忙吩咐书童磨墨铺纸伺候,这时沈朝森真有些气了,只见他"铁笔"一挥而就。众人一看,只见那状纸上已写下:"杭州天竺寺,本是天子地,拆建状元府,意在篡龙位。"四句状词,赵亚夫情不自禁地叫道:"好,好,俗话说,硬核自有硬虫蛀,张青云碰上沈爷了!""青竹蛇"也不得不服气地说:"讼眼果然是长在皇上肚子里。"

原来,乾隆平日最信风水,也最忌篡龙位的人。一看张青云占了风水地,会动摇他的皇帝宝座,不几日将张青云削官入狱。消息一传开,杭州城里百姓,无不拍手称快。

(庆元县农办)

临安杨川村

善行仗义的帅家

帅华正（1873—1934），字荫庭，号维桢，临安市仁溪乡杨川村人（今岛石镇山川村），是当地富户，一生助人，乐善好施，杨氏家族既有朝廷敕赐"孝廉方正"的额匾，也有乡亲敬送的"万民伞"，他们的故事至今在当地流传。

杨川村在民国初年属昌北乡，2007年与附近的新川、阁川合并，村名定为杨川村。

帅华正的父亲帅治本，从小就学裁缝，学得一门手艺。帅治本早早失去双亲，他的裁缝手艺虽然能勉强糊口，哪里谈得上成家立业，他的家只是一间东倒西歪的破茅房，一座土砖裸露的破灶台。到了娶亲的年龄，可哪个姑娘愿意嫁给他受苦？

这一回，帅治本做裁缝到了安徽宁国的阴山坪。村里有个叫张有圆的大龄姑娘，一直没嫁出去，因为这姑娘是个癞痢头，帅治本还是上姑娘家提亲了。嫁不出去的姑娘高兴极了，马上谈婚论嫁。没过多少时间，帅治本带着癞痢头姑娘从宁国回到老家。

张有圆除了头上长了癞痢，眉眼清秀，还懂礼知节，嫁来杨川之后，与邻里相处融洽。夫妻俩起早摸黑干活，手头很快有了一点积蓄。在家门口开了个油盐小店，没过几年，帅治本成了殷实人家。张有圆为帅治本生了三女一子，儿子最小，这个小儿子便是后来被四乡八邻称为大善人的帅华正。

家业传到帅华正手上时，他家已是当地数一数二的富户了。每每荒年时，常有外地人来要饭。帅家总是支起大锅，熬粥煮饭，分发给饿得奄奄一息的要饭人。有的人病了，帅家就把他们留下来，请郎中看病抓药，直到把病治好，再送人一点衣服和盘缠。如有因病因累倒毙的要饭人，帅华正还会帮忙收殓。杨川村口有座楼台，里面架放着棺材，那些全是帮助人家应急的。

帅家的善行日复一日，年复一年，影响也越来越大。光绪年间，在朝廷发令推举孝廉的时候，周边相邻一同举荐帅家。"孝廉方正"4个大字，据说由光绪皇帝亲自书写的，只是牌匾已在"破旧立新"时投火焚毁了。

到了抗日战争时期，帅家与当时的新四军宁昌游击队也有联系。帅华正有两个儿子，长子叫生木，以文章闻名当地；次子叫生土，不仅能文，而且能武，与宁昌游击队有接触。据史料记载："1936年12月20日晚，独立团第二营在团长熊刚的带领下，由宁昌游击队和工农会30余人做向导，从宁国西南边境内桃花溪了解到敌情后，急行军百里，直奔昌化县城……顺街而下，冲进昌化监狱，营救宁昌游击队领导人王道富和被捕的红军家属。战斗历时3小时，打死打伤敌人19名，独立团和游击队无一伤亡。29日，回师鄣公山根据地。"

"自1936年12月配合皖浙赣独立团红军奇袭昌化城之后，日趋活跃，敌人大为震惊，视龙井桥地区为深忧大患，便采取了一系列严密防范、残酷清剿的措施。国民党浙江保安队派重兵至宁昌边境清剿，国民党昌化县政府派警察队和武装特务侦查搜捕。"

"绩宁昌边区由方明沮率30余名武工队员坚持斗争。同时留下的还有包忠全和岑瑜，并成立了绩宁小工委。包忠全因战斗负伤，身体虚弱，由其带领一部分地方干部和基干民兵在深山隐蔽休整；岑瑜带一个班转移到宁东地区的二十四都、九十九湾一带开展外围活动。在反复清剿中，敌人手段十分毒辣，大搞移民并村，将小村房屋烧掉，对未烧掉的房屋，也强迫群众把东西搬走，锅灶挖掉，实行五户联环保，禁止群众自由活动。游击队员吃无定时、居无定所，雨雪天只好在大树底下过夜，有时一连几天吃不上一顿饭，只好挖野菜萝卜充饥。由于敌众我寡，一些游击队员在突围中牺牲，岑瑜等人不幸被捕，但绩宁昌武工队仍然在这一地区坚持了下来。"

"1948年3月，国民党第六十三师撤走，形势有了好转。不久，上级根据斗争形势的变化，将绩宁昌游击区划给苏浙皖边游击队和泾旌宁宣游击队，方明沮、包忠全等撤离该地区。1948年8月，路东工委又先后派曹东亚等回到绩宁地区，活动在丛山关至胡乐一带，并于年底在绩宁地区成立了戈溪、林祥、桐源、石门、普林5个乡级政权，为迎接1949年4月解放大军渡江南下做积极的准备。"

从资料中可以看出，当年的游击战是何等的艰苦卓绝，游击队员吃住不定，雨雪天也只能在树下过夜，有时一连几天吃不上一顿饭，加上国民党打压清剿的手段凶狠残忍，游击队员们前仆后继。帅生土一直在暗中资助游击队，把必需的物资运往根据地，从而保证了游击队员的生存与战斗。

帅家还保取多名被捕的游击队员、革命人士。当时队员被捕，不少人死于敌手，但有些人是通过义保而得以出狱，得以继续生活与战斗。据说有一位叫胡龙卫（音）的游击队员，就是帅家出钱出力而保下来的。

想当年，帅家虽然有名声，也有比较殷实的家底，但是为保游击队员，不仅要出钱出力，而且要出头露面与当局交涉，甚至斗智斗勇，也算是一场看不见硝烟的战斗。帅家父子兄弟，不仅是贤士、文士，应该也是真正的斗士。

解放之后，当时的游击队员成了当地的政府领导干部，他们铭记着帅家的功绩，邀请帅家兄弟来新政府任职。帅生土欣然出山，担任抗美援朝昌化分会委员、工商联合会委员等职。

帅生土于1962年退休回乡，病逝于杨川，时年60岁。

（张爱萍）

庆元大济村

重义轻利的吴崇煦

大济村建于公元1004年，距今已有1000多年。从北宋至南宋230年间，这个方圆不到1公里、人口不足300人的小村子有25人中进士，有"进士村"的美誉。

千百年来，大济村崇文尚礼、尊儒重教的民风吸引了许多名士流连驻足。宋朝时，著名理学家朱熹曾游学于此。明朝时，著名哲学家王阳明也曾到大济讲学，有"居天下之广居，立天下之正位，行天下之大道，得志与民游之，不得志独行其道"的遗墨。清康熙年间，大儒陆珑琪（又名陆子清）也慕名来大济游学，在"日涉园"书院讲学3年。民国时期，孔子南宗第七十四代孙孔繁豪因恭护孔子夫妇圣像，曾避隐于大济，死后即葬在大济的仙宫山。

吴崇煦（968—1040），生性仁厚，轻财重义，受他恩泽的人不仅包括亲戚好友，还遍及远近乡邻。他自幼努力学习，兼治家事，而立之年感叹道："与其困于末俗，自曷休于山林；与其溺于货利，曷若存心为善。"也就是说如果一味地随俗，不如归隐田园；如果一味地沉浸于功利，不如存心做点善事。

吴崇煦在庆元西门竹坑庄建造亭阁、池沼园林，取名豹隐洞，道衣杖履，逍遥其间，他的4个儿子（吴毂、吴榖、吴彀、吴殼）就在此读书。凡乡贤学究，即使是家境贫寒，他也诚心聘请，教育子弟，因此很多学士被他所感动。

当时有一个贫穷的学士，叫作陈生，向吴崇煦借钱，已经累计达到10万。家中多数人劝吴崇煦不要再借钱给他。吴崇煦说，因为贫穷困苦才能振作奋斗，因为做错事才知道悔改，来日方长，万一日后能有一番作为，即使多次对他救济不是很值得吗？有一次陈生又来借钱，自觉非常羞愧。但吴崇煦照样摆酒席接待他，借钱给他。陈生感动得留下热泪，说你多次救济我，我如果再不做出一番成绩，我死了愿意做枫庄的一只牛，以报答你对我的救济之恩，他还对吴崇煦说，牛角折断的牛便是我。几年之后，有人告诉吴崇煦，说陈生已经死了。不久，吴崇煦家的母牛生了一个牛犊，小牛刚生下来牛角就折断了。吴崇煦叮嘱家人小心饲养，这头小牛死了之后，吴崇煦从此不再吃牛肉。

有一位远道而来的人，在吴崇煦家里做事，与同事关系不好，生气地走了，走到福建浦城，生病死了。吴崇煦说，憎恨不好的人是人之常情，死了之后仍然埋怨就不应该了，因此派遣家中仆人，赶到浦城找到旅馆将此人尸骸运回，埋葬了他。

有一老翁，得了重病死了。吴崇煦知道他家穷买不起棺材，就决定将自备的棺材给他，他的儿子们舍不得，吴崇煦不听家人的劝阻，还是决定给他。

有个叫王生的人死了，家里贫穷，向吴崇煦求助解决墓地问题。吴崇煦将自己选好的邵坞墓地给了王生。儿子们认为这块墓地是经风水先生选好的，应该自己留下来用，让王生再去寻找。吴崇煦说，人们都想选择一块风水较好的地方，希望子孙富贵平安。王生急用，我可以日后再选。

有个在吴崇煦门下做工的人，已经离开家好几个月了，因为事务很忙，连母亲生病了也没能回家伺候。吴崇煦让他立即回家照顾母亲，长工十分感谢他，回家后书写孝经贴在家中墙壁上，用来告诫自己。

吴崇煦对待别人很宽容，对待自己却很严苛，对自己的一言一行要求很高，从不做违逆德行的事情。

吴崇煦在吃饭前，都要整理好衣服，家人对他说，没必要这样做。吴崇煦说，天地赐给人食物，不只是让人活命，除此之外，还要相互尊重、感恩。我整理衣物不是为了自己，而是体恤天心，时刻警诫自己，人与人之间要相互关怀。家人羞愧，秉承他的教诲。

有一次，家中仆人向菜贩买回的笋多了一倍，得意地对吴崇煦说，刚才我用了巧妙的方法，所以称的笋多。吴崇煦说，用欺骗的手段获得的东西不仁义。立刻叫人把多出的笋全部送还给菜贩。

凡是亲戚朋友中有孤儿的一定会收养，等到他长大了，为他操办婚事，为他盖房屋，为他谋取一份差事，这些都是他认为该做的，从来都不吝啬。吴崇煦喜欢施舍药物，药物每次都亲自去熬制，所以服用之后药效很好。同乡的人，如果有过世的，吴崇煦会赠送给丧家钱财和粮食，即使是乞丐同样能惠及到。

吴崇煦平易近人，待人友善，轻财重义，经常施舍别人，因此乡邻十分爱戴他，对他的称赞从未停歇过。

（王雅利）

吴氏先祠（王雅利供）

泰顺西溪村

周氏族人故事多

西溪村地处泗溪镇西部，村中有周、林两姓，周姓于明朝万历年间（1573—1620）从庆元县后溪迁居于此，而林姓早在南宋时期就从泗溪下桥迁居此地。目前所属地盘、人口、习俗等基本相同，周姓居上墘自然村，林姓居南阳自然村。

西溪村地处平坦的河谷，两岸有农田、民居、桑竹，山水秀丽、风光旖旎。村中除了村头的四折瀑布和村尾的"鲤鱼上滩"等自然景观外，还有国家级保护的古树十余株，更有古寺三处、古祠三座、古民居二十多座、矴步两条，保持着古色古香的原始状态。根据西溪村周氏宗谱记载，这个小山村在历史上出过进士、举人、贡生、秀才、教授等，可谓人杰地灵。

现在周氏家族人口600人左右，解放前接受高等教育有15人，解放后接受高等教育有59人，可见学风较盛。周氏宗室中有九代连续"崇学重教"的家风。

重教的周太清

周太清系进士全钰公之孙，生于乾隆四十八年（1783），卒于咸丰七年（1857）。他先学文后学武，嘉庆二十三（1817）中武学右庠生第七名。据记载："其人孝道有佳，仪容风雅，形态超群，睦乡睦族，无忤无争，排难解纷，论断服人，恤困怜贫，敬老尊贤，成人美，助义举，实乃乡党中完人也。"

周太清尤为重视教育，当子辈分家时，特划出良田十担，取名为"养贤田"，专供后代奖学，同时他在印山寺创办私塾，聘请贤师教学，招募邻村学子免费入学。此举延续了好几代人，至清末将私塾改为"养正小学"，迁入周氏宗祠。直到笔者入"养正小学"读书时，仍然可享受"养贤田"的优惠待遇。当时凡属周姓子孙入学者，不分男女一律平等，故而周家上几代姑婆姑母都具有一定文化基础。听说有个姑婆还会写诉状、当律师、出庭应审呢！

名中医周汝森

周汝森（1858—1920），字荣一，号师伯。据周氏家谱称："荣一先生，风雅士也，资质明敏，直道而行，平日行善，为人解难排纷，尤谙于医术，著手成春，活人无数。范文正云：士大夫，不为良相，当为良医。吾邑医生，灵枢素问，多未寓目，而兄所阅医书与人较多，而济人亦不少，以师伯自号，盖自命医师之良欤。"寥寥数语概括了他生平真诚正直之为人。

周汝森的母亲出身名医世家，她自幼耳闻目睹，自然也懂得很多医理。每当有人来请周汝森出诊之时，他母亲也在一旁听着，对求医人诉说的病情，听得一清二楚，并对该病人的阴阳、寒热、表里、虚实做一番分析性指点，供儿子处方时参考，还很严肃地吩咐一句："你不管到哪里去，都要把病人当作自己的亲人一样看待。"母亲的吩咐，给他树立了终身难忘的高尚医德。

睿智的周承文

周承文（1862—1916），名重伦，字一升，出身文秀才（邑庠生）。他虽然逝世多年，但留下一手苍劲有力柳公权体的好书法，令人羡慕不已，同时还有一段公案故事。

某年，泗溪的南溪村，一个财大气粗的包姓大户，靠儿子在衙门当差的势力，妄图霸占王家一建房地基，便用陈旧多年的毛边纸写了一张王家出卖地基的假契约。此契约假得如同真品，无人识破，连县衙官吏们也说是真的。双方争执不下，决定在白粉墙村的戏台下，立香案请来几位绅士公判。轮到周承文发言了，他先是轻声讲了一句："此契约似有可疑之处。"对方当事人立即大声地说："周先生你如果讲我此契有假，连你自己都没有好下场。"周承文沉默了一会儿就用力在案桌上重重放下一拳，认为此契"纸毁字新"，是假造契约，我的判断如有错或出人命，你们把死人背我家来吧。结果包家败诉，第二天周承文先生披红挂采，载誉而归。

寡母送子上学

寡妇姓蔡，娘家在东溪乡蔡宅底村，结婚后，独生一子，丈夫30岁就英年早逝了，其时才 27 岁的她与 8 岁的儿子相依为命，贞节守寡。当儿子 11 岁时，明智的蔡氏毅然把这个独生子远送到罗阳城高等学堂去读书，在当时的封建社会里，此举旁人难以理解，而他母子二人却自觉应当。她当年与其叔分家时，分得田地近七亩，她去东溪请来一位长工耕作，自己虽是三寸金莲，还酿酒、喂猪，里里外外参加劳作，据说她还拿田圈站在田岸上耘田呢！遇上村里红白喜事让长工去吃酒，自己蕃芋丝一碗泡上开水就是一餐，妯娌纠纷出面调停，当家理事帮助别人，可称得上是勤俭贞节的完美女人。

（周万巩）

西溪村景 （周万巩供）

衢州衢江涧峰村

徐树槐受赐"七叶衍祥"

北宋哲宗、徽宗在其皇帝任内，因重用奸相蔡京、宦官童贯等，弄得朝政日非，天下大乱，各地农民揭竿而起，使北宋的政局进入最黑暗、最腐朽的时期，中原百姓居无定所，颠沛流离，历史上称为"靖康之乱"。有徐姓先祖徐彦章，因逃避战乱，一心想寻找一处安身立命的处所。来到衢州涧头时，见芝溪像襟带一样环流于东面，西面笔架山环山叠翠，中间谷地四面平坦开阔，真是一块安身立命的宝地，遂搭建茅屋，全家安居于此。传至其子徐宝四，克勤克俭，开拓了大片土地，收入猛增，遂大兴土木，建造了大批房屋，真可谓财丁两旺，并把涧头定名为"涧峰村"。可见涧峰村是衢州北面的千年古村。

涧峰村山青水秀、土地肥沃、物产丰富，后又从广丰等地迁来了王姓家族、余姓家族、赖姓家族等几十姓人家到涧峰村定居，南宋时，涧峰村已成为衢北一个比较大的古村落了。

清康熙年间，涧峰村有个徐树槐，身高八尺有余，膀大腰粗，诗书礼仪，无一不晓，天文地理样样精通，且广积善缘，待人宽厚。徐树槐的太祖父、太祖母曾活到百岁高龄。徐树槐是个出名的大孝子，极为孝顺长辈，对太祖父、祖母做到每天出入搀扶，早晚都要探视问安。太祖父生病时，每天亲自煎药端到床头一口口喂下。说话轻声细语，做事小心翼翼，从不惹太祖父母生气。有人问他，你孝顺父母怎么连太祖父母也一样的孝顺，徐树槐回答："人都有老的一天，没有上辈，哪里来的小辈，所以敬老爱幼是每一个人都应该做的。"

徐树槐因孝而善声广播，嘉德广传，受到广大乡亲邻里的尊重。乡亲邻里之间，难免经常产生矛盾，但不管哪家产生纠纷，都会来找徐树槐予以排解，徐树槐每次都能使双方化解矛盾，重新和好。

有一次两塘村的一个大户人家，家长叫王承孝，生有五子。长子名有仁、次子有义、三子有礼、四子有智、五子有信。可见王承孝对三纲五常很是崇信，五个儿子用"五常"的仁、义、礼、智、信来取名。可惜两塘村的王家，毕竟不是名门望族，缺少教养，五个儿子因树大分枝，子大分家。次子王有义说父亲偏心，老大多占家产，不愿承担父母的生活起居费用，老四王有智说，他妻子的娘家因为穷，父母亲特别看不起他的妻子，礼金特少，导致他妻子的陪嫁特少，所以他特亏，因此也不愿意赡养父母。而五子王有信说，四个哥哥都读过书，就他一个人是文盲，父亲亏欠了他的教育费，所以他不应该负担父母的生活费用。老大和老三说，父母从来没有偏心过一点，但老大王有仁认为，他在家里帮助父母照顾四个弟弟，操劳得最多，对家庭的贡献最大，应该有所补偿，现在不但没有补偿，还要多承担父母生活费的份额，有这样的道理吗？为此五兄弟各有各的理，经两塘村的王姓族长多次调解，都没有化解兄弟间的矛盾，王承孝夫妻两老的生活费无法解决。最后族长只好陪王承孝夫妻到涧峰村，请徐树槐帮他们调解。

徐树槐由于一贯乐善好施，疾恶如仇，当然答应了他们的请求，为王家排忧解难。

徐树槐到了两塘王家后，把两塘王姓族长一起请来，王承孝俩老及五个儿子全部到场，且有好多两塘村的村民前来观看。徐树槐首先讲一个人在世间，必须要尊老爱幼，才能安身立命的大道理。接着又问王承孝的五个儿子你们是不是父母亲生的，既然都是父母的亲生儿子，那天下只有父母对子女的关爱是最无私的，所以根本就谈不上父母对哪个子女有偏心。你们的父母对你们的祖父母做到了孝顺的义务，你们的父亲对"承孝"这个名字当然无愧。请你们五兄弟想想自己的名字，想想"仁、仪、礼、智、信"是什么含义，如果说你们连自己的父母都不愿承担赡养义务，又怎能对得起自己的名字？"仁、义、礼、智、信"是做人的道理规范，如果你们违背了做人的道德规范，世人将如何看你们，你们还有脸立于世间吗？

徐树槐的一席话，义正辞严，感化了五兄弟，承认了自己的错误行为，立即改正，一家人和好如初。从此兄弟同心，孝敬父母，互相帮助，得到了邻里的谅解，传为佳话。

徐树槐不但事亲至孝，且对邻里仁爱有加，为人慷慨。清乾隆十六年（1751），是年大旱，乡间穷苦，农民没有粮食果腹，纷纷采白芝泥（又叫观音土）充饥。肚子虽然暂时吃得饱，但吃出很多怪病，有生命之忧。

徐树槐拿出家中存粮赈济了很多乡邻，他救活了好多人，他常对人说："钱财是有用之物，不应当无用存放，但看用得是否得当，救人生命值也。"

那时候农民种田靠天，没有保障。徐树槐乐善好施，德声广传，村民一致推荐徐树槐作为发起人，联合涧峰、官庄、西山下、古楼底、五坦等村农户修筑堰坝，灌溉良田二万七千余亩。那时候没有水泥，靠竹木筑起石槽，起坝很是费事，故每年都要修筑几次，如果没有一个有能力的人来组织，根本完成不了这样的大工程。

徐树槐有两个弟弟，小时一同游玩，长大时一同读书，特别友爱。不幸两个弟弟先于长兄亡故，徐树槐感到特别悲痛，好像失去了左右手，故教育侄儿胜过自己的亲生儿子。

徐树槐平生最爱读书，十六七岁时即举秀才，文章尤其华丽。后由于家计日繁，不能专精文章，只能延师教育子孙，虽百忙中必察听课程，希望子孙成为国家有用的人才。

由于徐树槐胸怀大度，治家有方，全家和睦相处，在徐树槐九十五岁时，亲见七代同堂，西安县上报帝京，感动了嘉庆皇帝，下旨赏给徐氏家族缎匹银两，钦赐"七叶衍祥"匾额，予以嘉奖。现徐家宗祠"七叶衍祥"匾额尚存，徐家宗谱有钦赐"七叶衍祥"匾额图案两幅。

（吴金水）

御赐匾（吴金水供）

> 永康象珠四村

徐寅生的风筝姻缘

家住永康市象珠镇四村五进厅的村民徐三姐，今年已72岁，她回想起38年前发生在自己身上的"义乌认亲"之事，依然兴奋。

"那是1978年的5月，我和3位村民到义乌山盘朱村收购杨梅。经过一户农家，我想讨碗水喝，一位60多岁的阿公问我来自何处。当他听说我来自永康象珠，就连忙问我是否知道'五进厅'。我说我就住在'五进厅'。他听了很激动，喊出了他儿媳妇，说'快烧点心，招呼姑婆家的客人'。"徐三姐说，当他们吃完点心，准备去收购杨梅时，发现杨梅已经整齐地摆在了门口，一切都办得妥妥当当的。

说起五进厅，它在村民心中有着特殊的地位。五进厅建于明嘉靖八年（1529），坐西朝东，目字形。东西长四十二丈（140米），南北宽十五丈（50米），占地约10亩，有楼屋120间、5个厅，是永康市现存规模最大的明代建筑之一。今年已92岁的徐礼耕，一直住在五进厅，他说最热闹时那里曾有120户人家，600多人。

徐三姐祖祖辈辈生活在永康象珠四村，哪来的义乌亲戚？据《象珠镇东海徐氏谱志》记载，五进厅是慎修堂智十公徐盘所建，智十太公的妻子娘家就在义乌山盘朱。相传智十太公和妻子的美好姻缘还有一段趣事。

徐盘，字寅生，号两山，徐氏十二世义一公之孙，生于明宪宗年间，自小聪慧敏睿，勤思好学。十五岁时，用竹篾做骨架，辅以绸缎，精心制作了一只长丈余的大风筝，上书"象山东海徐寅生"，并附年庚八字。风筝高大，用船线放飞，春光明媚，和风吹拂，风筝缓缓上升，不知不觉中，风筝在蓝天中翱翔，向义乌方向翩翩飘飞而去。徐盘心知，风筝断了线，只得败兴而归。

第二天，一位义乌客人背负风筝来到徐家，徐盘热情邀请来客在花厅相聚，才知道断线的风筝落到了义乌境内，被朱姓家人捡到。朱员外见风筝制作精美，特别是风筝上题写的字体刚劲挺拔、清秀俊逸，心想"此人日后必有出息"。朱员外欣赏之余，赞叹不绝，特派管家奉还风筝，目的是了解一下徐盘的为人。

原来朱员外膝下第三个女儿，长得如花似玉，貌若仙子，年方二八，待字闺中，朱员外夫妻疼爱有加，视若掌上明珠。今听管家回禀，徐盘年少博学，谈吐优雅，一表人才。家有花厅，家境也不错，便遣人作伐，双方父母作主，徐盘与朱小姐喜结秦晋，择日完婚。

按"回门"风俗，徐盘陪新婚妻子到义乌娘家，途遇朱府家丁拦住去路，手持蓝衫领帽，请求姑爷穿戴后再去见岳父母。徐盘问："为什么？"家丁说："员外家谈笑有鸿儒，往来无白丁，请为员外做做门楣。"徐盘听后说："请转禀泰山大人，小婿明年再来问安。"徐盘回家后，手不释卷，勤奋苦读。第二年，参加金华府试，得中秀才，时方十六岁。徐盘才身着蓝衫，头戴领帽，堂堂正正地拜见岳父母。朱员外甚悦。

徐三姐猜测："我遇到的那位亲切招呼我吃饭的老人，可能就是徐盘夫人的娘家后人。"500年前的亲家，如今又相识相助，这可真是佳话。

徐盘为人豪爽，仗义疏财，济困扶危。

一日，有一稚童，衣衫褴褛，流落村里。徐盘见孩子脸带菜色，但仍掩不住眉清目秀的英气，遂收留回家，给衣给食，教其文章，胜似亲子。数年过去，孩子长大学成，徐盘助其进京赴考，金榜题名，得中进士，进入仕途后，居官清正，后迁居吏部天官，据说这孩子就是明代重臣东阳王宅人氏王乾章。

五进厅落成，徐盘六十寿诞，王乾章亲书"齐家堂"牌匾致贺。同朝为官的王楷公回象珠探亲时也拜望徐先生。戏文《陈香阁》中就有王楷公拜望徐先生的情节。

徐盘修续《徐氏宗谱》，王乾章亲撰贺词，程文德作谱赞，当时文苑名流多为撰序。可惜《徐氏宗谱》被焚毁已失传。

（周灵芝　章芳敏）

第六章 志士风骨

淳安王家源村

方腊起义有石刻

王家源村位于淳安县文昌镇境内，靠近05省道。1988年3月，王家源村出土了一块《方腊起义石刻》，此石刻是至今为止淳安县唯一的国家一级文物，已成为镇县之宝。

方腊（1078—1121），又名方十三，北宋睦州青溪县万年乡（今淳安）堨村人。北宋末年方腊利用明教（又称摩尼教）组织群众，于公元1120年（徽宗宣和二年）秋举行起义，聚众百万，攻占六州五十二县，方腊自称"圣公"，年号"永乐"，设置官吏将帅，建立了自己的政权。宋徽宗派童贯统西北精兵十余万南下镇压起义。公元1121年（宣和三年）四月，起义军最后一个据点青溪梓桐被官军攻破，方腊父子等52名首领被俘。公元1121年8月，方腊被朝廷处死，起义失败。

一块不起眼的石头，因刻有方腊起义过程而名扬全国，而此石刻的由来鲜为人知。1988年3月，王家源村出土了一块天然鹅卵石，此石重17.75公斤，呈不规整的椭圆体，长39厘米，宽16厘米，略为长方形。四面皆阴刻楷书铭文，共11行，内容连贯，全文如下：

"□□□□庚子十月初九日，睦州青溪县万年乡方十三作逆，名臘（腊），妻姓邵。至十二月出洞，初五烧人家屋，打到杭州，便打秀□（州），城不开。丑年三月，天兵捉焉。四月廿七日，辛太尉入洞，收下入京，改严州为淳安县。丰源院僧用琴记。"

丰源院是王家源的古寺院，现尚存遗址，丰源院用琴和尚，因寺院被烧，无家可归，坐在丰溪边受冻挨饿，用琴和尚是方腊起义的目击者和受害者，他用刻刀将方腊起义的全过程刻记下来。

方腊起义刻石记载的关于方腊起义的时间、地点以及义军攻打赵宋王朝州、县的路线，都与史志、宗谱等所记相吻合。方腊起义军能在短短的两三个月里夺取六州五十二县，东南大震，这是宋朝历史上的一个重大事件。《方腊起义石刻》，文字通俗，内容具体，特别是"初五烧人家屋"一句，带有关键意义的纪实，据《严州图经》及《淳安县志》载，丰源院在县东北安乐乡，五代后梁贞明二年（916）建。近年，丰源院遗址附近出土的砖块，经鉴定为五代至宋的遗存，刻石出土地点的现今地名叫"寺前畈"，丰源是王家源的一条山塬。丰源院，当年香火旺盛，香客络绎不绝。丰源院距离青溪（今淳安）县城约30公里，与分水县（现属桐庐县）的塔岭为邻，是方腊义军进攻分水、桐庐的必经之路。据记载起义军"不事神佛""尤憎释氏""逢庙即烧"。如建德县的甬顺庙，富阳县的净明寺、妙智寺，于潜县的治平寺，东阳县的禅林院，浦江县的惠香教寺、明德教寺等，均被方腊义军烧毁，皆有史料佐证。此外，义军所到之处的孔庙儒学，如淳安县学、桐庐县学、青田县学、丽水县府学先师庙、石门县学宫、黄岩县文庙、歙州学宫、衢州学府等，还有一些道观也难逃此劫。因此，方腊义军声威所及之处寺院、书院"两院必烧"，这一点，在多处地方志书中均可得到证实。因方腊是魔教首领，主张食素，憎恨其他教派，他认为其他教派均为邪教，也憎恨读书人，他认为，读书能做官，而为官者大多是贪官污吏，所以他起事时宣布，寺院、书院必烧。

在当时形势下，丰源院自然也难以幸免被烧之灾，用琴和尚作为一个脱离世俗尘缘的僧人，如果不是危及其基本生存条件，定不会涉足时务，去刻石纪实以示后人。僧人用琴刻石，实为当时实景所致和真情流露。

方腊义军焚烧寺院、书院，残害无辜，是一种愚昧的行为，但从当时明教主张"是法平等，无分高下"的宗旨来看是可以理解的。方腊义军的做法或祸或功已无关紧要，从文物史料的角度来看，王家源村《方腊起义刻石》，对于研究北宋末年方腊起义的历史，有着重要的史料价值。

（章建胜）

台州椒江胜利村

风云际会大陈岛

在下大陈岛胜利村的飞虎崖畔，有一座面朝东海的石亭子，其脚下就是一个万丈悬崖的大峡谷，下面风卷浪吼，惊涛裂岸，十分险峻，这里是观赏"东海盆景"甲午岩的最好去处。

说起这个望海亭子的来历和变迁，还真有着不少故事呢。

据有关资料记述，早在二十世纪四五十年代，国民党海军温台巡防处在下大陈岛修建了望海亭，取名"翼然亭"，为纪念30年代在温州洞头岛牺牲的700名抗日阵亡将士而建，亭前有一碑，记述了洞头抗战的经历，后来倾圮。

1949年，浙江大陆陆续解放，至是年6月，国民党"浙南行署"退迁至大陈岛，任命王相义为"温岭县政府"县长，他的武装被改编为"国防部独立第三十六纵队"，驻扎下大陈岛。此时，这望海亭如果还存在，它应该仍然是大陈岛上的一景，如果不在了，其遗址也应该见证了这一段特殊的历史。

1951年9月10日，身为"江浙人民反共游击总指挥""浙江省政府主席"的胡宗南来到大陈岛。他把总指挥部的牌子挂在下大陈岛王相义家小洋楼的门口，就在这里面办公和居住。胡宗南同时任命王相义为"江浙人民反共救国军浙南纵队第一支队司令"。这一时期，胡宗南和王相义都一直在下大陈岛居住，并经营了好长一段时间，因此，应该可以判断，他们也都是到过望海亭或望海亭遗址的。

1950年冬，39岁的蒋经国第一次来大陈岛"看看"，看过后他回到台湾，向父亲蒋总统建议："迅速整顿浙江沿海反共游击队，以为未来反攻大陆的前哨。"他也应该来过望海亭。

1953年，42岁的蒋经国怀揣着政治理想，第二次踏上了大陈岛，他接替胡宗南，全面主管以大陈岛为中心的江浙沿海相关事宜，他当时的身份为"中国青年反共救国团主任"，实施所谓的反共救国"复国计划"。

这次他上岛后，就住在王相义和胡宗南住过的小洋楼里，阁楼就是他的卧室。他将胡宗南的指挥部更名为"江浙人民反共救国军总指挥部""大陈地区行政督察专员公署"。

1954年5月6日，蒋介石来到大陈岛视察，蒋经国陪同视察，而后将父亲迎进了自己住的小洋楼。蒋总统坐在院中的藤椅上，环顾四周，神色有些凝重，他郑重地对众人说："保卫台湾，必先强固大陈岛！"

1954年5月8日，蒋介石亲自上岛视察，并携夫人宋美龄于此地观光。

同年稍后，蒋经国的长子蒋孝文也来到大陈岛，他们父子二人还在这望海亭前、父前子后、子搭父肩、情态轻松、诙谐欢笑地留下了一张清晰的合影。

随后，宋美龄又带"劳军团"来慰问驻岛将领。

是年秋天，国民党"温岭县政府"在此修建"中正亭"，后来又改名"美龄亭"。后来此亭倾圮。

1955年1月18日，中国人民解放军陆海空三军首次联合作战，一举解放一江山岛，全歼岛上守军，大陈岛也失去了依托与屏障。1月30日，蒋经国乘"蓝天鹅"号飞机抵达了大陈岛，部署全岛撤逃事宜。蒋经国此次来到岛上，因"要务"在身，并不一定去过望海亭，但因下大陈岛实在只是一个太小的"弹丸之地"，无论如何此亭都是抬头可见的"一景"，亭子一定也见证了这一段历史上的非常岁月。

1955年2月8日，全岛1.8万居民扶老携幼、背着家当，被迫踏上背井离乡之路。蒋经国离开了住了一年半的小洋楼，临走前的几个晚上，竟然住进了渔师庙里。最后，他来到了岛上的"温岭县政府"，带领官兵行降旗礼，仰望着青天白日旗缓缓降下，随后上了小舢板。随他一同离开的，还有这座小洋楼的主人王相义，二人在船上不约而同地将目光同时投向了那座小洋楼。白墙上的福、禄二字分外明显。临走时，蒋经国原计划将岛上的房屋全部焚毁，只因大陈各乡镇长强烈要求，认为岛上材料缺乏，建造屋宇不易，恳求保留所有建筑，蒋经国的态度才缓和了下来，望着自己居住过的楼房，最后终于决定保留岛上较好的房屋，其他设施尽毁。望海亭应该也见证了这一段历史。

1985年12月29日，胡耀邦在时任中共中央办公厅副主任温家宝陪同下视察大陈岛。29日下午3时15分，一艘海军护卫舰从海面上破浪而来，停靠在码头，中共中央总书记胡耀邦在浙江省委书记王芳的陪同下，从宁波市的石浦港起航，乘海军护卫舰登上了大陈岛。当天下午，他就走访了多位垦荒队员，并于第二天清晨在青少年宫召开座谈会，与垦荒队员们会面谈话。会上，大陈镇委书记王冬友向胡耀邦同志汇报了大陈岛军民同守共建、艰苦创业的情况。胡耀邦同志对垦荒队员们的30年辛勤劳动给予了高度评价。将近中午，护卫舰拉响了汽笛，站在甲板上的胡耀邦同志和自动聚集在码头上送行的垦荒队员及岛上居民互相挥手道别。胡耀邦一行在岛上青少年宫简易空荡的办公室里住了一晚，还到岛上的一些地方走了走，看了看，也到过此望海亭。

2006年8月，习近平视察大陈岛。29日这一天，大陈岛海域艳阳高照，天蓝海碧，风光旖旎，时任中共浙江省委书记、省人大常委会主任的习近平，在省委常委、省委秘书长李强和台州市委书记蔡奇，市委副书记、市长张鸿铭等陪同下，来到岛上考察指导工作。上午9时许，习近平一行乘坐海警33032艇，向大陈岛急速前进。10时45分，炮艇停在了上大陈岛。习近平在先后听取汇报、考察风电场项目以及与岛上群众见面谈话后，又来到了下大陈岛，考察了大小浦古村落和度假村、甲午岩景区，参观了凤尾山大陈垦荒纪念区和青少年宫，深情地希望大家发扬垦荒精神，建设好大陈岛。当来到"美龄亭"时，他一边瞭望大海，一边略作思考后，建议将此亭改名为"思归亭"。

2010年9月2日，浙江省委书记、省人大常委会主任赵洪祝一行到大陈岛视察，指出一江山岛和大陈岛战役是宝贵的文化资源，要加快旅游开发，把大陈岛建设好，把椒江建设好。

大陈、一江山虽然只是东海海域上几个小小的岛屿，但在历史上却有着重大、广泛的影响，历史一次次地把它们推上了时代的坐标，使之成为新的焦点。一个小小的望海亭，为我们后人记录和讲述了一个个历史名人踏浪而来的故事。

(台州市农办)

金华金东方山村

"五四"学联主席方豪

方豪，字椒新，又名兆鼎，金华市金东区澧浦镇方山村人。生于清光绪二十年腊月（1894），是五四运动北京学联首任主席、全权代表。后曾任国民党省监察委员、参议员、县参议长、"国大"代表等职。一生致力于教育事业，历尽艰辛、成绩卓著。

求学不辍终身致教

方豪出身于一个耕读、殷实的农民家庭，兄妹七人，他排行老大，他的父亲和祖父都在方山村里上过几年私塾，母亲出身官宦之家、书香门第。对于当时那个年代一个山区农家，方豪的父母不奢望自己的孩子轰轰烈烈，但希望他们有文化、有教养，做个对社会有益的人。方豪10岁在方山村上私塾，11岁在金华乐群小学上学，15岁小学毕业，19岁毕业于杭州安定中学。方豪祖父为人本分又守旧，坚信"做官一蓬烟，做生意六十年，种田才是万万年"的民间俗理，初中毕业的方豪就被祖父勒令弃学种田。由于方豪天资聪明、学业优异，特别是国文、英语成绩出众，深受老师喜爱。虽然祖父固执，方豪执意求学，几经周旋，加上父母的支持，他顺利进入了高中。

方豪27岁毕业于北京大学法学院政治系（曾攻读哲学、法律专业）。1921年6月，任安徽省第一中学校长，1924年2月受邀回浙江绍兴任省立第五中学（现绍兴一中）校长，当时军阀混战，齐、卢江浙战争爆发，全省多数学校停办。为了坚持将学校办下去，他拿出自己的薪酬投入学校，并倡导教师与同学同膳同餐、同甘共苦、风雨共济、刻苦办学，以自己的实际行动团结全体师生，在最低生活线下坚持办学开课。

1927年，调任浙江金华省立第七中学校长（1933年8月更名为金华中学，简称金中，是金华一中的前身）。在抗战爆发的1937年金华中学从城区搬迁至澧浦方山（村内学校旧址仍保存完好）、蒲扩、长庚一带办学。后来又转迁到武义俞源、金竹、棠慈一带办学。在抗日战争国难当头的艰难岁月里,方豪矢志不渝地坚持"以教为本、以教育人""落后挨打、实业兴国"的主张,在颠沛流离的办学环境中,他先后为学校筹垫经费六万余元法币,为师生借贷食米170余担,竭尽全力为学校排忧解难,凭着他的人品和学识,团结全校师生战胜重重困难,使金华中学在逆境中得到生存和发展,方豪在金华中学任职20年。

1948年调任省立杭州高级中学校长。新中国成立后,国内接二连三的政治运动开展起来。在土地改革、镇压反革命、"三反五反"等运动中,方豪因在解放前当过国大代表、省参议会议员等,这一连串的"头衔"使他没完没了地受到审查,不断挨批、受整。所幸经中央人民政府教育部长马叙伦帮助,入华北革命大学政治研究院学习,结业后分配到杭州蕙兰中学(现杭州二中)任教。1955年病逝于杭州,享年61岁。

方豪在五四运动中的那段历史,在纪念中国共产党建党90周年的献礼电影《建党伟业》中得到了重现,方豪(由林申饰演)的镜头穿插于整个五四运动中。

1919年五四运动爆发时,26岁的方豪还是北京大学法学院的一名学生。5月1日,巴黎和会的消息传来,方豪马上与段锡朋、罗家伦、傅斯年等北大同学秘密联络,不避艰险地发起了以"内除国贼、外抗强权"为口号的爱国运动。当天,方豪与其他学生代表在北大西斋饭厅召开紧急会议,决定5月3日举行全体学生临时大会。5月3日晚,学生大会在北京大学法科礼堂召开,高师、法政专门、高等工业等北京13所中等以上学校的代表参加,学生代表情绪激昂,号召大家奋起救国。会议决定了第二日齐聚天安门示威。5月4日上午10时,方豪等召集各校学生召开碰头会,商定游行路线。下午1时,北京大学等十三所院校三千余名学生汇集天安门,举行了声势浩大的示威活动。在游行和其后的"火烧赵家楼"过程中,方豪、傅斯年一直冲在队伍最前面。5月5日下午3时,北京各校代表三千多人在北京大学法科大礼堂召开大会,方豪、段锡朋等在会上作了报告,会议决定成立北京中等以上学校学生联合会,方豪被推选为主席。5月7日,方豪又被北京学联会推为全权代表,赶赴天津、上海、杭州、广州等地,策动一致罢课、罢工、罢市的运动。在上海,方豪拜会了孙中山先生,在孙先生寓所晤谈了三个多小时,得到了孙先生的鼓励和指导。

6月，由于学生运动影响的不断扩大，学生抗议不断遭到镇压。6月3日下午，北京学联会在北大第一院散会后，方豪作为三名"主犯"之一，在北大沙滩东口被军警逮捕，在监狱里度过了7个月零8天。在狱中，方豪对看管他的监狱长、狱卒开展了富有成效的宣传教育，使他们懂得了许多爱国道理，并同情支持五四爱国运动，方豪用满腔的热忱感染了监狱里的每个人，和里面的军警都结下了情缘。

1920年5月出狱后，方豪在李大钊、马叙伦等老师帮助下，被派到日本考察劳工生活，同年撰写了《日本劳工面面观》一文，发表在《世界青年》杂志上。次年，方豪回国，一直致力于教育事业达35年有余。在那个白色恐怖笼罩的时代、国家民族危难的紧急关头，方豪用血与火的实践，在中国近代史上写下了浓墨重彩的一笔。

方山村，一个名不见经传的古老小山村，以它古朴的乡土人情、浓郁的文化底蕴孕育和培养了一代代文化名流、国家栋梁。

（金华市农办）

浦江古塘村

陈肇英关爱家乡公益

位于官岩山下的浦江县古塘村，村民姓氏最多时达70余姓，现今尚有27个姓氏，堪称"百姓"汇集之地。古塘村名人辈出，陈肇英就是代表人物之一，其志虑忠纯、秉公持正、关爱家乡公益事业的品格深受后人颂扬。

一生戎装

陈肇英（1888—1977），字雄夫，排行第三，家有兄长恒丰、恒裕，故原名恒三。清光绪三十年（1904）年考入杭州四府公学，次年进浙江弁目学堂。三十二年加入光复会，进炮兵将校专科学校，毕业后派到浙江混成旅。辛亥革命时，参加浙联军光复南京战役。1916年，发动浙江独立，反对袁世凯和浙江都督朱瑞，并赴上海见孙中山。1918年，通电拥护西南护法政府，任援闽浙军第一师中将师长兼前敌总指挥。次年，与蒋介石结为把兄弟。1922年，任以孙中山为非常大总统的护法政府参谋。陈炯明叛变，上永丰舰晋见孙中山，任临时讨逆军第一路司令。次年，与陈诚等发起组织孙文主义学会。1926年1月，被选为中国国民党第二届中央执行委员会候补委员。1928年起，任国民政府立法院立法委员，后兼立法院军事委员会委员长。1934—1942年，任闽浙监察使。1935年起，兼任中国国民党福建省党部主任委员。1944年，改任中国国民党江西省党部主任委员、皖赣监察使。1948年任监察院监察委员。1949年6月去台湾，曾兼任中国国民党中央纪律委员会委员、中央评议委员等。著有《八十自述》。1977年10月28日在台北病逝。

捐资公益

1930年，鉴于古塘与钟村隔江相望，江水暴涨频繁，虽有木桥相通，却累遭冲毁，竹筏引渡，多有溺水丧命之险。陈肇英发起捐建石拱大桥，募捐六万余元。历时二年，大桥完工，桥长五十二丈，宽一丈六尺，共十二墩十一洞，两边石栏高可隐身，两头砌就长堤数百米，桥洞上方嵌刻于右任等名人题词，陈肇英亲笔题写"普义桥"大匾，嵌镶于中洞之上，大桥气势雄壮，成为浦江、义乌之通衢。

1934年（民国廿三年），浦江及周边各县，均遭大旱，赤地千里。陈肇英捐募4万元，从泰国购来大米，轮船运到上海，再从上海免费运到浦江，开设黄宅和浦阳镇二个供应店，以赈济受灾之民。价格极其优惠，每元28斤，比市场上的粮价低，所以称平粜米，惠及家乡和义乌、东阳、诸暨各县，帮助家乡渡过灾荒。

1937年，目睹家乡教育落后，学风壅闭，浦江没有中等学校，鲜有外出就读大学之子弟，遂发起创办中山中学，规划校舍，所需经费共计二十余万元，什九由陈肇英先生负责劝募，连闽籍同志亦踊跃参建。校舍既成，组建校务委员会，陈先生亲自兼任董事长。聘安吉县孝丰王恭寿为校长，招收本县及周边各县的学子，于1939年2月正式开学。1940年，又从福建科学馆购来全套教学仪器和部分图片资料，教学设施日臻完善。到1942年春，增设高中部，学校规模日益扩大。负笈求学者除浦江本县外，近一半来自义乌、东阳、诸暨、嵊县、兰溪等地，终成当时之浙中名校。

1947年8月，为纪念陈肇英先生和王恭寿校长的办学功绩，浦江县中山中学在原礼堂之前建造了嵌有陈肇英（朝外）、王恭寿（朝内）肖像的纪念碑，以《莲经》镇基，并把建校的有关资料等珍藏于纪念碑中。陈肇英先生创办中山中学，乃百年树人之大计，用心良苦、功不可没。在1989年五十周年校庆之际，中山中学在陈肇英、王恭寿纪念碑原址，树起了陈肇英铜像和陈立夫的题词碑，以资纪念。

为民修路

这事要从金华的第一条铁路说起。1927年春，北伐军进入长江流域，攻取浙江，张静江任浙江省政府主席。张静江是浙江湖州吴兴人，追随孙中山革命多年，十分崇尚孙中山的"实业计划"，赞成优先发展铁路的主张。他主政浙江以后，声称要按孙中山的大铁路计划首先兴建浙江境内的铁路。张静江拟建杭州至衢州江山的铁路，定名为杭江铁路，并组织工程技术人员对线路进行了初步勘测。但修筑杭江铁路的实质性工作还未展开，蒋介石就发动了"四一二"事变。张静江支持蒋介石，要把浙江变成蒋介石集团的稳固后方,浙江的首要工作当然是集中人力、物力、财力支持蒋介石,建设铁路被放到了次要位置上。1928年年初蒋介石复出后,南京政府改组,张静江出任国民政府建设委员会委员长,浙江的铁路工程暂时搁置。1928年秋,张静江再次出任浙江省政府主席,蒋介石的地位也基本稳固,修筑杭江铁路的计划开始付诸实施。

1929年2月,浙江省政府第203号会议决议,自行筹款修筑自萧山西兴钱塘江边(即南星桥三廊庙对面)至衢州江山的杭江轻便铁路。沿线百姓无偿捐献土地,为政府节省了大笔开支。1929年9月,杭江铁路破土动工。1933年12月28日,杭江铁路通车典礼在金华举行。

杭江铁路开始修建时,原规划自杭州经诸暨过浦江,通金华达江山。浦江百姓以损失土地、拆迁祠堂会破坏风水等为借口,要求时任闽浙检察使、浦江人陈肇英提请铁道部门改道义乌。经陈肇英的努力,铁路不从浦江县城穿过,改道浦江郑家坞,节约了良田,减少了损失。

魂归故里

陈肇英先生去台湾后,终身任职监察委员,曾兼任国民党"中央纪律委员会"委员、中央评议委员等职。粗衣淡食,安之若素。七秩寿诞时,蒋介石曾亲书"志节忠纯"贺轴以赠。90大寿时,"总统"严家淦亲临祝贺。1977年10月28日病逝于台湾台北空军总医院,享年91岁,

陈肇英墓(郑玉峰供)

"总统"严家淦,"行政院长"蒋经国亲临致祭。

陈肇英先生在台28年,不治产业,家无余帛。去世时,台湾当局拨出一笔经费,存于陈肇英基金会内。据说,他临终前还在关怀着家乡的教育事业,嘱咐在台中山学子,将其遗产扶助办好中山中学,遗产由台北"浦江同乡会"管理。1986年,台胞张时操等遵照陈肇英遗嘱,将《二十四史》送到中山中学。至今,中山中学设有陈肇英奖学基金,每年从台湾"浦江同乡会"汇来巨款,用来奖励有志于学的学生。遗嘱说及在其灵骨归葬故土之时,将所有遗产献之于中山中学。在中山中学建校七十周年之际,陈肇英先生的骨灰于2009年3月28日,由台北市"浦江同乡会"理事张涵护送回浦江,以示叶落归根之意。2009年4月2日上午,中山中学校长戴朝明与台北市"浦江同乡会"理事张涵在中山中学会议室完成10万元赞助基金交接。经过同乡会会员们的协商讨论,遵照陈肇英老先生的遗愿,以他的名义为中山中学设立奖学基金。

2009年10月16日,陈肇英先生和夫人刘西琦女士灵骨迁葬仪式在古塘村举行,当时参加的有上海来的嫡孙辈、福建来的内侄辈、在浦亲属和中山中学的代表,以及浦江各界的嘉宾。陈肇英先生墓地坐东朝西,对面几百米处就是他生平为家乡创办的中山中学和普义大桥遗址。坟侧建有小亭2座、水池3个,墓碑上镌着有荣典之玺的褒扬令和严家淦、蒋经国的题匾,可供游人休息和瞻仰。

(郑玉峰)

建德乌祥村

《浙江潮》主编蒋治烈士

在建德市三都镇乌祥村，出了一位革命烈士，他的名字叫蒋治。在蒋氏古宅的木头板壁上有着两个特别显眼的枪眼，虽然历史的烟尘已模糊了它，但它却深藏着一个感人的故事。

蒋治（1910—1940），出生在建德县青云乡（今属三都镇）乌祥村的一个小康家庭。7岁时，其父就聘请塾师在家教读，16岁进浙江省立第九中学附小高级部就读。翌年，考入浙江省立第九中学师范部讲习科。是年冬，国民革命军北伐节节胜利，革命声浪席卷建德，蒋治参加了国民党。寒假回到乌祥，筹建国民党洪岭区分部。

1927年夏赴上海新华艺大求学，积极参加学生运动。1928年春，考入闸北中华艺大三年级。是年暑假，引导石耕夫（石西民）到上海求学，并介绍他参加"反帝大同盟""革命互济会"等进步团体。蒋治一边读书，一边参加革命活动，在与共产党员的交往中，进一步认识到中国的出路和希望只有依靠中国共产党。同年秋天，经边世民介绍，正式参加共产主义青年团。蒋治与艺大革命师生一起，创办了《雄鸡报》《红光报》和《红灯报》等壁报，进行革命宣传；上街秘密刷写张贴标语，到复旦和暨南大学传递革命书报和传单；组织学生举行"飞行集会"，进行街头演讲，反对国民党的反动统治。

1929年春，中共中央在上海开办华南大学，"创造社"的知名学者冯乃超、李初梨等前往任教。学校党团组织齐全，有百余名党团员。蒋治与全锋等入学不久，秘密创办了"文艺前哨社"，积极筹备出版刊物。他开始注重组织的发展，善于在斗争中发现和培养积极分子，先后介绍石西民、吴世玉等同志参加共产主义青年团。5月，被称为共产党"大本营"的华南大学被当局查封，经组织安排，蒋治与杜飞、翁其熊于同年秋天东渡日本留学，得到了东京城成学校中华留学生、共产党员古公尧的接应，进该校补习日语。蒋治在东京不到二个月，就由张国衡介绍加入中国共产党，编入东京特别支部，古杰任书记，蒋治在早稻田小组，特支隶属中共中央直接领导与管理。不久，古杰、古公尧等被日本当局逮捕，日本警视厅对有共产党嫌疑的中国留学生逐个传讯，蒋治被拘禁半月后，同杜飞、张国衡等于12月被日本当局以"反帝国"的罪名驱逐出境回国。

1930年3月，蒋治从家乡去上海，经张国衡介绍恢复了组织关系，编入青年团闸北街道支部，从事党的地下活动，常在电杆上、墙壁上刷写标语，组织工人上街游行，散发传单。在一次游行中，他的好友张国衡、苏寒屏遭国民党当局逮捕，蒋治不畏强暴，继续领导和参加游行。一次，游行队伍经过邮政局门口时，蒋治等被捕，拘禁在海宁路英捕房，因找不到证据，被捕的五六个同志同时被释放。

1930年11月，江南省委外县工作委员会决定，派巡视员王理文和蒋治到杭州加强党的领导。不幸正遇杭州市委书记何达人等全体被捕，市委组织遭到严重破坏，只好重返上海汇报杭州突变情形。蒋治在艰苦的斗争中认识了上海华品烟草公司的女工秦素兰。秦素兰阶级觉悟高，有胆识，团结工人，敢于斗争。1930年带头领导过一次抗议厂方非人压迫的罢工，斗争取得胜利，得到《红旗》报的大力表扬。但她的身世很不幸，16岁就被一个流氓所霸占，受尽欺凌。蒋治出于对她政治上的信任和悲惨命运的同情，逐渐产生了感情。1931年秋天，蒋治与秦素兰在上海结婚，11月一道回到建德乌祥。

蒋治隐居家乡后，仍心系党组织，几次到杭州、上海寻找党组织。1933年1月，与党组织取得联系，但信件不幸被当地乡长王兴杰（1954年被人民政府镇压）窃获。王兴杰一直对蒋治家的财富十分妒忌，后来听说蒋治在外面闹革命，更是恨得咬牙切齿。这次机会来了，把截获的信件交给了国民党省党部和建德县政府。

1933年2月27日的清晨，大雪纷纷扬扬，淹没了乌祥整个村庄。突然，杭州来的国民党便衣侦探会同建德县保安基干队军警二十余人，在反动乡长王兴杰的带领下包围了蒋治的住宅。敌人蜂拥而入，枪声、喊声乱成一团，现在板壁上的这两个枪眼就是这样留下来的。毫无准备的蒋治拉着夫人从后院一路向后山逃去。厚厚的积雪印着蒋治逃离的线路，没多远蒋治和夫人一同被抓。

第三天，蒋治夫妇被押送杭州省保安第四科，拘禁在柴木巷公安拘留所。11月16日，秦素兰出狱。次日，蒋治被移送省高等法院，囚禁在浙江军人监狱。1934年1月19日，判处蒋治徒刑2年，2月9日，转浙江省反省院。同年9月5日保释出狱。蒋治在狱中的日子里，受尽了折磨和虐待，他在出狱后的一篇文章中写道："每天吃的是两碗一送到牢门口就可闻到臭味的烂饭，和两碗根本尝不到一点盐味的腐烂清汤。每天送给我们一磅（盆）六七个人同洗的洗脸水，除每星期准许出笼去洗一次衣服外，就什么也没有了。尤其是那炎热的夏天，汗臭、马桶臭以及衣服上的霉烂臭混在一起，把整个牢笼变成了臭的世界。"

由于狱中的迫害，蒋治夫妇身心遭到严重摧残，双双染上肺病。出狱后，蒋治夫妇回故乡乌祥治病养身，除干些农活外，还种花、刺绣、画画、雕刻、练书法和写小说等，以艺术创作来揭露社会的黑暗，反对封建主义。

蒋治身体好转后，就赶紧出去寻找党组织。1938年春，蒋治受党组织委派，参加浙江同乡服务团。同年5月，任中共丽水县委书记，以新知书店经理的公开身份作掩护开展党的地下工作，抱病编辑《合工十日》《动员周刊》，并担任《浙江潮》和《新办》两刊主编。1940年5月，因蒋治的活动引起敌人的注意，党组织决定让他去皖南屯溪治病休养。在屯溪期间，他仍坚持工作，因劳累过度，病情恶化。组织上考虑到蒋治的身体状况，就照顾他到皖南新四军总部去工作。最后因公殉职，12月11日，病逝在屯溪，年仅三十岁。

临终前一天，对看望他的同志们说："我大概不行了，一生为党做的事太少了。党的事业一定会不断壮大和发展的，你们不用为我个人难过，你们忙工作去吧！"蒋治逝世后，同志们十分悲痛，远在丽水的《合工十日》的最后一期专版登载悼念蒋治的文章。建国后，人民政府追认蒋治同志为革命烈士。

乌祥有着光荣的革命传统，追随着蒋治的足迹，后来又有许多优秀儿女加入革命的队伍。革命烈士周水林，1904年出生于乌祥村，1948年1月参加革命，任金萧支队八大队通讯员，1949年6月29日牺牲在乌祥村。

蒋治的故园如今还保护得相当完整，站在园内，只见芳草萋萋，斑驳的墙灰，粗糙的石板，以及屋梁下几根加固的木条，似乎向人们诉说着岁月的沧桑。

（洪淳生）

杭州临安罗家村

罗霞天郜岭抗击日寇

罗霞天（1898—1980）原名罗云，排行三，临安市於潜罗家村人。罗霞天自幼聪明活泼，县立高等小学毕业时，品学兼优。因罗氏家庭贫寒，升学到杭州读书时，罗氏宗人十三户，家家自发都凑一份钱资助他。

罗霞天就读杭州中文中学时，积极投身于五四运动，被推举为浙江省学生联合会代表，成为学生会中坚。曾只身去上海印制传单，运回杭州分发。为沈定一、刘大白等先生所赏识，引为同志，加入了孙中山先生组织的中华革命党，刘大白先生为他改名为罗霞天。

罗霞天毕业于浙江省医药专门学校药剂系，但致力新闻事业。后任上海民国日报浙江总经理，宣传革命。1924年，南下广州任黄埔军校政治教官。1926年又随北伐军回浙江，参加浙江省政府主办民政业务，后被邀任苏州市政府秘书长。1929年罗霞天赴德留学，专攻外交经济学，在德留学3年。

1932年罗霞天回国，共赴国难。任中国国民党浙江省党部常务委员会委员、浙江省财产委员会主任委员。1938年春，他赴武汉出席全国临时代表大会，后转去重庆陪都，先后任中央政治大学训导长，国民参政员，中国国民党中央委员。1941年，任浙江省党部主任委员。

他中学时参与於潜化装演讲团，创办《晓报》以开民智，社会地位显名于党政界。1934年夏秋，於潜县七十二天不下雨，田禾枯死，颗粒无收，民以草根为食。在专员许蟠云先生的支持下，罗霞天从温州运来大批粮食救济灾民，并洽商农民银行来於潜县开办农民借贷所，使农民经济得以复甦。

1935年罗霞天开发天目山，使天目山成为观光胜地、植物学研究基地。自藻溪至鲍家的天目公路，在县长沈乃庚的督率下开通。1937年七七卢沟桥事变后，有股日寇流窜到安吉孝丰，并向临安於潜郜岭进犯，罗霞天协176师师长区寿年赴郜岭抵抗，使於潜得免于难。杭州沦陷前，他任浙江省政府委员，坐镇於潜，是浙西民间抗日的领导人之一。1938年年初举办浙西抗敌青年干部训练班，参加人数达二百余人。不久，赴武汉出席全国临时代表大会，会后去陪都重庆任职。

  1949年4月，他母亲病故，罗霞天回乡奔丧，身穿麻布孝服，足踏草鞋，双膝跪地，尽到人子孝道，李宗仁代总统曾致唁电与挽联。办完母亲后事，他当天就经茶叶山转青山殿，走水路直奔杭州。

  罗霞天1949年到台湾，1980年3月21日突发心脏病逝世，享年82岁。

（临安市农办）

天台灵溪村

灵溪"四奚"尽风流

　　灵溪村位于浙江省天台县的东南,由灵风、灵一、联合、灵东四个自然村组成,因溪而得名。唐天佑(904—907)年间,这里就是奚姓族人的聚居地。现有村民1360多户,4300多人。村口的古樟盘根错节,遮天蔽日;石拱桥始建于宋淳化三年(992),清代重建,古朴如弓月;两条山溪环村而过,村民称之为"大溪"与"小溪",在村口的灵水桥下汇合,一路向西而去;村里有两条老街,村里人称它们为"前街"与"后街",这两条老街在当时是天台东乡最为繁华的商业街,逢一、六设有集市,灵溪也成为了东乡的商业重镇。

　　灵溪村前有卧虎山后有龙山,呈"后龙前虎"之势;南有三王岭古道,是台州府通往天台的官道;村里有景聚楼、新三透、东进堂、解元宅和后塘园等清代古民居,保存着奚氏宗祠、松享公祠。从清代乾隆年间起,灵溪村就出了4位被列入《县志》的人物:清乾隆翰林院检讨奚际亨、清光绪武解元奚辅臣、辛亥革命将士奚骏声、近代武术家奚诚甫。

　　"东进堂"是一座"三台"院落,始建于清乾隆年(1736—1795)间,门楣上"翰墨凝香"的石匾依然清晰。

　　清乾隆年间,从"东进堂"走出了一位翰林院检讨兼兵部侍郎,他叫奚际亨。他为官清正,文采横溢,深受乾隆帝的赏识。一年冬天,奚际亨回老家省亲,临行之际,皇上召见了他,说要赐他一些财宝,带回故乡好光宗耀祖。可奚际亨却说:请赐宫里的"状元游街"吧。此后,灵溪村的元宵之夜,便有了"状元游街"活动,它也成为奚氏族人祭祖的一项礼仪。灵溪村没出过一个状元,可元宵之夜的"状元游街"习俗却保留了下来。

　　每年正月十四晚,奚氏宗祠里,灯火通明,奚氏族人虔诚地祭拜始祖。子夜时分,祠堂门口点燃了炮仗,"状元游街"就开始了。先是"武状元游街",彩旗飘扬、敲锣打鼓、舞狮舞龙、打拳耍刀,还有车灯表演……后是"文状元游街",用二胡、三弦、笛子、琵琶、古筝等乐器演奏曲子。等到"状元游街"的队伍回到祠堂时，天边已经泛起了鱼肚白。二百多年来，"状元游街"一直传承，即使在"文革"时期，也仅停了三年。2008年，灵溪村的"状元游街"被列为台州市非物质文化遗产名录，灵溪村被确定为"台州市首批传统节日保护基地"。

"东进堂"还走出一位北伐军将领，他叫奚骏声（1877—1942），字仓圣，号警心。幼年时，奚骏声就读于村中的龙山书院与武书房。清光绪三十一年（1905），奚骏声考入浙江武备学堂，清光绪三十四年（1908）以第三名的优异成绩毕业，任浙江新军尉官。宣统年间（1909—1911）加入孙中山先生领导的光复会，投身辛亥革命。奚骏声利用自己新军军官的身份，在新军中发展同志，谋划起义。武昌起义爆发后，时任浙江新军工程营二排排长的奚骏声，参加光复杭州的起义，获得功勋章。民国元年（1912）9月，浙江省都督朱瑞委任奚骏声为浙江讲武学堂队军官，后改任浙军第一师九十九团三营副官（其委任状现存于县档案局）。民国4年（1915），奚骏声回到家乡，在天台中学任体操教员。翌年，他出资创办了灵溪小学。民国十五年（1926）北伐战争中，奚骏声任国民革命军第十九军宁绍后卫司令兼第一师副师长。民国十六年（1927）率部攻克台州海门，升该军第一师师长。北伐后，他脱下戎装，到上海经商，所获颇丰。抗日战争时期，年逾五十的他，重回前线，出任第一战区中将主任委员、陕西省政府少将参议、天水行营中将主任等职，因军功晋升将军衔。民国三十年（1941），奚骏声因病解甲归里，修路造桥，赈济贫民，仗义疏财，曾将家中160亩土地分给村中贫苦百姓，深受村民爱戴。

在东进堂的西边有一座四合院，人称"解元第"，这是清代武解元奚辅臣的旧居。

奚辅臣（1870—1937），名雍纯，字鸿文，清光绪乙酉（1885）武解元，以钦点御前侍卫、乾清门仪銮司事，出为江西抚州都司，治军严整，训练有方。由于出身农家，深知民生疾苦，在任江西抚州都司时，浙江台州大旱，他奉母亲之命，回到家乡，赈济百姓，美名远扬。清朝覆亡后，他退居灵溪，以一个普通百姓的身份生活在村里，从不炫耀。1937年死于家中，享年68岁。所居宅院是他为官时建造的，虽然官职显赫，却不张扬，宅院坐西面东，后面的龙山，是村里的风水山，山上树木茂盛。大门外有照壁，路道并不宽广，二三米宽的道上有几级台阶，村里人说过去在这里要文官下轿、武官下马。

"东进堂"北边有一座小院，是近代武术家奚诚甫的旧居。

奚诚甫，字雍根，号金山，生于清光绪二十年（1894），人称"小荣根"，自幼丧父，家里又遭火灾，靠大伯救济度日。母亲很支持他学武，每天绩苎麻线，拿到集市上卖了，买回荔枝，每天晚上焖在锅里，给孩子补力。奚诚甫17岁那年，来到象山、宁波，靠织布为生，并拜宁波天童寺的一位老法师为师，不仅增长武艺，还学会了接骨。后来他辗转来到杭州，在回润中学、宗文中学任武术教练，以武会友，与当时许多著名拳师切磋，兼采众家之长。

1928年10月，全国首届"国术国考"大会在南京举行，由中央国术馆主办，来自各地的300多名武术高手参加了应试，奚诚甫荣获第三名。1929年11月，第二届"国术国考"大会在杭州举办，在大会上，他表演了少林双飞刀、七星四路棍。由此，奚诚甫名扬大江南北，弟子如云。他参与了浙江省国术馆筹备工作，并担任杭州青年会国术团教练。1937年到天台中学、育青中学担任武术教师。抗战胜利后，他又来到杭州，在宗文中学、浙江大学任国术教练。

解放后，奚诚甫积极参加义演，为抗美援朝捐献飞机大炮。1959年，在杭州体育学校任武术教练，他带着学生赴宁波参加省武术比赛，获得多项荣誉。他在传承天台民间拳术的基础上，总结、整理出"灵溪奚家拳"，成为近代天台最有影响的武术家。"灵溪奚家拳"2012年被列入第四批浙江省非物质名录。奚诚甫先后被评为"当代百名天台人"之一。

（天台县农办）

古民居（县农办供）

洞头垄头村鱼岙

周鸣岐怒斥日寇遇难

周鸣岐先生是垄头村鱼岙人，出生于清光绪二十八年（1902），雅号"浪漫人"，被洞头人尊称为才子、诗人，他创作的大量诗歌和顺口溜采用闽南语音韵，顺口好唱，好懂好记，在洞头百岛民间广为传唱，家喻户晓，几乎男女老少都会哼几句、唱几段，歌词的手抄本也广为流传，一时"浪漫人"的名字叫响了各个渔村，而真名反少有人知了。

在第二次全县文物普查时，收集到他的民间鼓词和民歌作品有《抗战组歌》："可恶东洋日本仔""把伊（他）抓来下油锅""中日交战拼生命"和"日本番王无道理"等；民歌有"洞头百岛串名歌""戒赌歌（国牌歌）""戒乌烟（鸦片）歌""鲂鱼案鼓词"等，抨击抢劫害人、违背天理、官盗勾结的顺口溜有"十二月"歌词等，他的歌词虽难登大雅之堂，略显俗气，却琅琅上口，颇受大众喜爱，至今一些七八十岁的老人还能记住"浪漫人"和他的歌。他不仅有才，且更是个不怕邪、无拘束、执信仗义正气凛然的义士，也可以称得上是一位抗日勇士。他为了救三十多位渔民兄弟的生命，慷慨惨烈死在日本鬼子的屠刀下。

1945年的春天，一艘火轮（日本军舰）毫无顾忌、横冲直撞闯进洞头渔港。只见一个日本兵站在甲板上，手里举着一面膏药旗，不断地招摇着，口里叽哩咕噜地说着番话。当时停泊在港内的十多艘渔船没有一艘搭理他，不料日舰入港后，却气势汹汹、无缘无故指责渔船有意抵抗，不给让道，随即抓人、扣船，把30多个船老大和伙计关押在中仑的叶氏祠堂内，不让进出。被扣押者的家属心急如焚，深知日本鬼子是杀人不眨眼的魔鬼，惹了他有死无生。当是时，有人想到"浪漫人"先生，说他会讲几句日本话，为人慷慨仗义，把他请来也许会有办法救人，于是立即派人去请"浪漫人"先生。

鸣岐先生一听乡人的报告，二话不说，立即随着来人前往祠堂与日本人交涉，也许是他的大气和果敢让日本人折服，不到一小时谈判，果然奏效,当天下午被扣押的30多个渔民全部被放了出来。不过,日本人有个条件,渔船不能出海,要随时听候指令。不料,当天晚上,月黑风起,那些船老大怕日本人把他们的船捣毁或放火烧船(此种事听得多了),便趁日本人在山上寻欢作乐,没有注意,偷偷把渔船开离渔港,出海去了。

第二天早上,鬼子们不见港内船影,很是生气,就把周鸣岐叫到日舰上,大发雷霆,指责他不守"信用"。周先生以他的半土半洋的番话据理力辩,他说:"你们是日本人,离我们中国有千万里之遥,无缘无故来我们这个岛上,抓人扣船是何道理!假如我们中国人也像你们一样去日本抓人、押船的,你们会怎么想?又会怎样对待我们?渔船是我们自己花钱造起来的,自己要怎么做就怎么做,有什么不对!"

日本人听了周鸣岐半土半洋的争辩,明白了大概意思,一时无言以对。但是强盗是不讲理的,一个鬼子的头目,像个恶煞,拔出了腰刀,口吐"八格牙鲁,死了死了的",手起刀落砍在了周鸣岐先生肩上,一时鲜血四溅。可周先生并不气馁,圆睁双眼,大声呼喊"日本狗仔无道理,无故杀人天不依,我死之后做厉鬼,定抓你们到阴司府!"鬼子见他如此勇烈,几个人上前,把周先生托起,抛入大海。此时因港内没有船只且周先生又受重伤,无法抢救,一位海岛义士,就这样被日本鬼子杀害了。

周先生临死骂鬼子的壮举一时传开,全岛人无比悲痛,当人们在悼念周先生的时候,当时一位垄头村陈氏渔民,回忆起周先生另一件痛斥日本仔的事。农历八月的一天,鸣岐在山上割柴草,见一架日本轰炸机从北方飞来,在洞头岛上空盘旋,鸣岐十分气愤,举起手中镰刀,指着飞机,高声喊出:"天上飞来日本机,日本狗仔把人欺。番王无道不讲理,侵占中华咱地基。中国人民有骨气,团结起来打死伊。把伊全部消灭掉,送伊个个去阴司。"他念了鸣岐先生这首顺口溜时,激起了在场所有人的义愤,一致要为周鸣岐先生报仇,终于复仇的机会来了。

当时日舰有一名少佐,名叫钱川,因留恋一名在洞头渔港"卖欢"的女人,名叫阿柳,他没有跟随军舰离去,住在了阿柳家。因此,洞头和中仑地方几位姓叶的血气方刚的年轻人,被鸣岐先生的义勇气慨所感动,他们聚在一起,商议杀死钱川的计划。其中有一位跟阿柳比较熟悉的人说:要杀钱川不难,只要买通阿柳,以大义晓之,让她帮助我们行事。大家一致认为这个办法可行,于是由他去打通阿柳的思想。

阿柳虽然是个"卖欢"的人,但也很讲义气,她愿意成就杀钱川的义举。于是，阿柳在一天晚上特意摆了一桌子"海鲜宴"，殷勤陪钱川喝酒，把个钱川灌了个大醉如泥，她见状，立即通知那几位叶姓青年。于是他们立即前往，用绳索把钱川捆绑好，装在一只大麻袋内，扛到码头，划了小船，把钱川抛入"炮台门"的江里去喂了鱼，以其恶人之道，还治恶人之身，为周鸣岐先生报了仇。后来听说由于日本鬼子投降了，此事也就不了了之。

（郭温林）

庆元濛淤村

粟裕抗日血战濛淤

濛淤村距庆元县城15公里，由濛淤、桥头汇、野猪窝3个自然村组成，大多农户房屋坐落在庆元通往景宁的省道两边。濛淤村红色文化底蕴深厚，红色景点颇多，其中以濛淤桥、惠福寺、红色纪念公园著名。

濛淤桥始建于元至正年间（1341—1368），清光绪二十四年（1898）邑人吴昌兴复建，1982年10月被县政府确定为首批历史文物保护单位和革命传统教育基地，1986年重修，1995年被毁。2010年6月30日，成立濛淤桥暨应岭岚古道文化协会，着手重建，2011年11月1日建成。在廊桥旁边兴建惠福寺。

为了缅怀革命先烈，发扬革命精神，2012年6月底，开始在濛淤桥战斗遗址东建设濛淤红色纪念公园，2012年10月12日落成，主体工程"浙江庆元革命老根据地县纪念碑"高13.26米，还有纪念亭。

2010年6月，濛淤桥暨应岭岚古道文化协会启动修复329省道至濛淤村6.5公里山间古道，包括修建牌坊、半岭亭、应岭头亭、护荫亭、濛淤茶亭等休闲亭以及园林绿化等。2011年11月1日基本修复。

1934年7月7日，红七军团6000余人在军团长寻淮洲、政委乐少华、参谋长粟裕和政治部主任刘英及随军中央党代表曾洪易率领下，执行中央给七军团的任务："中央及军委决定派七军团长期到福建、浙江去行动，发展游击战争，创造游击区域，以及在福建、浙江、江西、安徽诸地界建立新的苏维埃根据地；开展福建、浙江的反日运动；消灭敌人后方的单个部队；深入到敌人后方去，经过闽江流域，一直到杭（州）江（山）铁路及安徽的南部，以吸引蒋敌将其兵力从中央苏区调回一部到其后方去。"红七军团从红都瑞金出发，经古城，随后进入福建连城。与此同时，中革军委命令罗炳辉等率红九军团，从江西石城进入福建，掩护红七军团北上，渡过闽江后返回根据地。

8月1日晚，红七军团夺取水口镇。翌日，召开"八一"纪念大会，军团领导向全体指战员传达中央关于组织北上抗日先遣队的决定，正式打出了中国工农红军北上抗日先遣队的旗帜，结束了红七军团阶段的任务。为掩护主力红军长征，吸引国民党军注意力，减轻对中央苏区的压力，先遣队高举北上抗日旗帜，攻坚克难，执行北上任务。

1934年8月26日，先遣队由福建寿宁县硖头进入浙江庆元县境。经龙溪乡荡口、后洋坑，在吾里村遭大刀会前来拦阻并将之击溃，向举溪村（国民党荷地区署驻地，现月山村）前进。27日凌晨，攻占荷地区署，并将县保卫团小分队围困在碉堡内，又分设了警戒。红军虽然有6000多人的队伍，在举溪村听不到喧闹声，许多百姓跑出去时，将房间门上了锁，红军宁可住在屋檐底下，也不愿骚扰百姓。严明的军纪至今还在群众中流传。

8月28日中午，先遣队运输部队在濛淤桥头被后面的国民党保安两个连队赶上。保安队问红军是哪个部队的，红军随口答是国民党某部的。保安队误认是自己的部队并提醒运输兵前面有红军大部队，让红军们先走。而运输部队为避免前面红军吃亏，在敌人不明情况下突然发起袭击，击毙敌军头领。前面的红军闻枪声回援，两头夹击，保安队溃逃。

8月28日下午，红军占领庆元县城。30日凌晨，先遣队离开庆元，在竹口遭遇浙江保安三团、丽水警察大队、庆元保卫团3个团队的阻拦，经过激战，击退了敌军的一次次进攻，击毙庆元县保卫团副团长丁某、敌军营长1名及以下300余人，浙江保安二支队司令杜志成落荒而逃，浙保三团团长何世澄趁乱逃至龙泉天妃宫自杀。此战，共缴获迫击炮2门、轻重机枪10余挺、长短枪400多支、银元若干担，有20余名红军指战员在战斗中牺牲。红军的顽强战斗意志和勇往直前的精神流传至今。

1935年1月27日，红十军团军政委员会主席方志敏同志在怀玉山的陇首封锁线上被捕。谁也忘不了方志敏留给后人的两篇传世之作《可爱的中国》和《清贫》。《可爱的中国》告诉世人，共产党人为什么要革命，为什么不怕流血牺牲，展示了共产党人与祖国、与人民同呼吸共命运的情怀。而《清贫》向人们表明，共产党人参加革命不是为了当官发财，也不是为个人谋利益的。共产党人即使当了官甚至当了大官，为了百姓利益，也不计个人得失，甘愿过清贫生活。这正是"人生自古谁无死，留取丹心照汗青"。

粟裕大将在《回顾红军北上抗日先遣队》一文中写道："红军北上抗

日先遣队的斗争历史,首先是一部惊天动地的无产阶级革命战争的英雄史,同时也留下了十分深刻的历史教训。这些血的教训有力地证明,违背了毛泽东思想,革命事业就要遭受挫折。"

中国工农红军挺进师,由粟裕任师长、刘英任政委,虽只有500余人,但勇闯重重难关,挺进浙江,竟出人意料地崛起,并生根发芽壮大。1935年3月底至4月初,红军挺进师决定召开"半岭会议"(庆元县安南乡半岭村)。粟裕分析了挺进师指战员孤军深入浙江开辟根据地的现实困难,统一了思想上、政治上、组织上、军事上的认识,解决了如何开展敌后游击战的系列问题。

2005年斋郎村修建红军纪念亭,粟裕夫人楚青为纪念亭题写对联:孤军深入庆元地,壮志开辟浙江天。

1935年4月28日,斋郎一战,红军挺进师打破了被动挨打的局面,建立了浙西南革命根据地。从此,中国工农红军挺进师擎起浙江革命的一片天,直到全国解放。

(庆元县农办)

烈士纪念碑(县农办供)

武义上坦村

潘漠华智斗土豪

上坦村是著名革命烈士潘漠华的故乡。潘漠华（1902—1934），原名恺尧，学名潘训。中国现代史上左翼文化运动的先锋，湖畔诗社创始人，曾任中共天津市委宣传部长。1934年12月牺牲。

在上坦村，至今流传着许多潘漠华青少年时代的故事。这里讲的"潘漠华无田契'卖田'"就是其中之一。

潘漠华十八岁那年，他的父亲因病去世。父亲在世时，因赌博把祖上留下的产业败得差不多了，父亲一死，给家里留下了一大堆债务。

这一年的过年前几天，溪口村潘财主到潘漠华家讨债，说是潘漠华父亲在世时欠他100硬洋的赌债。当时，家里只有母亲和二哥潘详在家。潘漠华母亲哀求潘财主宽限些日子再还。可是，潘财主说如果还不起，就要她抵债当厨娘。这时，正好潘漠华从外面归来，听了母亲的哭诉，心里直冒火，他问潘财主："我父亲欠了你多少钱，把字据拿出来看看。"潘财主白了潘漠华一眼，气势汹汹地说："你个毛头鬼，晓得个屁，赌场上欠债三对两面讲了算，用不着写啥字据的。"

潘漠华听了，好像懂了，点了点头："好，好，就算欠你100块硬洋好了。钱拿不出，就划几丘稻田押给你好了。"潘财主听了，心里很高兴，就跟着潘漠华到山垄里划田。

潘漠华带着潘财主在山垄里走了大半天，走到自家的稻田边，对潘财主说："这一丘田好吗？"潘财主点点头："好，好。"潘漠华又指指另一丘稻田说："这丘也不错吧？"潘财主满意地说："好的，好的。"因为这几丘稻田坐落在大院后山垄里，到上坦八里，到溪口七里，正像当地一句俗语所讲的："大院家狗，赶得上坦，赶勿得溪口。"划完田，潘财主就抄近路回家了。

隔了几天，潘财主到潘漠华家里来讨田契，潘漠华的哥哥听了莫名其妙："我家没有田卖给你呀？"潘财主笑笑："是你四弟漠华亲手划给我的。"潘家大哥同母亲商量，母亲听了伤心地流着眼泪说："你们父亲刚死没几天就卖田卖地，今后的日子怎么过呢？快去问问漠华，他把哪几丘田卖了？"

潘漠华进屋来，大声说："我没有卖田呀？"潘财主说："那一天是你带我去看田的呀，怎么忘记了？"潘漠华笑了笑："在山垄里讲了的话就作数，还要什么字据田契呀？你走吧。"

潘财主不放心："没有田契，这田给我也勿作数的呀。"潘漠华讲："你是无借据'讨债'，我是无田契'卖田'，我们已经两清啦！"

潘财主听了，脸红一阵白一阵，只好灰溜溜地走了。

（武义市农办）

> 金华金东东叶村

施复亮参加一大筹备

施复亮（1899—1970），原名施存统，曾用名方国昌、光亮、子元、施伏量等，源东乡东叶村人，中国共产党创始人之一。民国11年（1922），在中国社会主义青年团第一次全国代表大会当选为团中央书记。抗战胜利后筹建民主建国会，建国后，任劳动部第一副部长，一、二、三届全国人代会常务委员会委员，全国政协委员。经济学家、翻译家、社会活动家。

1899年11月，施复亮出生于金华市金东区源东乡双尖山脚下东叶村一个贫农家庭。施复亮父亲施长春，世代务农。母亲徐氏，粗识文字，辛勤劳作，贤惠隐忍。常教育儿子："如果做官就要做清官，不能贪财，要为老百姓办实事。"

施复亮9岁入私塾，在村西边慧因禅寺习读四书五经，两年后转入金华城里的长山高等小学。他学习刻苦，尤其是作文成绩特别优秀，在学校里名列前茅。1917年，由舅父徐瀛生资助考取浙江第一师范学校。

1919年春，年仅45岁母亲因过度操劳而离开人世，母亲的早逝对施复亮刺激很大。

1919年秋，施复亮与俞秀松、夏衍创办了《浙江新潮》，施复亮就在11月7日写了《非孝》一文。他认为一味尽孝是不合理的，要以父母子女间平等的爱代替不平等的"孝"。此文一刊出，舆论哗然，被认为反叛了封建礼教，是孔夫子的叛徒。施复亮、俞秀松被迫离开学校，这就是引起轰动的"一师风潮"。

1920年4月，施复亮和陈独秀、陈望道、邵力子、李汉俊、俞秀松等人一起参加一大的筹备工作，6月，在上海环龙路老渔阳里2号陈独秀寓所，施复亮和陈独秀、李汉俊、俞秀松、陈公博一起开会决定成立上海共产党组织，起草党纲，选举了陈独秀为书记。到中国共产党一大召开前，上海有党员15人。6月20日施复亮东渡日本，与周佛海联系，建立旅日华人共产党组织。8月22日，在陈独秀的倡导下，上海社会主义共青团成立，1922年5月5日，在广州召开的团一大上，施复亮当选为团中央书记。1923年，施复亮患神经衰弱症，无力担负繁重的工作，团中央同意他休养，到上海大学教书。

1926年春，施复亮和上海大学女同学、共产党员钟复光结婚，施存统的名字改为施复亮，表示"复光复亮，宗旨一样，携手同行，还怕哪桩"。1932年施复亮在北平"九·一八"纪念会上，痛斥蒋介石的不抵抗主义，遭国民党政府通缉，携妻儿和12大箱书回到了老家东叶村。在老家，施复亮编译了《资本论大纲》《苏俄政治制度》，撰写了《中国现代经济史》。他和钟复光经常参加劳作，挑沙挑石，在南面村口盖了几间房子，在门口拓写上了于右任给他题写的"半耕半读"四个大字。

一天晚上，他写文章到半夜，却睡不着，披衣来到开豆腐坊村民陈文赘家中，当他得知陈家起早贪黑辛苦劳作却还欠着债时，沉默良久说："田卖了，先还债，豆腐不要做，开片店。"陈文赘说："统啊，我哪有本钱开店啊。"施复亮便写了一张条子，递给他说："你拿着这张条子去金华找大老板黄启源就是了。"陈文赘拿着施复亮给他的条子从金华挑回了一担担的货物。陈文赘说："这么多钱叫我怎么还得起。"施复亮说："谁要你还。"

1937年，抗日战争全面爆发，施复亮是文化界救国会重要领导人之一，他在短短二三个月时间连续写了数十篇关于抗日救亡的文章，发表在《救亡日报》《文化战线》等报刊上，极大地鼓舞了全国人民的抗战士气。1941年，施复亮失业，有人劝他投靠国民党，施复亮义正辞严地说："宁可饿肚皮，不投蒋介石。"

抗战胜利后，施复亮积极参加民主运动，1946年2月12日，施复亮在重庆校场口事件中，惨遭国民党特务毒打以致脑震荡。在医院中，施复亮口授了一篇题为《愤怒的抗议》文章，揭露国民党的罪恶行径。周恩来、陆定一等中共领导人在血案发生的当天下午，就赶往医院慰问了施复亮等人。

新中国成立后，施复亮担任国家劳动部副部长，但他仍然保持艰苦朴素的本色。他时常告诫家人及身边工作人员"一粥一饭，当思来之不易"，家中一日三餐十分简单，他的一双皮鞋穿了20年。三年困难时期，他自家困难，副食品供应紧张，还给小姨婆家寄去20斤粮票；武义国画家潘口兹有困难，他送去50元。施光南常开夜车，脸色不好，姐姐施月明就买了半斤巧克力给他，施复亮知道后却批评说："你怎么买这么贵的东西？我们家祖祖辈辈都是农民，不能忘记农村，不能忘记农民。"

施复亮烟酒不沾，也不喝茶，只喝白开水，多余的钱参加储蓄，一旦公益事业需要，马上慷慨解囊。如新中国成立初期，为救济上海失业工人，捐款1145000元（旧币），河北水灾及邢台地震各捐款2000元，1969年捐资2万元给越南南方民族解放阵线；施复亮十分支持家乡文教事业的发展，1970年施复亮病重期间，还念念不忘故乡的小学，并寄2000元钱给村里，村领导用这笔钱，在村前山坡上建起了一幢新校舍。他还经常寄书给学校，包括他儿子、著名作曲家施光南的歌曲集等，类似的情况还有很多。

1970年11月底施复亮去世，后辈们按照遗愿，又把他自己建造的315平方米的四合院无偿捐献给村里办学，没有给家里留下一分钱。

（金华市农办）

岱山司基村

顾我领导盐民运动

东岳宫位于岱山县东沙镇司基村外司基3号，坐南朝北，占地面积3000平方米，建筑面积2500平方米。北宋宣和年间（1119—1125）所建，清道光十九年（1839）被英军烧毁，道光二十七年（1847）重建。光绪时又有两次重修。1915年因台风成灾，台门、旗杆、照墙尽行倾圮，1918年规复兴筑。

1924年国共合作后，出现了第一次国内革命高潮，北伐军节节胜利，全国各地的工人运动和农民运动空前高涨。与此同时，岱山盐区连年遭受自然灾害和土豪劣绅、盐务当局的压迫剥削，盐渔民生活处在极度困难时期。

1927年春（农历正月），中共宁波地委派顾我、金维映（金爱卿）、王士宏等来岱山发动组织盐民群众进行革命斗争。他们了解到岱山盐民晒的盐都由官府秤放局和廒商低价收购，盐民过着衣不蔽体、食不果腹的生活。他们通过慰访群众，培养积极分子，提出了"打倒贪官污吏，打倒土豪劣绅，提高盐价"等行动方案，积极开展群众工作，奠定了扎实的群众基础。运动发展极为迅速，不到一个月时间，在茶前山、念母岙等十个地方成立了盐民协会分会。

1927年3月12日，在司基东岳宫召开岱山盐民协会成立大会。到会的宁波总工会代表裘日朝、定海县党部常务委员邬企予、妇女联合会代表王霖等及来自各地的一万多名盐民，把整个东岳宫里里外外挤得水泄不通，人山人海。

大会由顾我致开幕词，他告知盐民们，大家都有集会结社、提高盐价、增加工资的自由权，但是要得到自由，要得到解放，大家要有组织，要团结起来。接着大会选举王仁林为主席、朱阿如为副主席、委员7人。随后在各界代表演说后，盐民群众进行游行，队伍长达十余里，沿途高呼口号，浩浩荡荡地向秤放局前进。

游行至场公署门前，由顾我、王仁林两人代表盐民向场知事提出要求，当时场知事不在，由刘某接见。代表提出意见后，刘某表示要场知事回来才能答复问题，知事到后会当即转达。代表等认为满意解决，即行辞出。队伍行至五属公廒门前，仍由顾我领着盐民代表进行接洽，廒方由协理周聘儒接洽，代表们要求提高盐价一倍，周聘儒当时答应每百斤暂加贰百文钱，连原价合 0.986 元，并以"要提高一倍，数目太大，需请示上峰"为理由进行推脱，顾我等便提出要限定一个请示的时间，以免廒商借故拖延，最后商定限时为 10 天。游行队伍又到秤放支局，卫队举枪向群众示威，双方发生冲突。最终与支局代表进行谈判，并达成协议：秤放局承认举枪示威是错误行为，并表示"局方人员"今后决不与盐民为难，盐民若受局方人员压迫，可以报告盐民协会与局方交涉，按理惩办。

谈判圆满结束后，游行队伍又回到东岳宫，将省党部、宁波市党部等送来的匾额挂在会场。然后由顾我说明游行队伍经过的详细情况，群众在欢呼"盐民协会万岁"等口号中散会。

1935 年下半年，岱山盐场场长兼秤放局局长缪光提出"产盐归堆，渔盐拌红"的苛律，严重破坏了盐业生产，使盐民生活更加雪上加霜。

1936 年，我党地下党员以合法身份来岱山，组织成立了岱山盐民运销信用合作社。为反对秤放局强行实施的"产盐归堆，渔盐拌红"等盘剥手段，盐民运销信用合作社发动全岱山盐民并联合渔民，多次在东岳宫召开数千人大会。7 月 13 日上午九时，面对反动盐务当局的压迫，盐民运销信用合作社组织盐渔民群众三千余人，在东岳宫召开大会。会上提出了反对拌红、反对归堆、提高盐价的斗争目标和办法。随后，几千名盐渔民群众结成请愿队伍，呼喊着口号，浩浩荡荡向秤放局行进。

游行队伍在司基龙眼与前来镇压的盐警相遇，双方发生冲突，开枪互击各有死伤，盐警溃退至秤放局。盐渔民群众同仇敌忾，奋力追击盐警，围住秤放局。下午 3 时许，盐渔民群众冲到秤放局门前的空地上，双方发生对峙。此时盐渔民群众重重包围秤放局，盐警无法据守，退无可退，至晚上 7 时许，最终攻破秤放局，并焚烧国民党秤放局大院，烧毁盐场全部房屋。缪光等逃入绅士汤家，但迫于压力，缪光离开汤家，在乔装外逃时，被群众围住。缪光自知无法逃脱，就跪倒在泥涂上，叩头求饶，承认自己不好，请求大家饶放一次，并表示所有财产充公，以赎一死，说着从裤袋里摸出一大叠钞票散给群众。受压迫的盐民们不为所骗，最终缪光被打死，受到了应有的惩罚。此次运动迫使国民党反动政府及其盐务当局取消"产盐归堆，渔盐拌红"的反动条令。

这是我党领导下第一次革命运动在岱山的继续，是盐渔民群众联合起来维护自身利益与反动派进行的生死大搏斗，是岱山人民人数最多、声势最大、影响最深的一次盐民联合大运动。

1947年，中国共产党总结东岳宫集会运动的经验教训，又在岱山发动了一次盐民运动，抓盐霸、烧盐坨、围攻盐务机关，在中共地下党驻岱山领导詹步行的直接指挥下，以中共党员王家恒为中队长，在保二中队的积极支持和保护下，取得了又一次斗争的胜利。

为了缅怀先烈们英雄事迹，激励后人奋发进取建设家乡，中共岱山县委、岱山县人民政府于1985年10月批准东岳宫为县级重点文物保护单位，并拨款2万元修复阴墙台门，镌刻立碑。2000年12月1日正式授牌。2012年12月岱山县委党史工作委员会树立了舟山市革命遗址——"盐民运动、盐民协会旧址"等石碑。

（岱山县农办）

东岳宫渔盐民大会画（县农办供）

青田罗溪村

红军师长郑敉烈士

郑敉（1894—1933），字桂山，青田县仁庄乡罗溪村人，革命烈士。

郑敉读过小学，练过武术，年轻时到上海做过苦工。第一次世界大战爆发后，法国政府在上海招募华工，郑敉应征去法国挖战壕。1917年，到俄国参加武装革命，受到列宁的接见，1923年在苏联加入中国共产党，1923年退伍回国。1927年，再次赴苏，与苏联东方大学留学生、中共党员谢文锦来往密切。1928年回国在青田务农。1930年5月15日，在青田县罗溪组织20多人，参加中国工农红军第十三军第一团，攻克平阳县城。同年秋，攻打黄岩县乌岩镇失利。

1931年年初，郑敉定居兰溪县（今兰溪市）孟湖乡包郎殿村，以行医、教拳为掩护，深入兰溪、龙游、杨溪、寿昌等县农村，向农民宣传革命道理，竭力主张在农村彻底进行土地革命，实现耕者有其田，实行"二五"减租运动。秘密发展红军1300多人，1932年春，成立中国工农红军第十三军第二师，自任师长，在兰溪县西乡组织农民开展"二五"减租。1933年7月，在龙游县大宇殿召开龙游、兰溪、汤溪、寿昌县红二师骨干会议，计划在1933年农历9月19日，乘三叠岩庙会之际会合各处红军举行武装暴动。红二师在组织发展中，一般是通过同乡、亲戚朋友的关系，致使青帮分子江天吉混进了红二师，还一度充当了师部的文书，使他掌握了不少组织秘密。就在积极准备暴动的关键时刻，江天吉在骗取郑敉等人信任的同时，暗中监视红二师骨干的活动，向敌人密报。浙江省保安处密令龙游县长，限令时间，逮捕郑敉。

暴动前一周，敌人一方面布置一只好船、五名武装便衣特务在桥头江渡口等候；另一方面由江天吉捏造士元的红军要开重要会议，请郑敉参加。晚上10时许，郑敉被骗到桥头江渡口，在上渡船时被逮捕。郑敉被捕后被连夜押送龙游，立即刑审。面对阴森的公堂，郑敉坚贞不屈，顽强斗争，龙游县长向浙江省政府主席鲁涤平的呈报中说："郑敉获案，自称共产党不讳,余情不肯直供。"1933年11月2日,蒋介石命令将郑秾执行枪决。郑秾于12月15日10时,在龙游西门外英勇就义。

1982年4月2日,浙江省政府追认郑秾为革命烈士。

(陈介武)

临海西洋庄村

远征军团长朱茂臻

西洋庄村隶属临海市白水洋镇，距镇政府所在地约6公里，交通便利。东边有大岙溪傍村而过，西边是土地肥沃的冲积平原，所以祖辈们就把村落选址在大岙溪的西边。因为当地俗称种田为种田垟，祖先们就把村落取名为西垟庄（西洋庄）。村中的明清祠堂雕梁画栋，格外引人注目，仿佛向西洋庄村后人诉说着祖先的荣耀。西洋庄村历代人才辈出，村中父老口耳相传着抗日名将朱茂臻的故事。

朱茂臻（1902—1988），字钦达，号作屏，1902年生于浙江省临海市白水洋镇西洋庄村。朱茂臻从小聪明过人，勤奋好学，就读于临海回浦中学。投身革命后考入黄埔军校，和蒋介石之长子蒋经国、抗日名将左权等一起赴苏联莫斯科中山大学学习军事，学成回国后，在中国远征军中任炮兵团团长。

1941年12月7日，日军偷袭了美国珍珠港，太平洋战争爆发，在不到一个月的时间内，日本南方军队先后入侵菲律宾、泰国、马来亚、关岛、香港、新加坡、印度尼西亚、所罗门群岛以及中途岛以西的广大地区，并侵入缅甸，声言将与希特勒会师中东，妄图实现共同主宰世界的美梦。太平洋战争爆发后，美、英等国很快对日宣战，国民党政府也于12月9日正式对日宣战，于是美、英和中国建立了联盟。1942年1月1日，中、苏、美、英等二十六个国家，在华盛顿签署了共同反对法西斯侵略的联合宣言（即"二十六国公约"），保证互相援助，不与敌国缔结单独停战协定或和约，反法西斯统一战线进一步扩大，中国成为盟军的一个战区。

1942年1月至1945年3月，中、英盟军在缅甸同日军进行的一系列防御和反击战斗。日军企图占领缅甸，切断美、英向中国提供战略物资的交通线——缅甸公路，迫使中国国民党政权屈服，并伺机进军印度，促其脱离英美联邦，以保障东南亚地区日军翼侧的安全。

中国远征军是抗日战争时期，中国政府为支援盟军在缅甸抗击日本法西斯、保卫中国西南大后方而派遣的出国作战部队，与盟国直接进行军事合作。

中国军队曾两次进入缅甸展开对日作战，不仅有力地支援了盟军在中、印、缅战场的对日作战，打通了中国西南国际运输线，提高了中国正面战场的战争能量，加速了法西斯的崩溃，特别是打击了日军的嚣张气焰，大长了民族自信心和自豪感。

中国远征军第一路指挥官，司令长官是卫立煌，总参谋长是史迪威（美国人），第5军军长是杜聿明，22师师长是廖耀湘，200师师长是戴安澜等中外名将，朱茂臻任中国远征军炮兵团长。

历史文献《中缅风云》《会战曼德勒》《兵败缅北》《野人山》《印度之旅》《屯兵兰—姆迦》《松山大血战》等书籍都真实记载了这段战争史。

野人山，这个名字大多数人都听说过，听着这个名字就吓人，看过电影《远征军》的人就更害怕了。胡康河谷，缅语为"魔鬼居住的地方"，它位于缅甸最北方，由达罗盆地和新平洋盆地组成，山高林密，河流纵横，雨季泛滥，当地人将这片方圆百里的无人区统称"野人山"。中国远征军闯入了这块禁区，将士们在这里经历了难以想象的磨难，伤病、饥饿、迷路、食人蚁、蚂蟥夺去了数万将士的生命，常常是一堆白骨围着枪架而坐。外国人都说："原以为中国人不能做什么，现在看来他们确实能战斗的。"

横断山脉的南麓，怒江的西岸，耸立着一座海拔2690米的险峰——松山。它像一头巨大的恐怖怪兽扼守着滇缅公路的要冲，具有"一夫当关，万夫莫开"的气势，因为战略地位重要，又被军事家称为滇缅路上的"直布罗陀"。一支精锐的日军部队盘踞其上，并用了一年的时间修建了极为复杂的永久性工事，形成进可攻退可守的战略据点，从而牢牢控制着怒江战场的主动权。这支精锐部队的指挥官也是炮兵出身的金光少佐。值得一提的是，这支部队是日军中的尖子，在缅甸方面军一年一度的军事项目比赛中，他们一直保持步枪射击、火炮射击、负重攀登三项第一。尤其是金光少佐，以冷静顽强闻名军中，他曾在南昌战役中，亲自指挥一门野炮抵近射击，致使中国第29军中将军长陈安宝殉国。卫立煌司令率领的20万（朱茂臻的炮团也在其中）中国远征军突破了200公里的怒江防线，在保山组织松山大战。日军经过四个月的顽抗只剩73人，在上万中国军队的包围中靠吃人肉坚守阵地。中国军队挖地道至松山主峰，用大量炸药从松山主峰腹内炸开，将日军全歼。有意思的是，这个凶悍的敌酋——金光少佐，在松山战役接近尾声的时候，竟也被中国炮兵团射出的一发炮弹炸成碎片。

松山宛如一座高耸的抗战纪念碑，永远屹立于怒江之畔，它险峻的身躯向世人昭示：犯华夏者，虽悍必诛！

朱茂臻参加的远征军作战，是中国自甲午战争以来首次出国作战，弘扬了中国人民的国际主义和民族牺牲精神，提高了中国的国际地位。缅甸战争结束后，因朱茂臻作为炮兵团团长在此战役中有重大立功表现，被提升为东北铁路师师长，晋升为少将军衔。1949年国民党战败后，随蒋介石到台湾，后曾任台北市市长等职。晚年迁居美国，1988年在美国去世。

朱茂臻同他的战友们用鲜血和生命书写了抗日战争史上极为悲壮的一页。

（金孝敏）

西洋庄村民居（金孝敏供）

三门祁家村

辛亥革命志士祁文豹

祁文豹（1878—1927），字匡训。出生于三门市祁家村一户家道式微的普通人家，其父祁兆林，字济臣，为晚清廪膳生。

祁文豹自幼聪敏好学，凡"子曰诗云"，一经诵读览阅，则熟记不忘。幼年的他从四书五经中接受了"温良恭俭让"的传统思想，日常生活中也以"君子食无求饱，居无求安"的标准来要求自己。在家上孝下悌，与兄弟相处和睦。

祁文豹20岁那年，晚清翰林章梫惜其才华，推荐其进入江南（南京）陆师学堂第一期学训班学习。不久，祁文豹因学业优秀，于光绪二十九年（1902）三月，官费保送至日本最著名的士官学校，入读第三期炮科班，还得过日本天皇嘉奖。

留学期间，祁文豹与同班浙江籍老乡过从甚密，如台州章亮元、柯森，温州黄瓒，杭州高尔登等人。平时一有空，就坐下来畅谈国事。后由章亮元引荐认识了当时流亡日本的反清名人章太炎。1902年，章太炎为避江苏巡抚恩铭的追捕，东渡日本，暂时居于横滨《新民丛报》社，与梁启超、孙中山相会。章太炎的到来，给留日中国学生带来一股鲜活的空气。祁文豹受其感召熏染，心中萌生维新反清、民主建国的思想。

1903年春祁文豹回国，历任江南将备学堂教官督练、陆军第九镇炮队教练官管带、辎重营管带官以及炮队统带官。同年，祁文豹预先加入了光复会（光复会正式成立于次年）。当年夏天，陪陶成章回浙江秘密联系各民间帮会，去宁海访问当时颇有影响力的伏虎会会主王锡桐。不料王因反洋教失败，为逃避清政府追捕，早已不知去向，因而没有遇到。陶成章主张暗杀活动，鼓吹局部暴动，以为这样就能摧毁清朝政权。祁文豹因与陶交情不错，故而表面上不好反对，但内心却并不赞同。祁文豹主张儒家忠孝及非暴力倾向，他没有参加各种血淋淋的暴力暗杀活动。

1904年，祁文豹正式加入光复会，非常赞同会长蔡元培先生提出的

"光复汉族，还我河山，以身许国，功成身退"的宗旨，为光复会的壮大做了大量工作，引导吸收了一批又一批新的会员。宣统三年（1911），武昌起义打响了第一枪，中国爆发了辛亥革命，祁文豹也积极投入到滚滚洪流之中。其间，祁文豹历任联军炮兵浙江兵站总监、江南军械浙江督署军事顾问、内河水警第二队署长、金陵军官学校主教官等职，并于民国元年（1911）十月奉令补授陆军炮兵中校，不久升上校加少将衔。

辛亥革命后，孙中山未经众议，收受日本政府资助，引发同盟会内部分裂，这给陶成章与孙中山埋下了不和的种子。1912年1月，陶成章躲到上海广慈医院装病，被蒋介石指使的光复会成员王竹卿暗杀毙命。蒋的思想也来源于明治天皇的《军人敕谕》，以成大节不拘小节作为借口，为孙中山在权力之争中扫除障碍，从而做了一件孙中山一直想做又不能做的事情。祁文豹因与陶成章交好甚密而遭受排挤。陶之死令祁文豹坐卧怵然，兔死狐悲，深感政治的凶险，一个曾秉承正统儒家思想的谦谦君子，怎能认同那种为达目的不惜厚黑的政治行径呢？

1912年4月，孙中山在权力之争中败下阵来，只好宣称功成身退，辛亥革命的胜利果实就这样拱手让给了袁世凯。袁凭借武力向资产阶级民主制度开刀。1915年袁又发布接受帝制申令，并准备于1916年元旦加冕登基。此时，祁文豹感觉政治气氛已到了"车逶迟于山侧，棹容与而讵前"的地步，继续革命救济民生已属无望，毅然解甲归田，重返故里，希望过一种相对平静的隐逸生活，了却残生。

回祁家村之后，祁文豹着手建造了一座占地面积达2800多平方米的院宅，仿佛他不是在建造房子，而是在营造一座内心的庙宇，好让自己在乱世中蜗居于此，以避开苦闷、忧虑、彷徨、失望。祁在造这座院宅之时不惜血本，罄其一生资财，仅供应砖块的小窑就整整烧了七年，不难想象当时的建筑规模。宅院融灰雕、石雕、木雕艺术于一体，古朴典雅，极尽绘画雕刻技艺和智慧。2011年7月，祁文豹故居被列为浙江省文物保护单位。

祁文豹念及同宗情谊，宅子建造完毕后，携同直系亲族中之贫困者入住其内。在经历大起落后，祁文豹终于可以静下心来，重新打开儒家经典，试图从中找回少年时期的梦想，寻出人生的真谛。他在潜心经典的同时，命族内子弟好生经营田园，不几年，祁家一族因经营得当，逐渐富甲一方。逢荒年，乡民中有来向他借米借钱的，他常常是多给一点，归还之时又往往少要回一点。

辛亥革命时期负伤留下来的沉疴，令祁文豹健康每况愈下。1927年八一南昌起义前夕，祁文豹病逝于祁家村。

（吴强）

祁家村古民居（吴强供）

青田罗溪村

林三渔旅日70年不改国籍

林三渔（1902—1987），一生侨居日本，是旅日著名爱国侨领，青田县仁庄乡罗溪村人。

林三渔，出生于青田县仁庄乡罗溪村。祖辈以种田为生，家境贫寒。有两个哥哥三个姐姐，他排行第六。七八岁就随父兄放牛、割草，上山砍柴，下地干活。

1913年，家里遭火灾，全家8口只好蛰居在林氏祠堂里，过着饱一顿饿一餐的生活。为生活所迫，其哥哥林泽渔于1914年东渡日本做苦力，几年之后，又回家种田。1918年，林三渔十六岁时，怀里揣着连送带借、东攒西凑的16个银圆，跟随乡亲一起从仁庄罗溪走到港头，坐"航船"到温州再转船至上海，以"留学"的名义，东渡日本谋生。先是在码头挑煤、扛铁板、做苦力、打零杂工，后来进皮革作坊当杂工。平时十分留意技工制革染色的技术，暗暗学习，认真揣摩，日积月累，掌握了制革染色技术。一天技工师傅生病，作坊几乎要停工停产，老板正焦急之际，林三渔自告奋勇，欲挑起制革染色的担子，作坊老板不得已让他试试。林三渔认真操作，准确配方，一试成功。染制皮革的颜色比原师傅还好，得到老板的器重，有幸当上了技工。当时还曾上了东京的报纸，老板还为此摆酒向他表示感谢和庆贺，林三渔平生第一次喝了一杯酒。此后，他成了作坊里的骨干，有了固定的工作和稳定的收入。

1923年，日本残酷杀戮旅日华工商贩，掀起汹涌的排华恶浪，他所在的地方未曾波及而幸免于难。抗日战争期间，因作坊老板离不开他，而有幸在作坊里一天一天地苦度日子，一个日元一个日元地积攒血汗钱，带回家乡供养父母姐兄。1935年，与日本女子结婚，建立家庭，但是始终保留着中国国籍。

1945年，日本无条件投降后，经济一片萧条，老百姓陷入了贫困的深渊，皮革作坊也不景气。林三渔看准了时机，利用多年的积蓄，在台东区盖起铁皮板屋开设"中国料理",到郊区买来大米,经营中国餐,米饭、白粥、小菜等。由于价格实惠,味道可口,经营方法灵活,特别适合日本战后经济萧条、老百姓十分贫困的状况和日本人惜时如金的观念,生意非常兴旺。日本人称之为"满意饭摊",很受欢迎。

林三渔在饭摊的基础上,把生意做大。他在东京买了一家店面,经过装修,把饭摊扩展成中华料理——"光海楼"餐馆。他以真诚待客、热情服务、价廉物美、薄利多销的经营方针和色香味俱佳的中国特色菜肴吸引日本顾客,使中华料理——"光海楼"餐馆经久兴旺。此时,林三渔已有三儿三女,妻子善良贤惠,子女勤勉诚实,全家勤俭持业,经营有方,有了积蓄,又相继开办游乐场,成为华侨实业家。林三渔热心侨团工作,被推选为旅日华侨东京总会常务理事,旅日浙江华侨同乡会副会长。

1961年9月,林三渔首次回国参加国庆观礼活动,受到周恩来、廖承志等领导接见,并参加周恩来总理的酒会。又随同观光团到东北重工业基地和北大荒粮仓参观访问。他看到东北的大豆、玉米源源不断地运往日本,去交换日本的钢筋铁板,感触很深。他从北国回到阔别40多年的浙江省青田县仁庄乡罗溪村。一路上,看到自己的家乡比40年前他离别时进步多了,但与日本相比,确实还很落后。一直保留着中国国籍的林三渔,心里觉得很不好受,下决心要为祖国富强作点贡献。

自上世纪六十年代初起,林三渔常为青田华侨中学、温州华侨中学等捐赠办学经费、学习用品。1973年起,他捐资兴建山口至仁庄公路、罗溪小学、罗溪水电站,重修大安至仁庄道路,先后兴建山口、下陈、阮垟、仁庄、罗溪等地桥梁6座、凉亭4个。1980年,捐资兴建浙江华侨大楼。1981年,资助兴建青田华侨饭店。1982年,捐资重建太鹤公园谢桥亭。1983—1986年,在青田中学、温州大学、丽水师范专科学校、罗溪爱国小学设立振兴中华奖学金,捐资兴建青田中学三渔礼堂。1987年,捐资70万元,在上海大学兴建实验中学,提供教育实验基地。资助40万元修纂《青田县志》。

林三渔常说,祖国与海外赤子是母子关系。国富民强,国弱民辱,只有先国家后自己,才能使祖国强大,人民荣光。林先生不仅这样想而且这样做了。

林三渔本人生活十分俭朴,属于他自己的只有极平常而简陋的居室和一辆用于清理垃圾和代步的破旧自行车,他把一生的辛勤积蓄全部奉献给了祖国和家乡。

1987年10月,他身患绝症,第40次回乡,同年11月13日逝世于日本东京。

(陈介武)

罗溪村古民居(陈介武供)

洞头外埕头村

东海前哨外埕头

外埕头村位于半屏岛的南部，三面临海，北与金岙、大北岙村接壤，全村陆域面积0.96平方公里，其中耕地100亩，林地879亩。外埕头村以驻地得名，辖小廊、外埕头、内埕头3个自然村。早年村民为抵抗海盗土匪，就在濒海的山坡上修筑掩体、战壕，当地称这种工事为埕头，共有内外两处，即内埕头、外埕头，后衍为自然村名。明清以来，渔民们不仅要和风浪斗，还要和海盗土匪斗，写下了辉煌的篇章。

白鹭门炮台

白鹭门是渔民的聚居地。白鹭门和大瞿、南北策隔海相望。大瞿前是深水港，不论倭寇、日本鬼子、国民党的军舰都停泊在这里，大多从白鹭门登岛。

外埕头村最著名古迹是白鹭门炮台遗址。这个遗址面向岙口，地处古航道要冲。炮台建在距岙口约200米的山坡上，墙壁是一字形，长30米，高3米，墙基宽2米，墙上开设炮眼，高50厘米，宽27厘米。鸦片战争后，海盗蜂起，时有渔民惨遭杀害，白骨遍地，故有白脑门之称。清同治年间，由温镇左营济南水师巡防，岛上群众曾组织自卫，建炮台，购火炮，奋起反抗海盗。该炮台于1991年列为洞头县第五批文物保护单位。

组织自卫队

鸦片战争后，海盗不仅在洋面上抢劫渔船，有时还上岸抢劫，闹得人心惶惶，不得安宁。为了保卫地方安全，外埕头村民金文对组织了1支自卫队，有20多人，以内埕头、外埕头青壮年为主。购置2门土炮，炮口直径有20厘米左右，炮身长3米多，配有炸药、碎铁片。在炮台前沿两边山上，设置有滚石。在岙口、山上设有观察哨，如发现海盗土匪船进入岙口，鸣锣为号，自卫队员放下手中的活，拿起刀枪进入阵地。其他渔民也拿起扁担、木棍参战。海盗土匪见势，只得匆忙撤退。

白岩头战斗

1952年春天的一个夜晚，解放洞头的炮火照亮了夜空。当天晚上，半屏岛上的土匪抓了5个老百姓，从白鹭门（正岙）出海，逃窜北麂。

船驶出岙口外，突然从洞头渔港开出一艘机帆船，向逃窜的匪船驶来。船上的土匪忙问："你们是什么船？"为了蒙蔽敌人，渔民们说是解放军追上来了，并用计与土匪周旋。渔民金加乙提议："你们到白岩头躲一躲，我们准时送饭给你们。"土匪信以为真，马上下令船驶到白岩头。这股土匪爬进一四八高地（白岩头）下面的一个岩洞。前面是大海，旁边是悬崖峭壁，枪打不着、手榴弹炸不着。土匪利用这个险要的岩洞，像鳖一样躲在洞里，并把5个老百姓放了回去。

解放军到了半屏岛后，金加乙等人就把土匪藏在白岩头的事，报告了解放军。

四天后，土匪熬不住了，派两人爬出岩洞想找些吃的，被解放军哨兵发现了。这两个家伙边跑边开枪，结果被解放军哨兵打死在山岗上。

因为白岩头地形险要，实在难攻。战士多次喊话劝他们投降，但是这些死"鳖"却咬着洞穴不放。一个战士拿了手榴弹去炸他们，由于地形不好，无法靠近，反而被土匪打伤了。松柏园村陈后恭回忆，那天傍晚时，几名解放军从他老屋岸下沙滩经过。他家老屋筑在海边，涨潮时，水淹着没路，退潮时可以经过。两名解放军战士抬着一副担架，担架上躺着一名伤员，身上盖着一床白色的薄被，鲜血一滴滴从身上流出，滴在海滩上。从龟屿旁码头搭上小舢舨，运到洞头码头，送去抢救。

战友被土匪打成重伤，更加激起了战士们的怒火。老战士潘玉说："兔崽子们，再不投降就叫他们连锅端！"他拿来一条粗绳子，一头拴在大石块上，一头捆在腰里。胸前挂着冲锋枪，腰里插着手榴弹，迅速地紧贴着石崖溜下去。手榴弹在岩洞里开花，洞里的土匪们被炸得一团糟，没有被炸死的土匪，才一个一个地爬了出来。

这次"洞里捉鳖"战，一共消灭土匪18人，有一个活着的支队长，十分狡猾，脱掉军官服装，穿在一个土匪的尸首上，自己穿着士兵的衣服出来。但这个罪行累累的匪首，没能逃出群众雪亮的眼睛。一个中年渔民，手指着匪首骂道："你装鬼作怪，你是匪军五三八八部队支队长，你以为我们不认得你吗？"匪首一下子被抓住了。

消灭王匪徒

解放初期，村民的生活用火都是用柴草，家家户户都到山上割草，山上的柴草被割光了，村民就到南北策、大瞿、南宁等地割草。东海洋面，有一个荒无人烟的小岛叫南宁岛，岛上草木茂盛，洞头和南、北麂的渔民常到这里砍柴。1952年5月，洞头刚解放不久，南、北麂还被残匪占着。外埕头村民兵排长金岁银组织一批人到这个岛上割草，村民还有金三银、林被林、林足银、周银等，他们划着一艘网槽和一艘舢舨。途中，碰到了流窜到那里的3名土匪，威逼村民把他们送到南麂，村民们虽害怕，又不甘心任其摆布，如不想办法，只能死路一条。

帆船顶着风，呈"之字形"前行，3个匪徒双手紧握武器，紧张地监视着船员。经过半小时的颠簸，土匪一个个头昏脑涨，站立不稳，只好靠坐在船板上，金岁银见此情景，叫伙计端出三大盘龟足、海螺之类，还有酒，分成3组，客气地招呼土匪来吃。匪徒的肚子正饿得慌，于是就吃了起来，手里的枪也放了下来。金岁银看在眼里，他借着东风，趁着潮水，把舵往西猛一推，整只船往东倾斜，船舷离水只有几公分，伙计们一看发出的战斗信号，三人斗一匪，就像脸盆里捉鱼，十拿九稳地抓住土匪，顺势往海里抛去。不到一分钟，两个土匪都被抛下大海。只有操舵处偏高，那个匪徒又是个老兵痞，金岁银和他斗了个平手。这时，另一个渔民手提利斧，跃过小舢舨，直奔船尾，只听"咔嚓"一声，土匪的脑袋已削去一半，掉进大海喂鱼了。

这一仗，干净利索，消灭了三个匪徒，缴获了一挺机枪、两支卡宾枪、两支手枪和六颗手榴弹。金岁银掉转船头驶回白鹭门岙口。

回到家后，村民英勇杀敌的事迹都轰动了整个县，他们得到了县里的表彰，其中金岁银被授予"英勇民兵"的称号，每人还分到大米20斤、30斤不等，作为奖励。

渔民们英勇杀敌，妇女们也不甘落后，小廊自然村妇女干部阿笠，带领解放军搜出了土匪藏在一户村民家里的2支冲锋枪。

警钟要长鸣

洞头是祖国的东大门，是海防前哨，战略位置十分重要，半屏外埕头村也一样。戚继光曾屯兵洞头镇守海疆,抗击过倭寇。白鹭门大瞿岛上还有郑成功的校场。当年日本鬼子从白鹭门岙口登陆,抢去一头猪,在外垟头外堂宰杀运回军舰。鬼子还追逐过一名妇女,幸亏这名妇女机灵,藏在麦地里,免受糟蹋。

"守住海岛一寸土,等于大陆一座山。"洞头离钓鱼岛只有360多公里,战略位置不言而喻,我们要居安思安,不忘战备,不忘国防。我们要铭记历史,不忘民族恨。

(陈后孟)

泰顺下排村

肃反队长吴明抱

下排村是个革命老区村，刘英、叶飞等老一辈革命家曾经在此活动过。1934年闽东游击队在下排村建立了中共泰南区下排党支部及苏维埃政府，领导群众开展抗租、抗债、抗税和打土豪、分粮食的斗争。1936年冬，国民党军驻福建的八十师进驻鼎泰边界，围剿屠杀革命志士，地下党组织惨遭破坏，下排籍吴明抱、彭佳保等十多名革命者壮烈牺牲。

吴明抱，下排村人。他为人勇敢刚直，嫉恶如仇，爱打抱不平。他家兄弟多，田地少，生活贫苦，难以度日。他13岁就帮父亲种地耕田，农闲学竹篾手艺。当时在白色恐怖下，仕阳民团胡作非为，经常在下排、隘头一带设卡抽税，苛捐繁重，勒索群众，吴明抱对重税甚感不满，他看在眼里，恨在心里，心抱不平。当时，革命烈火已燃烧到闽浙边界地区，而且已成立了霞鼎泰苏维埃政府。1934年闽东游击队在下排建立了中共泰南区下排党支部及苏维埃政府，领导群众开展打土豪、分田地的斗争。吴明抱与同村的吴明供、彭佳保、吴钦曲、吴钦和、陈金梅、吴文奏、吴明奏等投身革命，到霞鼎泰中心区参加革命工作。吴明抱参加革命队伍后，英勇善战，积极工作，经常在仕阳、福鼎、西阳一带进行革命活动，后提升为肃反队队长。

1935年9月，他带领肃反队攻打王家洋地主，开仓放粮，救济贫困农民。是年冬，又攻打茂竹园民团，缴获枪弹后，又带领肃反队和闽东游击队一起攻打福鼎西阳。他经常对肃反队员说："打地主民团不要怕，俗话说：犁田莫怕屎，当兵莫怕死。我们穷人翻身闹革命，就不怕杀头，万一为革命而牺牲，也是光荣的。"自从吴明抱同志参加革命后，仕阳、西阳一带的反动头目，对他又怕又恨，如敌军头目徐振良两次带领部队围剿下排村，扬言要杀光吴明抱的肃反队，吴明抱和队员早已隐蔽逃离，结果敌军将吴明抱的家什物件全部抢光，并放火烧毁了他的老屋。

1936年9月29日，吴明抱带领肃反队在王家洋、武岭一带进行革命活动，是夜倾盆大雨，他们就借宿武岭溪吴守楷老屋。当时驻守仕阳的徐振良军，早已探到肃反队的行踪，当夜赶到武岭溪，围剿肃反队，并把老屋团团包围，由于敌军人多武器精良，而肃反队仅有鸟枪、大刀等，这无疑是鸡蛋碰石头。当时，吴明抱为了掩护肃反队员往武岭溪上游密林撤退，阻止敌军追击，结果被敌人的枪弹击中，壮烈牺牲，年仅29岁。当夜牺牲的还有吴文奏、吴明奏、陈金梅三名烈士。

彭佳保，下排村人，1935年春参加革命，担任霞鼎泰中心区第三分区交通员。吴钦曲烈士，下排村人，1935年春参加革命，担任霞鼎泰中心区第一分区交通员。吴钦知烈士，下排村人，1935年春参加革命，担任霞鼎泰中心区交通员。1936年10月中心区命令他们秘密潜回下排村开展地下革命工作，并把仕阳敌军和西阳民团的动向及时报告中心区党组织。一天，他们3人在彭佳保家秘密碰头，研究工作，被林长翼所率的敌军包围，彭佳保掩护吴钦曲、吴钦知突围，左手手腕中弹负伤被捕。吴钦曲在突围中被敌军的子弹击中头部光荣牺牲，年仅26岁。吴钦知在突围中左大腿骨被敌军子弹打穿被捕。彭佳保、吴钦知被押到仕阳敌军驻地，受刑后几度昏迷，仍坚贞不屈。敌军为了得到口供，反复折磨他们，用尽了酷刑，也没探出半个字！恼羞成怒的敌人把他俩押到仕阳岭秘密枪决，当时彭佳保年仅29岁，吴钦知年仅30岁。

吴明供，下排村人。1935年3月参加革命，负责霞鼎泰中心区第三分区财务工作。1936年9月6日中心区派他到福鼎西阳探听敌情，因叛徒告密而被捕。敌人威逼利诱、严刑拷打，要吴明供交出中心区的账本和名单。"不知道！就是知道也不会告诉你们！"吴明供面不改色地回答。恼怒的敌人挥舞着皮鞭恶狠狠地抽打着吴明供。面对敌人的皮鞭，吴明供想起了自己参加革命的誓言："头可断，血可流，秘密不可泄！"于是把牙一咬，昂首挺胸，面对死亡，毫不畏惧。就这样，英勇的吴明供为了革命事业献出了自己年轻的生命。

下排村古山道（谢宏钧供）

（谢宏钧）

桐庐石舍村

游击队长洲反击战

长洲村是桐庐富春江镇石舍村的一个小自然村。因村前溪流中有一个长长的沙洲，因此约定俗成为村名。村内现存的村民住房大多建于上世纪中期，墙为土坯墙，房架全是杉木、松木，屋顶盖以小青瓦或茅草。如今，随着富春江慢生活体验区的创建，这里已成为城里人青睐之地。

1948年夏，会稽山人民抗暴游击队常在这一带活动，现在村内的墙面上仍留有"国匪不消灭，民不得安宁"等标语及揭露国民党反动派丑恶的漫画。

7月20日，为摆脱尾随的国民党之敌，游击队在会稽山人民抗暴游击司令部副政委蒋明达率领下，冒雨从四管乡丁家岭出发，向桐庐、建德山区转移，下午3时许进驻长洲村。为防敌人偷袭，在村头、村尾、村前及茶叶坑口设了岗哨。21日中午，从芦茨埠一带侦察得悉敌人主力将来围剿，便决定撤离长洲向浦江进发。但驻扎建德梓洲一带的国民党浙保司令部第三中队王之辉部及建德县常备保警二中队已偷偷逼近了长洲，想要把游击队统统包围起来一举歼灭。当在茶叶坑的哨兵发现情况不对后，因雨下得很大，路远水声大，鸣枪示警不见效果，便想办法把敌人引诱到另一个方向，也没有成功，国民党部队继续向长洲方向行进。

此刻游击队在长洲的部队正整队准备撤离，村口哨兵终于发现了敌情，鸣枪报警。游击队指挥员急令村口的部分战士占领有利地形阻击敌人，掩护大部队往后山撤离。顿时枪声四起，硝烟弥漫，敌我双方都有伤亡，两名年轻的游击队战士不幸英勇牺牲。敌军开进村后，对长洲百姓进行疯狂的报复，强抢掠夺、强派民夫，还残忍地将牺牲的杨友灿的头颅割下以邀功请赏。

退守到山上的游击队员，见敌人如此猖狂残忍，义愤填膺，纷纷请战，要求反击，为战友报仇。游击队组织了由中队长陈志先率领十余人的突击队，悄悄接近敌人，尔后以猛烈的火力横扫敌群，大部队则在山上吹号、呐喊、鸣枪助威。敌军被突如其来的袭击打得晕头转向,惊慌失措,急忙仓皇地逃离长洲村。突击队又乘胜追击了一阵,夺回被抢的部分物资。部队留下部分同志在长洲村慰问村民和处理后事,安葬战友的遗体。如今,长洲村民还不忘当年的那场战斗和在战斗中牺牲的战士,每逢清明都上香祭拜。

战斗结束后,部队向浦江进发。这场战斗持续了3个多小时,游击队以弱势打退了三倍于我的敌军进攻,粉碎了敌军妄图歼灭游击队的阴谋。这是浙东游击队在桐庐境内抗击敌军的又一曲光荣史诗。

(桐庐市农办)

游击队烈士墓 (桐庐市农办供)